从左宗棠家书看晚清变局

家风与成事

徐志频 - 著

中国经济出版社
CHINA ECONOMIC PUBLISHING HOUSE
· 北京 ·

图书在版编目（CIP）数据

家风与成事：从左宗棠家书看晚清变局／徐志频著．北京：中国经济出版社，2025. 1. — ISBN 978-7-5136-7923-7

Ⅰ. K827=52

中国国家版本馆 CIP 数据核字第 2024VE3070 号

策　　划　龚风光
责任编辑　陶栎宇
特约编辑　姬飞雪
责任印制　马小宾
封面设计　今亮后声

出版发行　中国经济出版社
印 刷 者　三河市嘉科万达彩色印刷有限公司
经 销 者　各地新华书店
开　　本　710mm × 1000mm　1/16
印　　张　40
字　　数　556 千字
版　　次　2025 年 1 月第 1 版
印　　次　2025 年 1 月第 1 次
定　　价　128.00 元
广告经营许可证　京西工商广字第 8179 号

中国经济出版社　**网址** www.economyph.com　**社址** 北京市东城区安定门外大街 58 号　**邮编** 100011
本版图书如存在印装质量问题，请与本社销售中心联系调换（联系电话：010-57512564）

推荐序

曾国藩、左宗棠是近代军政领域里的双子星。他们同样地晶莹明亮，星光熠熠，既让时人仰望，也闪烁在后世的记忆深处。

曾左有太多的相似之处：都是平民人家的子弟，都是受过良好教育的读书人，都是以事功实现人生抱负的有志者，都是坚持从政操守为人原则的君子。他们也有许多不同之处，性格爱好、思维方式、行为表达、生命轨迹乃至人生最高目标等等，都有着各自鲜明的特色，有的甚至大异其趣。

他们是一对亲密战友，但晚年却老死不相往来，合作时共创大业，失和后仍彼此欣赏。当年这两颗星子，因其焕发出不同色彩的光亮，曾使得晚清夜空格外璀璨。死后，他们留下的丰厚文化遗产，则绵长地滋润着历史。

志频对左宗棠情有独钟，钻研既深，成果亦富。作为一个与曾国藩打了三十多年交道的学人，我乐于向大家推荐他的著述。无论对了解左氏本人，还是探索中国的传统文化，他的这些作品都有裨于当代读者。

唐浩明

二〇一八年一月九日

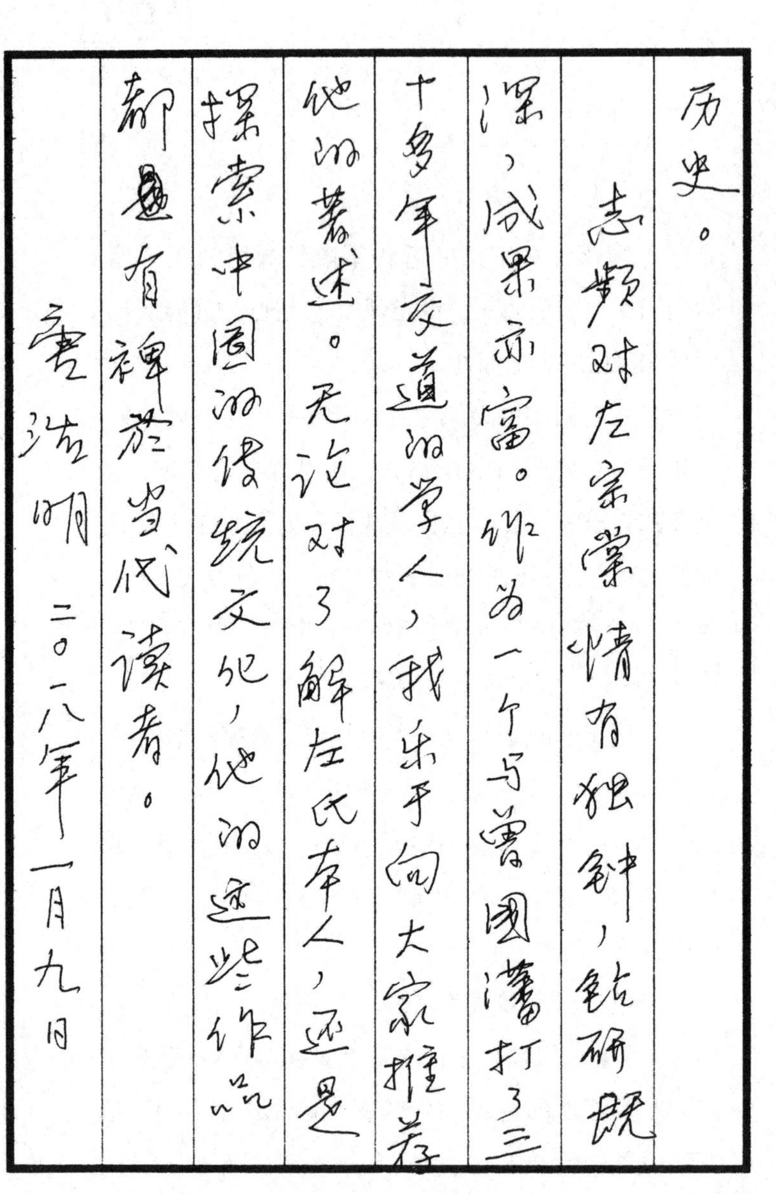
此欣赏。当年这两颗星子，因其焕发出不
同色彩的光亮，曾使得晚清夜空格外璀璨。
死后，他们留下的丰厚文化遗产，则绵长地滋润着

历史。
志频对左宗棠情有独钟，钻研既
深，成果亦富。作为一个与曾国藩打了三
十多年交道的学人，我乐于向大家推荐
他的著述。无论对了解左氏本人，还是
探索中国的传统文化，他的这些作品
都应有裨于当代读者。
唐浩明 二〇一八年一月九日

唐浩明先生为本书所作的推荐序手稿

曾国藩、左宗棠是近代军政领域里的双子星座。他们同样的晶莹明亮，星光熠熠，既让时人仰望，也闪烁在后世的记忆深处。

曾左有太多的相似之处：都是平民人家的子弟，都是受过良好教育的读书人，都是以事功实现人生抱负的有志者，都是坚持从政操守为人原则的君子。他们也有许多不同之处，性格爱好、思维方式、行为表达、生命轨迹乃至人生最高目标等等，都有着各自鲜明的特色，有的甚至大异其趣。

勤伯一兄觀察屬

雲氣與山爲態度

月華借水作精神

左宗棠

左宗棠行书七言联

释文：云气与山为态度，月华借水作精神。

左宗棠篆书

释文：清以自修，忠以自勖，敬而不怠，澹而不盈。

左宗棠家族简表

目录_ contents

绪 言

一册烛照千秋的“人生心经” · 001

1852年
咸丰二年

壹 · 与孝威　咸丰二年（某月）二十三日 · 006

诚意正心，成就一个好子弟 · 006

1856年
咸丰六年

贰 · 与癸叟侄　咸丰六年正月二十七日 · 012

左、胡联姻，诫侄立志 · 013

1860年
咸丰十年

叁 · 与孝威孝宽　咸丰十年正月三十日 · 018

一心向上，有何事业不能做成 · 020

肆 · 与孝威　咸丰十年二月二十四日 · 023

伍 · 与孝威　咸丰十年四月初三 · 023

陆 · 与孝威　咸丰十年四月二十九日 · 023

出山前夜的“高峰论坛” · 024

柒 · 与孝威　咸丰十年九月初四 · 027

首次奉命，出兵江西 · 027

捌 · 与孝威　咸丰十年十月二十三日 · 034

大战前夕先整军 · 035

玖 · 与孝威　咸丰十年十一月初九 · 038

祁门大营风云 · 038

拾 · 与孝威　咸丰十年十二月初二 · 045

楚军奠基：开除“害群之马” · 045

拾壹 · 与孝威　咸丰十年十二月十一日 · 048

楚军奠基：打造“廉干团队” · 048

1861年
咸丰十一年

拾贰·与孝威 咸丰十一年正月初二·054
梅源桥军营教子·055

拾叁·与孝威 咸丰十一年二月初三·057
楚军奠基：管理尚严，战阵尚气·058

拾肆·与孝威 咸丰十一年三月初六·061
没有侥幸的胜利，没有无故的恩赏·062

拾伍·与孝威 咸丰十一年三月二十日·066
拾陆·与孝威 咸丰十一年三月二十九日·066
职业化军队的成长方式·067

拾柒·与孝威 咸丰十一年四月初十·070
拾捌·与孝威 咸丰十一年四月十五日·070
军饷断拨，李金旸叛变·071

拾玖·与孝威 咸丰十一年五月十二日·074
教子当家三字诀："俭、静、专"·075

贰拾·与周夫人 咸丰十一年五月十三日·079
贰拾壹·与周夫人 咸丰十一年五月十三日·079
新妇家教，《小学》《女诫》·080

贰拾贰·与孝威 咸丰十一年六月二十三日·084
贰拾叁·与孝威 咸丰十一年六月二十五日·085
作文与办事：一艺之微，亦未可忽·086

贰拾肆·与孝威 咸丰十一年七月十一日·089
出山周年的关键词："节制""精明"·090

贰拾伍·与孝威 咸丰十一年七月十五日·092
不落时俗的"左式办事法"·093

贰拾陆·与孝威 咸丰十一年八月初四·098
贰拾柒·与孝威 咸丰十一年八月二十三日·099
首遇困境：主少国危，只求不负平生·099

贰拾捌·与孝威 咸丰十一年九月初三·102
贰拾玖·与孝威 咸丰十一年十月初五·103
朝廷欲以左宗棠制衡曾国藩·104

叁拾・与孝威　咸丰十一年十月二十三日・109
叁拾壹・与孝威　咸丰十一年十一月初五・110
叁拾贰・与孝威　咸丰十一年十二月初一・110
官员们忙推卸责任，左宗棠忙传播文化・111

1862年 同治元年

叁拾叁・与孝威　同治元年正月初五・116
曾国藩火线密保左宗棠・116
叁拾肆・与孝威　同治元年二月初六・119
叁拾伍・与孝威等　同治元年三月初二・119
儒将担当：不济则一身当之・120
叁拾陆・与孝威　同治元年五月十七日・126
借师助剿："洋枪队"盛衰记・126
叁拾柒・与孝威　同治元年六月二十四日・133
用"儒学"修身，行"实学"办事・133
叁拾捌・与孝威　同治元年八月初九・136
处世有原则，家事靠方法・137
叁拾玖・与孝威　同治元年闰八月十七日・141
分享荣显也有学问・141
肆拾・与孝威　同治元年闰八月二十一日・145
与其"早慧早达"，不如"大器晚成"・146
肆拾壹・与孝威　同治元年九月初十・150
肆拾贰・与孝威　同治元年十月二十三日・151
怎么做一个合格的文化人・153
肆拾叁・与孝威　同治元年十二月初四・158
巡抚浙江第一年・158

1863年 同治二年

肆拾肆・与孝威　同治二年正月初六・166
少年宜"志高言大"，中年宜"检点自省"・167

肆拾伍·与孝威　同治二年正月十七日·171
肆拾陆·与孝威孝宽　同治二年三月十九日·171
提点下属：刺激尊严，动以名节·172

肆拾柒·与孝威　同治二年五月初三·176
肆拾捌·与孝威　同治二年七月十五日·176
办好家族事务，关键靠“广惠”·177

肆拾玖·与孝威　同治二年九月初三·180
左支右绌，挺过瘟疫、缺饷难关·181

伍拾·与孝威　同治二年九月二十九日·184
伍拾壹·与孝威　同治二年十月初九·184
父亲望“孝顺”，儿子盼“自由”·185

伍拾贰·与孝威　同治二年十一月初二·188
浙江有了座“左宗棠生祠”·188

伍拾叁·与孝威　同治二年十二月初五·193
伍拾肆·与孝威　同治二年十二月初六·193
一位中庸清官的“礼物簿”·194

1864年
同治三年

伍拾伍·与孝威　同治三年正月初七·198
伍拾陆·与孝威　同治三年正月十八日·198
伍拾柒·与孝威　同治三年三月初一·199
拿下杭州城，大损失，大收获·200

伍拾捌·与孝威　同治三年五月初三·204
三统帅之间的“拉锯”·205

伍拾玖·与孝威　同治三年六月初十·211
在实践中总结与培养家风·212

陆拾·与孝威　同治三年七月二十三日·217
助人有原则，救困不救穷·218

陆拾壹·与周夫人　同治三年七月二十三日·223
陆拾贰·与孝威　同治三年八月初六·223
寓“素质教育”于“应试教育”·224

陆拾叁·与孝威　同治三年八月十七日·227
办事依“条理”，互保靠“举报”·227

陆拾肆·与孝威　同治三年十月二十九日·232
读破万卷，神交古人·233

1865年 同治四年

陆拾伍·与孝威　同治四年正月初八·238
总督福建：法家治标，儒学治本·239

陆拾陆·与孝威　同治四年正月二十八日·244
扎牢海防口，李世贤内讧毙命·245

陆拾柒·与孝威　同治四年三月十三日·249
说话要小心，下笔要谨慎·250

陆拾捌·复仲兄　同治四年三月十九日·256
办事“缓进不退”，成功半凭“运气”·257

陆拾玖·与孝宽　同治四年五月二十一日·261
为官之道，宽严结合·261

柒拾·与孝威　同治四年闰五月初七·266
父亲想“圈养”，儿子盼“放养”·266

柒拾壹·与孝威　同治四年七月初一·270
富贵怕见开花·271

柒拾贰·与孝威　同治四年八月十六日·275
福州团聚，刘坤一护佑家眷·276

柒拾叁·与孝威　同治四年八月二十五日·279
节制三省军务背后的政治策略·279

1866年 同治五年

柒拾肆·与孝威　同治五年正月初一·286
柒拾伍·与孝威　同治五年正月初二·286
嘉应作战场，末劫在钱塘·287

柒拾陆・与孝威　同治五年二月十四日・291
柒拾柒・与孝威　同治五年二月二十日・291
柒拾捌・与孝威　同治五年二月二十五日・291
柒拾玖・与孝威　同治五年三月十四日・292
斋教起义，险酿大事・293

捌拾・与仲兄　同治五年九月二十三日・296
要办成事业，先解决顾虑・296

捌拾壹・与孝威　同治五年十月十九日・301
捌拾贰・与孝威　同治五年十月二十七日・301
步步筹划，奠定班底・302

捌拾叁・与仲兄　同治五年十二月十一日・310
万里西行，谋划归宿・311

1867年
同治六年

捌拾肆・与孝威　同治六年二月二十六日・314
八旗军兴衰记・315

捌拾伍・与周夫人　同治六年四月二十日・321
曾国藩义荐刘松山・321

捌拾陆・与孝威　同治六年五月初七・327
剿捻半年，虑患深・328

捌拾柒・与孝威　同治六年六月十三日・332
楚军差点全军覆没・333

1868年
同治七年

捌拾捌・与孝威　同治七年正月二十五日・338
捌拾玖・与孝威　同治七年二月初六・338
一场由“脚气”引发的家庭风波・339

玖拾・与孝威　同治七年二月二十五日・344
家事“自我反思”，国事“忍辱负重”・344

玖拾壹・与孝威　同治七年三月初一・348
左、李矛盾与战术比较・348

玖拾贰·与孝威　同治七年三月二十八日·355
玖拾叁·与孝威　同治七年四月十八日·355
围堵捻军，清廷三度换帅·356

玖拾肆·与孝威　同治七年闰四月十四日·361
玖拾伍·与孝威　同治七年闰四月十四日·361
自己痛过，才会同情别人的痛·362

玖拾陆·与孝威　同治七年闰四月十九日·367
左宗棠六借外债，胡雪岩贪食朝廷·368

玖拾柒·与孝威　同治七年五月初八·373
拯危济困，不求回报·373

玖拾捌·与孝威　同治七年五月二十七日·376
父亲要“肖子”，儿子“才子气”·376

玖拾玖·与孝威　同治七年十一月二十二日·380
拉李鸿章部下为西征军看门·380

1869年 同治八年

壹零零·与孝威　同治八年二月初四·386
本着天良办事，不惧个人毁誉·386

壹零壹·与孝威　同治八年四月二十四日·392
智破哥老会·394

壹零贰·与孝威等　同治八年十二月十六日·397
壹零叁·与孝威等　同治八年十二月十七日·399
立家规，不许后代从商·399

1870年 同治九年

壹零肆·与孝威孝宽　同治九年三月初八·406
壹零伍·与威宽勋同　同治九年三月十二日·406
千里孤坟，遥祭发妻·408

壹零陆·与孝威　同治九年三月十二日·413
壹零柒·与孝威　同治九年六月十六日·413
壹零捌·与孝威等　同治九年七月初二·413

壹零玖 · 与孝威孝宽　同治九年闰七月十六日 · 415
壹壹零 · 与孝威孝宽等　同治九年十二月十三日 · 416
墓地、墓志铭及其他 · 417

1872年 同治十一年

壹壹壹 · 与孝威　同治十一年二月十一日 · 422
筹办六十大寿，儿子修宅置地 · 423

壹壹贰 · 与孝威　同治十一年二月二十七日 · 427
经营“湖茶”大手笔 · 427

壹壹叁 · 与孝威　同治十一年三月初十 · 434
发生在1872年的那些伤心事 · 435

壹壹肆 · 与孝威　同治十一年四月初四 · 438
满汉相争，扳倒提督成禄 · 438

壹壹伍 · 与孝威　同治十一年四月十四日 · 445
掀开“曾、左失和”的纱幕 · 446

壹壹陆 · 与威宽勋同　同治十一年五月十二日 · 454
壹壹柒 · 与孝威　同治十一年五月十七日 · 454
防止兄弟“割胞断亲”、子孙“愚而多财” · 455

壹壹捌 · 与威宽勋同　同治十一年六月十四日 · 460
甘肃军事顺利，船政突起风波 · 461

壹壹玖 · 与威宽勋同　同治十一年十月二十七日 · 465
花甲之年：向前看，向后看 · 466

壹贰零 · 与威宽勋同　同治十一年十一月二十二日 · 470
壹贰壹 · 与威宽勋同　同治十一年十一月二十三日 · 473
花甲之年论“良心”与“抱负” · 473

壹贰贰 · 与孝威　同治十一年十一月二十四日 · 478
任劳，但不任怨 · 478

壹贰叁 · 与威宽勋同　同治十一年十二月二十四日 · 481
功进心退，预先避祸 · 482

1873年
同治十二年

壹贰肆·与孝威　同治十二年二月初一·488

规避“父亲积钱，儿子积过”陷阱·489

壹贰伍·与孝威　同治十二年四月二十五日·492
壹贰陆·与孝威　同治十二年四月二十八日·494
壹贰柒·与孝威　同治十二年五月二十二日·494

一副名联的由来·495

壹贰捌·与孝威　同治十二年六月十六日·500
壹贰玖·与孝威　同治十二年闰六月二十一日·500

舐犊深情与丧子反思·501

1875年
光绪元年

壹叁零·与宽勋同　光绪元年四月初七·506
壹叁壹·与宽勋同　光绪元年四月十七日·506
壹叁贰·与宽勋同　光绪元年四月二十六日·507

治理不宜冒进，读书贵在实践·508

1876年
光绪二年

壹叁叁·与孝宽　光绪二年五月初六·514
壹叁肆·与宽勋同　光绪二年七月初九日·516

教子以“中庸”，教孙以“自由”·516

1877年
光绪三年

壹叁伍·与孝勋孝同　光绪三年五月初四·520

“护子”过深，责之必切·521

1878年
光绪四年

壹叁陆·与孝勋孝同　光绪四年二月三十日·526

不信风水，信“天理人情”·527

壹叁柒·与孝勋孝同　光绪四年六月十四日·530
壹叁捌·与孝勋孝同　光绪四年十月初一·531

一步一环，促成新疆设省 · 531

壹叁玖 · 与宽勋同　光绪四年十二月十九日 · 536

家族内外事，尽力依然难圆满 · 537

1879年
光绪五年

壹肆零 · 与宽勋同　光绪五年正月人日 · 544

双面刘典：廉公有威，刻薄寡恩 · 545

壹肆壹 · 与宽勋同　光绪五年正月二十九日 · 551

与“循吏”结亲家，教育感化“太平官” · 552

壹肆贰 · 与宽勋同　光绪五年二月十七日 · 556

朋友至谊：为刘典操办丧礼 · 557

壹肆叁 · 与宽勋同　光绪五年闰三月二十四日 · 561

孤独的儒家文化践行者 · 563

壹肆肆 · 与宽勋同　光绪五年四月二十一日 · 568

建成中国第一家平民公园 · 569

壹肆伍 · 与宽勋同　光绪五年六月二十二日 · 574

晚清社会各阶层“病相报告图” · 575

壹肆陆 · 与宽勋同　光绪五年七月二十六日 · 580
壹肆柒 · 与孝宽等　光绪五年十一月十一日 · 580
壹肆捌 · 与孝宽孝勋　光绪五年十一月二十八日 · 581
壹肆玖 · 与孝同　光绪五年十二月初五 · 582

坚执“心术”，得理不饶子 · 583

1880年
光绪六年

壹伍零 · 与孝同　光绪六年四月二十七日 · 588
壹伍壹 · 与孝同　光绪六年五月十九日 · 588
壹伍贰 · 与孝同　光绪六年六月初一 · 589

读书有得，全在“法”“脉” · 591

壹伍叁 · 与孝同　光绪六年六月十四日 · 594
壹伍肆 · 与孝同　光绪六年六月二十三日 · 594
壹伍伍 · 与孝同　光绪六年七月二十日 · 595

建成中国第一家机器国货工厂 · 596

壹伍陆 · 与孝同　光绪六年七月二十五日 · 601
壹伍柒 · 与孝同　光绪六年八月二十二日 · 601

左宗棠到底留下多少遗产 · 602

1883年
光绪九年

壹伍捌 · 与孝宽孝同　光绪九年二月初十 · 608

总督两江：兴办江南要政，修成朱家山河 · 609

后　记

我与左宗棠 · 613

陕甘总督左宗棠

〔俄〕阿道夫·伊拉莫维奇·鲍耶尔斯基　摄（1875 年）

绪言

一册烛照千秋的“人生心经”

提起左宗棠，今天的中国人会脱口而出：“收复新疆。”事实上，左宗棠还有经营台湾、奠基中国近代海军、开创大西北民生工业等功绩。“收复新疆”只是左宗棠在事功方面最醒目的一个标签。除了成功的军事家、政治家头衔，左宗棠还有一个最引人瞩目的身份——一代文化大家。

《家风与成事——从左宗棠家书看晚清变局》收录了左宗棠现存的近乎全部158篇家书，凡十万言，也可以看作“左宗棠自传”。一代伟人教子之方、为官之道、治军之要，皆体现于这一手原始资料之中。而且，左宗棠生平的行迹，包括每一个事关中国前途与命运转折关头的历史轨迹，在这里都有最真实、全面的私记，这些在官方典籍中是找不到只字片言的。为保留书信的历史原貌，除明显错字，不擅改原文，包括异形字、数字用法、原始序列等。

与清朝同时代人比较，左宗棠家书最醒目的特点是，无论家国大事还是琐细生活，都采用具体的方法，“以术运经”，将中国传统文化的道阐述出来，践行出来，从头至尾没有一句空洞的政治说教。

这得益于左宗棠独特的“儒学+实学”知识结构。中国文化“主情感、尚义理”，在“理性、技术”两个方面一直存在欠缺，左宗棠在一定程度上弥补了这个欠缺。

左宗棠属于中国“本土型”技术专家，他强调的“实学”，是在顾炎武、顾祖禹、齐召南学说的基础上继承与发展而来的。而作为魏源“师夷长技以制夷”观念的践行者，左宗棠又是积极对外开放的倡导者和西方先进技术的引进者。因为有本土“实学”垫底，加上“洋为中用”，先秦儒学之木在晚清不但没有干枯，反而长成茂密的森林。

当下中国人的问题是，追崇“理性、技术”有点过头，而儒学“义理”有断脉之虞。体现在社会生活中，人们内心普遍缺乏安宁感，言行浅滑无根。事实上，中国古人虽然物质生活远不及今天丰富，但内心的安宁感须臾未去。左宗棠有言，“若教闲里工夫到，弥觉胸中度量宽”，正是强调了中国人应具有的一种悠闲气度。

在精神生活方面，中国古人早就强调“天人合一”的哲学观念，是强调“天人相分”哲学观念的西方人远远不及的。“功利”“浮躁”本是西方文明带来的副产品，从左宗棠家书部分篇章所记的晚清各式乱象，可以窥见这一副产品的萌芽。

时至今日，我们与古人的文化血脉快要中断了，急需赓续。

从何处赓续？毕竟，传统文化也存在糟粕。答案是：从左宗棠处接通。晚清大人物众多，其中，很多人有值得称道与师法的地方，为什么是左宗棠？

左宗棠与同时代人的不同之处在于：首先，作为推动近代中国社会转型的先辈，他既没有“尚义理”的空洞政治说教，也没有“理学”的心理桎梏；其次，作为孟子的私淑弟子，他直接师法先秦儒学，在西方工商业文明介入、市场观念导入的晚清，他顺应时代，适时对先秦儒学做了创新，让今人几乎没有隔阂地接受；最后，作为多年沉寂民间的草野书生，他求学问知，只为养心，不为谋生，不但输出干货最多，而且全然没有应景之嫌。这三点是他可以作为中国人的文化桥梁，将近代文明与古代文明无缝衔接的关键原因。

我因前面出版的两部“左宗棠系列”作品，而与左宗棠的五代嫡长玄孙左文龙结缘。他是左孝威的曾孙，年纪七十开外，爱好吹拉弹唱，颇有才子之风。他为我讲述了不少左宗棠生平逸事与左宗棠家族故事，也让本书更贴近真实本原。

写完后掩卷，我不禁想：如果将贴在左宗棠身上的成功者标签全部去掉，仅仅作为一个普通人，他最吸引读者的地方是什么？

我认为是真实与智慧。

这个以“今亮”自命的人，有着千年眼界。读他的家书，不仅能洞见一个真实与丰富的人，眼前展开一幅博大的心灵画卷，而且能照见壮阔的晚清时代风云，看见无数的历史细节，还能通过他的笔下波澜、纸上风云，纤毫毕见地触摸到一个智者思想的深邃莫测与曲折沟壑。

左宗棠对人生百年、家庭宗族、庙堂江湖、社会国家，六合内外，天下十方，进退、取舍、去从的认知全部透彻于内，澄澈于外。

耐心读完本书的100多篇解读文章，相信对于这些问题，你也会得出自己的答案。

1852年

咸丰二年

左宗棠——40 岁

长子孝威——6 岁

左宗棠家教语录

一 走路、吃饭、穿衣、说话，均要学好样（也有古人的样子，也有今人的样子，拣好的就学）。

二 事父母，事君上，事兄长，待昆弟、朋友、夫妇之道，以及洒扫、应对、进退、吃饭、穿衣，均有见成的好榜样。

壹·与孝威

| 咸丰二年（某月）二十三日

字谕霖儿知之：

阅尔所写请安帖子，字画尚好，心中欢喜。

尔近来读《小学》否？《小学》一书是圣贤教人作人的样子。尔读一句，须要晓得一句的解；晓得解，就要照样做。古人说，事父母，事君上，事兄长，待昆弟、朋友、夫妇之道，以及洒扫、应对、进退、吃饭、穿衣，均有见成的好榜样。口里读着者一句，心里就想着者一句，又看自己能照者样做否。能如古人就是好人；不能就不好，就要改，方是会读书。将来可成就一个好子弟，我心里就欢喜，者就是尔能听我教，就是尔的孝。

早眠，早起。读书要眼到（一笔一画莫看错）[1]、口到（一字莫含糊）、心到（一字莫放过）。写字（要端身正坐，要悬大腕，大指节要凸起，五指爪均要用劲，要爱惜笔墨纸）、温书要多遍数想解。读生书要细心听解。走路、吃饭、穿衣、说话，均要学好样（也有古人的样子，也有今人的样子，拣好的就学）。此纸可粘学堂墙壁，日看一遍。

廿三夜四鼓父字

久不作篆，偶为霖儿书千文仿本五纸寄去，须玩其用笔之意，以浓墨临之。

诚意正心，成就一个好子弟

现存左宗棠的第一封家书，是写给6岁的儿子孝威的。

左宗棠有四子：长子孝威，道光二十六年（1846年）生；次子孝宽，道光二十七年（1847年）生；三子孝勋，咸丰三年（1853年）生；四子孝同，咸丰七年（1857年）生。

1　圆括号内系原信件中的夹注小字。以下不一一说明。——编者注

“霖儿”是长子孝威的小名。1846 年，左宗棠在湖南安化小淹教导女婿陶桄，梦见大雨滂沱，后得知是孝威出生，欣然名之“霖生”，以为纪念。

一、以“古人心”修“童子功”

6 岁的孝威就能读懂这封信，足见清朝儿童启蒙之早。左宗棠本人 3 岁习字，5 岁入学，8 岁学作八股文。由此可以推知，古代儿童在 8 岁左右时，便已经掌握常用汉字、基本语法。

信中说的《小学》是指当时的启蒙读物《小学》。古代将教授学童识字阶段叫“小学”，也称“蒙学”，教材为《千字文》《三字经》《百家姓》《小学》等，与今天的“小学”意思完全不同。今天的大学毕业生能准确读懂“四书”及辞赋、八股文的并不多，这是古今教学内容与规定不同造成的。

古代小学以“四书”文本识字、儒学“义理”正心为基本教学内容，概括为“八目”：格物、致知、诚意、正心、修身、齐家、治国、平天下。这样设置课程是基于儒学经典《尚书·大禹谟》中的一个观点：“人心惟危，道心惟微；惟精惟一，允执厥中。”意思是说，世间万事万物，从来就混杂在一起，学问的真理就在这万千杂乱之中；真理很细小，人心多变化，人要得到真理，首先要静心，排除各种杂念，做到“诚意、正心”。

儿童怎样“诚意、正心”？古人认为，需要借助庄重的仪式。所以，古人规定，新生入学要举行隆重的“开学仪式”，内容包括正衣冠、行拜师礼、净手净心、朱砂开智。

注重仪式的方式之一是体罚。古人的小学教学信奉“不打不成器”。两类学生常挨打：一是学习不认真的，二是虽认真但学得不好的。体罚的方法有：打左手板、抽鞭子、罚跪。其目的在于教人去除杂念，专心于学问道理。

在古人看来，“诚意、正心”是人生衣服上的第一粒纽扣，如果第一粒纽扣系错了，后面就会一错再错，所以，家长、教师会尽心配合，帮孩子练好“童子功”。

左宗棠这里教儿子的，正是专心去除杂念。他说的其实也是自己成长的体验。从中可以看出，左宗棠得益于父亲左观澜启蒙教育的有两点：一是读书特别细心，“一字莫放过”；二是做人十分严谨，“有古人的样子”。

“修身、养性”“诚意、正心”，文化的薪火便这样一代一代传递下去。

二、以书法定心，习惯定行

不能当面教儿子读书明理，左宗棠只好通过书法教儿子“诚意、正心”，方法十分严格，连具体动作都做了要求：写字，“要端身正坐，要悬大腕，大指节要凸起，五指爪均要用劲”。

老祖宗发明毛笔写字，看来是颇有用心的。因为，毛笔落纸时，若心稍有杂念，字就会乱。字会及时提醒人，赶紧聚精会神于一点。心思一旦入定，字就会一气呵成。长期坚持，人能锻炼得守心于一。

左宗棠得益于早年书法定心，成年后每天仍将练书法当作必修课。他善篆书、行书，以此凝心静气，淡泊明志、宁静致远，虽然军务繁忙，但是能忙而不乱，耐心且有条理。左宗棠认为，天下万事，莫不同理，心静事成，心乱则无事不败。他甚至将书法当作察人、识人的工具，认为通过书法，不但可以看出一个人的性格、修为，而且可以推断出一个人的终生，尤其值得重视。

写这封信这一年，左宗棠刚 40 岁，不但性格、气质定型，才能也基本定型。此时，他入主湖南巡抚张亮基幕府，正跃跃欲试，要大展才干，每天忙到手脚打架。趁战事繁忙、密不插针的间隙，左宗棠仍想到在凌晨三四点抽空磨墨教子，既见出他操心繁重，也见出他精力旺盛。

信末日期署“廿三夜四鼓”。用“鼓”不用“更”，可见左宗棠内心激情澎湃；只写日子，忘记署年月，不是因为第一次给儿子写信没经验，而是老家湘阴县左家段距长沙府巡抚衙门近，信当天可送到。可见左宗棠还没有找到写家信的感觉。

左宗棠虽生性“粗豪”，但出山后办事细心，未出现过明显的大失误，不是由于其天性，而是得益于早年的“正心”学习与书法“静心”训练。

此时，左宗棠乐得将自己早年得益的发现、经验、心得教给儿子，培养方法很明确：“能听我教，就是尔的孝。”培养目标也具有现代意识：“也有古人的样子，也有今人的样子。”即为人处世的礼貌、规矩，要师法古人；说话、做事的思维、方法，要有今人该有的样子。

1856年

咸丰六年

左宗棠——44岁

次侄癸叟——青年

左宗棠 家教语录

一 所谓识字者，非仅如近世汉学云云也。识得一字即行一字，方是善学。

二 志向一定，并力赴之，无少夹杂，无稍游移，必有所就。

三 一国有一国之习气，一乡有一乡之习气，一家有一家之习气。

四 家庭之间，以和顺为贵。严急烦细者，肃杀之气，非长养气也。

贰·与癸叟侄

咸丰六年正月二十七日

癸叟侄览之：

郭意翁来，询悉二十四日嘉礼告成，凡百顺吉，我为欣然。

尔今已冠，且授室矣，当立志学作好人，苦心读书，以荷世业。吾与尔父渐老矣，尔于诸子中年稍长，姿性近于善良，故我之望尔成立尤切，为家门计，亦所以为尔计也，尔其敬听之。

读书非为科名计，然非科名不能自养，则其为科名而读书，亦人情也。但既读圣贤书，必先求识字。所谓识字者，非仅如近世汉学云云也。识得一字即行一字，方是善学。终日读书，而所行不逮一村农野夫，乃能言之鹦鹉耳。纵能掇巍科、跻通显，于世何益？于家何益？非惟无益，且有害也。冯钝吟云："子弟得一文人，不如得一长者；得一贵仕，不如得一良农。"文人得一时之浮名，长者培数世之元气；贵仕不及三世，良农可及百年。务实学之君子必敦实行，此等字识得数个足矣。科名亦有定数，能文章者得之，不能文章者亦得之；有道德者得之，无行谊者亦得之。均可得也，则盍期蓄道德而能文章乎？此志当立。

尔气质颇近于温良，此可爱也。然丈夫事业非刚莫济。所谓刚者，非气矜之谓、色厉之谓，任人所不能任，为人所不能为，忍人所不能忍。志向一定，并力赴之，无少夹杂，无稍游移，必有所就。以柔德而成者，吾见罕矣，盍勉诸！

家世寒素，科名不过乡举，生产不及一顷，故子弟多朴拙之风，少华靡佻达之习，世泽之赖以稍存者此也。近颇连姻官族，数年以后，所往来者恐多贵游气习。子弟脚跟不定，往往欣厌失所，外诱乘之矣。唯能真读书则趋向正、识力定，可无忧耳，盍慎诸！

一国有一国之习气，一乡有一乡之习气，一家有一家之习气。有可法者，有足为戒者。心识其是非，而去其疵以成其醇，则为一国一乡之善士，一家不可少之人矣。

家庭之间，以和顺为贵。严急烦细者，肃杀之气，非长养气也。和而有节，顺而不失其贞，其庶乎？

用财有道，自奉宁过于俭，待人宁过于厚，寻常酬应则酌于施报可也。济人之道，先其亲者，后其疏者；先其急者，次其缓者。待工作力役之人，宜从厚偿其劳，悯其微也。广惠之道，亦远怨之道也。

人生读书得力只有数年。十六以前知识未开，二十五六以后人事渐杂，此数年中放过，则无成矣，勉之！

新妇名家子，性行之淑可知。妃匹之际，爱之如兄弟，而敬之如宾，联之以情，接之以礼，长久之道也。始之以狎昵者其末必暌，待之以傲慢者其交不固。知义与顺之理，得肃与雍之意，室家之福永矣。妇女之志向习气皆随其夫为转移，所谓“一床无两人”也。身出于正而后能教之以正，此正可自验其得失，毋遽以相责也。孟子曰：“身不行，道不行于妻子。”

胡云阁先生乃吾父执友，曾共麓山研席者数年。咏芝与吾齐年生，相好者二十余年，吾之立身行事，咏老知之最详，其重我非它人比也。尔今婿其妹，仍不可当钧敌之礼，无论年长以倍，且两世朋旧之分重于姻娅也，尊之曰先生可矣。

尔婚时，吾未在家。日间文书纷至，不及作字，暇间为此寄尔。自附于古人醮子之义，不知尔亦谓然否；如以为然，或所见各别，可一一疏陈之，以觇所诣也。

正月二十七夜四鼓季父字

左、胡联姻，诫侄立志

上封家信，由于左宗棠初到长沙府，家人还暂住在湘阴柳庄，两地相距七十公里，传音问讯只能靠纸笔。但这年年底，时任湖南巡抚骆秉章、湖北巡抚胡林翼各赞助左宗棠五百两白银，替他买下长沙司马桥住宅，供他安家，妻子孩子已生活在一起，不再需要写信。

左癸叟是左宗棠二哥左宗植之子，天资不错。左宗植正值盛年，自己满腹学问，教导儿子自然不用烦劳季弟。左宗棠写此信的由头是，左癸叟的“冠礼”与“婚礼”在湘阴举办，左宗棠其时在长沙整治官场，抽不出时间参加，但根据古人“醮子”规矩，他得有所表示。

一、比读书更重要的是“用书”

“冠礼”是中国古代汉族男性的成人礼，受礼者年龄在20岁。男性必须举办这一仪式，之后才算成人。社会承认男子成人之后，他才有资格参加社会活动，否则只能算“大小孩”，所以“冠礼”十分重要。

古人举办“冠礼”和“婚礼”的流程中有个仪式，叫“醮子”：长辈给晚辈冠者（或新郎）斟一杯酒，晚辈接过敬酒，一饮而尽，不需回敬；及笄者（或新娘）行礼后，从正宾手中接过“醴酒”，轻洒地面，表示祭祀天地，然后象征性地抿一口。仪式完毕，长辈再致以“醮辞”，以示祝贺。

左宗棠严格遵守古制，因不能到场“醮子”，便选择这样一个时机，以书信作贺礼，适时教育。

此信能给到今人启发的，主要是其中两句话：读书以实行为善（务实学之君子必敦实行），家庭之间以和顺为贵。

当时，科举考试弊端已十分明显，无法检测出一个人的德与才。在长沙府读书人的观念里，工具书长知识，乐书当作消遣，名著当作装饰，而且多数认为读书是为了科考。

左宗棠一反时俗，在这里，他没有从正面规定侄子应该怎么读书，而是从反面说明不能怎么读书：读完后，书是书，人是人，气质没有变化，这是“村农野夫”；读完后，只记得书上怎么说，自己仍不知道怎么做，这是“能言之鹦鹉”。

本着这一理念，左宗棠明确提出，如果国家考试制度限制学生求真知，则青年不应被考试条框束缚，而应立志“蓄道德而能文章”。也就是说，读书可以参加考试，但不是为了应付考试，读书的根本目的是完善人格、道德，提高自己分析问题、解决问题的能力，能够学以致用。

二、夫妇相处，“一床无两人”

左癸叟娶的是胡林翼的妹妹。新娘出身官宦世家益阳胡氏，乃名门闺秀，左家可以说有点高攀。作为胡林翼的“季丈”、左癸叟的三叔，左宗棠有点尴尬。所以，他告诫侄子，以后见了胡林翼不要叫哥哥，而应叫先生，毕竟胡林翼与左宗棠年纪相仿，且胡林翼的学问也不是左癸叟可以比拟的。

这里，左宗棠除了教侄子读书，还专心教侄子如何正确处理夫妻关系。

左宗棠给侄子列出了模范夫妻相处的标准：像爱兄弟一样爱老婆，像待客人一样待妻子；以感情相联结，以礼数待内人。只有这样，夫妻才可以做得久。

夫妻相处会形成一个逐渐固定的心理模式，开始相处的几个月最重要，相处和顺了，以后便能习惯成自然。左宗棠在信中列出了夫妻之道的一个基本标准：“一床无两人。”丈夫要在潜移默化中影响妻子，夫妻之间要同心同德。

这种说法对吗？对，也不对。

说对，是因为从古至今，夫妻之间的最佳状态只能是“一床无两人”。“一床无两人”的反面，是“同床异梦”。“同床异梦”的夫妻，怎么看都像一对“合同夫妻”。

说不对，是因为古代女人没地位，嫁鸡随鸡，嫁狗随狗，只能听从丈夫；今天讲男女平等，丈夫与妻子各属独立个体，可以相互影响。

这里也见出古今的区别。

以现代眼光来看，夫妻“平等”的核心含义，是夫妻双方人格平等、社会权利平等。“男权”固然不对，“女权”未尝不是站在男权的对立面犯了同样的错误。在生物学界，雄性大多以阳刚为美，雌性大多以阴柔为美，“女汉子”“男媚娘”，偶尔欣赏即可，完全颠倒不行。

无论在哪个时代，夫妻双方如果将左宗棠这句“一床无两人”真正理解了、做到了，夫妻关系就不至于走太多弯路。

古人没有“自由恋爱”一说，左宗棠的婚姻，事实上也是“父母之命，媒妁之言”，夫妻双方原本没什么感情基础。但夫妻俩婚后关系融洽，感情培养得很深厚，胡林翼甚至称左宗棠之妻周诒端是“闺中圣人”。左宗棠事业大成，一定程度上得益于周诒端经营好了家庭，使兄弟、邻里关系和睦，让左宗棠免去了后顾之忧。

1860 年

咸丰十年

左宗棠——48 岁

长子孝威——14 岁

次子孝宽——13 岁

左宗棠家教语录

㊀ 读书要目到、口到、心到。

㊁ 一字求一字下落，一句求一句道理，一事求一事原委，虚字审其神气，实字测其义理。

叁·与孝威孝宽

| 咸丰十年正月三十日

孝威、宽知之：

我于廿八日开船，是夜泊三汊矶。廿九日泊湘阴县城外，三十日即过湖抵岳州。南风甚正，舟行顺速，可毋念也。

我此次北行，非其素志。尔等虽小，当亦略知一二。世局如何，家事如何，均不必为尔等言之。惟刻难忘者，尔等近年读书无甚进境，气质毫未变化，恐日复一日，将求为寻常子弟不可得，空负我一片期望之心耳。夜间思及，辄不成眠，今复为尔等言之。尔等能领受与否，我不能强，然固不能已于言也。

读书要目到、口到、心到。尔读书不看清字画偏旁，不辨明句读，不记清首尾，是目不到也。喉、舌、唇、牙、齿五音并不清晰伶俐，蒙笼含糊，听不明白，或多几字，或少几字，只图混过就是，是口不到也。经传精义奥旨初学固不能通，至于大略粗解原易明白，稍肯用心体会，一字求一字下落，一句求一句道理，一事求一事原委，虚字审其神气，实字测其义理，自然渐有所悟。一时思索不得，即请先生解说；一时尚未融释，即将上下文或别章别部义理相近者反复推寻，务期了然于心，了然于口，始可放手。总要将此心运在字里行间，时复思绎，乃为心到。今尔等读书总是混过日子，身在案前，耳目不知用到何处，心中胡思乱想，全无收敛归着之时。悠悠忽忽，日复一日，好似读书是答应人家工夫，是欺哄人家、掩饰人家耳目的勾当。昨日所不知不能者，今日仍是不知不能；去年所不知不能者，今年仍是不知不能。孝威今年十五，孝宽今年十四，转眼就长大成人矣。从前所知所能者，究竟能比乡村子弟之佳者否？试自忖之。

读书作人，先要立志。想古来圣贤豪杰是我者般年纪时是何气象？是何学问？是何才干？我现才那一件可以比他？想父母送我读书、延师训课是何志愿？是何意思？我那一件可以对父母？看同时一辈人，父母常背后夸赞者是何好样？斥詈者是何坏样？好样要学，坏样断不可学。心中要想个明白，立定主意，念念要学好，事事要学好。自己坏样一概猛省猛改，断不许少有回护，断不可因循苟且，务期与古时圣贤豪杰少小时志气一般，方可慰父母之心，免被他人耻笑。

志患不立，尤患不坚。偶然听一段好话，听一件好事，亦知歆动羡慕，当时亦说我要与他一样。不过几日几时，此念就不知如何销歇去了，此是尔志不坚，还由不能立志之故。如果一心向上，有何事业不能做成？

陶桓公有云："大禹惜寸阴，吾辈当惜分阴。"古人用心之勤如此。韩文公云："业精于勤而荒于嬉。"凡事皆然，不仅读书。而读书更要勤苦，何也？百工技艺及医学、农学，均是一件事，道理尚易通晓。至吾儒读书，天地民物，莫非己任。宇宙古今事理，均须融澈于心，然后施为有本。人生读书之日最是难得，尔等有成与否，就在此数年上见分晓。若仍如从前悠忽过日，再数年依然故我，还能冒读书名色、充读书人否？思之，思之。

孝威气质轻浮，心思不能沉下，年逾成童而童心未化，视听言动，无非一种轻扬浮躁之气。屡经谕责，毫不知改。孝宽气质昏惰，外蠢内傲，又贪嬉戏，毫无一点好处［可取］[1]，开卷便昏昏欲睡，全不提醒振作。一至偷闲顽（恶）［耍］，便觉分外精神。年已十四，而诗文不知何物，字画又丑劣不堪。见人好处不知自愧，真不知将来作何等人物。我在家时常训督，未见悛改。今我出门，想起尔等顽钝不成材料光景，心中片刻不能放下。尔等如有人心，想尔父此段苦心，亦知自愧自恨，求痛改前非以慰我否？

亲朋中子弟佳者颇少。我不在家，尔等在塾读书，不必应酬交接，外受傅训，入奉母仪可也。

读书用功，最要专一，无间断。今年以我北行之故，亲朋子侄来家送我；先生又以送考耽误工课，闻二月初三、四始能上馆，所谓"一年之计在于春"者又去月余矣。若夏秋有科考，则忙忙碌碌又过一年，如何是好？今特谕尔：自二月初一日起，将每日功课按月各写一小本寄京一次，便我查阅。如先生是日未在馆，亦即注明，使我知之。屋前街道、屋后菜园，不准擅出行走。如奉母命出外，亦须速出速归。出必告，反必面，断不可任意往来。

同学之友，如果诚实发愤，无妄言妄动，固宜引为同类。倘或不然，则同斋割席，勿与亲昵为要。

家中书籍勿轻易借人，恐有损失。如必须借看者，每借去，则粘一条于书架，注明某日某人借去某书，以便随时向取。

庚申正月三十日

［家中寄信到京，封面上写"内家言一函，敬恳吉便带至都中东草厂十条胡同长郡会馆，确交四品卿衔兵部左大人开拆，司马桥左宅寄。"背面写年月日封。］

1　本书中的信件依据岳麓书社 2009 年版《左宗棠全集》（全十五册）进行核查，中括号内的文字系对照左宗棠家书手迹录入的补文。以下不一一说明。——编者注

一心向上，有何事业不能做成

左宗棠写这封信时，长子孝威14岁，已经能够与左宗棠交流思想、情感以及对事物的看法。此时，左宗棠在北上赴京途中。可以说，这才是他严格意义上的第一封家信。

在长沙司马桥住宅居家期间，左宗棠有空就对儿子手把手进行教育。即使卷进“樊燮事件”，自己命悬一线，此番进京会试是借口，避祸是实，他也不忧自身，反倒担心自己不在家时儿子会因贪玩荒废了学业，并为此彻夜难眠，费尽心血以书信来引导。

一、传授“体验式”读书法

在这封家书里，左宗棠继续给儿子传授学习方法。他认为，读书的根本途径仍是“正心”、去杂念。他以过来人的心得体会传授给儿子一种独特的“体验式”读书方法，即“虚字审其神气，实字测其义理”。意思是说，读一篇文章，不但要透过字里行间看出作者要表达的道理，还要揣摩作者的语气、心理。换句话说，就是进入作者写作的情境，仿佛作者就在身边，随时在与自己对话。

坚持“体验式”读书有什么好处？可以大幅增加内心经验。在左宗棠看来，人看到的、听到的、想到的东西，只有入心了，成为一种感同身受的体验，才能开阔一个人的胸怀，增长一个人的见识。

为什么人进入40岁才叫“不惑”？因为这个年龄阶段的人经历世事多了，体验丰富了，内心也就逐渐沉稳了。

20岁的青年即使博览群书，也不能拥有40岁的沉稳，因为缺少生活过程的体验。书虽然能给予你知识，但无法给予你体验。“纸上得来终觉浅，绝知此事要躬行。”体验比道理重要，在于它不但让人记忆深刻，而且可以内化于心。

左宗棠读书求知看重触类旁通，追求一通百通，所谓“百工技艺及医学、农学，均是一件事”，这便是教儿子要做到举一反三，学会知识迁移。

年轻人怎样通过读书立志成就大业？左宗棠以切身的经验，教给儿子两条最重要的方法：一是向古代圣贤豪杰看齐，以他们为榜样，学习立志；二是平时注意博览群书，诸子百家的各种观念、道理都去想一想，“宇宙古今事理，均须融澈于心”。这就不仅仅是“鸳鸯绣出从教看”，更是“且把金针度与人”了。

但儿子的学习态度明显不能令他满意。他批评孝威“气质轻浮”，有“一种轻扬浮躁之气”；孝宽“气质昏惰”，“开卷便昏昏欲睡，全不提醒振作”，可谓苦口良药。

但从儿子的角度去想，偷懒也有他们的道理。这些四书五经，读来枯燥无味，而且理工科的技术类书籍科场又不考，哪来的学习动力？没有父亲在身边言传身教，单凭一张信纸，儿子自读自解，是进入不了“体验式”读书状态的。

由此可以看出父子的区别：左宗棠读这些书籍津津有味，一是他从小对此就有兴趣爱好，二是被贫寒环境逼出来的；儿子无论是在兴趣还是环境影响上，都与父亲没有多少相近之处。

左宗棠的性格特点是刚直敢言、言无不尽，这种性格影响了他的教育方式，习惯批评式教育。但孝威才 14 周岁，孝宽也不过 13 周岁，少年血气未稳，人格未定，都期望得到父亲的肯定与表扬。然而，他们从日夜期盼的家书中读到的却是父亲如此不留情面的指责，教育效果不见得会好。

左宗棠的批评式教育，也并非全然不对，但这种方法只适合培养天赋过人、才气强劲的青少年。性格强悍的人在打击面前会变得更强，性格柔弱者在打击面前很可能会一蹶不振。此时，左宗棠还没有明白这一点。

二、为什么书籍不可以借人

有个成语叫“敝帚自珍”，是说自己看重的东西，便会格外珍惜。信末，左宗棠道出了一件他虽远隔重山但仍十分关切的家事：“家中书籍勿轻易借人，恐有损失。”这句话今天听起来仿佛左宗棠格外小气，事实并非这样。主要原因是，一则左宗棠爱书如命，他购买了一些孤本，担心因借阅而丢失；二则古代出版一本书需人工刻版，成本非常昂贵，要买到一本想读的书，并非易事。

对于靠读书改变命运的普通人家子弟来说，书是仅次于生命的必需品。左宗棠出山前每天读书废寝忘食，获益匪浅，当然会像守财奴一样守着他的书。爱书如命，这种心理并不是个例，清末，湖南有位叫叶德辉的文人曾有一句名言：“老婆不借，书不借。”

今天出版业十分发达，要买到一本书，非常容易，在手机上下个订单，按个“确认”键，书就能快递上门。那么，放在今天，书是否可以轻易借人？笔者以为，书是自己的“私人智库”，读过后留下的记号、折页的重点、写下的理解，都代表你当时的收获。过几年再看，自己的理解又有所不同。真正会读书的人，看重的不是一本书值多少钱，而是自己标记的重点，读后的见解、收获，这不是再买一本书就可以拥有的。

历史上但凡成就事业的人，都有一个共性，不但嗜书如命，而且有藏书的爱好。今天图书馆有那么多的藏书，私人藏书有什么意义呢？它不但代表你的思考范围，而且形成你的知识结构，稍有缺篇断本便如缺胳膊少腿，行动不便。

今天偶尔有在淘宝上卖旧书的读者，看来多是看书找乐子、图消遣的文化门外汉。事实上，他们可能只读懂了书上的故事，并没有自己的思考与见解，也谈不上对自己的“私人智库”有多少尊重。人养成了这种坏习惯后，如果不加以改正，那么很可能会贻误终生。

肆·与孝威

咸丰十年二月二十四日

孝威知之:

卅日过湖，曾一信寄回，想已接阅。自二月初一入荆河口，至廿四日始抵荆州，五百余里竟行兼旬之久，实苦迟滞。今已雇小车八辆、轿二乘、马两匹，向襄阳前去。大约须闰月初始抵都也。

尔在家须用心读书，断不可如从前悠忽，是所切嘱！大一岁须立一岁志气，长一岁学问，勿贻我忧。余俱详前谕，不多及也。

二月廿四日［父字］

伍·与孝威

咸丰十年四月初三

霖儿知之:

涤翁处专人回湘（卅日自宿松起程，大约十四五日可到省），曾寄高丽参、燕窝、阿胶等物与尔，未知已到否？尔近来病已全愈否？客中闻尔病，忧思颇切。自得初八日家书后，尚未接到续禀。入夏后光景何如？尔体质颇弱，药饵调理固不可少，然安心静养尤其所急。日间随意写字看书，不必久坐久读也。

我于旬日内外由宿松出江，买棹西还，大约端节后方可抵家。金陵官军各营于闰月十六日败溃，大局顿坏，时事日非，殊堪悲叹。归后仍须乡居，为避世计，可告汝母知之。

四月初三日［父字］宿松大营［发］

陆·与孝威

咸丰十年四月二十九日

我于廿日由宿松启行，廿七日舟泊岳州。现阻风南津港，候北风发，二三日即抵家也。

过鄂时，适接尔十一日信，言病状颇详，我心稍稍放下。咏老赠人参、陈阿胶与尔，意厚可感耳。

廿九日辰刻［父字］

出山前夜的“高峰论坛”

这三封信类似今天的微博，浮光掠影地还原了左宗棠借进京会试避“樊燮事件”的经历：他从湘阴启程进京，中间被胡林翼阻在湖北英山，又被曾国藩借机邀去安徽宿松。

看第一封信，左宗棠安排“小车八辆、轿二乘、马两匹”，看来是做了长住北京一段时间的准备。因为，普通考生带个书童，一马一骡，就凑合了，没必要搞这么大规模。

出发时，左宗棠看似从容，其实内心紧张。他给妻子在另一封信里讲述了实情：“山北山南网络密布，既匿影深山，以将为金丸所拟。”眼看自己死罪难免，他又不愿无辜死于小人之手，冲动之下，居然打算去曾国藩部里领一营上前线，壮烈战死。

情急冲动之请，曾国藩自然不会答应。

一、曾国藩有意，左宗棠无心

关键时刻，胡林翼及时派手下寄书信到汉口湖南会馆，阻止左宗棠北上，并密约左宗棠到湖北英山见面。胡林翼当面告诉他，情况没有他听到的那么糟糕，自己正在设法替他周旋，左宗棠这才稍微释然。

曾国藩从胡林翼的书信中得知左宗棠到了英山大营，又动了挖人才的念头，便派幕僚李元度出面，于1860年5月16日将左宗棠秘密接到宿松大营。

第二封信写于左宗棠到宿松大营后的第八天。曾、左二人不分昼夜对谈，此时正处于深入交流阶段。从信中看，曾国藩还没有打动左宗棠的心。否则，左宗棠不可能说“归后仍须乡居，为避世计，可告汝母知之”。而曾国藩对左宗棠极尽关怀，从他对左宗棠的器重以及给孝威送的礼物高丽参、燕窝、阿胶可以看出来。在当时，这些礼物都是补品中的极品。从这一信息也可见出孝威的咳嗽病由来已久，已经成了左宗棠朋友圈里公开的秘密。

第三封信中的“咏老”即胡林翼。胡林翼，号润芝，又作润之、咏芝。胡林翼这次没有像曾国藩那样在人情中附加挖人才的想法，所以只送表弟孝威人参、陈阿胶。作为孝威的表哥，胡林翼的人情反而没有曾国藩的重，原因在于中国式人情讲究精妙、得体。

胡林翼于咸丰十年四月十日（1860 年 5 月 30 日）从湖北英山赶到安徽宿松。三位大咖同时秘密开“高峰论坛”，搞“头脑风暴”会议，则只有一个星期。左宗棠于 6 月 9 日上午 9 点离开宿松大营，与曾国藩实际见面聚谈时间共 23 天。整个过程里，左宗棠还没有从“樊燮事件”中脱身，因此，曾国藩邀聚只是埋下伏笔，还不敢大胆公开起用左宗棠。

二、曾左联手，呼之欲出

曾国藩此次对左宗棠印象如何？

咸丰十年四月十九日（1860 年 6 月 8 日），曾国藩在给弟弟曾国潢的信中说：“渠尚肯顾全大局。”这句话透露出曾国藩既在考察左宗棠的“政治觉悟”，也对他的才气与性格有所顾忌。曾国藩与左宗棠已经打了 8 年交道，彼此知根知底，论战略、战术，他确实在左宗棠之下，而左宗棠又总是与他针锋相对，将他的不足当面指出来，换了谁都不爽。曾国藩的可贵之处在于，从来不夹带个人私怨，论人、用人，完全出于公心，作为政治家，他是完全合格的。

“高峰论坛”的花絮是，会议之后，最早探得朝廷对左宗棠态度转变的是胡林翼。此时，左宗棠还没有回到湖南，胡林翼已给时任编修的同县人郭嵩焘的二弟、时任湖南巡抚幕僚的郭昆焘写来报喜信：“季公之事，天心大转。”这种窥探及时、消息灵通人士的做法，足见出胡林翼在官场上的人脉之深。胡林翼既有大智慧，又有小聪明，他亦术亦道，将当时的湖北官场操控于掌心。

这里不妨稍微比较一下曾、左、胡三人。曾国藩属羊，左宗棠、胡林翼同属猴，从属相也大致可以看出三人的三种风格：曾国藩天资有点山羊的呆滞与柔弱，他虽不擅具体办事，但懂得运筹帷幄，所以，在用人上下功夫，并将它做到极致，俨然政治家风范；左宗棠有大猿猴的智性与厚重，但性格过于刚直，他既懂政治，又擅办事，本性更愿办事，从来勇猛精进，专心事功；胡林翼则有金丝猴的灵活与飘逸，他称得上全才，既懂政治，又擅办事，还擅人际关系，缺点是太依赖关系，更愿通过政治手段用智慧化解一切难题，为了达到目标可以不择手段，看起来更像政客，所以，左宗棠批评他“喜任术，善牢笼”。

这次见面会，对曾、左二人今后的合作十分重要。两人都在近距离考察对方。左宗棠是“戴罪之身”，事实上别无选择；曾国藩正处在权力上升的酝酿期，急需用人，合作意愿更强烈。左宗棠的大局观念与政治觉悟，是两人联手后信任有加、力量倍增的关键因素。

柒·与孝威

咸丰十年九月初四

孝威览之：

启行后，廿六日抵章门。途间接涤帅信，宁国府于十二日失守。涤帅方遣李次青观察率所部平江勇三千赴徽郡防守，正值张副宪芾内召，因欠饷军溃，贼遂渐窥岭防。次青抵徽甫数日，分所部两营防丛山，贼至败走。涤所派援之兵亦败。廿五日徽郡遂失，次青未知存亡。徽城大而陋，储粮既乏，百务均未备。次青所部仅二千五百人入城同守；涤翁派援之鲍军门一军又未到。兵单地险，贼多援缓，此城之失，固在意中。惟自此江西兵事日棘，涤翁在祁门，崎岖险阻，地逼势孤，亦殊可危。安庆获贼伪文，知逆首陈玉成有分两路上行之说：一扰皖北，一扰江西。我当率所部五千余人由安仁、乐平扼婺源，以固江西门户，而通祁门之气，特虑贼踪速至，婺源不可得到耳。

楚军自省至江西，沿途整肃。言者谓为向来未有，众而能整，或可一战。然贼势浩大，时局至艰，未知攸济。燕都夷患逼近，征调川楚勇丁赴援，尤时事之大可忧者。我既挺身任事，亦不敢有所推诿，竭吾心力所能到者为之而已。

尔身体尚未复元，凡百宜知保爱，毋贻我忧。尔母前有携尔往外家之说，未知果否。读书亦可养身，只要有恒无间，不在功课之多。万方多难，吾不能为一身一家之计。尔年幼弱，诸弟更小，须一切禀母命行之。所有读书做人为终身之计者，吾曾为尔言之。时记我言，免我忧虑为要。

九月初四日章门营次［父谕］

首次奉命，出兵江西

写上封信期间，胡林翼曾密告“季公之事，天心大转”，消息是准确的。朝廷的风向准得像天气预报，经他的口提前吹过来：咸丰十年四月二十日（1860 年 6 月 9 日），左宗棠接到朝廷任命，以四品京堂候补身份，襄办曾国藩军务。

命运由此发生戏剧性的逆转。这是左宗棠生平第一次接受朝廷的职务，尽管只是个过渡性的虚职。

一、乱极立定，自信与务实

左宗棠青年时代起便以“今亮”自称，如今出山与诸葛亮出山时“受任于败军之际，奉命于危难之间”时隔1600余年，情形竟如此相似：咸丰十年七月（1860年9月），曾国藩派幕僚李元度领3000兵守徽州城，谁料李元度正醉心于写一部清朝开国以来的历史人物大传记，身在军营，人却陶醉在史传的写作里。加之他对军事既无兴趣，也缺乏能力，固守3天后即弃城逃跑，也不知人是死是活，与三国时马谡失守街亭如出一辙。徽州失守，祁门地势像个大锅底，设在这里的“前敌总指挥部”岌岌可危。

左宗棠及时率其新组建的“楚军”赶赴前线，抵达江西章门。

楚军成军于咸丰十年五月八日（1860年6月26日）。这天，左宗棠邀集崔大光、李世颜、罗近秋、黄有功、戴国泰、黄少春、张志超、朱明亮、张声恒等9名将领，将各自负责招募的士兵，编为四营、四哨。又收编已故湘军将领王鑫的“老湘营”旧部1400人，由王鑫的弟弟王开琳统领。另挑精兵200人，组成亲兵，由左宗棠亲自指挥。

全军共计5000多人。

清 · 佚名《平定太平天国战图》其七《逆众图扰怀桐楚军会剿大胜图》

咸丰十年五月二十三日（1860 年 7 月 11 日），楚军集结在长沙金盆岭，按“首练胆，次练心，末练技术”的要求严格训练。八月八日（9 月 22 日），左宗棠整师从长沙出发，经湖南醴陵进入江西境内。

从练兵到上战场，前后不过 2 个月。这样的军队，若禁得住打，还有仗可打；若不经打，一仗下来就烟消云散了。

左宗棠认为，楚军禁得住打，但一出山就遭遇了“啃硬骨头”的局面。徽州失守的后遗症开始显现，曾国藩所部湘勇大面积溃败，鲍超受命增军援助徽州也被打得落荒而逃，湘勇内部弥漫着失败的情绪。左宗棠只要稍有灰心，就会成覆巢之卵。

左宗棠并没管湘勇在战场上的胜败如何，他依然对楚军信心满满。之前，他在湖南巡抚衙门已有8年的指挥作战经验，这是他的本钱。但论独立带兵，这还是第一次。这支队伍水平到底怎样？他其实心里没底。

队伍浩浩荡荡挺进江西时，他向曾国藩这样汇报：“王毅卿办老湘营务，杨石泉、刘克庵诸公均入幕府，各营、哨皆百战之才，似亦不甚草草。然终能不负公以负朝廷，则未敢知也。”就是说，王开化（王毅卿，字梅村）负责抓军队管理，杨昌濬（字石泉）、刘典（字克庵）做军事参谋，这些人以前个个身经百战，楚军自然不是乌合之众。但带领他们能不能先打赢几场胜仗，我现在可不敢打包票。

听起来口气很大，但又务实，不随便拍胸脯保证。口气大出自左宗棠的本性，与其说他是战略上藐视敌人，不如说这是他从小“喜为壮语惊众”风格的延续，而务实则是他的办事策略。对于能不能打赢，虽然自己心里没底，但仍要有自信。左宗棠清楚，只有自己先有信心，曾国藩才有信心，否则曾国藩怎敢派他到风口浪尖的主战场？但自信过头，容易自满，沦为“放大炮”。在没有取得战场胜利之前，任何保证都是空口白牙。鼓劲的话不能不说，又不能说得太满，毕竟一旦失利，就会丧失信誉，自毁名节。

楚军后来取得一系列巨大的成功，很大程度上归功于统帅左宗棠做事务实，做人重名节的风格。

二、立己重名节，立军重军纪

左宗棠出山之前有句口头禅："不值为此区区挠吾素节。"意思是说，别因一点小失误毁了我一世英名。其实，刚出山时，他算不得什么大人物。但经他这么一说，好像自己那时就很了不起。而正是这种近似迂腐的"洁癖"，让他一出山便严于律己，严格治军。

给儿子孝威的这封信像来自前线的"现场直播"，也让我们第一次在近距离的比较中看出来，治军确非曾国藩所长。楚军不过是"沿途整肃""众而能整"，就被人明显看出来与湘勇士气不同，可以一战。这其实就是"一切行动听指挥，不拿群众一针一线"的军队精神。

此时，湘勇统帅曾国藩与楚军统帅左宗棠同属性格刚硬之人，而且两人都视个人名节重于生命，二人的差异表现在面向战场的指挥能力方面。曾国藩的宏观判断力有所欠缺，在战场指挥能力上显得有心无力。这为二人后来在"国事、兵略"上日益产生严重的分歧埋下了伏笔。

后面我们将陆续看到这类分歧。

三、不"打呆仗"，打"计算仗"

曾、左第一次正儿八经地合作打仗，各自的斤两像秤星一样显现出来。

咸丰三年（1853年），左宗棠在湖南指挥绿营。其后几年，左宗棠见曾国藩在湖北、江西、安徽指挥湘勇，总归还能打赢几场仗，便全力以赴为他筹粮筹饷，对这位老兄也心怀敬意，只是不知道他是怎么打赢胜仗的。如今，与曾国藩零距离合作后，左宗棠才发现真实的情况是：战报很精彩，现实很无奈。

曾国藩"扎硬寨，打死仗"，左宗棠完全不认同。在左宗棠看来，这说白了就是即便谋略想不出，战场打不赢，也要做最牛“钉子户”耗下去，对手不死也得脱层皮。

左宗棠精力充沛，思维敏捷，智虑过人，属于那种一眼就大致能判断出问题出自哪里、从哪里突破的人。他长于战前计算，且屡试不爽。现在，他亲自决策，亲手指挥，进退了然于胸。面对这位笨手笨脚却十分认真领导自己的上司、兄长，左宗棠内心只剩礼制上的尊敬，谈不上佩服了。

细心的读者会发现，此信除了开头称“涤帅”，尊称曾国藩为最高军事领袖，后面一律自觉或不自觉地写成“涤翁”。用今天的话说，就是将“曾国藩大统帅”不自觉地改称为“曾国藩老人家”。再往后，则要么称呼官衔、爵位，要么干脆简用一个“涤”字。古人以老为尊，对男性最高的尊重是叫“老人家”。但“老人家”名誉高而能力弱，古今观念是一样的。这里也可以看出来，你若不能凭真本事征服性格刚直的左宗棠，他就不会对你口服心服。

身为下级的左宗棠将军事统帅曾国藩称呼为“老人家”，可见在尊重曾国藩道德人品的背后，否定的大概是曾国藩的业务能力。

四、为朝廷而战，也是保卫家人

左宗棠的军队刚挺进江西时，正碰上黎明前的黑暗。湘军战斗史上最困难的阶段，就发生在这一时期。

信中战事的背景是：在左宗棠练楚军前，朝廷安排由满洲亲贵将军和春统领用以钳制太平天国首都的江南大营、江北大营，再次被太平军打垮。八旗与绿营相继丧师、失地，湘军成了挽救清王朝的最后一根稻草。

眼下，太平军明显处于攻势，官军处于守势。

从信中还可以看出，官军失利带来的连锁反应，让湖南也不太安全了，否则，信中不会有妻子周诒端打算将全家老小从长沙司马桥搬到湘潭娘家避祸的想法。江西一旦不保，湖南就会马上变成前线。丈夫在千里之外指挥战士冲锋陷阵，妻子在大后方携家人躲祸避难，战争年代，千万个家庭成为命运共同体。

湖南一直是相对安全的，主要得益于左宗棠前面 8 年打好了基础。自咸丰二年（1852 年）张亮基抵住太平军的攻击以来，张亮基、骆秉章、左宗棠一直苦心经营，长沙城才没有被攻破。其间，长沙、湘潭、岳阳虽危象丛集，但最终硬生生被官军守住。

湖南横亘在广东与太平天国首都天京（南京）之间，成了太平天国的“腰腹之患”。太平军一打下湖北，就想搂草打兔子，从岳阳反攻，试图顺势吞并湖南。但湖南官军抵抗强悍，卡着小蛮腰，让太平军周期性地“肠梗阻”。

左宗棠退出后，湖南军政系统原班人马已经大换血。张亮基转任山东巡抚，骆秉章调任四川总督，“黄金搭档”散伙。新任湖南巡抚翟诰于咸丰十年八月（1860 年 9 月）上任，干了不到半年，就被毛鸿宾（字寄云）取代。毛鸿宾做了两年多湖南巡抚，到同治二年五月（1863 年 7 月），又被恽世临取代。一年半后，李瀚章继任湖南巡抚，他与下任巡抚刘崐一样，都没有干满两年。“一号首长”如此走马灯似的更换，可见湖南沉重的军事压力。

左宗棠虽在江西打仗，但妻子、孩子全在湖南，家人能不能免于战祸，不仅取决于湖南巡抚翟诰眼下防御战打得如何，更取决于左宗棠在江西打得怎样。

儿子孝威作为左宗棠家人，通过父亲的书信，如此近距离地目睹全国战局的台前幕后，相当于拿到已经“剧透”的脚本，看清了开头，但猜不到结局，体验与感受想必自然与别家又有不同。

捌・与孝威

咸丰十年十月二十三日

霖儿知之：

接两次家书，均未及复。军事甚烦，又未开仗，亦无可言者。

皖南贼众且悍，涤帅居祁门，未为得地。今群贼环伺，应接不暇，所恃者鲍、张两军及我部五千余而已。现发老湘桂勇及右营六营截剿安仁窜匪（即由粤、楚边界窜入江西者）。贼已闻风远窜，已饬星速追剿。如前途有兵遏截，可期悉数歼除。惟皖境贼氛日逼，当速进屯溪扼之。是处介休、宁、徽郡之间，相距各四五十里，为休、歙之贼所必争，到此当有数大恶仗，惟当慎以图之。

自抵乐平后，大明军令，革一营官（戴国泰）、三什长，斩一勇一夫，责革吸烟勇丁三十余名，军事日有起色。如果饷需无缺，专心兵事，当有可观。江西官民喜其毫无扰累，惟索饷则频频不应，无如之何。如东征厘饷可月得三万五千两专济我军（已向郭意城询之），则当请于涤帅以此济我之困，免得仰面求人耳。王兴多病不耐劳，李贵亦然，故俱弃之。凡营中革逐之人，不得其意以去，到省后必造作一番谣言，可置之不听。尔在家以养身、读书为事，一切均经谆谆训诫，勿贻我忧。

英夷事已于九月十二三互换和约。銮舆返宫，根本幸尚无恙，然辱甚矣。

东南贼势尽聚皖南，只看数月内有转机否。江、浙、皖军事均不堪问，以无将之故。涤公处人才亦乏，调芗泉不来（旨不允），子春亦为骆中丞带去；只一魏质斋可调，我曾请之涤公，涤恐南中不肯令其来也。李金旸之为人，我所深悉，然求之江、皖，尚少有及其勇者。此子留之湘中，无人驾驭，终必为患，故我意调之。王永章、周达武、陈品南，已请之涤公矣。涤公于我极亲信，毫无间言。惟才略太欠，自入窘乡，恐终非戡乱之人。我此去要尽平生之心，轰烈做一场，未知能遂其志否。

家中用度及延师之费，每年由营中付二百金归，省啬用之足矣。此外断不准多用，断不能多寄，致损吾介节。刘、王诸兄见我寒苦，以四百金存我家中，我不知也。可以二百金划存家中，以二百金请吴翔冈代制好劈山，切勿用动为要（且等我下次信到再说）。

明日大队拔向婺源，我自率亲兵二百先到祁门一行，再由祁赴婺，会师进屯溪。

尔母体气何如？念念。［此谕］

少云处忙中未及致书，可即以此示之。

十月廿三夜景德镇行营

大战前夕先整军

作为湘军的一支，楚军借王鑫的“老湘营”之壳横空出世，与曾国藩的湘勇的区别，主要有二：第一，士兵选自湖南各地，而不再局限于一县一乡；第二，上阵营官多用职业化的武人，少用擅长辞章的文人。

除此之外，左宗棠的又一创新之举是，大仗开打前夕，不忙打仗，先忙整顿军队。

一、开除人策略：阳光、果断

到江西乐平后，楚军全面整肃：“革一营官（戴国泰）、三什长，斩一勇一夫，责革吸烟勇丁三十余名。”

一个营官带兵 500 人，大致相当于现代军队中的营长。什长带兵 10 人，相当于现代军队中的班长。“勇”指士兵，“夫”指后勤人员。也就是说，左宗棠把楚军将士从上到下都整顿了一番。从一次性开除抽鸦片的 30 余名士兵这条消息来看，左宗棠是动真格的，而不是杀鸡儆猴。

打大仗前不忙练兵、做战前动员，却先忙于清理队伍，此举确实让人费解。读者也许会问：跟敌人枪炮相见，能杀敌就是好兵，管什么能力与人品？再说，劣兵可以上战场让太平军去淘汰，岂不是更好？劣兵也能杀敌，反正是赚了。

左宗棠之所以战前忙于清理队伍，不用有问题的将士，是因为他眼光长远。能力与人品有问题的营官、士兵，上阵偷懒，下阵冒功，一粒老鼠屎就会坏一锅粥。这样的将士若战死后成为“永久牌烈士”，被立为榜样，又会带坏军营。大家平日里在军营的表现，谁心里没有一本账呢？

但必须看到，战前先开除人，是不得已之举。将士抛下老婆孩子，从湖南辛辛苦苦大老远跟左宗棠赶到江西玩命，你说开除就开除，有这么做统帅的吗？稍有不慎，此举便会激起兵变。

今人了解的上阵打仗，镜头里的将士，都是意气风发，击鼓进军，鸣金收兵，谈笑间樯橹灰飞烟灭。但左宗棠家书颠覆了我们这个印象。打仗看似豪气冲天，实则千头万绪。何况，被开除的都是湖南老乡，远亲近邻，低头不见抬头见，你将人家当害群之马给剔掉了，人家回家后面子往哪里搁？乡人问起，他们当然不会承认是自己有问题，还可能编出各种理由，造楚军的谣，在舆论上报复左宗棠。

左宗棠的策略是，公开、公正、公平，做到让被开除者心服口服。

不要以为军事统帅大权在握，就可以随个人喜好耍性情开除人。古代社会的乡绅阶层，是专门为退休官员准备的。“铁打的营盘流水的官”，即使事业做得再大，解甲归田，做了乡绅后，也是一方百姓。做官时如果积怨太多，舆论评价过于负面，回乡后就会被乡人的唾沫星子淹死。权力在握时的处罚是否公开、公正、公平，能否赢得舆论支持，决定了自己现在到底是在“积德”，还是在“积怨”。《易经》说：“积善之家，必有余庆；积不善之家，必有余殃。”无论官员还是饱读诗书的乡绅，都懂得这个道理。

左宗棠认为自己处事公开、公正、公平，虽然得罪了人，但走得正，行得稳，因此，教导儿子“置之不听”。你越去理会谣言，谣言的杀伤力就越大。

二、办事要“清廉”，须亲力亲为

这封家书，第一次透露出左宗棠像诸葛亮一样事必躬亲的特点。

这次，有刘姓和王姓友人，知左宗棠家用拮据，便向左宗棠家中寄了

400 两白银。这笔数目不大的钱，他不但亲手安排家人只准用 200 两，就连另 200 两做劈山炮的事，他都要亲自安排。要知道，5000 多名楚军将士，吃饭、打仗，多少大账目堆在那里等着他去处理！

很多事情，在第一次遇到时就定下标准与基调是极为关键的。左宗棠在信中定下的家用开支标准，在其后永久性固定下来。这个标准放到湖南乡下，不过是中产家庭的生活开支。手握大钱却不让妻儿用，儿子难免心痒。他与儿子围绕家庭开支，不免会发生一些冲突，后面将会不断看到这一点。

这封信里，左宗棠第一次与家人说出了他对曾国藩的判断："惟才略太欠，自入窘乡，恐终非戡乱之人。"这句话也定下了曾、左以后交往的基调。在当事人听来，这句话也许格外刺耳，但这是家书，私密性强，不会给人当面难堪，何况，陈述的只是左宗棠内心最真实的感受。

读过一些曾国藩事迹的读者，看到左宗棠说的这句话也许会反问：这个判断下早了吧？难道太平天国运动最后不是曾国藩镇压的？

我们先不急于在此下结论，尽管曾国藩一生凡是亲自指挥的战斗，确实没有一场不以彻底大败告终。我们不妨暂时把这句话当作一个真正的实干家对一个长袖善舞的政治家从某一个角度做的观察。

玖·与孝威

| 咸丰十年十一月初九

阿霖知之：

前月十七日得安仁警报，即派六营截剿，得获大胜。贼窜入德兴，又发四营迎击，一战遂克复县城。贼窜婺源，我兵追到，一战即鼠窜浙界。共毙贼五六千，解散数千，拔出男妇数百，而我军仅一弁带伤后物故，又两勇阵亡而已。此次新军甫试战事，而十日之间连获三捷，克两城，未亡一卒，则训练之效也。将士勇气百倍，若慎以用之，当尚有数好仗可打。

昨夜得涤翁密函，建德失守，普镇败退（势逼饶、景）。我已前调梅村、石泉诸军速回景镇（诸军克婺后尚留于彼以资镇压），明日可到。闻此信后又加调老湘桂营二千人并来，约十二日可到。诸营到齐，当可稳打。此贼是伪忠王李寿成，人数实有四五万之多，颇称凶悍（从苏州而来，杨厚庵曾于南陵途次亲见之），且与诸友察看机势图之。

江西无一支好兵相助，各处有急则咨请速援，而月饷则吝不之与，实为可恼（暂尚未大欠，然新军必须如期发数月乃可欠也）。

浙抚奏请我督办浙中军务（答应四万一月饷）。旨意询涤帅，徽、宁可少此军则令赴浙。涤必不放我，我亦不肯倍涤也。

家下事我无心问及，一切有尔母在，谨听教诫，毋贻我忧。

十一月初九日［父字］

祁门大营风云

从这封信中可以看出，这3个月，左宗棠在江西的战事不但多，而且规模大。为什么江西的太平军不是越打越少，而是越打越多？主要原因在于，左宗棠长沙练兵之前，曾国藩已经做了一个事关全国战局的重要决定，将两江总督府设于祁门大营。

一、曾国藩布局，“政治策略”代替“军事战略”

祁门属徽州，地处安徽南部，因“东北有祁山，西南有阊江”而广为人知。祁门背阻高山，前断江河，是块盆地。从军事学的角度来看，将前敌总指挥部设于此，有点置之死地而后生的意味。

作为指挥湘军五大势力的最高军事统帅，曾国藩执意选定祁门，不排除有“不成功，便成仁”的想法。此外，至少还有以下四个方面的考虑。

第一，以速胜战迅速扭转战局，与太平军尽快进入战略决战。咸丰十年五月十四日（1860 年 7 月 2 日），在给曾国荃的书信中，曾国藩毫无保留地坦言内心这一构想：“余于十五日赴江南，先驻徽郡之祁门，内顾江西之饶州……保江西即所以保湖南也……若此次能将保全江西、两湖，则将来仍可克复苏、常，大局安危，所争只在六、七、八、九月。”

第二，保障粮道通畅。驻安徽各营湘勇的粮饷，从浙江、广东、湖南源源不断运来，必须经过江西。守住祁门，不但可以保证江西安全，而且能确保湘勇的粮饷供给。

第三，占定一个进退有据的战略制高点。控制祁门，既可以东进浙江，顺势攻打杭州、湖州，对天京形成包围局势，又可以兼顾安庆。

第四，在朝廷不断逼催的命令与实际的战局形势之间，寻找到一个政治平衡点。咸丰十年四月（1860 年 6 月）初，江南大营新败，朝廷意欲曾国藩挥师东援，曾国藩自知此时若强入江苏，势必四面楚歌。但他又刚署理两江总督，不好公开违抗命令，选择祁门这个“火药桶”做“前敌总指挥部”，意在做出姿态给朝廷看。

但将“前敌总指挥部”设在祁门，非但不合兵法，而且不切实际。但在数百名军事高参与机要秘书的联名反对声中，曾国藩仍强令湘勇各营开赴祁门扎营，并当众宣布，不愿服从命令者可以离职，军营可以发放路费。话已经说到这个份上，愿将就的人，都留了下来。

咸丰十年五月（1860年7月）上旬，曾国藩强令湘勇各营从安徽安庆、湖北湖口（今江西省九江市湖口县）、湖南郴州三地出发，开赴祁门。他亲自带队，率领安庆、宿松10营5000人，于六月十一日（7月28日）抵达祁门县城。其余两地湘勇，也分别于六月十七日（8月3日）、七月二十四日（9月9日）抵达。

曾国藩的学生兼机要秘书李鸿章终于憋不住了，不再顾及恩师的面子，公开站出来反对。他建议"前敌总指挥部"改设东流。理由是，祁门地势形如釜底，仅一条官马大道、一条蜿蜒小径、一条窄河与外界相通，三条出路一经切断，便成兵家绝地，稍有疏忽，湘军势必全军覆没。

曾国藩沉着脸，不肯更改，称将"前敌总指挥部"设在祁门是自己慎重思考后的结果，这件事只可以接受，不可以讨论；实在不能接受的，可以选择离职。

曾国藩向来从谏如流，此次为何出人意料地固执？真实原因是，朝廷同意设营祁门的圣旨已经送达，如果临时更改，他不但没法跟朝廷交差，而且会在部下面前威信扫地。

李鸿章何等聪明之人？曾国藩自己看不清，他却完全预判了老师的固执将要带来的后果，于是他二话不说，抬腿走人。师生之间，第一次出现裂痕。

曾国藩为示师恩与挽留，象征性地向朝廷保举李鸿章担任两淮盐运使。因保举不力，自然也没有成功。

一念之间，李鸿章成了落拓江湖的书生。

二、左宗棠谋篇，以新战略盘活全局

咸丰十年十月二十七日（1860年12月8日），左宗棠赶往祁门，与曾国藩见面商量军事。两人见面的地点在安徽省祁门县小城东街敦仁里小巷深处的洪家大屋内。两江总督府及"前敌总指挥部"就设在这里。

对于设营祁门的意见，左宗棠在上封家信中已经说了：“涤帅居祁门，未为得地。”但生米已经做成熟饭，左宗棠也没有兴趣做无用功，因此未加劝阻。

他主要落实了自己急着要办的两件大事：一是请求曾国藩提前做好江苏、浙江的战略规划；二是请示曾国藩同意自己在江西开办厘金局，以充实军饷。

围绕第一件事，左宗棠建议，曾国藩的当务之急，不是想方设法从祁门包围天京，而应站在全国高度，考虑将江苏、浙江作为战略重点，通过整治官场、重用人才、鼓舞民心来巩固这两处战略要地，再图取天京。

他向曾国藩献出了自己精心准备的“偏师保越”战略规划图：

> 苏州之失，闻是溃勇先至，而后逆贼随之。杭郡密迩，未知能瓦全否？为公计者，如杭郡未失，宜先以偏师保越，为图吴之地，庶将来山内、山外两路进兵，可免旁趋歧出之虑，而饷地可保。否则，贼势蔓及于越，而贼巢稳踞金陵，大军直指苏台，如击长蛇之腰，防其首尾俱应。且吴中封疆大帅或殉或逃，枝郡旁县，多已沦覆，下河上海谁与图存？如越中有一军为公宣布威德，则三吴人士均有所系属，而箪壶之奉，尚有可图。否则形势中阻，不但饷源易断，音耗难通，亦孤吴中士民望岁之心，而贻中朝士大夫以口实矣。

后来的形势，果然完全按照左宗棠预判的趋势发展。左宗棠本人当上浙江巡抚，李鸿章也在江苏巡抚的职位上迅速崛起，最早的思想源头当在这份规划图中。

围绕第二件事，左宗棠提出，曾国藩既已奉命以兵部尚书衔署理两江总督，其治下的江西省应该承担协饷义务。楚军依靠湖南东征局接济，已经严重不够，需另开拓新的饷源，如果曾国藩不方便，那么自己可以代收：

> 公督两江，江西乃其兼辖。此邦于军事素无条理，平时养勇数万，临事未能得一割之效，欠饷最多，糜饷最甚，公之所知。厘金一

节，闻亦杂乱无章。所取于商者烦，所归于公者约。公欲分而有之，自宜大加整理。为今之计，似须将江西兵事、饷事先为之经画，令所司将兵数、厘数一一开呈，逐为区处。兵精而饷节，厘旺则饷饶，似亦当务之急也。

有了前面那份“偏师保越”战略规划图做“厚礼”，曾国藩自然不会拂了左宗棠这个情理之请，这也一举帮左宗棠解决了缺饷难题。

就在左宗棠见曾国藩这段时间，曾国藩驻节祁门大营战略错误导致的后果已经初显。咸丰十年十一月八日（1860 年 12 月 19 日）晚，就在左宗棠写这封家信的前一天，“得涤翁密函，建德失守，普镇败退（势逼饶、景）”。

因有了厘金局作为军饷的保障，楚军虽遭遇短暂的挫折，但在江西战场的总体趋势仍是从胜利走向胜利。

咸丰十年十一月三日（1860 年 12 月 14 日），楚军将领王开化、杨昌濬争夺婺源，楚军呐喊登城，太平军夺门而逃，楚军守住浮桥，太平军被逼跳水，溺亡者甚多，生还者则逃往浙江，楚军占领了婺源。

左宗棠有此新绩，乘胜向曾国藩申请攻打徽州，以解祁门之围。

但左宗棠高兴得太早了，信函刚送出，黄文金指挥的太平军就从池州攻打建德，相继占领了彭泽、都昌、鄱阳，江西再陷困境。

左宗棠不得不临时改变战略，命令楚军各营调回景德镇作战，为祁门湘勇大营守住后门，同时看住江西省的前门。

三、左宗棠成功解围祁门，曾国藩适时移营东流

自从将前敌总指挥部设在祁门大营，笼罩在曾国藩头顶的阴云就一刻也没有散过。他也因此遭遇了自咸丰四年（1854 年）靖港被逼跳水，五年

（1855 年）江西湖口被石达开三连败以来再次与死神照面的空前厄运。

咸丰十年十月十八日（1860 年 11 月 30 日），太平天国忠王李秀成部将刘官芳带 2 万人攻入安徽黟县羊栈岭，离祁门大营仅 30 千米，曾国藩身边只有 3000 名守兵。曾国藩料定此次再难生还，与诸弟写好遗嘱，安排完后事，准备束手就擒。意外的是，李秀成只在羊栈岭匆匆打了一仗，便直奔湖北而去。原来，他这次只是从祁门边借道，目的是到湖北招兵。

半个月后，李秀成兵分三路，集中向祁门大营发动强攻。李秀成这一次系有备而来，攻势凶猛，不仅斩断曾国藩与湘军各大势力的通信达 5 天之久，而且让祁门大营断粮 20 多天。情急之下，曾国藩调鲍超率霆军来救，又侥幸躲过死神的魔爪。

咸丰十一年二月（1861 年 3 月），太平天国侍王李世贤集结太平军优势兵力 10 余万人，将营寨驻扎在离祁门大营仅 10 千米处，再次发起强攻。湘军前敌总指挥部被团团围住，又一次文报不通、饷道中断。曾国藩这次彻底绝望了，自述“是以忧灼特甚，夜竟不能成寐，口枯舌燥，心如火炙，殊不知生之可乐，死之可悲矣”。他将宝剑放到枕头下，只要祁门城破，就会抢在被俘前自裁。在这个节骨眼上，左宗棠率楚军在江西景德镇大败太平军首领李尚扬，李世贤闻讯，率兵 5 万前去救急，祁门之围不解自散。

左宗棠引来李世贤，楚军 5000 人对阵太平军 5 万人，敌众我寡，需要借助自然条件的帮助。

咸丰十一年三月十四日（1861 年 4 月 23 日），暴雨骤降，畈水陡涨，楚军凭借“练胆、练心”的优势，趁势从战壕中冲出，与太平军展开了生死肉搏。太平军抵挡不住，人马相互践踏，淹死者、战死者、踩死者无数，现场总指挥李世贤也差点被活捉，最后换上士兵服才侥幸逃脱。

祁门危机又一次化解。

曾国藩度日如年，回想驻节祁门大营 10 个月以来，已经与死神打过多次照面，他再也挺不住了。他不得不相信学生李鸿章的话是对的，祁门是不折

清·佚名《平定太平天国战图》其八《克复安庆省城图》

不扣的兵家死地。

咸丰十一年三月二十七日（1861 年 5 月 6 日），曾国藩趁楚军胜利之机，抓紧撤离祁门。5 天后，曾国藩抵达东流，将大营安于江边大船之上，派水师日夜护卫，自此告别危机。

移节东流不久，学生李鸿章又回来了。

师生再见面，有点小尴尬。曾国藩也不再介意李鸿章临难出走。毕竟，学生最初的判断是对的，何况，他离开的这 9 个月里并没有背叛自己。

这个问题重要吗？当然！

当时，发生了一件让曾国藩心里特别不愉快的事，李元度带着他的 8000 名“平江勇”，改名“安越军”，投靠了浙江巡抚王有龄。

李元度“楚才浙用”，曾国藩认为他没有底线，没有节操，比改换门庭、欺师灭祖更加不可饶恕。虽然李鸿章曾为李元度的背叛辩护过，但曾国藩懒得再计较了，毕竟李鸿章还能想到回来，比起李元度好多了。

拾·与孝威

咸丰十年十二月初二

孝威知之：

接尔来字，具悉一切。

近日战事，自克婺源后又力保景镇，击退大股贼匪数万。诸将尚颇用命，饷事尚只欠一月，可告尔母放心。

儿此时学业尚浅，不应试亦可。能保爱身体，专心学做好人，便是门户之幸，不在科名也。

佑生欲抽空归家，已令其归。大约此次可得保举。渠言明年二月仍同畦参将、章守备新勇来营，亦可听他。履祥、禄昭、袁升都照旧当差，履祥较安静。

此间汰去营官戴国泰、队长宋润昌及各散人等，均是万无可用之人，到家必造作谣言，可勿信之。

我体气如常，不必挂念。

狄研霞（脾气坏极，此间无一人合是）已遣其归。带去书四套、印色磁合十个，可收好分致也。

腊二日父字

复夏经失信可着人送去。

楚军奠基：开除“害群之马”

楚军第一次与太平军正面交锋，不到10天时间，在江西安仁（今鹰潭市余江区）、德兴、婺源连打三个大胜仗，消灭太平军五六千名士兵，己方一个士兵都没战死，这种战绩，不免让人惊叹。

这至少可以说明两个问题：第一，太平军是一群乌合之众，整体战斗力并不强；第二，曾国藩用湘乡一地之勇，“扎硬寨、打死仗”，周旋7年难分轩轾，军事水平跟太平军接近。

首战三捷也印证了楚军“首练胆，次练心，末练技术”的独特兵法，符合“军事之道”。

楚军的“军事之道”是什么？打了胜仗照样开除人。

一、团队不容“孤将僻士”

在这封家信中，左宗棠自述趁胜又开除了一个叫狄研霞的人。理由呢？“脾气坏极，此间无一人合是。”

狄研霞的问题是什么？所有人都认为他不好，而他认为所有人都不好，因此不愿意跟任何人合作。

人不怕遭遇非议，但忌讳非议所有人。这种自视过高的人，别人对他的评价能好到哪里去呢？

在左宗棠看来，这不是狄研霞能力、态度有问题，而是性格存在问题。

在中华传统文化中，人们推崇孤傲、雅洁之士，崇尚气节，这没有问题。但狄研霞将它带到处世中来，看不起同事，就非常糟糕了。战争不是绘画、绣花、做文章，艺术家可以在作品中说“举世皆浊而我独清，众人皆醉而我独醒”，借此表达一种高洁的人格追求，给社会树立一个人格标杆，这样做不会害人也没有错；但进军营打仗，关键要看业绩，众将士并不想听有才华的人发表“艺术宣言”。

狄研霞认为所有同事都是窝囊废，军营里还不炸开了锅？

左宗棠也被后世说成一个性情孤傲的“奇人异士”，逞才负气，高己卑人。他现在却亲自开除这种“奇人异士”，怎么解释？

只能说，后世野史传闻对左宗棠有很大的误读。事实上，左宗棠只是性情刚直，并非孤傲绝立、不能容人。

孤傲的人，现实中待人处世往往取两种态度：一是沉默，二是攻击。保持沉默无论出于清高还是淡定，都是个人的权利；但攻击他人就不对了，任何人都没有权利倚仗自身智力优势攻击他人。

二、公事有是非，私交无恩怨

左宗棠的领导气度，表现在他对狄研霞并不计较。虽然开除了，但仍委托他带书、印色磁合回湘阴。可见两人之间没有隔阂、私怨。统帅做到这个份上，殊为不易。

狄研霞这类人，并不鲜见。他们平时咄咄逼人，取一种攻势；一旦遭遇挫折，就埋怨世道不公，指责别人这里不好、那里不对。其实，人在社会上碰钉子，问题主要出在自己身上，与别人没有多大关系。《孙子兵法》说："不可胜在己。"《孟子》说："行有不得，反求诸己。"哲学家苏格拉底说："认识你自己。"这些表达的都是同一个意思。

一个人如果有真本事，那么社会之大怎么可能无用武之地？问题往往在于，这个人或本身只有半桶水，自己以为有一桶水；或心态有问题，个性大于能力。可怜之人，必有可恨之处。可恨是因，可怜是果。

说到底，狄研霞不是左宗棠开除的，而是他自己将自己开除的。按照人才在团队中必须遵循的规则，他已经越位逾矩，犯规出局。

左宗棠将狄研霞开除出楚军，有利于肃军纪、齐军心。如果容忍他在军营里挑三拣四，就会让一粒老鼠屎坏一锅粥，使将领关系变得紧张，将原本水乳交融的关系搅和得水火不相容。

团队好不好，首先看气氛。会下象棋的人都懂得一个道理：满盘皆输往往从错置一兵一卒开始。

拾壹·与孝威

咸丰十年十二月十一日

字谕霖儿知之：

前两次函示德兴、婺源诸捷及守景德镇、浮梁城击退大股逆贼诸捷，想可得览。诸贼方翕聚江、皖之交，与涤公及我为难，年内尚有大仗开。将士心志渐孚，当尚可用，可告尔母放心。

吴翔冈代我造劈山廿杆，曾以公牍私函致之，由若农观察转递。尔接此信，可携银二百两送去，亲交翔冈，千万千万！袁升家信来，需银甚急，渠请付银六两交其弟袁明，尔可令何三叫袁明来家付之。何三在家当差甚苦，我曾诺以每月三金，不可失信，尔可告汝母照给之。此项及垫发袁升薪水，均应在营中账目上支取，俟后有便再寄归也。

多隆阿都统及李希庵廉访在皖北打大胜仗，四眼狗求救于皖南诸逆首，或者皖南之贼此后尚易打。然石逆余党又从湖南窜入江西，悍而且众，又是楚军之累耳。成军以出，忽忽半载，功业未建，转瞬又逼残年，思之愧愤。幸体气较在家时尚健，可勉力支持。杨石泉因葬亲故暂辞归，赠以二百金，固却不受，只取四十两作盘费。其在军劳不言功，性情恬淡，尤为可敬。克庵勤恳，梅村沈毅，真君子也。梅村已保臬司衔，克庵保知县知州衔，石泉保知县同知衔花翎，然均不乐受。即此已非他营所能有矣。

少云处忙时不及作信，可以此视之。

腊月十一夜三更［父字］

楚军奠基：打造“廉干团队”

左宗棠家书不但可以看作简明版《左宗棠自传》，而且像一部“私人日记”。在战场叱咤风云、官场纵横捭阖的背后，我们还可以看到生活琐细中的左宗棠。

左宗棠高明的团队管理、识人用人之道，恰恰潜存于生活细节之中。

一、领导“大事不糊涂，小事要精明”

左宗棠认为，做不好小事的人，一定没有能力做大事；小事处理不当的人，处理大事往往也一塌糊涂。从这封信可以看出，左宗棠像诸葛亮一样事必躬亲，连下属袁升家里需六两银子救急，在柳庄守门的用人何三每个月需付三两工资的小事，他都记得，并嘱咐家人务必做到。

左宗棠此时的主要工作，除了调兵遣将、指挥战斗，还要负责军事训练与筹备军饷，并向朝廷汇报。与官场朋友互通信息，也要占去大部分时间。如果不是记忆力惊人，这种工作节奏没有几个人跟得上。

怎么看待左宗棠这种做法?

今天一般主张官员“抓大放小”。办大事的人，容易小事糊涂，但大事不能糊涂，这不是没有道理的。统帅负责战略，需要给下属指明方向，如果在小事上分心，误了方向，那么岂不因小失大?

左宗棠显然突破了传统惯例，做到了“大事不糊涂，小事要精明”。他的逻辑是，军队里权力高度集中，如果统帅只限于“大事不糊涂”，“小事”放手让部下去做，则内部的低效、贪腐问题，既无法解决，也无法杜绝。

二、名利刺激，不如成就感激励

结合前面几封信可以看出，当时楚军的军饷，曾国藩已经授权由江西省地方政府划拨，但江西巡抚忽悠他，始终在开空头支票。左宗棠只得仍靠湖南东征局支援与当地自筹勉强支撑。对于军内怎么支付，朝廷此时根本顾不上管。楚军每月几万两白银的军饷，其实是由左宗棠个人支配的“私产”。

左宗棠用钱，完全靠自律。在当时，营官，每月军饷在 30 两至 50 两白银不等；普通士兵，每月军饷 3 两白银。也就是说，当一个月兵，可以买 3

石谷，等于挣回一年口粮。在吃不饱、穿不暖的乱世，多少穷苦人一年也挣不了这么多。军饷诱惑力如此巨大，自然吸引了湖南乡民竞相参军。

楚军缺饷，左宗棠的办法是先拖欠。但他立了个很人性化的规矩，新兵头两个月绝不拖欠，因为多少家人在盼着士兵寄回钱买粮救命。

由于楚军内部军纪严明、言信行果、公开公平，虽欠士兵工资，士兵却很少催，这反倒让左宗棠过意不去。

楚军将士在金钱面前的态度为何如此淡定？这与左宗棠用将士必选“廉干”，战前先淘汰能力、人品有问题的将士是分不开的。

将士“廉干”的标准就两条：一不贪钱，二能办事。

一般来说，擅长办事的人往往贪钱。楚军为什么可以例外？不妨深入分析一下。

人生于世，一般的追求不外乎两点：名与利。说人生是个“名利场”，这话也对。贪名图利，是人性使然。人们办事都希望要么可以获利，要么可以出名。如果既不为名，又不为利，那么图什么呢？虽然不排除什么也不图，只是为了“专门利人”的人，但毕竟是极少数，甚至被认为是“异类”。

普通人如果不求名利，那么图的大约有两点：一是自我证明，二是成就感。俗话说，树活一张皮，人活好名誉。韩信受胯下之辱而奋起，依附刘邦，提三尺之剑直取天下，是为了证明自己。左宗棠于咸丰二年（1852年）入张亮基幕府，不受官聘，不领工资，累得眼皮打架也不放弃，求的主要是成就感。

立意与初衷决定路径。名利刺激与成就感激励，带来的是两种完全不同的结果。一般情况是，用名、利作为诱惑让人办事，可以见一时之效。但若将士的动力来自金钱刺激，不是发自内心，作用力便会有限，而且内部会形成争名夺利的不良风气。以自我证明、成就感激发人的动力，虽然团结的人数会减少，但实践起来更有效，而且更持久。

导致两者差异的深层次原因是什么？前者是帮别人办事，后者是为自己做事。

历史的经验值得注意。古来成大事的人，几乎都是靠着“自我证明”与追求“成就感”成功的。他们幼年多有过屈辱与卑微的经历，有着不折的心志与奋斗的欲望，司马迁在《报任安书》中这样总结：“盖西伯拘而演《周易》；仲尼厄而作《春秋》；屈原放逐，乃赋《离骚》；左丘失明，厥有《国语》；孙子膑脚，《兵法》修列；不韦迁蜀，世传《吕览》；韩非囚秦，《说难》《孤愤》；《诗》三百篇，大抵圣贤发愤之所为作也。”

但成就感毕竟太虚，所以志同道合很重要。

三、用性格完人，不如用有缺点的人

左宗棠任用的将领，几乎都被时人认为个性有缺点。具体什么缺点，他们说不上来，无非是有点倔强，有点偏激，不服世俗礼法，在今天看来根本算不得什么毛病。但因为当时的世俗偏见，他们容易在被孤立中产生自卑感，因而有强烈的自我证明的冲动。这是楚军将领“廉干”的心理原因。

左宗棠在这里评价刘典“勤恳”，王开化“沈毅”、杨昌濬“恬淡”，我们可以想象其为人。王开化已保臬司衔，刘典已保知县知州衔，杨昌濬已保知县同知衔花翎，然均不乐受。并不是他们与常人有什么不同，而是对做不做官没多大兴趣。

“杨石泉因葬亲故暂辞归，赠以二百金，固却不受，只取四十两作盘费”，这种廉洁，不是装出来的。杨昌濬晚年官居一品，一生没有贪腐记录。

左宗棠选用人才，在能力方面不敢说都出众，但所用之人，人品、官品多数好过同时代通过科考选拔起来的官员。成功的秘诀，全在左宗棠人才标准中的“廉干”二字里。贪钱的人，其品德污点绝对不会只停留在贪钱这一点上；不贪钱的人，个人道德品质的其他方面也往往有可取之处。

孔子说："举直错诸枉，能使枉者直。"起用一批不贪钱、能办事，一心为证明自我与实现成就感而来的人，他们起到的带头作用能让整个团队变得高效廉洁，始终昂扬着一股正气。在当时，楚军的战斗力全国排第一，历经25年之久（后脱胎成西征军、恪靖定边军），全靠第一批正直将官组成的班底打好的基础，并将其军风沿袭下来。

左宗棠这种用人观念的缺点又是什么呢？后面的篇章，我们可以看到刘典、蒋益澧二人的是非与长短。

1861年

咸丰十一年

左宗棠——49岁

长子孝威——15岁

左宗棠 家教语录

一 人才之少，由于专心做时下科名之学者多，留心本原之学者少。

二 读书要循序渐进，熟读深思，务在从容涵泳以博其义理之趣，不可只做苟且草率工夫，所以养心者在此，所以养身者在此。

三 读书不为科名，然八股、试帖、小楷亦初学必由之道，岂有读书人家子弟八股、试帖、小楷事事不如人而得为佳子弟者?

四 用兵最贵节制精明，临阵胜负只争一刻工夫。譬如在家读书、作诗文［习字］是平时治军要紧工夫，而接仗不过如入场就试耳。得失虽在一日，而本领长短却在平时。

五 读书在穷理，作事须有恒。

六 小楷须寻古帖摹写，力求端秀，下笔不可稍涉草率。行书有一定写法，不可乱写，未尝学习即不必写，亦藏拙之一道也。

拾贰·与孝威

咸丰十一年正月初二

孝威知之:

接腊月初十日禀，知家中清吉，尔兄弟姊妹均好，甚为欣然。

尔年已渐长，读书最为要事。所贵读书者，为能明白事理。学作圣贤，不在科名一路，如果是品端学优之君子，即不得科第亦自尊贵。若徒然写一笔时派字，作几句工致诗，摹几篇时下八股，骗一个秀才、举人、进士、翰林，究竟是甚么人物？尔父二十七岁以后即不赴会试，只想读书课子以绵世泽，守此耕读家风，作一个好人，留些榜样与后辈看而已。生尔等最迟，盼尔等最切。前因尔等不知好学，故尝以科名歆动尔，其实尔等能向学作好人，我岂望尔等科名哉！来书言每日作文一篇，三六九日作文两篇，虽见尔近来力学远胜从前，然但想赴小试做秀才，志趣尚非远大。且尔向来体气薄弱，自去春病后，形容憔悴，尚未复元，我与尔母每以为忧，尔亦知之矣。

读书能令人心旷神怡，聪明强固，盖义理悦心之效也。若徒然信口诵读而无得于心，如和尚念经一般，不但毫无意趣，且久坐伤血，久读伤气，于身体有损。徒然揣摩时尚腔调而不求之于理，如戏子演戏一般，上台是忠臣孝子，下台仍一贱汉。且描摹刻画，勾心斗角，徒耗心神，尤于身体有损。近来时事日坏，都由人才不佳。人才之少，由于专心做时下科名之学者多，留心本原之学者少。且人生精力有限，尽用之科名之学，到一旦大事当前，心神耗尽，胆气薄弱，反不如乡里粗才尚能集事，尚有担当。试看近时人才有一从八股出身者否？八股愈做得入格，人才愈见庸下。此我阅历有得之言，非好骂时下自命为文人学士者也。读书要循序渐进，熟读深思，务在从容涵泳以博其义理之趣，不可只做苟且草率工夫，所以养心者在此，所以养身者在此。府试、院试如尚未过，即不必与试。我不望尔成个世俗之名，只要尔读书明理，将来做一个好秀才，即是大幸。军中事多，不及详示。因尔信如此，故略言之。

李贵不耐劳苦，来营徒多一累。其人不能学好，留之家中亦断不可。我写信与郭二叔，求他转荐地方可也。

家中大小事件亦宜留意，家有长子曰“家督”，尔责非轻。长一岁年纪，须增一岁志气，须去尽童心为要。

辛酉正月二日四更梅源桥行营

梅源桥军营教子

咸丰十年十一月二十五日（1861 年 1 月 5 日），左宗棠率楚军在江西景德镇大败太平军，曾国藩上奏报功；十二月十七日（1 月 27 日），左宗棠被晋升为三品京堂候补。

写这封信时，左宗棠在战事中得了短时空暇，重新拾起读书嗜好，与儿子交流起学问之道。

左宗棠在这里引儿子思考一个根本问题：读书到底是苦，还是乐？到底应该坚持苦读，还是追求悦读？

读书本质上是苦的，否则，古人不可能要“头悬梁，锥刺骨”，也不会留下“十年寒窗无人问，一举成名天下知”的俗谚。但是否应该据此主张“苦读”？

左宗棠明确反对苦读，理由是：“久坐伤血，久读伤气。”

“久坐伤血”容易理解，“久读伤气”又是怎么回事？

原来，古人读书跟今人完全不同。古人读书，必须真正读出声来，声音抑扬顿挫、起伏有节，叫“吟诵”。方法大约类似今人组织流行乐队，配备歌手、鼓手、贝斯手，你唱我弹，音乐伴奏。在《论语·先进》章中，孔子问：“点，尔何如？”曾皙“鼓瑟希，铿尔，舍瑟而作”，赶紧放下乐器回答，就是一例。

“吟诵”让读书成了一个体力活。一天读下来，气喘吁吁，汗流浃背。读书辛苦，所以需配备音乐缓和心情，“苦中寻乐，以乐和苦”。

与今人静读比较，“吟诵”的好处之一是身体与头脑一起运动，有利于身心健康。中国人讲究“阴阳平衡”，今人读书最大的问题是，头脑高速运动，身体却枯坐不动，造成阴阳失调。“吟诵”则消除了这一弊端，脑力运转辅以身体动作，配合摇头晃脑，身体运动与精神运动达成平衡。

左宗棠反对死记硬背。他将死读书比作戏子唱戏，模仿得惟妙惟肖，一场终了，戏是戏，人是人。读书的关键是要做到“人书合一”。

具体怎么做到呢？即“义理悦心”“从容涵泳”。

“义理悦心”，就是跳开文字读出内涵，思考作者要表达的道理，得出自己的结论，与作者的想法不断比较、印证，这样读书就像探险、猜谜，不断有发现、有惊喜，而惊喜足以让人忘记疲劳。用近代学者梁启超的话说，要推行“趣味读书法”。

枯燥的道理怎么读出趣味？即做到“从容涵泳”。

“从容”就是不急，在自己疑惑的地方，反复徜徉。“涵泳”就是深入，像鱼一样扎进深水，反复玩味。沉浸在书中，头脑与书本融为一体，漫游古今，像格列佛优哉游哉漫游大人国与小人国，像鲁滨孙到没有人烟的荒岛上去探索与发现，忘情忘我，哪里还会感到苦和累？

基于此，左宗棠明确反对儿子为应付科考而读书。他不是反对儿子考取功名，而是认为不值得为考取功名耽误学真本领。他用现代人所说的“机会成本”原理，给儿子算了一笔账。

人的精力是个定数，同一时间只能做好一件事。若专攻八股，则意味着耽误学习真本领；若选择学习真本领，则意味着要荒疏八股。到底选择哪一项？应不看名义，看实效。“尽用之科名之学，到一旦大事当前，心神耗尽，胆气薄弱，反不如乡里粗才尚能集事，尚有担当。”读了一肚子学问，办起事来还比不得乡下文盲，你好意思说自己是读书人？

不放弃“应试教育”，又追求“素质教育”，左宗棠不但教儿子这么想，而且教儿子这么去做。

拾叁 · 与孝威

咸丰十一年二月初三

阿霖阅之：

由意城、南坡之处所寄之函均到，但不快耳。

自到梅源桥，初九日一捷后，闻祁门有警即分援之，而令四营罗近秋、黄有功、李世颜、黄少春等随鲍军追贼。正月廿六又获一大捷，江西九江、饶州各属一律肃清，建德亦无贼（池州府属），鲍军之力为多也。见接探报，徽、宁大股窜入婺源，又须亲往剿办，真是应接不暇耳。兵事一切已详致二伯信中，可与少云、大姊同阅后寄去。自顷连战数次，皆无损折，计自成军至今，阵亡者不过数人，带伤者不及百人，病故者亦少，将士之心日益亲附，尔所闻于翔冈者多非确实之谈。外人多畏我严，多谓我尚气，殊不知我此不足辨耳。

尔今年小试，原可不必，只要读书明理，讲求作人及经世有用之学，便是好儿子，不在科名也。

和官竟吸洋烟上瘾，我前数日始知，拟即逐令回家。克庵、梅村诸公云：纵其回家，恐一发难以断瘾，不如姑留此间交李幹青先生照料，看其能戒与否再说。我姑听之。

尔小楷宜学帖，方有可观。读书总要涵泳从容，不可图快潦草，切切！

我在外于家事一切全未念及，亦实无暇，尔可渐学料理。陆文安当家三年，所学大进，可知人情世故上有真学问、真经济在，只要人遇事留心耳。

尔母体气何如？诸姊弟好否？有便可详及之。

黎尔民、周庆生不能学好，虽至戚，当敬而远之。

我体气甚好，无须挂念。景镇士民送万民旗伞，遇便当以伞送祠堂，旗则留营备用也。

明后日当率师赴婺剿贼，临行草此，不能多及。

二月三日

楚军奠基：管理尚严，战阵尚气

左宗棠前段时间大幅开除人，引发了湖南老乡的反对。

从信中可以看出，孝威在长沙听到了一些不利的传闻，印证了左宗棠此前家信中推测被开除将士“到家必造作谣言”的预言。作为下属亲信，吴翔冈受谣言蛊惑，对左宗棠管理尚严、战阵尚气的做法，也有些不以为意。

左宗棠回信态度坚决，不因传言改变意志。他的理由是，凭借管理严格、战阵尚气，楚军“阵亡者不过数人，带伤者不及百人，病故者亦少，将士之心日益亲附”，可见方法是对的，那又为什么要受旁观者指责影响？

他教导孝威，别人说别人的，自己做自己的，不值得在这上面浪费口舌。你不去理会谣言，舆论聒噪一阵子也就过去了。

一、内举不避亲，“唯廉干是举”

此时，楚军还面临一个棘手的问题，如何处理左宗棠那些“问题亲戚”。

和官是左宗棠姐姐的儿子，黎尔民、周庆生是左宗棠的女婿。左宗棠办楚军，此三人都参加进来了。按照中国传统人情关系的发展，“一人得道，鸡犬升天”。左宗棠虽然秉性刚直，但亲戚裙带关系同样无法避免。

左宗棠在用人上倒不介意亲戚裙带关系会造成什么影响。“内举不避亲，外举不避仇”，他用人的核心标准就一条：“唯廉干是举。”

偏偏这个和官，硬要往枪口上撞。左宗棠生平最恨军人抽鸦片，和官不但在他眼皮子底下学会了抽鸦片，还抽上了瘾。接到举报后，左宗棠举棋难定：打发这个亲外甥回家吧，他继续抽怎么办？姐夫横竖管不住，最终还不是得送回他这里管束？

左宗棠有点伤脑筋。部下违纪可以开除，亲戚怎么开除？权衡之下，左宗棠听从部将刘典、王开化的建议，将和官交他人照管，逼和官强行戒烟。

对于女婿黎尔民、周庆生的不争气，左宗棠也开始皱眉头。原因是，他们仗着岳父是领导，平日里自我放纵，不爱学习，爱好划拳喝酒，在工作时间游玩。

黎、周二人的劣习，不是今天才有的，左宗棠当然清楚。

两个这么不对劲的小青年，左宗棠当初难道是瞎了眼，否则为什么将女儿嫁给他们？

追溯原因，三女儿左孝琳、四女儿左孝瑸还是个娃娃时，两位亲家翁已冲着湘潭周家的家世上门定了亲。左宗棠的岳父周系舆（字衡在）属于副部级退休领导，门庭显赫，左宗棠当时不过是个小举人，穷困潦倒，倒插门岳父家，因此选女婿的事，自己哪里说得上话？加上三女婿黎尔民、四女婿周庆生都是湘潭人，妻子周夫人的意见更重要，左宗棠顶多是最后象征性地拍板就定下了亲事。再说了，娃娃时定的亲，长大后谁知道这二人是“凤凰男”还是“矮矬穷”？

两个不争气的女婿，在岳父眼里站没站相，坐没坐相，还真没少让左宗棠操心。旧式婚姻讲嫁鸡随鸡，嫁狗随狗，两个女儿今生的幸福全寄托在这两个臭小子身上了，做岳父的还能怎样？只能劣马当良马驯。

左宗棠的三位女婿（次女左孝琪终生未嫁）除了陶桄争气，其余皆不省心。如果他要宽心，就只能学学曾国藩了。

曾国藩有 5 个女儿，除五女儿曾纪芬嫁给聂缉槼，家庭幸福外，其余几个女儿的婚事可用“家门不幸”来形容。曾国藩的大女婿袁秉桢、三女婿罗兆升，比起黎尔民、周庆生更不争气，不但一无所长，而且吃、喝、嫖、赌、抽五毒俱全，这两人最后活活将曾国藩两个女儿折磨至死。卫道士曾国藩为了捍卫封建礼制，没有做任何干预。

古代婚姻是男人的“霸王合同”，女人既没有选择权，也没有否决权，更没有“离婚权”，这不但没有人权，连人性都需要用显微镜来找。难怪末代皇帝溥仪的妃子文绣虽然锦衣玉食，但一进入民国就马上要跟他办离婚手续，因为旧式婚姻在她那里不是人过的日子。

处在中国这样一个人情社会，既然亲戚裙带在所难免，那么左宗棠只能对症下药，以“唯廉干是举”的用人原则来应对，将两个女婿安排在军需后勤处打杂，关键岗位不让他们染指。

二、“万民伞”见从严治军功效

信末提到，景德镇老百姓给左宗棠送来“万民伞”。这是古代地方乡绅、村民为颂扬地方官的德政赠送的一种伞。伞上缀有许多小绸条，上书赠送人的名氏，用于地方官离任时称赞，喻示该官员之德政像把巨伞，为百姓遮风挡雨，谋万家福祉，护一方平安。这是中国老百姓对“清官”最朴素的认可。

给左宗棠送“万民伞”，将“新晋”官员当离任领导祝贺，似乎有点不伦不类。但作为一种感恩方式，这也说得过去。在古代，中国老百姓对朝廷的要求并不高，只要天下太平，自家安居乐业，便感到皇恩浩荡了。这个细节提醒我们，民心此时不在太平天国，仍在清廷一边。虽然战乱是官员惰政、懒政与贪污腐败造成的，灾难的根子出自清廷，但老百姓仍在做“明君梦”。

楚军凭“管理尚严”保境安民，对平民百姓秋毫无犯，赢得了来自民间的信任。

拾肆·与孝威

咸丰十一年三月初六

孝威知之：

入春以来，追剿池州之贼，连击徽、宁窜江之贼，均获胜仗。惟老湘各营甲路之役稍有挫折，然全师还镇（**杀贼四五千**），亡伤不及百名，于大局无伤也。

伪侍王李世贤率大股由婺源陷乐平，绕由鄱阳故县渡渡昌江而北。曾涤翁以我军方拟下剿，景镇未可空虚，调皖南镇陈公大富率所部五千余来镇防守，二月廿日到镇。我见其兵勇欠饷太久（**私给米百石，银一千两，并饬局筹钱千四百串，银六百两、米千余石济之**），又冗杂无章，心窃忧之。然念其上年固守南陵四月之久，尚未溃败，意其或能守此要区，遂将景镇防务交其照办。廿二日亲督各营下剿，驻鲇鱼山，进金鱼桥。廿六、七、九等日均获胜仗。廿九之战，毙贼三千有余，阵斩贼目多名，极为痛快。不料陈镇军违我嘱托，坚执“守近不守远”之说，弃柳家湾要隘不顾，于地势情形全不考究，兵勇多杂处民间，不听调度。贼知我军下剿，景镇空虚，遂于二十八九等日由砦丹街窜踞柳家湾，卅日午刻扑犯景镇，陈公阵亡，景镇遂失。所部有凫水逃溃者，有溺毙者，有降贼者，殊堪痛恨。景镇距我军六十余里，贼到即破，无从救援（**景镇既失，米粮无从采办**）。我以孤军据于四面皆贼之地，相逼愈甚，不得已率全军于三月初一辰刻移驻乐平。幸廿九日大捷，将此路打通，沿途尚无阻碍。惟祁门音信隔绝，不知涤帅得景镇失守之信后如何布置。又伪忠王一大股直窜临江樟树镇及新淦县等处，意在渡章江以趋浔郡。而江西各郡蹂躏殆遍，省城亦殊岌岌。我北顾祁门，南顾章门，日夜愁思，期于兼顾。一军七千余（**畦、章、罗新募之勇已到，且接仗矣**），欲敌数十万之贼，不敢谓力不足也。贼众且悍，积年叛卒多降附之，故其势日益披猖。东南大局实不堪设想，亦惟［有］尽其心力所能到者为之，成否固不计也。

德兴、婺源之捷，已奉三品京堂恩旨，而部文迄今未到。吴桐云内翰为我请得祖、父两世诰轴，今交履祥赍回，可敬谨收藏，以答先泽（**轴内讳氏未填，可以泥金、薰沐填写**）。

履祥老实勤快，尚是子弟中之好者。今令其归，其口粮银两均由东征局会兑，本分之外给以廿两。禄昭不肯归，亦尚无大错，听之。和官无用，烟瘾恐尚未脱，遣之归，以省我累。

闻尔母脚气时发，恐难速愈。老年气血衰耗，殊为念之。尔与诸弟一心读书学好，乃慰我意。外事不必问。军中事冗，我亦不时寄家信，转以无信为平安耳。

三月初六日［父谕］

没有侥幸的胜利，没有无故的恩赏

此时，出兵江西已半年多，左宗棠还未遭遇一场败仗，而且胜仗都赢得特别大，动辄以“零伤亡”消灭太平军成千上万名士兵。这容易让不懂军事的读者产生错觉：太平军太不经打，左宗棠捡了个大便宜，侥幸取得战功。

果真如此吗？这封信帮我们揭开了真相。

一、战场只会淘汰，没有侥幸

因左宗棠能征善战，屡建奇功，曾国藩将他调往昌江，这是准备安排他攻入安徽。

江西景德镇要塞的防务怎么办？曾国藩派陈大富将军来代守。

左宗棠是个心性直且爱操心的人，防务交接之前，他跟陈大富详细交代了守城方针：“远近皆守。”“远”指柳家湾，“近”指景德镇，两地须同时守紧。为了笼络人心、活络感情，左宗棠在交接时“私给米百石，银一千两，并饬局筹钱千四百串，银六百两、米千余石济之”。这点接济并不多，却是维系关系的润滑剂，相当于两人见面发根烟，关系就近了。

陈大富是曾国藩信任的将军，本领不错，之前有 4 个月守城不破的历史纪录。应该说，派他来代替左宗棠，理论上不存在任何问题。

但世事往往坏就坏在理论上找不出什么问题。陈大富的 5000 名守军，与楚军防务才交接完毕，就在一夜间被太平军消灭得干干净净。

这事看起来像读小说。如果不看前因，我们就会以为左宗棠之前有神力相助。

陈大富之所以顷刻全军覆没，是因为他犯了两大失误：一是战略上“守近不守远”，导致远关失守，关键要隘被太平军突破；二是战术上有轻敌思想，既不看地图找主动应敌的对策，又将兵力分散，住在老百姓家里。

如能据史实合理推断，还原一下现场，陈大富从左宗棠手里接过防务时，很可能压根就没有将景德镇周边的威胁当回事。他也许会想，又不是攻城，守城有何难？何况，左宗棠一介书生，出山不过半年，跟自己一样只有 5000 名士兵，他能守得好好的，自己堂堂军人出身，久经考验，难道还不如一个文将？没道理呀。

祸莫大于轻敌，骄兵必败。这是常识。

陈大富全军覆没，让我们见识到了战争的残酷性，同时为左宗棠捏了把汗。战场形势瞬息万变，领导者的才能稍有欠缺，就可能有全军覆灭、暴尸荒野之虞。

这件事印证了即使是身经百战而不死的将军，也不是有百密而无一疏的大才。毕竟，战场只会淘汰，没有侥幸。

左宗棠还在按照他的既定方法打：战前全盘考虑、周密计算；战阵气势磅礴、临敌愈勇；稳打稳扎，缓慢推进；得寸进寸，得尺进尺。依靠这种战略战术，他在德兴、婺源连战连捷，一举扭转了陈大富失守造成的颓势败局。

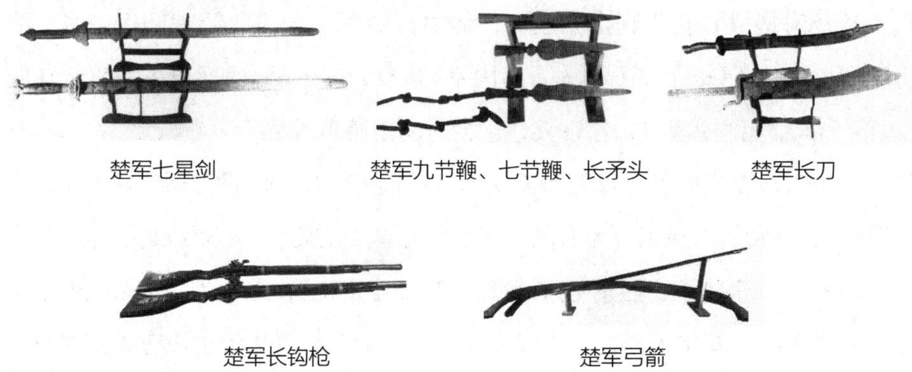

楚军七星剑　楚军九节鞭、七节鞭、长矛头　楚军长刀

楚军长钩枪　楚军弓箭

二、恩赏权力，是压力，更是动力

最近捷报频传，尤其是乐平一战解了祁门之围，曾国藩大为感激，竭力保举，使左宗棠获得了三品京堂官衔。这仍是一个过渡性的虚职。如果朝廷认为左宗棠才能不只如此，则会奖励他做个道员、按察使。现在仍不授予实职，表示朝廷还在通过实践考察他，准备把他放在关键岗位再重用。但目前这个级别，已为委任他做封疆大吏铺垫了最后一级台阶。正三品京堂到从二品巡抚，中间只隔一级。

兴亡谁人定，盛衰岂无凭？挽救清王朝这件事，整体上看是曾国藩领导众多能人，综合诸多条件完成的，但此时核心在楚军。

此时的左宗棠，青云直上，身份地位与思想观念都在经历一次蜕变。对比一下罢考后乡居的日子，他断绝了出山做官的念想，打算一辈子做个踏踏实实的乡下读书人，安安静静做个逍遥遁世的隐士，这个想法是真的。现在他的功名心被激发，欲望空前强烈，要朝着出将入相的“今亮”目标奋斗，也是真的。这不能说他变了，只能说此一时彼一时。

从这里也可以看出，虽说历史的走向带有必然性，但历史毕竟是人用行动创造出来的，人的情感与态度是变数，所以，历史的具体路径也具有充分的偶然性。此时，朝廷对左宗棠的态度至关重要。如果朝廷吝惜官衔，左宗棠得不到及时提拔，看不到上升空间，他很可能再干一段时间就卸甲归乡，终身不问世事。但一介乡下举人，出山不到一年，就成为朝廷三品命官，这叫“火箭干部”。即使淡泊如左宗棠，也会对朝廷感恩戴德。

没有人对正当的名与权无动于衷。战国时期的庄子称做官得到权力是“鸱得腐鼠”，是猫头鹰捡了个死老鼠，那是因为春秋无义战，获得权力多半会带来历史坏名声。事实上，庄子写过《德充符》《应帝王》，他认为，一个人的道德真正内化于心，外化于行，便足以为天下人的帝王，可见他也没有否定名与权本身。

三品京堂这个来得非常及时的封赏，是左宗棠继续尽心为朝廷卖命的动力。

眼下，左宗棠全身心投入战斗，每天忙得没有时间写家书。他这些类似现代电报、当代微博的家书，全是在下马的短暂空隙里随笔记下来的。他不是没有思想，也不是没有文学水平，如果有充足的时间，他可以留下更多有质量的、思想性与艺术性兼具的文章，而这些对后世的价值比起一代战功来并不会小。

对左宗棠来说，人生苦短，立功与立言，颇难两全。

拾伍·与孝威

咸丰十一年三月二十日

孝威知之：

前信发后，伪侍王李逆大股调攻祁门，贼党十数万回攻乐平。此贼盖惮我军声威，忌我之挠其后路，故以全力来犯。幸赖诸将士之力，初六、初十、十四三大捷，逆贼丧胆，仍向徽州窜去。贼中大头目伪京卫军大佐将李逆尚扬（衡州清泉人，咸丰二年从贼，其位号仅下侍王一等）已经阵斩，李逆世贤闻亦带伤而逃，所供之天德王（一金像妖神，长九寸许）并被夺获。此贼自前年陷三河，去年陷金陵官营，陷徽州、严州，志得意满。贼党多张国梁、周天受等叛卒，故凶焰更张，不料竟为我军所破也。初十日胜仗，前营官罗镜秋阵亡；十四日胜仗，史哨官聿舟阵亡，最为伤心之事，此两人者，血性胆识均能造成第一等将官，不料感我知遇，竟以死报也。

现在涤帅移节休宁，婺源最为紧要，我军明日当拔营往婺助之。狗逆由英、霍破黄州，胡咏翁驻节太湖，兵力太薄，兼患病甚笃，殊为可危。江西吉安复陷，临江、瑞州岌岌，恐贼将直趋浔阳也。贼多且悍，办贼之人太少，东南事势不堪设想。我带兵在外，一切无所疑虑，只恐饷源日竭，不能行其志耳。

咨稿抄付一阅。

三月廿日乐平营次

拾陆·与孝威

咸丰十一年三月二十九日

孝威知之：

前一函由驿转递抚署，托意诚［二］叔饬交，未知接到否。

近剿伪侍王李世贤大股六获大捷，饶、景、浮梁、乐平、婺源一带肃清，赖王梅村、刘克庵诸君子及各营将士之力，得以化险为平。现在追至德兴，贼已远遁。此股实已胆落，惟伪英王四眼狗围扑安庆，官军势殊岌岌。胡咏翁在太湖兵力单薄，可危之至。而伪忠王李寿成一股已陷吉安，瑞州、临江、九江等郡均无健将精兵足资战守，江西腹地糜烂，吾湘边防亦棘，拟将侍逆一股再加痛剿，然后西趋肃清江、楚边界也。贼势甚张，戡乱之才实不多觏。若更有数军如楚军者，必不致任贼横行也。我精力尚勉强支持，然年已五十，志虑实不如前，深恐贻误。时局方艰，思之倍深廪廪耳。

尔母脚气旧恙愈否？四姊近时体气何如？大姊已回长沙否？江西袁、瑞两郡为吾湘入江通衢，此后既不免中梗之患，家信由驿转递，难期速到。遇有信脚来家取信，可便附数字与我。

附来咨稿一件，阅后可送少云、意诚、南坡等处阅之。我原有咨致抚署东征局，恐日间袁、瑞有梗，未能到也。

履祥回时，曾寄两代封轴（是吴桐云代请者），已接到否？

三月廿九日德兴大营［字寄］

职业化军队的成长方式

仗打久了，打来打去的，就是几个“老熟人”。熟人认品牌，半年多以来，楚军与太平军各将领都陆续交了手。行家一出手，就知有没有，太平军已经闻楚军而丧胆，预示太平军覆灭已可预期。毕竟，楚军是他们绕不过的一座山。

两军对垒，连将领、士兵都混成了“老熟人”。这边打赢了，那边俘虏过来，整体投降；反之亦然。

一、恩威并用，造就“廉干”死士

太平军播下的起义火种，看来早已影响到了湖南。

左宗棠在咸丰十一年三月二十日（1861年4月29日）的家信里透露，太平天国京卫军大佐将李尚扬是湖南人，早在咸丰二年（1852年）就加入了太平军，如今成为自己面对面的敌人。两个湖南同乡指挥军队在江西战场生死拼杀，读到这里不禁让人哑然。如果有哪个士兵打烦了，在战场上大喊一声："湖南人不打湖南人！"那么他们情何以堪？

将这段战事放进湘军与太平军较量的整个历史过程中，可以看出，咸丰十一年（1861年）三四月间，两军进入了一个胶着期。双方势均力敌，各自使出浑身解数，争取把握主动权，赢得转机。处在这个时间节点上，楚军第一次出现将领阵亡的情况，前营官罗镜秋、史哨官聿舟在白热化的比拼中战死。

前营官罗镜秋、史哨官聿舟在战场上以死相报，既见出左宗棠"尚严"的军纪、军规已经发挥出空前的效力，也见出他"尚气"的人格魅力在军队中散发出的巨大感召力，印证了"法家治军，以气贯军"的威力，还见出个性有缺点的"廉干"之士也能成为在攻城略地中冲锋陷阵的死士。

如果说刚带楚军进江西时，左宗棠心里还没底，不敢向曾国藩打包票，只是凭着一腔热血与势不可当的锐气收复失地，那么半年后他心里基本有谱了。他在第二封信里跟儿子说："若更有数军如楚军者，必不致任贼横行也。"

这话大致不差。左宗棠属于凡事抓关键的人，一眼就能看到问题的核心。他一生有个特点，做事一旦心里有底，就会跟人毫无保留地道出自己的实力与信心，这让习惯谦虚的国人很不适应，这也是后世批评他"傲气"的一个原因，不能说全无道理。中国人崇尚含蓄、谦让，但换个角度来看，虚伪也由此衍生。左宗棠真实、坦率，身上没有这种虚伪。

二、自己打下地盘，才能养活自己

消灭太平军，军事上已不担心，左宗棠担心的是经济配给跟不上。

执行战略靠将领，战场取胜靠士兵。即使是再优秀的将领、再勇猛的士兵，也要士饱马腾才行，毕竟兵马未动，粮草先行。何况，纯消耗的战争对实物与经济的依赖，比搞建设对资金的依赖更为强烈。

回想楚军起步时，依靠地方乡绅捐助、湖南省东征局划拨，军饷还可以支撑一段时间。但那都是一次性的，要想长期供饷，就要自己“造血”。军队自己养活自己，又不能搞“生产建设兵团”，关键还是要靠地方财政。可地方财政要养地方政府，军队只能依靠厘金税。

江西省行政上完全独立，名义上应发“协饷”支持楚军，事实上却经常拖欠、克扣。左宗棠能有什么办法？只能边打边看。稍后，曾国藩批准他在浮梁、乐平、婺源三地开厘局收税，颇有谁胜利谁受益的意味。政策支持靠自己的双手去拼，朋友圈再强大都是各顾各的利益。

或许是太执着于出力报答朝廷的知遇之恩，左宗棠第一次感慨自己老了。事实上，他今年才 49 岁，正值壮年，身体各方面都处于鼎盛状态，所以，这句话当不得真。他有这个感慨，可能是受妻子脚气病的影响。

清朝人得了脚气病，非常要命，没有根治之方。这在今天看来让人难以置信。脚气病放到今天，算不上大病。

天有不测风云，就在这段时间，左宗棠也不幸患上了拉肚子（腹泻）的毛病。到底是体质上水土不服，还是受妻子生病的影响，抑或另有其因？

后面可以找出答案。

拾柒·与孝威

| 咸丰十一年四月初十

孝威知之：

昨由驿递家信交黄南坡转递，当已接到。东征局昨于公票一事太无情理，殊出意料之外。昨属黄南坡看家中缓急，通挪银二百两暂济家用，殊为失言（如送到即退去，但言家中尚可敷衍也），断不可与之交接。此等人到底不成正果，我屡为所误，殊自恨也，可告尔母知之。

四月初十日父谕兴安营次

拾捌·与孝威

| 咸丰十一年四月十五日

孝威知之：

数日前一书寄湘，由仲云转递，当已得览。

日间驻师广信，李逆世贤已闻风远飏，章门东路之患少纾。惟逆首李寿成陷瑞郡后凶焰日炽。四月初二日，平江营郭式源和后营李金旸被贼围裹，全军尽陷，李金旸闻已降贼。现函致各帅留心侦察，虑其冒官军以绐我也。

狗逆入皖后，多都护频得胜仗，鲍军已渡江援皖，涤帅移节东流。如章门西路事势再紧，我拟率全军赴之，但不知涤公以为何如耳。

四月十五日广信营次［谕］

军饷断拨，李金旸叛变

上封家信中左宗棠提到棘手的军饷问题，这时开始找到一些眉目。世事多因忙里错。战事瞬息万变，我们逐渐看到，谨慎如左宗棠，也不是“每事对”。这两封信所述就是他做过的两件错事。

一、不欠“不成正果”之人人情

第一封信，左宗棠因为湖南巡抚衙门对口设立了东征局，每年专门给楚军划拨一批军饷，刚出山时，骆秉章划给他一笔，不料现在陡生变故。

变故因官场频繁换帅引起。左宗棠离开湖南后，骆秉章几乎在同一时间被朝廷调往四川担任总督。咸丰十年八月（1860 年 9 月），翟诰改任湖南巡抚，仍按骆秉章既定的“协饷”方案拨款给楚军，但到了咸丰十一年二月（1861 年 4 月），湖南巡抚一职又改任毛鸿宾。毛鸿宾与左宗棠既非同门，又非故旧，即使与前任巡抚骆秉章，中间也隔了一位翟诰，论人论情，都扯不上关系。左宗棠对骆秉章设置的东征局拨款显然有意见，毕竟战事在江西，让湖南永久性驰援，凭什么？于是他便下令停拨。

楚军断饷，弄得左宗棠一下子手足无措了，连家中每年 200 两白银的生活费都拨不出来。情急之下，他向相熟的好友、湖南巡抚幕僚黄冕（号南坡）求借，以救家急。

左宗棠一生有个特点，凡做过的事，他都要再想一想。想了一夜，他发现不对劲，后悔求助黄冕了。原因是，作为谋士、朋友，黄冕以前给左宗棠出过不少点子，左宗棠很信任他，但每按他说的去做，结果“每事错”，吃了不少苦头。这次东征局斩断拨饷，黄冕事前也误判过。左宗棠认为，这个老是误导自己的朋友，虽然不是存心使坏，但见识有限，成不了大器，不宜深交。求他周济家庭，欠他一个人情，以后他有事求上门来，自己又不好拒绝，若是违心帮他，反而坏事。与其这样，不如趁早断绝交情，仅做泛泛之交，两不相欠。

战事得意，钱袋落空，左宗棠带楚军以来第一次陷入全面的“经济危机”。他应急的处理方法是，一方面，要儿子跟黄冕撒谎，称家用不差钱；另一方面，找女婿陶桄，要他挪二百两白银解急。

二、“以正化邪”，杜绝后患

第二封信说到的李金旸，前面几封信也曾提及。此人原是湖南地方的游民，啸聚一帮无业游民，占山为王，左宗棠担心他在湖南闹事。因为这种人被放到地方，很可能成为一害，左宗棠便决定“以正化邪”，邀李金旸组织500名士兵，作为楚军后营。

李金旸沐猴而冠，率部队气势汹汹地从湖南开进江西前线，意图在战场上立功。不想他与随同荆轲前往刺杀秦王的秦舞阳差不多，虽在地方上气势强横，上了战场却不经打，一遇太平军就全军覆没了，自己也做了俘虏。这种人本来就地方流氓习性难改，因此叛敌变节比脱衣服还快。

左宗棠闻讯气不打一处来，知道自己又用错了人。

用错人的代价是严重的。最近一段时间，左宗棠每天提心吊胆，生怕太平军借李金旸的旗号冒充楚军，骗开城门，便抓紧给各营将官写信，告知李金旸已经投敌叛变的事实。

读者看到这里也许会疑惑，用李金旸这种地方不良武装，与楚军“尚严”、下战场还开除不合格将士的做法，岂不是前后矛盾？其实不然。李金旸部不是嫡系军队，何况放在地方也是一害，将其收编只是左宗棠在资金严重短缺时的权宜之计。左宗棠的本意是想通过战场检验李金旸，战后合则纳入旗下，不合再解散这个占山为王的黑社会组织，一石二鸟。这也是他在湖南巡抚衙门做幕僚期间遣散浏阳“征义堂”所得的经验。

这次经验失灵，主要是战乱临时指派造成的，与左宗棠的用人眼光和治军方法并不存在逻辑上的冲突。

三、顾全大局，遵守规矩

让左宗棠感到安慰的是，全国整体战局此时正朝着有利于官军的方向发展。但正是这种刚刚逆转白热化的胶着状态，导致两军争夺尤其激烈。

左宗棠选择豁出去。他说：“如章门西路事势再紧，我拟率全军赴之，但不知涤公以为何如耳。”这句话应了曾国藩在宿松大营“高峰论坛”后的判断：“渠尚肯顾大局。”左宗棠不是任性胡来的人，他虽有独到的战略眼光，但在付诸行动时，还是会考虑全局，因此，首先请示湘军名义上的最高总指挥曾国藩，等候他的指示。这种请示虽然就是等对方批个“同意”了事，但作用不可小看，而这也是曾国藩始终信任左宗棠的原因。左宗棠首先必须在政治上过了曾国藩这一关，才能不断得到朝廷的奖赏与提拔。这也是强部下与弱领导的正确相处之道。

由此可以看出左宗棠处事灵活的一面。左宗棠自称“孤踪特立”，一则他过于看重名节，近似“洁癖”；二则他过于刚直，不愿违心给别人点赞。事实上，他办起事来并不特立独行。用现代话说，他始终是个政治上的明白人，是个守政治规矩的领导干部。

对于能力与眼光不如自己的上级，平时纠正他与当面教训他是一回事，但真正面临重大决策时，尊重与遵行是不能打折扣的。虽然左宗棠隐约预感到曾国藩凭良心与热血为国尽忠而才能欠缺，很可能是个“不成正果”之人，但是并不妨碍他努力配合曾国藩尽心尽力打好仗。

拾玖·与孝威

咸丰十一年五月十二日

孝威知之：

朱少春、彭立凰来营，得尔四月十四日禀件，一切具悉。

尔母脚气虽愈，然频年必数次举发，近时举发更勤。衰老之年气血虚耗，非药饵扶之不可。上年我东行时，以四百金留之家中，除付二百金交翔冈办劈山炮，所存仅二百金。自为尔完婚后，此二百金必已用尽无存。前信托黄南坡代挪二百金付家中，备尔母药饵及先生岁脩之用。嗣有信属尔勿往取，即南坡送来亦不可受（**当速还之，千万千万**）。家中缺用，可于少云处通挪，候我寄还。如少云处有银可借，暂借二百金，庶药饵不缺，病可速痊。邹君方既已见效，每日一帖，不可间断。此尔与新妇事也。每岁我于薪水中存二百金为宁家课子之费，上年曾见之公牍，不可多取欺人。家中除尔母药饵、先生饮馔外，一切均从简省，断不可浪用，致失寒素之风，启汰侈之渐。惜福之道，保家之道也。

阅尔屡次来禀，字画均欠端秀，昨次字尤潦草不堪，意近来读书少静、专两字工夫，故形于心画者如此，可随取古帖细心学之。年已十六，所学能否如古人百一，试自考而自策之。古人云："少时不学老时悔。"此语可常玩味，勿虚掷韶光为要。读书不为科名，然八股、试帖、小楷亦初学必由之道，岂有读书人家子弟八股、试帖、小楷事事不如人而得为佳子弟者？勉之勉之！毋使我分心忧尔。

兵事一切毋须数数问及，我有事饬尔办理可遵命行之，否则不必理会（**如刘竹亭、吴翔冈处何必数数往来**）。亲旧家佳子弟极少，尔此时在塾读书，亦非讲交游结纳之日，一切往来应酬可省则省，万勿效时俗子弟专在外面作工夫也。切记，切记！

乐平诸捷，化险为平，全赖梅村、克庵及诸将士之力，乃公何力之有？顷奉谕旨褒嘉，并颁赏搬指、翎管、小刀、火镰、荷包等件，望阙叩头谢恩，感激欲涕。我以一书生谬忝戎务，频年忝窃非分，荐擢京卿；兹又特承异数，赐予骈蕃，为自古草茅下士所无之遭际。国恩高厚，报称为难。时局方艰，未知攸济，亦惟有竭尽心力所能到者为之，期无负平生之志而已。

贼势外肆中枵，非必不可了之事。惟军兴既久，饷绌日甚，我军欠饷三月有余，刻忧饥乏，有时事机必赴而运掉不灵，无如之何。幸诸将士相从日久，知我无丝毫自利之心，尚不至十分迫索耳。儿辈在家，知乃公行间艰苦，必不敢安逸享受，当益刻厉自修以慰我意也。

仲父何时返长沙？事多，不及时作家书，如询近状，可即以此呈览。

五月十二日夜［父字］景镇大营

周庆既不可用，不必令其前来，前已谕及矣。

教子当家三字诀：“俭、静、专”

15 岁的孝威这一年要结婚了，新娘是贺熙龄的三女儿。

这门亲事在孝威刚生下来时就定下了。

贺熙龄长左宗棠 24 岁，是左宗棠在城南书院的老师。道光二十六年（1846 年），贺熙龄去世。当时，孝威还是个不会爬的婴儿。老师跟学生主动提出定“娃娃亲”，虽有两江总督陶澍的先例，但总有点拉不下面子。于是贺熙龄选择以临终前交代后事的方式，在遗嘱中托丁秩臣、罗泽南做媒人，当面转告左宗棠。

一、结婚从俭，婚礼从简

儿子的婚姻大事，碰上自己缺银子，真是要命。左宗棠倒不怎么当回事，严格限制婚礼规模，随口说了句“就用我上次存剩的二百两银子”了事。可想而知，这个婚事办得有多朴素。

古人一生十分看重的礼事，一是结婚，二是喜丧。养生与送死，是孔子认定的“可当大事”，读书人家没有不严格遵守的。结婚是件花大钱的事，以左宗棠的地位，儿子结婚花个千两万两白银都不算奢侈，花 200 两白银只能叫“俭朴”。

对待礼事，左宗棠不是马虎、抠门的人。父亲左观澜去世时，二哥左宗植26岁，左宗棠18岁，兄弟俩都在长沙读书，可以说身无分文，但为了让父亲得到读书人应有的尊严，兄弟俩东挪西凑，花了几百两白银，将丧事办得十分隆重。其间，他们虽收到了不少亲戚的红包，但办完一结账，还是亏了200多两白银。这相当于今天一个失去双亲的大学贫困生欠下10万元巨债，压力可想而知。

但古代社会好过当代社会的地方是，民众普遍重知识超过重金钱。这笔欠账直到兄弟俩同时在道光十二年（1832年）考中举人，接到亲戚、朋友大笔礼金，才算还清。

儿子虽没有举行“冠礼”，但既已结婚就算成年人了。左宗棠开始具体教儿子生活中怎么孝敬母亲，并规定家中开支总体原则是节省。但有两样一定不能省：一是母亲治病的钱，二是私塾先生的伙食费。其他生活开支，自己看着办，能将就将就。

左宗棠有意放手锻炼儿子，说“此尔与新妇事也”。这是提醒儿子，你再不是少年了，而是有家室的人了，今后不但要学会处理夫妻关系，还要逐步学会处理家族关系、社会关系，左家这个家，最后还得你来当，不上进可不行。

二、凭“静、专”早当家

儿子大了，父子俩第一次在观念上发生碰撞。

左宗棠教儿子学真本事，不要图举人、进士虚名，方向是对的，本意是好的，不想孝威却误读了他的意思，干脆将科举考试必考科目八股文、试帖、小楷一律放弃。这让左宗棠心里窝火：“这孩子为什么会曲解我的本意？”

今人对八股文、试帖已经十分陌生，因为光绪三十一年（1905年）废除科考后，这些内容也随之销声匿迹。这里有必要解释一下，方便读者更清晰地看到父子观念冲突的实质。

八股文正文由八个部分组成，依次分为破题、承题、起讲、入题、起股、中股、后股、束股，题目一律出自“四书五经”原文。这种文章，形式僵硬，内容空洞。有人说，中国传统文化中有两样糟粕被抛弃是最没有争议的：一是科场的八股文，二是女人的裹脚布。

试帖，是指在试卷上抄录一段经文，再用一张纸覆在上面，中开一行，显露字句，被试者即据以补上下文，类似今天高考试卷上的诗文填空题，考的是死记硬背的内容。

小楷，顾名思义，是小写楷体字。古代科考，首考书法，书法不过关，文章再好也要受影响。古代但凡进士，都写得一手漂亮的书法，清朝考状元、翰林，尤其注重书法，个个都得先做书法家，不像今天许多人已握不稳毛笔，离开电脑已经写不拢字。

重视书法，源于传统文化对修心的重视，而书法就是人内心最直观的一幅图画。练习书法，可以静心，锻炼个人气质、涵养、风度。不惟“静以修身，俭以养德”，“每临大事有静气”，正心于静，为成事之本。再加之古代没有电脑，没有打印机，书信、奏折、札记全靠手抄，小楷不过关，写字如鬼画符，做官发文件容易误事。所以，古人花再多时间练习书法，也不会是浪费时间。

平心而论，八股文、试帖、小楷虽然弊端多多，但作为读书人的入门训练，并不全都一无是处。左宗棠说：“读书不为科名，然八股、试帖、小楷亦初学必由之道，岂有读书人家子弟八股、试帖、小楷事事不如人而得为佳子弟者？”意思是说，八股、试帖、小楷的基本功还是要有的，泼掉一盆脏水是对的，但你不能连盆中的白胖小子也一起泼掉。这无疑比较中肯。

针对孝威存在的问题，左宗棠开出两张药方：“静”和“专”。

“静”的对立面是“躁”，“专”的反义词是“杂”。作为“官二代”，孝威与今天的青年一样，看到外面的世界很精彩，内心也时刻在躁动。因为心神不定，读书“东一榔头，西一棒槌”，知识便杂乱无章。左宗棠不愧是渌江书院山长出身，一眼便看出儿子症结，药方开得准确而及时。

信末似可见左宗棠不动声色的智慧：要孝威主动将信送给二伯父左宗植看，托词是自己没时间给左宗植写信。古人写家书耗时费神是实，但要二哥看自己写给儿子的家信，显然于礼制有欠。左宗棠以“孝”“礼”教子，不可能不明白这个道理。

那么他为什么还要这么做?

他的真实用意，恐怕是要左宗植按照信中所说，严格监督侄子孝威。左宗植是聪敏的读书人，道光十二年（1832年）中举时还是湖南乡试第一名（解元），不可能领会不出弟弟这层意思。

贰拾·与周夫人

咸丰十一年五月十三日

筠心夫人：

近好！久未得［卿］手书，知脚气尚未复元。衰老之年气血虚耗，饮食药饵须随时调补，勿过节省，以贻我忧。

霖儿娶妇后渐有成人之度否？读书不必急求进功，只要有恒无间，养得此心纯一专静，自然所学日进耳。新妇性质何如？“教妇初来”，须令其多识道理。为家门久远计，《小学》《女诫》，可令诸姊勤为讲明也。

乐平诸战上荷褒奖，并拜尚方诸赐。一介寒生忝窃至此，且感且惭。自此数战后威名颇盛。迫贼至兴安，贼解玉山之围；至广信，则且舍江山、常山（浙江地界）而窜金华矣。维时毓中丞请剿瑞郡以保章门，适探瑞城踞贼无多，而涤生函牍以伪右军主将刘逆窜陷建德，饶、景可危，呼令还镇。比冒雨奔驰七日，甫抵乐平，即发前队赴镇，而贼已至四五十里外矣。归途经过乐平、浮梁等乡，沿途爆竹、茶果、香案相望于道，妇孺夹道欢迎，颂声不绝。乐平素称强悍，械斗、抗官、抗粮、劫杀兵勇无所不至。此次为贼所苦，目睹官军之威，遂帖服如此。惟景镇遗黎仅存，到镇之时，犹于破屋中放炮竹迎我，不觉为之心酸泪落也。赏件及各处万民伞有妥便再寄回。

五月十三日［季高字］

贰拾壹·与周夫人

咸丰十一年五月十三日

筠心淑人清览：

军事一切详咨稿中，阅之便悉。世事日艰，责寄将日重，亦无所容其畏却，只合索性干去，尽吾心力所得为而为之而已。

润儿未聘妇是我一心事。余明珊表兄之女闻甚明慧，且我母之内侄孙女，我已与明珊［兄］说明，伊亦欣然，俟渠下半年归家再定庚也。

家中事有卿在，我可不管。惟世乱日甚，恐居城居乡均无善策耳。

艾侄可无须来营。周庆如不吸烟，可令其前来。李贵仍告假归，我荐往唐蘋州太守处，此后可不必理他也。

［此间近好，不一。］

［季高字］

新妇家教，《小学》《女诫》

左宗棠寄给孝威的家书，按规矩孝威须及时拿给母亲看。为什么左宗棠此时选择单独给妻子连写两封信？原来，长媳过门，事关左家后代家风，左宗棠放心不下，一则来信打听长媳的表现，二则暗示妻子应教好长媳。

一、知书达理与“男尊女卑”

第一封信，左宗棠要求周诒端教长媳《小学》《女诫》。这些是古代女性的必修课。

古人要求女性不但有才，而且要知书达理。比如，周诒端就是湖南小有名气的女诗人。只是，女性在日常生活和社会交往中，不要表现自己的才华，而要以自身才华辅佐丈夫，做幕后巾帼。

这种观念，集中表现在《女诫》中。

《女诫》本来是东汉班昭写的一篇教导班家女性做人道理的私书，包括《卑弱》《夫妇》《敬慎》《妇行》《专心》《曲从》和《叔妹》七篇。后世被争相传抄，影响了一代又一代女性。

《卑弱》篇中，班昭引用《诗经·小雅》中生男曰“弄璋”，生女曰“弄瓦”的说法，认为女性生来就不能与男性相提并论，必须“晚寝早作，勿惮夙夜；执务私事，不辞剧易”，才能恪尽本分。

《夫妇》篇认为，丈夫比天还大，须敬谨服侍，“妇不贤则无以事夫”“妇不事夫则义理堕阙”，若要维持义理不堕，则必须使女性明晰义理。

《敬慎》篇认为，“男以强为贵，女以弱为美”，无论是非曲直，女子都应当无条件地顺从丈夫。只有一刚一柔，才能并济，也才能永葆夫妇之义。

《妇行》篇规定了妇女的四种行为标准：“清闲贞静，守节整齐，行己有耻，动静有法，是谓妇德；择辞而说，不道恶语，时然后言，不厌于人，是谓妇言；盥浣尘秽，服饰鲜洁，沐浴以时，身不垢辱，是谓妇容；专心纺绩，不好戏笑，洁齐酒食，以奉宾客，是谓妇功。”妇女备此德、言、容、工四行，方不致失礼。

《专心》篇强调“贞女不嫁二夫”，丈夫可以再娶，妻子却绝对不可以再嫁；事夫要专心正色，耳无淫声，目不斜视。

《曲从》篇教导妇女要善事男方的父母，逆来顺受，一切以谦顺为主，凡事应多加忍耐，曲意顺从。

《叔妹》篇阐明妇女与丈夫兄弟、姐妹的相处之道，要事事识大体、明大义，即使受气蒙冤也是天经地义，万万不可一意孤行，而失去彼此之间的和睦氛围。

总之，班昭强调“男以强为贵，女以弱为美”。

当代社会的男女、夫妻问题，有一部分是因太过否定传统而来。但要对《女诫》的内容照单全收，又无异于刻舟求剑，因为这七条规定贯穿着“男尊女卑”的价值观念，用今天的眼光去看，全部存在严重问题。

左宗棠严格遵守儒家教条，有鲜明的“男尊女卑”思想，这是不对的，尽管清朝都在按照这个观念做并以为天经地义。

二、“佳媳”难觅，近亲联姻

第二封信中，左宗棠为14岁的孝宽也定起了亲，对象是表兄余明珊之女，即自己母亲的内侄孙女。左宗棠的本意是挑一户家室清白、家教正派的人家，以延续本人血脉。

古人懂得“和实生物，同则不继”，也规定五服之内，不准结婚。血缘过近容易生下痴呆儿童。左宗棠明知此理却仍为之，恐怕是难觅“佳媳”，迫不得已。

我们看到，陶澍、贺长龄、左宗棠、曾国藩、胡林翼、郭嵩焘这些湖南名人，纷纷攀上亲戚关系，近亲联姻，弄得辈分关系混乱。有学者还专门以研究亲戚关系为学问，有点像孔乙己研究“茴”字的四种写法。

今天推断，清朝湖南名人联姻的本意应是希望好人家、好子女之间相互结合，既可以遗传优秀基因，又可以延续优良家风，一举两得。但这恐怕只是他们的一厢情愿，事实并不见得如愿。好人家、好子女结合，不一定等于更好，反而可能更差。

近两百年来，扭转历史航向的湖南籍历史大人物不下数十个，但没有一个是从这些家族中产生的，可见“血统论”不靠谱。家风影响固然重要，但成长环境与学习能力更重要。

人情社会中，照章办事易受阻碍，在第二封信里也显现出来。妻子找丈夫推荐艾侄，左宗棠怎么处理？必须照顾人情，但又要考虑事理、不偏不倚。从信中内容来看，艾侄的能力肯定不怎么样，所以左宗棠才说“可无须来营”。

周庆是周诒端的娘家人，跟和官是一路货色，也在湘潭抽鸦片。妻子求情，左宗棠只好让步了，答应她“如不吸烟，可令其前来”。李贵看来也是亲戚，前段时间请假回了湖南，左宗棠不想再用他，又拉不下人情，这次顺水推舟，将他推荐给了衡州知府唐逢辰（号蘋州）。

人情社会，官员清廉全靠自律。作为以清廉与自律垂名后世的左宗棠，其在真实生活中尚且如此，人情世故对社会公正的干扰可见一斑。

贰拾贰·与孝威

咸丰十一年六月二十三日

霖儿知之：

意城［二］叔处寄到家书，知近状平安，为慰。

家中所寄各书物均收到。周品恒赍送御赏各件回湘，附寄一信，想已收到。尔母脚气渐痊，甚为欣慰。然暑月服峻剂，未知是否相安也。新妇名家子，性情气质既佳，自易教诲。但尔幼年受室，于处室之道毫无所知，恐未知所以教也。孟子曰：“身不行，道不行于妻子。”修身为齐家之本，可不勉哉！

读书先须明理，非循序渐进、熟读深思不能有所开悟。尔从前读书只是一味草率，故穷年伏案而进境殊少。即如写字，下笔时要如何详审方免谬误。［昨来字，醴陵之“醴”写作“澧”，何必之“必”写作“心”，岂不可笑？年已十六，所诣如此，吾为尔惭。］行书点画不可信手乱来，既未学写，则端正作楷亦是藏拙之道，何为如此潦草取厌？尔笔资原不差，从前写九宫格亦颇端秀，乃小楷全无长进，间架笔法全似未曾学书之人，殊可怪也。直行要整，横行要密，今后切宜留心。每日取小楷帖摹写三百字，一字要看清点画间架，务求宛肖乃止。如果百日不间断，必有可观。程子作字最详审，云“即此是敬”，是一艺之微亦未可忽也。潦草即是不敬，虽小节必宜慎之。

东征局未收之一千七百余金暂存成静斋［兄］处。吾意以五百金赙罗近秋，二百四十金赙史聿舟，二百金赙陈明南，百金赙赵克振，二百金还吴翔冈劈山炮，二百四十金还少云，余仍存静斋［兄］处候拨。

史聿舟之兄来，此人尚老实，然无他长，伊亦求归，遣之为是。大约廿五六始归，我另有信交他带回也。

辉楚已来，留此当长夫。营中无好模样，又易懒惯，故我不欲子侄来营也。数月后当仍遣其归。

此间欠饷已四月，近复大疫，困惫难堪。去冬由湖南窜江西之贼，今复从福建汀州窜至广信各属。李秀成一股又分窜南康府各属，章门亦颇震动。日间羽书络绎催援，无以应之。涤翁属增募二千余，足成万人，以便调遣。吾以饷项艰难，未之诺也。

佑生来时并带其妻兄刘某来，殊不晓事，此子亦恐不能有所成就。周庆暂安置军装局，如察有毛病，当即逐之。

少云是否还淹中？艾生已同去耶？白水洞屋闻已遣人修理，然此时似可不急搬回耳。

文方伯丁外艰，已作书唁之。[如有祭幛可搭分者，即入我名为要，可问郭二叔及李仲云兄。]

六月廿三日夜［父谕］

贼自破金陵大围后复破宣、歙，凶焰愈张，论者佥谓东南大局不可为矣。然贼中号称凶诈难制名为王者，只有伪英王陈玉成、伪侍王李世贤、伪忠王李秀成、伪辅王杨七麻子、伪章王林绍璋、伪干王洪仁玕，伪定南主将黄文金等七逆而已。自顷陈玉成、林绍璋、洪仁玕屡为皖北多都护所败，李世贤、黄文金屡为我军所败，均已丧胆。只余李秀成一股无官军痛剿。杨七麻［子］甫过皖北，尚未与官军接仗，然亦非多都护之敌。其金陵、皖、浙［诸省］踞城之贼皆易与也。贼势虽蔓延日广，然江南亦苦空虚，若得劲旅二万余，携数月之饷，径捣金陵、苏州，则大局不难复振。惜无此将、无此饷也。由目前局势稳扎稳打亦可徐徐收效，但旷日持久，未知有无变故耳。

家信各件阅后可均与少云婿阅之。

贰拾叁・与孝威

咸丰十一年六月二十五日

孝威知之：

昨一书由意城［二］叔转递，想到在此书之前。今因史翰舟归（已给盘费六两），寄此，并致成静斋［先生］一书，内开各项应发之款一单，尔可照抄一纸作底账存家中，其余银一百九十八两即概领回家，存俟拨用可也。

史聿舟事我忠谨，我极悲之。送奠仪二百四十两，可同其兄赴静斋［先生］处领出，着何三同送至史家坡，亲交其母。吾念其母七子，死难者二，因伤成废者一，殊可伤也。

顷探浙江常山之贼窜至婺界四十里，今日已发两营去截之，明当续派。

匆匆草此付尔，余详前函，不赘。

六月廿五日［父字］

作文与办事：一艺之微，亦未可忽

左宗棠的书法被今天的收藏界奉为上品。对外行来说，怎么品鉴左宗棠书法？左宗棠教子时自道其风格为“端秀”，即端庄、秀丽。

第一封信里，左宗棠与儿子详细说起了书法。本篇不妨从书法切入，作为打开左宗棠心门的一扇窗户。

一、小错必惩，但求精准

左宗棠说，“字为心画”。落在纸上的文字，是人内心的一张图画。“端秀”两字，是左宗棠的“心画”。端庄指品行，秀丽指神韵，集中南、北方文化之精妙。北方文化“端庄”，但一味端庄下去，就成了“呆板”；南方文化“秀丽”，但秀丽到底，就成了“柔媚”。端庄中有秀丽，秀丽中见端庄，是左宗棠书法追求的境界。这是玩味左宗棠书法的入门钥匙。

儿子这次写信，不但书法潦草，而且连写了两个错别字，将“醴陵”的“醴”写成了“澧”，“何必”的“必”写成了“心”。左宗棠很不高兴，敲打儿子赶快改正。

这是在小题大做吗？

左宗棠有句名言：“粒谷必珍，富之本也；只字必惜，贵之原也；微命必护，寿之根也；小过必惩，德之基也。”

“只字必惜，贵之原也”，珍惜笔下的每一个字，是人立文品、文德之根。写文章的人都有过经验，尽管已经十分谨慎，笔下还是容易出错别字。读过文章的人多有这种体会：正看得入神，陡然冒出个错别字，心里“咯噔”一下，顿觉作者的水平不知掉了几个档次；更糟糕的是，读的人开始对整部作品不放心，老怀疑其他地方还有问题。

不放过小错小过，是基于中国一句老话：“千里之堤，溃于蚁穴。”

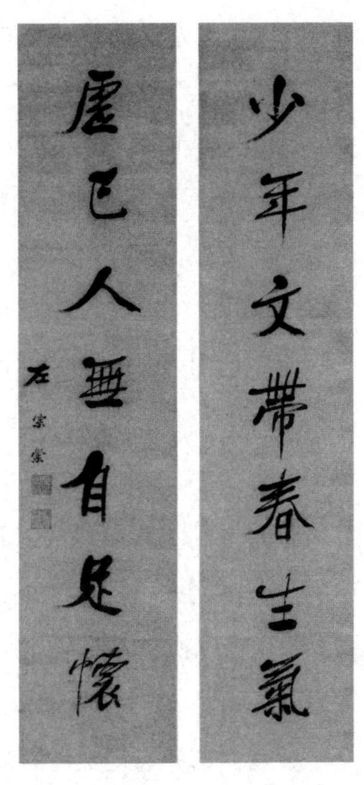

清 · 左宗棠 行书七言联

左宗棠追求“实学”的那种精确技术思维，是当时中国人所欠缺的。中国人凡事大而化之，追求的是“运用之妙，存乎一心”，医生开药，厨师配盐，只有“少许”“酌量”等模糊概念，没有具体的数字标准。将 1 吨黄金移动 1 米容易做到，但移动 1 毫米没有人可以手工做到，世上最难的事情是做到精确。

“零错误”“零失误”是一种追求的方向。如果放弃，则松之一寸，退之一尺，差之毫厘，谬以千里。所以，左宗棠在这里说：“一艺之微亦未可忽。”

“艺”在古代指技艺，“六艺”即礼、乐、射、御、书、数六种技艺。

二、拼命办事，不谋关系

早在第一封信中，左宗棠就开始尝试教儿子处理公事。他从军营里拨款，安排孝威“五百金赙罗近秋，二百四十金赙史聿舟”。

“五百金”“二百四十金”分别是楚军给阵亡营官与哨官的抚恤金标准。哨官不及营官的一半，可见这一标准是根据将领的实际作战贡献而定的，这也符合学者吴思定义的“血酬定律”。

在处理公事上，左宗棠懂得《易经》的平衡之方。为了弥补对史聿舟的抚恤过薄，特批其兄史翰舟入军谋职。这事实上是给他家人一条“财路”，只是台面上不能这么说。但史翰舟为人过于老实，能力欠缺，无法胜任军队灵活机动的工作，左宗棠只好又打发了6两银子让他回家。史家人应该没有什么可埋怨的了。

上封信里，妻子推荐周庆，左宗棠推辞不掉，便将周庆暂时安置在军装局，搞后勤服务。正是这样事必躬亲，点滴精准，安排到位，左宗棠才既照顾了人情，又不影响楚军战斗力。

信中提到“若得劲旅二万余，携数月之饷，径捣金陵、苏州，则大局不难复振，惜无此将、无此饷也”，一方面说明左宗棠的责任心与担当意识之强，真正在以挽救大清乱世为己任；另一方面暴露了此时左宗棠对官场人事的考虑仍欠周全。

官场内部各有地盘、有团伙，左宗棠却当官场内部是一家。后来，曾国藩弟弟、湘军首领之一曾国荃部下吉字营5万精兵铁桶一样包围天京，生怕左宗棠与李鸿章前来援助，分去自己一半功劳，还声称若李鸿章胆敢前来，就先灭了他再打太平军，就是明证。

此时，“拼命办事”的左宗棠见李鸿章不去助攻天京，却掉转枪口抢自己的地盘，气得破口痛骂，要找他理论，全不想一心“拼命做官”（曾国藩语）的李鸿章用意之曲折深沉。谋事却不谋人事关系，也为左宗棠入职军机处后与一班同僚难以和光同尘埋下了伏笔。

如果左宗棠是从正途出身，一直循规蹈矩发达起来的官员，那么此时应该不会有替曾国荃操心的想法。

贰拾肆·与孝威

咸丰十一年七月十一日

孝威览之：

新奉恩旨，补授太常寺正卿，恐以后事寄将益重，时局日艰，官愈高则责益大，殊惴惴也。

师抵婺源，疾疫繁兴，勇夫物故者不下数十，此皆随我奔驰无间寒暑者也。兵后人物凋残，所至目不忍睹。而药物之昂贵十倍寻常，且多缺味，病者尤以为苦。前月廿三日，浙江常山之贼二万余由玉山解围而来，猝至德兴白沙关，次日即抵新（剑）［建］，距婺城仅四十里。时军中病势方盛，勉派五成队先据险待之。廿六日大队继发。是夜三更，桂、右、后三营潜起扑之。贼败，追至新（剑）［建］，中、前、左三营从西坑岭小路突出邀截，幸获大捷，毙悍贼近千。贼狂奔不止，仍窜出安徽、江西界。其详已具咨牍中，今抄稿寄尔，阅之可得其梗概也。

婺源为朱子阙里，夙称文献之邦。近八九年，贼往来二十余次，无诵言守城者。遗黎皮骨仅存，皇问典籍？士风茬弱，民气不竞。居万山之中，无隔（省）［宵］之储，惟恃籴米作炊，商船一日不至即忧饥饿。而饶富之家所在多有。盖徽郡山多田少，商多农少，自昔已然。频年遭贼蹂躏，水贩时梗，常有手握金珠而饿死者，可悲也。

吾湘在东南最为福地，尔辈未经兵燹之酷，直不知人世间危险困苦有非言语所能尽者［故略为尔道之］。

军士病者既多，又秋高鹰起之时，当有数恶仗，不得不增募数营以厚其势。涤帅函牍每以此为言，且恐不久或有入浙、入吴之议也。因饷欠太久，不欲遽行召集。今姑遣余都司萃隆归，与彭定太（数次信来，请调若农观察，昨又为言之）各募三百七十人，为新前、新后两总哨。涤帅为我调刘兰洲之五百，又魏喻义亦可调来，合计当不下万人，可以战矣。

用兵最贵节制精明，临阵胜负只争一刻工夫。譬如在家读书、作诗文［习字］是平时治军要紧工夫，而接仗不过如入场就试耳。得失虽在一日，而本领长短却在平时。果于“节制”二字实有几分可恃，临阵复出以小心，则事无不济。惜乃公精力渐衰，说得出做不尽也。

鄂省南岸已无贼，贼尽回窜江西，省城戒严。幸涤帅已调鲍军由九江前进，当可无虞。由湖南窜江西之朱衣点等逆（约六七万），久踞弋、贵之交，相距近四百里，不能以病卒轻于一击，且相机势之缓急图之耳。四眼狗等大股又渡江窜鄂之北岸，咏公病危，希庵中丞未知能痛击之否。

尔母脚气断不能除根，但能少发易愈即好。新妇资性既好，大慰我怀。少云已回淹中否？一书附去，事多不能详及，可并将此信及咨稿与之阅，为属。

七月十一日婺源军中［谕］

出山周年的关键词：“节制”“精明”

咸丰十一年三月（1861年4月）下旬，左宗棠率楚军5000人，在江西乐平迎战太平军5万人，大败侍王李世贤，取得乐平大捷。经曾国藩向朝廷奏功，左宗棠被晋升为“帮办两江总督曾国藩军务”“太常寺卿”。六月初二（7月9日），左宗棠履行帮办职责，率楚军移驻婺源，援助曾国藩军务。

这封信详细叙述了收复婺源的经过。而婺源的胜利，也使左宗棠的官职再上台阶。曾国藩已经在向朝廷保举左宗棠负责一省要务，具体地方，或是江苏，或是浙江。这时，李鸿章的淮军正在筹备组建中。不久，朝廷做出让左宗棠收复浙江、李鸿章收复江苏的安排。

楚军经过一年的奋战，该淘汰的，战场上已经淘汰，军中都是精兵强将。左宗棠对战场胜利已有把握，所以，曾国藩要求他扩军到1万人，他当即爽快答应。

一年的战场实践，取得胜利根本上靠什么？左宗棠自我总结为“节制”“精明”。

所谓“节制”，就是战前充分准备，不打无准备之仗，一旦开打，就集中优势兵力，逞一时血性之勇，将敌军瞬间压垮，果断干脆，速战速决。

所谓“精明”，就是战斗一旦打响，就瞄准敌人的失误，集中己方精兵，专打敌军的疏漏与薄弱环节，配合游击战、阵地战、运动战等多种形式，灵活机动，把握战场主动权。

“节制”“精明”的核心，是“慎初战”，即不主动打第一枪。敌人挑起战争，己方一定要打赢首仗。若首战胜利，则士气上可以压倒敌方，乘胜一鼓作气，其后便能势如破竹。

左宗棠这些独特的打仗方法是从哪里来的呢？

他没有上过一天军事学校，全是自己结合儒家的修身方法，在实践中悟出来的。事实上，每一个行业的佼佼者，创新时都偏好脱离教材，触类旁通，从看似毫不相关的两件事中悟出共通的道理，适时进行知识迁移。

但士风在军事面前的脆弱，左宗棠通过江西婺源看得心有戚戚。此地受宋朝朱熹理学思想的影响，文气深厚，人才辈出，但正因盛产文人学者，民风偏柔弱，成为饱受蹂躏的重灾区。

婺源得益于位于皖、浙、赣三省交界处的地域优势，属黄山余脉江南丘陵地带，水路发达，人口稠密且流动频繁，因此商业发达。

商业发达带来文化繁荣，中国历史上往往如此。但商业成为经济支柱，到底是福，还是祸？

贰拾伍·与孝威

咸丰十一年七月十五日

孝威览之：

前一书由意诚［二］叔处转递，计已达矣。顷得览六月二十四午刻一书，具知一切。

吴翔冈所制劈山炮未尝不好，惟须照模制药，又兜用螺丝转，一经损坏，便难觅匠修整。大抵军器不宜太精细，以所用者皆［是］粗人也。翔冈立意要与人不同，此最是短处。而所赏识之人多无实际，渠荐与我之人，张声恒、章荣先尚略可，然皆由璞军出者，此外则无一堪用之才，难怪其从前带勇，每战辄不如意也。而犹不自痛悔，复意气自矜，恐将来亦难望长进，终是废材。渠来信云尚欠伊银百两、钱卅串，可从静斋［先生］处余银内取而还之。我所谓商贾气太重者此耳。此君志趣颇好，然读书太少，自信太过，颇有“亡而为有，虚而为盈”之病。上年欲其来营，亦颇思陶熔一番，或可望其有进。渠既不愿，则不必也。

尔母脚气未愈，须时劝多服滋补之药。有人赠我顶好肉桂二段，当乘便付回。万民旗伞（新送四柄，皆江、皖之民也）、牌匾亦当寄归。

饷欠四月有余，无法弥补。兼之军中疾疫繁兴，需用甚急，日以为忧。幸将士知我无它，不忍迫促，大家忍耐，不肯支领，然我因此更觉过意不去。涤帅见我艰难，咨拨婺源、乐平、浮梁三县地丁厘税归我军提用。经理甫一月，渐有生机。从前收厘无多者，今竟多三分之一，每月可得万数千金，不致顿形饥溃。而乐平民风刁悍异常，十年不纳钱粮，不设厘局，且骗学额十名，自为得计。自归我后，钱粮渐次完纳，厘税已肯捐办，士民颇言怀德畏威。景镇商民则言：“如偷漏厘税以欺大人，是欺天也。”自愧无功德及人，遽得此报，殊为慨然。三代直道之公至今如故，即此可见。以尔信曾以此为虑，故略及之，使尔等勿以此为念耳。

尔年已十六，须知立志作好人。“读书在穷理，作事须有恒”两语可时时记之勿忘。尔能立志作好人，弟辈自当效法，我可免一番挂念矣。少云已回小淹未？前书交佘都司带来，恐到尚在此书之后。

李逆秀成一股由鄂窜闽江西，省城戒严。幸涤帅调鲍春霆由九江回剿，李次青克义宁州后又转战而前，江西当可无虞。惟弋阳、贵溪大股屯集（即彭大顺，朱衣点诸逆从湖南窜江西、福建者），我军士卒病若渐愈，当一击之。若彼时李逆亦回窜广信，亦可就近痛剿。

江西肃清，则饷源可以不匮，可放手办贼也。黄南坡、裕时卿东征之饷，我不取用，李仲云、文式岩，我亦未尝托之。意城昨书言：“索饷惟有疲缠一法，以咏芝、沅浦深得此诀为好。”我则不然，直干到底而已。

克庵［先生］信来，言其太翁病已略愈，八月后可启程来营。石泉［先生］则须俟冬间葬亲后始能来，不便催促也。

尔小楷全无端秀之气，又横行太稀，尚不如从前之好，须急取家中所有小楷帖（无论是何帖，细心学之，自有长进，即欧书《姚恭公墓志》亦好），每日摹写数百字，乃有长进，断不可悠忽从事，切切。

王兴禀来，荐一姓郭人投效，实属糊涂不堪，见面时当传谕骂之，勿任其来。

五月廿五日已奉旨补授太常寺卿，想湘中已见邸抄，如有邯郸报至，可给银十两，多则不必。

七月十五夜［父字］

不落时俗的“左式办事法”

这封信写于咸丰十一年七月十五日（1861 年 8 月 20 日）。两天后，咸丰皇帝驾崩。后世传闻甚广的湘军“问鼎密谋”就发生在这一时期。朝廷内忧外患，风雨飘摇，充满变数，湘军大员多在静观其变。

一、办事“秋后算账”

这封信一开头就在算账。

引发算账的由头，是吴翔冈受左宗棠委托在长沙造的劈山炮不合意。吴翔冈大概是理工科出身，造的炮专业性强，技术含量高。左宗棠一句话就问中要害：你造的劈山炮这么精细，请问是请专家学者上战场用，还是农民大老粗用？

左宗棠由此再算吴翔冈的第二笔账。楚军创建以来，吴翔冈给左宗棠推荐了一些人才，现在回头一看，每况愈下。刚开始推荐的张声恒、章荣先还过得去，但这不能证明是吴翔冈眼光高明，而是这两个人本是老湘营的人。人家本身就好，吴翔冈是瞎猫逮着死耗子，碰上了。

读到这里，我们不免纳闷。部下办事，领导不可能全都满意，况且部下是好心，也没办坏事，犯得着这样横挑鼻子竖挑眼吗？

细看之下，我们才找出了惹得左宗棠要找吴翔冈算账的原因。左宗棠委托吴翔冈造劈山炮，但楚军吃了上顿没下顿，吴翔冈只得先垫钱造炮，他将炮交付过去，钱也没补过来，吴翔冈因此很不高兴。逐笔算下来，左宗棠已经亏欠吴翔冈 120 两白银，于是吴翔冈便写信来催。

这一催，惹左宗棠生气了。楚军上万名士兵，已欠 4 个月军饷，加起来超过 10 万两白银，正坐等湖南、江西两省的“协饷”。楚军军营捂紧口袋，管财务的人恨不能一文钱掰作两文用，左宗棠此时最怕听别人来催债。关键是写信索债是对债主的不信任，担心人家赖账不还。左宗棠生平最看不起小气的人，更受不了对自己不信任的人。左宗棠清楚，吴翔冈家里不缺吃、不缺用，这么火急火燎地催，明显是以小人之心度君子之腹，所以批评他“商贾气太重”。

两人观念在这时发生了错位：吴翔冈将跟左宗棠合作当成做生意，认为应该一手交钱，一手拿货。左宗棠却不这么想，他认为这不是做生意，买卖与交情是一起的。毕竟，楚军还处在创业期，他期望亲近之人能予以支持。

这封“算账”信也让我们看清了，左宗棠内心记事，尤其是对于刺激到他自尊心的人，他会“秋后算账”。

这样到底好不好呢?

俗话说，“水至清则无鱼，人至察则无徒”。朋友、上下级对自己做过的错事都点滴在心，像电影胶片一样随时可以拿出来回放，难免会让人恐慌。但如果什么都不记在心上，什么都不在意，则是糊涂。没有“识人”的基础，办事就成了感情用事，恐怕更糟糕。

但是，一个人“秋后算账”不算什么，关键在于算清账后他会怎么做。

一种做法是打击、惩罚对方；另一种做法是只记账，不记仇。前者睚眦必报，后者大度宽容。

左宗棠选择的是后者。

二、讨债“直干到底”

欠饷逼急了，自己拿不出，左宗棠怎么办呢?

关键时候，曾国藩出来救急。作为署理两江总督，他授权左宗棠在婺源、乐平、浮梁三地开办厘金局，通过收杂税解决军饷。

曾国藩的政策支持，帮了楚军一个大忙。楚军出山之初，胡林翼劝左宗棠“弃蜀择吴”，理由是，入四川则“气类孤而事不成”，择江西则湘军将士可以相互照应与接济，此言在这里得到印证。

打仗的头等大事是筹饷，左宗棠出山的时机与运气不错。4 年前，曾国藩以礼部侍郎身份驻兵江西，就军政、厘金等问题与江西巡抚陈启迈杠上了。陈启迈不准收，曾国藩硬要收，吵到咸丰皇帝面前。咸丰皇帝一生气，将陈启迈开缺，换上文俊。但新任巡抚文俊对曾国藩照旧阳奉阴违，气得曾国藩抛下军事不管，借“丁父忧”回家休长假。

现在的湘军势力已经与 4 年前不可同日而语。曾国藩署理两江总督，江西隶属两江，他想划拨军饷给谁，就是一句话的事。左宗棠眼下战事顺利，与曾国藩背后的政策支持密不可分。

有了政策，关键还要落地。江西民众的厘金税也不是那么好收的。厘金是湘军自设，不是朝廷正税，加之老百姓虽没有现代纳税人的观念，但他们懂得地方政府收了钱，得看它帮自己办了什么事。办得不满意，他们就拖欠，或者干脆拒缴。更绝的是，当时，乐平民风彪悍异常，10年不纳钱粮，不准设厘局，反骗去朝廷10名秀才资格指标。这里也见出清朝的一项规定，老百姓的纳税额与朝廷分配的功名数是挂钩的。

关于税收工作的残酷性，柳宗元写过《捕蛇者说》，杜甫写过“三吏”“三别”，税收就是一场官民斗智斗勇的工作。兵荒马乱之年，清朝百姓抗税举动比较激烈，官方在积极寻找应对之策。

湘军将士通过书信建立了一个“税收经验共享群”，郭昆焘、胡林翼、曾国荃相继免费送“索税法宝”来了。方法是“疲缠”。用现代话说，就是官府做起了“最牛钉子户”“最黏牛皮糖”。民众不交税，官府就派工作组天天上门，弄得商人做不了生意，疲惫不堪，晚上一算账，耽误生意的工钱比交的税钱还多。民众顿时醒悟，官府这帮爷们得罪不起，赶紧主动把税钱送上门。

左宗棠对“疲缠法”颇不以为意。他觉得这种做法有点街头小混混的“痞子气”。自己带兵打仗是为了将民众从战火中拯救出来，正大光明，为什么要用痞子办法？没道理！他选择“直干到底”：首先，先发布告示，跟商民讲清为什么要交税，告诉他们交税所得的恩惠在哪里；其次，派军队配合地方政府，一家一家上老百姓家去收。若资金周转不灵，则先欠着，下次记得补上；若敢公开抵抗甚至带头抵制，则要被带进衙门理论。

两种方法到底哪个好？大清帝国的立国之基在君权天授，不存在纳税人概念，加之没有现代法治，只有所谓的王法，所以认真说起来，对于朝廷正税之外的厘金税，无论交税还是抗税，都是一笔糊涂账。两相比较，左宗棠的方法更接近法治政府理念。毕竟，他带兵打仗确实是为了将民众从战火中拯救出来。

当然，如果深入追问拯救民众的目的，还是维系帝国的统治，让民众成为朝廷牧鞭下的羔羊，那么这税收怎么说都是不合理的。所以，这个问题只能用历史的眼光去看。

三、拒人“传论骂退”

信末称，此前被开除出楚军的同乡王兴又推荐一个姓郭的人投效楚军，左宗棠对王兴没兴趣，对他推荐的人更没兴趣。对于这种“野鸡人情”，左宗棠的拒绝方法很特别：让儿子找到王兴，当面将他痛骂一顿，骂得两家人结下梁子，让王兴没有脸再推荐人来烦劳自己。

这种方法，也只有左宗棠想得到、做得出来。

“传论骂退”这种拒荐的方法，其实和索税“直干到底”的思维方式是一样的。王兴这人看起来是“疲缠者”，是块牛皮糖，不好对付。并不是当时人心真变坏了，而是晚清社会衰败，乡下人无职无权，在湖南混口饭吃不容易，便想摸进楚军营哨。当一个月兵能赚 3 两白银，到哪里去找这么一个好工作？老乡们将左宗棠当成摇钱树，哪里想到左宗棠用兵一个萝卜一个坑，外家人、自家女婿干不好都是说赶走就赶走，又怎么会被他人疲缠而委曲求全？

时至今日，左宗棠这两种办事与处世的方法可能仍会引起一些人的争议，毕竟，这么做是容易得罪人的。但作为公权“铁棒”的把控者，被人情这块“棉花糖”黏住手，又想要秉公办事，做一个正直而对社会负责的良心官员，比左宗棠用的更好的办法恐怕一时也难以找出来。

贰拾陆·与孝威

咸丰十一年八月初四

孝威知悉：

许久未得家书，未知家中近况。然军中事繁，我亦无暇念及尔曹也。周品恒到后，尔有信来，我已接着。此后我亦曾数寄家信，未知家中亦接到否。

到婺源半月打一胜仗。此间士民感服不已，以十年来未见官军之威也。婺源为朱子阙里，本朝名儒江慎修先生永、汪双池先生绂均守朱子之学者，故家遗俗风流未歇，士秀民愿，与他处异，惟文弱殊甚。自咸丰三年以来，逆贼往来廿余次，未能一矢加遗，典章文物扫地而尽，伤哉！

现在伪忠王李秀成自鄂回窜江西，自樟树镇至抚属各处蔓延殆遍，大有与弋、贵股匪合势之意。我军七千余分驻景镇、婺源，又疾疫繁兴，物故者不下二百余，患病未愈者约八九百，勉能出队者不过三千余而已。然贼势甚急，不能不相机图之。大约调景镇之兵及见在各营合计四千余，尚堪一战。此月内当于安仁、弋阳有数大仗耳。

和官洋烟瘾似已戒脱，近稍知学好。履祥尚如常。惟辉楚到此后不服水土，时常患病，今因其思归，遣之，口粮之外，给银十两足矣。

婺源士民送万民伞与旗牌者纷至沓来，今乘杨麓生彤寿归家之便付回。又顶上肉桂一枝寄尔母，必与脚气之症相宜。此桂乃真交趾所产，不易得，慎勿以其形质不佳轻之也。胡咏翁病不可为，实堪伤念。今日亦送一枝去，未审能赶上否。

少云是否已回小淹？顺孙缔姻徐氏亦好，现定局否？江西贼尽奔向南昌、抚州，吾湘边界无事。闻今岁举行秋试，吾族几人与试？毛中丞似尚可有为，或者吾湘可相芘以安也。

成静斋［兄］处所存之银除前单外，应再付吴翔冈银一百两、银卅串作银廿两，此外尚有抚标兵丁常宏贵应领阵亡恤银卅两、口粮［银］十两。渠兄常宏泰曾具禀来营请领，我已批准由南付给，不知已发否。如静斋［兄］处未发，或家中亦未发，即须在余项内划给，已属杨麓生查询交付矣。史聿舟、罗近秋两人赙项共七百四十两，如尚未发，亦可趁杨麓生此次回南之便了妥。麓生系前营文案帮办，德兴、婺源案已保知县，乐平案尚须加保。伊此次告假四五个月，仍须来营也。

致吴翔冈信可即粘封递去。

八月初四夜［父字］

贰拾柒·与孝威

咸丰十一年八月二十三日

孝威知之：

迭次寄回家信，想可接到。周品恒至今未到，未晓何故。或者彼时袁、瑞有警，改道来营耶？

七月十七日大事，薄海凄然。我以一书生身受特达之知，竟未能少立战绩以慰廑念，悲愤何言！安庆克复，桐城、池州以次收复，大局本有转机，惜未及早报甘泉，仰纾宸廑。见在主少国危，左右之人未必能肩此艰巨，时局殆不堪设想，且各尽其心力所能到者为之，求无负吾君以负平生耳。

李逆秀成大股由湖北回窜江西，现正攻扑广信府及玉山、广丰两县城垣，人数约十余万，而弋、贵踞匪尚不之计。今日至德兴，明日当向信郡进发。军中士卒、长夫患疟痢者几于过半，物故者亦多，焦烦殊甚。手此寄谕，想宜知悉。

一切丧仪均须考究，敬谨遵行，勿致错误为要！

八月二十三日夜子刻［谕］

首遇困境：主少国危，只求不负平生

写这封信时，江西基本肃清。太平军诸将因畏惧楚军，纷纷转移战场，涌入江苏、浙江。3 天后，湖北巡抚胡林翼病逝于武昌城内。

一、以“抚恤银”安定后方

左宗棠率领楚军征战江西，即将满一年。这一年来，战果辉煌，景德镇、婺源、乐平相继收复。但问题同时来了：征战日久，老兵的伤病成了楚军的“阿喀琉斯之踵”。

大战之后必有大灾，大灾之后必有大疫。战场没有困住左宗棠，瘟疫却将左宗棠难住了。病死者 200 多人，病而未死者八九百人，加上被开除的、请假的，军营里能拉上战场的老兵只剩 3000 多人。

值此难关，抵抗瘟疫不是钱可以解决的，只能听天由命。虽然胡雪岩的药价已涨了 10 倍以上，但仍供不应求。

阵亡将士的抚恤善后工作，同时成为楚军肩头负担。

信中“抚标兵丁常宏贵应领阵亡恤银卅两、口粮［银］十两”一句，透露的信息极其丰富：一是楚军士兵阵亡的抚恤标准，普通士兵为 40 两白银；二是“抚标”是明清时巡抚直辖的军队，说明常宏贵是从骆秉章手里移转过来的，他的职务档案、人事关系仍在湖南巡抚衙门，由此可以看出骆秉章对楚军的支持之巨。

40 两白银放到今天值多少钱？很难精确估算，原因是各地标准不一。按当时的生活标准，1 石谷 1 两白银，折合成人民币，在 200 元左右。1 两白银能买 800 个鸭蛋，以此推算，大约为 500 元。如以维持人的基本消费推算，40 两白银，大致能够维系一个壮年 10 年的生活。今天湖南乡下一个壮年一年的基本生活费约在 15000 元，那么 40 两白银的实际购买力，约等于今天的 15 万元。

当兵的就是冲着工资与抚恤金来的。他们不听大道理，更何况，保卫大清王朝这种口号与普通士兵相隔太远，他们在家要么是农民，要么是游民，只关心粮食和蔬菜，关心钱可以买到米。

二、左宗棠“忠诚”的一种解读

此时，太平军活跃于江西的军队仍有二三十万之多，左宗棠区区 3000 兵马，未免螳臂当车。

楚军赢在士气与胆气。每次打仗，左宗棠都是拿全军性命做赌注，容不得丝毫闪失，体力脑力都在高强度运转。一年下来，他确实有点疲惫了。

不但楚军多难，朝廷也进入多事之秋。咸丰十一年七月十七日（1861 年 8 月 22 日），朝廷发生了一件大事——咸丰皇帝驾崩。准备接班的同治皇帝，是个才 5 岁的娃娃，左宗棠心里不会没有波澜。他如实说出了自己的顾虑：“现在主少国危，左右之人未必能肩此艰巨，时局殆不堪设想。”

野史盛传的湘军统帅“问鼎密谋”，就发生在这段时期。但家信中看不出丝毫痕迹。这么大的隐事，左宗棠也不可能跟家人提及。

短暂的思虑与权衡过后，左宗棠下定决心，扶持这个摇摇欲坠的朝廷。左宗棠为什么下此决心？基于报答咸丰皇帝的知遇之恩。一年前，左宗棠还是一介乡下书生，而此时已是朝廷三品命官。实职与官衔是干货，这是硬道理。

左宗棠在信中对咸丰皇帝俯首帖耳，以为万世圣明，这是当局者迷，是人性的盲点。对一手提拔自己的上级，表扬总会过头。在笔者看来，咸丰皇帝在清朝 12 任皇帝中，也就强于嘉庆皇帝、宣统皇帝，位列倒数第三的水平。左宗棠卖力的另一个原因是，“时局殆不堪设想”。但左宗棠似乎没有想过，他能获此高位，一是靠湘军整体崛起的时势，二是靠顾命大臣肃顺对汉官不遗余力的支持，咸丰皇帝不过点个头，并没有他想象中那么圣明。倒是慈禧太后，随后发动辛酉政变，废了以肃顺为首的 8 位顾命大臣之后，依然重用左宗棠，可见她有几分政治家眼光。

“忠君”思想已经成为左宗棠的信仰。信仰的力量是强大的，让他忘记了苦和累，心甘情愿付出全部力量，即“且各尽其心力所能到者为之，求无负吾君以负平生耳”。尽力而为，不负朝廷，不负自己，这就是左宗棠的“忠”。

贰拾捌·与孝威

咸丰十一年九月初三

字谕霖儿知之：

八月初七夜书，是月廿八日抵广信乃始接到。周品恒未到，所带家信药物均未见到，未知果由袁、瑞一带前来，抑或改由大江，殊为悬悬。陶策臣系由大江来，八月初一在长沙起身，至今尚未到，此间盼望甚殷也。

刘兰洲朴勇能战，治军亦严，来此当可得其臂助。佘、彭所部亦当继至也。本军勇夫患病者多至一半，非增补生力，从新整理，不能放心。而月饷欠至五月，欲汰补而亦不能，此其苦也。

李秀成大股由鄂回窜江西，直趋广信。比闻大军将至，前月廿三即窜入浙江，浙抚求援甚切。我亦拟驻扎玉山、广丰之交，相机越境剿之，然非俟新军到，训练整齐，亦未可遽也。安庆、池州、桐城各郡县以次收复，江西一律肃清，大局实有转机。惟湖北黄郡、随州，安徽庐州、太平、宁郡尚未克复。然贼势已衰，如果饷足兵精，分道并进，当亦无难料理。李世贤、李秀成两逆人数合计二三十万，尽萃于浙，浙必难支，其兵事乃更不如江西也。吾意浙危则苏州、金陵终难得手，而皖南进兵之路亦两面受敌，意欲先清浙江以撼三吴，而通池州、宁国之师。涤帅以此时力量尚难兼顾，属且于信郡作防军以固江西东北一面，并催增兵合成万人以厚其势，暂时之计亦只合如此耳。

毛寄云中丞求治甚殷，其人心术亦正，大可敬，外间议论信口编造，殊不足信，此湖南福星也。昨复我书一函，今寄尔一阅。李仲云明白恂谨，断无错误。少云听言不聪，往往传之失真耳。

尔在家读书须潜心玩索，勿务外为要。小楷须寻古帖摹写，力求端秀，下笔不可稍涉草率。行书有一定写法，不可乱写，未尝学习即不必写，亦藏拙之一道也。程子云“即此是敬”，老辈云“写字看人终身”，不可不知。

翔冈处已有信与之，且约其来，能抑其矜躁之气，虚心求是，未尝不可有为。炮价及招夫之费记只欠数金耳，尔可向其询明，如须百两以外，当由此间觅便寄还。盐厘局尚少数十金，亦须问明成静斋［先生］，以便还之，无使受累。

王兴已来营，勉收之，但无用也。

交趾桂已送一枝与胡咏翁，附寄一枝交杨麓生带归矣。

毛中丞待我最厚，闻曾于奏中声叙在幕中事，意在为正人吐气耳。其用心可敬如此，尔等何从知之。

近奉冲圣寄谕，我与涤公均平列。以后事任益重，不知所为报。尔等在家切宜深自敛抑，不可稍染膏粱子弟恶习，以重我咎，切切。[此谕]

九月初三广信大营

贰拾玖·与孝威

咸丰十一年十月初五

孝威知之：

许久不接家信，未知家中光景何若，尔母疾病已痊可否。

我现屯军广信，俟新募之卒来营整补了妥，再为入浙之计。欠饷五月有奇，情形万难，所幸将士谅我无他，不致如他营之哗。而假归者仍如期到营，依依不去，亦殊可喜。涤帅于我情意孚洽之至。惟咏公以劳致疾，极为可哀。我有祭文一首在意诚[二]叔处，可取回抄存，请尔母解与尔听。

少云已回淹中否？捐输事可以了妥即了妥之。名臣之家，毁家分所应尔，不可少也。从前有来营之说，究竟云何？润、勋读书稍有进境否？下次可令亲写安禀来。先生可加束脩留之（每年百金为度）。如必欲就江西三百金之馆，亦可听其便（我每年只取二百金薪水付家，不能请三百金先生也）。明岁即请二伯来家课读可也（每岁奉脩金二百两，即以营中薪水付之，于心为安。润、勋另请蒙师可耳）。

此信到，即写禀请意诚[二]叔排单递来。

十月初五广信[谕]

朝廷欲以左宗棠制衡曾国藩

楚军此时除了遭遇疾病困扰，战斗力大减，还面临一大尴尬——已经欠士兵军饷5个多月。虽缺钱缺人，但曾国藩仍安排左宗棠增兵到1万人，守住江西东北面。由此可以推断，瘟疫同样笼罩着湘勇与太平军。

在敌我争夺中，重要的不是楚军还有多强，而是同样身陷瘟疫，楚军比太平军要更强。

一、“以汉制汉”取代“以满制汉”

一年下来，对于左宗棠的战绩与军事能力，朝廷已经有了比较全面的了解。权力的天平正朝着左宗棠这边倾斜。

根据清朝规矩，只有二品及以上的官员（总督正二品、巡抚从二品）才有权直接给皇帝写奏折。身为三品文官，左宗棠的一举一动，朝廷是怎么知道的?

原来，朝廷还有个规定，品级不够的官员，可以通过总督、巡抚递奏折。为左宗棠递奏折的，就是他的直接上级曾国藩。

不难看出，曾国藩每次都照实上报，并没有瞒功，更没有抢功。今人也许会说，这是作为上级最起码的修养。虽然将下级功劳据为己有显得上级气量、格局狭小，也会导致内部离心离德，事业无法做大，但好歹得了实惠，因而，这么做的不乏其人。

此时，朝廷对曾国藩日益严加防范。严格说起来，这种防范早在七年前就已经开始了。

咸丰四年八月二十三日（1854年10月14日），湘勇一举攻下武昌，咸丰皇帝大喜过望，任命曾国藩为湖北巡抚。但大学士、军机大臣祁俊藻提醒说："曾国藩一在籍侍郎，犹匹夫也，匹夫居闾里，一呼蹶起，从者万人，恐非国家之福。"咸丰皇帝幡然警醒，仅仅一个星期即收回成命。

曾国藩也意识到，团练到底是民兵，做大对朝廷是个威胁。于是他着意在政治上采取补救措施。

创建湘勇之初，曾国藩根据左宗棠的举荐，将镶黄旗满人塔齐布由参将破格提拔为湖南提督，也就是"湖南军区司令"，作为湘勇陆军名义上的统领，以维持满汉政治平衡。

但百密一疏，曾国藩忽略了另一个大问题，《讨粤匪檄》只宣布捍卫中华传统文化，而没有称要维护大清王朝。清朝的"有识之士"看出来了，生怕曾国藩中途掉转枪口，所以稍见胜利，便设法找碴儿，及时敲打曾国藩。

随着以湘勇、楚军为主体的湘军战功日进，朝廷"以满制汉"的策略基本已无可能实现，他们找不出像样的八旗将军。楚军壮大后，局势进一步朝着有利于汉人的方向发展。

咸丰十一年十一月十九日（1861 年 12 月 20 日），曾国藩奉旨督办苏、皖、浙、赣四省军务，其巡抚、提镇以下悉归节制，已明显有地方诸侯的规模。朝廷便开始转变策略，"以汉制汉"。

咸丰十一年十月初一（1861 年 11 月 3 日），政变成功的慈安太后和慈禧太后任命恭亲王奕䜣为议政王、军机大臣，实行"垂帘听政"。慈禧太后在处理具体政事上并不擅长，"以汉制汉"的具体操刀者为恭亲王奕䜣。

在这样的时局下，左宗棠家书中出现了"近奉冲圣寄谕，我与涤公均平列"的话。曾国藩的官衔是正二品，左宗棠为正三品，连越两级破格平列，可见朝廷无疑在对左宗棠做某种不动声色的暗示。左宗棠也感觉到了。

二、重要关口，胡林翼积劳病逝

在湘军内部人事重组的关口，胡林翼不幸过世。咸丰十一年八月二十六日（1861 年 9 月 30 日），胡林翼病死于湖北巡抚任上，身后没有亲生子嗣。

胡林翼为何在 49 岁英年遽然去世？薛福成在《庸庵笔记》中记载：湖北绿营包围安庆，胡林翼骑马登上龙山，亲自前往察看，喜曰："此处俯视安庆，如在釜底。贼虽强，不足平也。"从容骑马下山。谁知走到长江边，抬头忽然看见两艘洋船鼓轮西上，迅如奔马，疾如飘风，有如外星空降。胡林翼当场吓得变色，一句话也说不出来。待勒马回营时，胡林翼中途不停呕血，几次差点从马上摔下来。几个月后，胡林翼吐血而死。

这则故事的真实性到底如何呢？薛福成也是听一个姓刘的合肥人说的，此人以前曾在胡林翼麾下当过戈什哈（亲兵），其所叙事实大致不差。但要说胡林翼是被洋人的船吓死的，未免过于夸张。中肯地说，胡林翼死于积劳成疾。他以前在贵州的黎平、安顺做知府，常处于穷山恶水间，饱尝艰辛。

朝廷破格按湖广总督待遇追悼胡林翼，赐谥号"文忠"。

在曾国藩、左宗棠、胡林翼三人中，论领袖才能的全面，胡林翼当属第一。咸丰七年（1857 年）初，曾国藩因江西战局不保，借口"丁父忧"，撒手不管。随后一年半里，胡林翼指挥湘勇，成功收复武汉，形势转好。曾国藩见湘勇缺了自己，照样可以打胜仗，不再提任何条件，迅速出山。胡林翼无意争权。朝廷最初根据肃顺的意见，提名胡林翼督办江苏、安徽、浙江、江西四省军务，胡林翼则真心实意地推荐曾国藩取代自己。

纵观胡林翼一生，他干得最多的事情是举荐人才。李鸿章、左宗棠、阎敬铭这些晚清重要人物，都得到过他的大力举荐。

这里有必要说一说湘军。今天国人所谓的湘军，事实上，从头至尾是一个组织隶属关系松散的集合概念，它包括江忠源的新宁勇（楚勇）、曾国藩的湘勇、左宗棠的楚军、胡林翼的湖北绿营、王鑫的老湘营、鲍超的霆军，是六大军事势力的合称，曾国藩只是名义上的最高统帅。何况，湘勇的班底，由罗泽南打下；湘军的创始人，严格来说是宝庆府新宁县人江忠源，其人官至安徽巡抚。后世流传“铁打的宝庆，纸糊的长沙”，源头可追溯到这里。客观地说，拉支民兵队伍也敢包打天下，这种事情只有“宝古佬”最先做得出来。

三、“曾、左并列”前的人情世故

写第一封信时，湖南巡抚已换帅，由山东历城人毛鸿宾接任。

从信中可以看出，当时湖南文化界对毛鸿宾颇有微词，陶桄就对他印象不佳，说了他不少坏话，孝威如实转述给父亲。

左宗棠认为，陶桄不解实情，偏听偏信一面之词。理由是，毛鸿宾在给朝廷的奏折里汇报左宗棠在湖南幕府时的作为，说过不少中肯的好话，左宗棠认为他“意在为正人吐气耳”，用心端正，是正人君子。

清朝提拔官员，惯例是凡任用封疆大吏，都先征求地方巡抚、总督的意见，做“任前公示”。毛鸿宾在奏折里称左宗棠胆识过人，若赋予封疆重任，必能保境安民。他的意见让朝廷坚定了提拔左宗棠的决心。左宗棠得知此事，怎能不感动？

事实上，毛鸿宾并不了解左宗棠，不过是“风闻奏事”罢了。左宗棠也因他替自己说了好话，便注意维护他的公众形象，可见宦海人情世故之深。客观地说，左宗棠在这里对毛鸿宾的评价，明显是以毛鸿宾对自己的态度为标准的，不足为训。

事实上，毛鸿宾在湖南并没有干多长时间。同治二年五月二十一日（1863 年 7 月 6 日），毛鸿宾接替晏端书担任两广总督。

眼下，朝廷首次将曾、左并列称呼，左宗棠隐约感觉到朝廷欲以他来制衡曾国藩的用意。这种事情，朝廷当然不会挑明，也没有必要现在就要他明白，只是让他自己慢慢领悟就好了。后来，左宗棠对曾国藩的态度有了较大的转变，转折点应当就是这道圣旨。

经过前面一年的磨合，左宗棠与曾国藩的合作已渐入佳境，其融洽程度可以用左宗棠的“涤帅于我情意孚洽之至”来概括，说的完全是实情。

此外，儿子陆续长大，左宗棠也日益重视其教育问题。私塾先生眼看左宗棠官位高了，要求加价，每年收300两白银。当时，通行的收费标准是塾师每年60两白银。左宗棠觉得没必要搞这种“特权教育”。他的意思是，改善先生的伙食与福利可以，但学费不能超过200两白银，先生爱来不来。

如若每年200两白银，普通农家砸锅卖铁也请不起。当时，知识因高成本而形成垄断，读书人的地位超然。而近百年来，白话代替文言，大众教育取代精英教育，知识的垄断被打破，已是换了人间。

叁拾 · 与孝威

咸丰十一年十月二十三日

霖儿知之：

九月廿六信已到，家中无事，客心已宽。

少云已回小淹，想均安好。捐事尽力，亦草茅忧国之义，况世受国恩者乎？仲云辈贤而多财，不足为训也。

郭大叔为叔容阅定诗稿刊行，我之私怀亦慰。时文虽小道，然是儿心血多注于此，况我曾屡次督渠辈勉作。时文为博科名救穷之具，亦既遵吾恉而习之，少有所得矣，独奈何没之乎？（**刻资当即觅寄，**）可以此意告仁叔，求赐点定，勿高其论也。

佑生偕其妻兄刘顺东来，到军后不一月即病，（**病甚重，已饬佑生资遣之归，**）佑生又往乐平亲视之，日间尚未回营。此子志趣不甚佳，近来颇不如上年之驯谨，又颇好饮，喜议论，将来恐无所成就，尔外家世泽微矣。佳子弟极难得，吾是以念叔容而悲也。履祥无大过恶，亦毫无长进，将来恐求为耕田食力之人尚不可得，亦无如之何。

尔在家专意读书为要。当涂夏弢甫先生炘（**颍州教授**）赠我《小学》《孝经》《近思录》《四书》四种，刻本极精；又送尔曹龙尾研四枚，亦非易得之物。吾于屯军乐平段家时，无意中得东坡书手卷一轴，元明人题跋颇多，极可爱玩；又石庵先生手书一册，皆至宝。今以与尔曹，好为藏之。若我治军之暇尚有余力，当翻刻《小学》《孝经》《四书》《近思录》四种以惠吾湘士人。尔曹学业稍进，能供校刊之役则尤幸甚。

吾五十生日，婺源、浮梁、景镇、乐平士民皆不远数百里冒雨而来为吾祝寿。夏弢翁为制寿文，亲送以来，（**其文甚工，字亦端整，可悬之客座。**）此老年七十三矣，乃竟如期赶到，尤为可感。广信士民亦同日为我称觞。吾以国恤不敢受馈举觞，诸来祝者但留三日遣去而已。所送幛伞等件，今乘杨秋皋孝廉暂假回湘之便寄归，尔可呈尔母阅后收之，以志各处士民之惠。

月内尚无战事，须俟新募各勇到齐，料理妥当，乃可战也。浙事糜沸日甚，金、处、严各郡县失守后，绍兴又失，杭州可危之至。浙闽督庆端奏请我军援浙，浙抚亦然，将来恐须入浙耳。

十月廿三日［父谕］

叁拾壹·与孝威

咸丰十一年十一月初五

孝威知之：

久无战事，故亦无信回。喜新募之各勇陆续到营，得此暇时好为训练，士气又可用也。浙江兵事孔棘，金华、处州、严州既失之后，绍兴、宁波又失，杭城被围甚急。浙抚奏请我军入浙督办军务，节制提镇以下；闽督奏请我军会剿，大约旬日内必奉谕旨。唯饷需一切，浙诿之闽，闽复诿之江西。江西已欠我饷五月有奇，更何肯为我谋援浙之饷耶？贼不怕他，只无办贼之饷，无可如何，亦听之天而已。

十一月初五［父谕］信州军营

叁拾贰·与孝威

咸丰十一年十二月初一

霖儿知之：

尔所寄各书均到，润儿所作文字亦甚顺畅，览之欣然。

尔体气颇弱，周身间有作胀之时，是气血不足之症，须加意保养，节劳逸，慎起居为要。读书可以养性，亦可养身。只要工夫有恒，不在迫促也。

吾近奉督办浙江军务（节制提镇）之命，而浙江遍地贼氛，无从下手。杭州危急，宁波亦将不保。金华、严州、衢州所属寸地皆贼，计贼数总在五六十万。而吾除守婺四营外，仅只六千余人，兵力太单，不敷分布。饷事经自办景镇厘金及浮梁、乐平地丁漕折弥补外，尚欠十七万四千有奇。廷旨令江西先解十万两，福建按月解十万两，然皆画饼也。浙江精华全在杭、湖、宁、绍、嘉兴五府，今皆为贼有。杭、湖、宁波城尚未失，而城外皆贼，一时难以飞越，余则皆贼占踞矣。援浙无数万之兵、数十万之饷，虽孙、吴、韩、白复生，亦难着力，吾亦知之。然明知其难，而又不敢避也。

尔曹在家，当时念我军中艰苦万状，勉力学作好人，不可稍耽逸乐。至要至要！

［闵先生及癸哥、廷哥均于乐平大捷案内保之，佑生亦与焉。此何足道，然非如是则又难处耳。］

腊月初一日［字］

彭、殇、渊、跖，均之一死，不过言贤愚寿夭同归于尽之意。

官员们忙推卸责任，左宗棠忙传播文化

咸丰十一年十一月二十五日（1861 年 12 月 26 日），曾国藩密保左宗棠担任浙江巡抚；同治元年腊月二十五日（1862 年 1 月 24 日），经垂帘听政的两宫太后破格提拔，50 岁的左宗棠一跃晋升为封疆大吏。

一、存亡关头，三位督抚“踢皮球”

这段时间，左宗棠将主要精力从忙于打仗转移到关注文化上来。

难道太平军这么快就基本被消灭得差不多了？不是。原来，太平军七大军事领袖与左宗棠相继交手后，发现都不是左宗棠的对手，内心惧怕，开始避楚军锋芒，另寻弱敌。

浙江富得流油，防务却虚弱不堪，是理想的弱敌。太平天国侍王李世贤率先突破浙江省防务，率大军 10 万浩浩荡荡而来，江西前线眨眼变成后防。

左宗棠为什么不赶紧追杀过去？这件事还需要征得朝廷的批准、浙江巡抚衙门的同意。浙江巡抚王有龄倒是早早发来“邀请函”，闽浙总督庆端也期盼甚殷，但朝廷没批示，楚军仍不能动。

此时，曾国藩正处在权力上升的转折关头，他名义上仍是兵部侍郎，奉旨督办江苏、安徽、浙江、江西四省军务。手握绝大权力，需要军事实力作支撑，这首先需要培养自己的势力。怎么为左宗棠谋得浙江巡抚实职？总不能让朝廷开除王有龄再任命他吧？何况，曾国藩此时正与自己的政敌何桂清在朝廷内进行政治角力，而王有龄是何桂清一手提拔起来的死党，帮助王有龄等于给自己帮倒忙。

综合权衡，曾国藩决定按兵不动，等太平军清洗完浙江，再安排楚军去收拾乱局。

浙江巡抚领导班子活该要覆灭，都到了这个关键时刻，于公于私，楚军都有诸多借口和理由不来救助，此时，若以相当数额的军饷诱惑，左宗棠也许会提前救急。提到军饷，浙江巡抚王有龄却推给闽浙总督庆端，理由是，总督衙门在福州，这事儿需要上级支持。庆端接到信，心里也许感到好笑。根据清朝规制，巡抚、总督同属封疆大吏，没有明确的上下级界限，你杭州前线不急，我福州后方急什么？于是他又借口推给了江西巡抚。

江西巡抚沈葆桢（字幼丹）是曾国藩举荐提拔上来的，即使在公私之情上做到公允，也不可能完全抛开派系。他打开信一看，心里估计笑岔气了：庆端兄，您跑题了吧？江西是前线时我都有借口敢拖欠楚军5个月军饷，现在竟然要我出钱支持他们打浙江？于是他干脆装聋作哑。

办事最怕内部踢皮球。左宗棠不急，他等得起。都火烧眉毛了，眉毛不急胡子急，世上哪有这个道理？

二、乱世才子张叔容

左宗棠不急，他忙起文化事业来。

文化确实是左宗棠一生的兴趣所在。要知道，40岁出山前，他原本打算终生隐居湘阴做学问，以著作留世。

信中“郭大叔为叔容阅定诗稿刊行，我之私怀亦慰”一句，指郭嵩焘为张叔容编辑出版诗集一事。

张叔容是左宗棠妹夫张声玠的三儿子。张声玠与左宗棠同年入赘湘潭周家，娶了周诒端的妹妹周诒蘩（字茹馨）。两家同住桂在堂，左家居西屋，张家住东屋，中间只隔一个院子。

周诒蘩婚后接连生了 3 个儿子，周诒端却接连生了 3 个女儿。不孝有三，无后为大。左宗棠遭遇湘潭邻里诸多嘲讽，加之连续 3 次会试落榜，屋漏偏遭连夜雨，压力可想而知。

在张声玠 3 个儿子中，张叔容最英俊、聪明，左宗棠见了爱得不行。两家经常一起聚餐，左宗棠爱喝酒，而且酒量不错，对饮至半酣，便借酒兴掏出心里话：妹夫，你看能不能将叔容过继给我？张声玠听罢，呵呵地笑。他也最喜欢这个儿子。

这句话传到丈母娘王慈云耳里，她记在了心上。王慈云老人会看相，知道女儿周诒端是千金小姐，体气虚弱，难以怀上儿子。她便相中了周诒端的丫鬟张茹，此女身子骨结实，是生儿子的料。王慈云老人主动要求左宗棠纳她做妾。张茹果然不负期望，后来给左宗棠生了 3 个儿子。

两连襟的遭遇也不同。张声玠仕途通畅，他以举人身份参加朝廷组织的官员选拔考试，考取直隶州知县，全家迁往河北。但随后厄运袭来，道光二十七年（1847 年），张声玠因一场意外骤然去世，长子文保、次子癸保也在 20 天内莫名其妙死亡。妻子周诒蘩欲哭无泪，带着季子张叔容，孤儿寡母重新回到湘潭娘家。

身处乱世，这样的家庭变故对孤儿寡母来说无疑是雪上加霜。1852 年 8 月，太平军战火烧到长沙，周诒蘩被迫带张叔容到柳庄避祸，情状极为可怜。左宗棠本就喜欢张叔容，当即收留张叔容，视作己出，安排他与孝威、孝宽一起在湘阴县白水洞读书。

三、传播文化，以救人心

左宗棠没有看错，张叔容天资非凡，内敏外朴，志读有用之学，完全符合左宗棠“佳子弟”的标准。

张叔容天资过人，一点就通，他不但早就读懂了《易经》，而且会用它算命。也许是少年时代遭遇家庭大变故，他变得沉默寡言。他据《易经》算定自己在咸丰九年六月二十八日（1859年7月27日）有大凶。怕母亲知道，他便偷偷记在了笔记本里。

这天深夜，桂在堂花园里发出一种奇怪的呜呜声，园池的水像沸腾了似的咆哮起来，家丁听到，不敢靠近。等两个舅舅举着火把壮着胆过去时，张叔容半身站在水中，脸微微前俯，手上握着一卷书。救上岸时，他身体还有温度，但最后也没能活过来。

这个故事有强烈的神秘色彩，但左宗棠本人就是这么记的，也没有在现场调查取证，因为他也是听说的。左宗棠一生不信风水，但对超自然的神秘力量，他不但相信，而且多处记录传播，什么原因已不得而知。

张叔容死时才18岁。他早慧勤学，留下了数百首诗文。左宗棠对他爱惜有加，胜过亲子，不但为他题写墓碣，还出资为他出版文集，让这个“蕴奇负异”的少年为后世留下了一笔文化遗产。

左宗棠在大战来临之前醉心文化事业，不是偶然为之。在他看来，天下大乱，生灵涂炭，源头在人心大坏，要改善人心，关键靠文化。

为张叔容出版遗文，只是左宗棠计划传播文化中的一项。信中，左宗棠翻刻《小学》《孝经》《四书》《近思录》四种，供湖南读书人阅读，也是出于用文化熏陶改善本省人心的目的。他还希望孝威参与进来，做编辑校对工作。

1862年
同治元年

左宗棠——50岁

长子孝威——16岁

左宗棠 家教语录

㊀ 发愤读书，讲求正经学问，作一好秀才，亦足为家门之庆也。

㊁ 此心一放最难收捉，不但读书了无进益，并语言举动亦渐入粗浮轻佻一路，特人不当面责备，自己不觉耳。

㊂ 少时苦读玩索而有得者，皓首犹能暗诵无遗。若一读即上口，上口即不读，不数月即忘之矣。为其易得，故易失也。

㊃ 聪明子弟，文艺粗有可观，便自高位置，于人多所凌忽。不但同辈中无诚心推许之人，即名辈居先者亦貌敬而心薄之。举止轻脱，疏放自喜，更事日浅，偏好纵言旷论；德业不加进，偏好闻人过失。好以言语侮人，文字讥人，与轻薄之徒互相标榜，自命为名士，此近时所谓名士气。

叁拾叁·与孝威

同治元年正月初五

孝威知之：

尔所寄信均到。

自上年十一月二十六日奉督办浙江军务新命后，未三日而浙亡（十一月二十八日事也）。适伪辅王杨辅清率大股由浙犯徽，有众十万，号称二十万，由遂安、开化一路入徽，一路窥婺，当派十一营交刘克庵赴婺援徽。嗣因兵力太单，腊月十九日我军三千人续进，幸二十六日我军出大鳙岭（刘克庵之功），乘贼不备，扫平贼巢二十余处，毙悍贼千余，阵斩麿天福李逆及大小头目数十，解散千数百名，拔出难民男妇数千。其日，徽军及朱、唐两镇亦扫除岩寺街之贼。杨逆知援军大至，遂于二十九日宵遁，徽郡解围。贼方复屯于马金街，意将与我军拼命，大约旬日内有数大仗开。我军并聚一处，稳扎稳打，当可无失。惟浙江全省糜烂，无从下手，恐朝廷以巡抚命之，则任日重而事愈繁，私忧不逮也。

尔曹在家读书学好，免我分心虑尔，即是尔等孝思。至于军国大事，我应承当，无可推诿，亦不烦尔等挂念也。

壬戌正月初五［父字］婺源汪口行营

曾国藩火线密保左宗棠

此信开头提到，咸丰十一年十一月二十八日（1861年12月29日），就在朝廷任命左宗棠督办浙江军务后的第三天，浙江省会杭州城被太平军攻破。

第一时间告知左宗棠这一消息的，是他的直接上级曾国藩。

咸丰十一年十二月十二日（1862 年 1 月 11 日），曾国藩给左宗棠递密信说："浙江竟于十一月二十八日失守，六十万生灵同遭浩劫，天乎酷哉！弟于二十五日复奏统辖浙江军务，已附片密请简阁下为浙江巡抚。无论是否谕允，目下经营浙事，全仗大力，责无旁贷。"因为有了这些内情铺垫，所以左宗棠在家信中说："恐朝廷以巡抚命之，则任日重而事愈繁，私忧不逮也。"

升迁太快，即使才气大如左宗棠，也会有"不患无位，但患无为"的担忧。

此时，曾国藩与左宗棠都专心于办事，完全抛开了个人是非与生活恩怨，殊为难得。

事实上，两人的关系之前已经有过一些摩擦。

两人第一次发生不愉快，可追溯到曾国藩刚办湘勇时。因军饷奇缺，曾国藩强令湖南乡绅募捐，安化陶桄被逼捐 5 万两白银，陶澍死后所积钱财不过 10 万多两白银，加之族大家大，家中存银所剩无多，主要靠爵田收租赚取盈余，一下子哪里拿得出这么多？左宗棠出面制止逼捐，曾国藩依然不听，由此各自心存芥蒂。

曾国藩第一次对左宗棠公开表达感激，则是在咸丰六年正月（1856 年 2 月）。感激的原因是，咸丰六年（1856 年）到咸丰八年（1858 年），左宗棠以幕僚身份执掌湖南地方军政大权，为曾国藩提供了以湖南省名义筹来的军饷 295 万两白银。这笔巨大的"协饷"，是曾国藩带领湘勇出湖南、战湖北、征江西的主要经济来源。

希望越大，失望越大，尤其是对投入了全部身心的人。咸丰七年二月（1857 年 3 月），曾国藩借"丁父忧"的名义从江西前线逃回湖南，左宗棠恨铁不成钢，接连写信送往湘乡荷叶塘，骂得曾国藩患上失眠症。曾国藩既不认错，又反驳不得，只好拒绝回信。

但曾国藩很快就想通了，左宗棠凡事只看大道理，在大道理上坚守本心，公事公办，私事重情，这样的人看似不近人情，实则在关键时候最靠得住，犯不着跟他顶牛。所以，“樊燮事件”后期，曾国藩仍不计前嫌，毫无偏见地向朝廷保举左宗棠：“左宗棠刚明耐苦，晓畅兵机。当此需才孔亟之时，或饬令办理湖南团防，或简用藩、臬等官，予以地方，无论何项差使，惟求明降谕旨，俾得安心任事，必能感激图报，有裨时局。”曾国藩能有这种胸怀是十分难得的。以曾国藩当时的身份与地位，这无疑是保举左宗棠的奏折中分量最重的一份。

左宗棠带楚军出山一年多来，在江西战场屡立战功，曾国藩同样公事公办，不隐不瞒，完全照实上报。

咸丰十一年四月初二（1861 年 5 月 11 日），因江西乐平一战之功，曾国藩奏请朝廷同意将左宗棠“襄办军务”改为“帮办军务”。这表明，他已经看准左宗棠不但值得信任，而且完全值得依赖。

咸丰十一年十一月十六日（1861 年 12 月 17 日），闽浙总督庆端、浙江巡抚王有龄急请左宗棠援浙，曾国藩二话不说，当即同意，并将江西广信、广丰、玉山、饶州和安徽徽州等地湘勇陆军及昌国内河水师，统归左宗棠节制调度。正因为曾国藩长袖善舞、信任属下、懂得放权，左宗棠才有了更多支撑他屡战屡胜的实力与更大的施展空间。

这封家信发出去不久，左宗棠的浙江巡抚任命书就颁发下来了。通观左宗棠一生，这次火线保举，是他成就毕生事业最关键的一环。曾国藩适时退让，向朝廷申请辞去以两江总督名义节制浙江军务的任命，其动机固然有自己权力太大、精力不足的顾虑，但也有让左宗棠独立尽情发挥，尽快再上一个新台阶的考虑。当时，曾国藩是这样向朝廷奏报的：“以臣遥制浙军，尚隔越于千里之外，不若以左宗棠专为浙省，其才实可独当一面。”

客观地看，左宗棠 48 岁时还是一介布衣，50 岁时便做了浙江巡抚，51 岁便升迁为闽浙总督，如今已与 37 岁时便做了从二品礼部侍郎的曾国藩平起平坐。这种升职虽然主要依靠左宗棠过人的能力，但与曾国藩政治家的大度风范同样密不可分。

叁拾肆·与孝威

同治元年二月初六

霖儿览悉：

腊月由婺源进攻开化之张村、中村（浙江衢州府属）贼巢，获一大捷；正月十七日贼扑篁岸官营，又获一捷；二十日进剿马金街贼巢，又获一大捷，共计毙贼六七千，解散以数万计，拔出男妇幼孩数百名。此贼为伪辅王杨辅清之党，与杨逆谋由浙回窜江、皖，希图深入腹地以阻援师。不料为我军所破，徽郡解围，婺源无一贼阑入江西，广信一带晏然，则我军及徽军力战之功也。

正月十七日接奉补授浙抚之旨，从此责任益重矣。朝廷方倚我与涤翁、希庵办贼，有“夙负时望，卓著战功”之褒。然自忖才力渐钝，精神渐耗，恐不能仰副圣明之望，如何如何！

浙疆仅剩一衢城、一温州城池，余皆贼氛遍布，无从下手。大约浙江不克严郡，安徽不速复宁国，大局无转机也。

久不得家信，未知尔母病体何如，尔辈近来有长进否。然崎岖戎马之间，亦无暇分心及此矣。二伯今年仍馆何处？大舅自京回否？外祖母近状何如？尔大姊、三姊回家否？念念。

二月初六［父字］浙江开化县马金街行营

叁拾伍·与孝威等

同治元年三月初二

孝威等知之：

许久不寄家信，亦未接尔等禀函，未知尔母近来体气何如，尔等均如常否。得仁先大叔及意城二叔信，知各家均无恙，二伯亦健适如常，心为稍释。然军事方殷，实亦无片刻闲暇想及家事。

浙江糜烂，列郡沦胥，仅存一衢一温，而皆惴惴不能自保。李定太（本衢州总兵）一军八千五百，李次青（现放浙臬）一军亦八千余，均不足恃。我军自克马金后，开化肃清。二月初九日进攻遂安，毙悍贼近万，立复县城。本拟即攻严郡，忽接衢州道府禀报，李逆世贤攻扑衢城。李次青分守江山，常山亦呼援甚急。不得已以老湘二千五百人守遂安县城，而亲率各营赴常山为援剿之计。甫到，而常山之贼近逼我垒，幸均系我军年来击败余党，闻风丧胆，即败遁数十里。衢州围解，江山之贼亦不敢如前猖獗。方拟乘胜进攻，而江南丹阳一股数万人复由徽郡绩溪各界窜淳安以攻遂安，又不得不分兵援之。老湘于二十三、二十八两日击败扑城之贼，崔大光、刘克庵两军继至，当可无虞。我随身马步只有三千，今日已派队交杨石泉［兄］进剿江山之贼。兵以屡分而单，本非稳策，然事势所在，不得不急起图之也。我一书生，蒙朝廷特达之知，擢任巡抚，危疆重寄，义无可诿，惟有尽瘁图之，以求无负。其济则国家之幸，苍生之福，不济则一身当之而已。尔等读书作人，能立志向上，思乃父之苦，体乃父之心，日慎一日，不至流于不肖，则我无复牵挂矣。

刘竹亭、蒋芗泉能来，我始有帮手。来时可设馔饯行，以尽尔等之意。

闻孝威正过县试，未知何如，其实不必以科名为贵也。

匆匆草此，付尔等阅之。凡有亲友来探访近事者，即以此奉览［可耳］。

三月初二浙江常山县水南营次［谕］

儒将担当：不济则一身当之

同治元年正月十五日（1862年2月13日），左宗棠率楚军翻越大庸岭，进入浙江境内；二月十五日（3月15日），左宗棠驻军常山。写完此信13天后，左宗棠率楚军挺进浙江江山石笏。

一、湘军内部首次“三足鼎立”

这两封信写于湘军两大统帅与几位将领命运的转折关头，放到一起能看出朝廷的风向、战局的动向、人事的意向。

此时，慈禧太后已经通过辛酉政变握稳了实权。她做的第一件无比正确的大事，就是沿用政敌肃顺的既定思路，放手提拔汉官。

咸丰十一年十一月十九日（1861 年 12 月 20 日），曾国藩奉旨督办江苏、安徽、浙江、江西四省军务，咸丰十一年十二月二十五日（1862 年 1 月 24 日），左宗棠补授浙江巡抚；同治元年正月初二（1862 年 1 月 31 日），曾国藩实授两江总督、协办大学士。这意味着清王朝将中国东南最富庶的三省，彻底交付给湘军两大统帅了。此前，楚军统帅左宗棠只是正三品京堂，奉旨襄办曾国藩军务；湘勇统帅曾国藩是从二品兵部侍郎，以钦差大臣身份督办四省军务，二人都没有明确的地方实权。

第一封信中“朝廷方倚我与涤翁、希庵办贼，有‘夙负时望，卓著战功’之褒”一句，意味深长。希庵即李续宜，为浙江布政使李续宾之弟。1863 年 12 月，李续宾因战伤意外去世。李续宜弟继兄位，经年转战江西、湖北、安徽，眼下则是实授李续宜安徽巡抚。

朝廷同时扶持曾国藩、左宗棠、李续宜三股势力，破天荒地将国家权柄授予汉官，表面上看是出于抗击太平军十年累积起来的信任，事实上是因为满官无能被迫做出的让步，是“以汉制汉”方案的正式实施。

二、“李元度案”引发曾、左分歧

这两封信全是战场捷报。信中明确透露，楚军取得战场胜利归功于两大得力干将：刘典与杨昌濬。

入浙后，楚军“精兵”显得十分单薄，不仅以区区万人笼罩浙江广袤的土地，还要分兵到处救援，不但人手严重不够，而且分兵战略未见出高明。毕竟，“集中优势兵力，各个击破”是战术胜利的不二法门。楚军兵力不过万余，即使加上衢州总兵李定太的绿营兵 8500 人、浙江臬司李元度的“安越军”8000余人，也不超过3万人。太平军入浙兵力号称五六十万，打个对折，还有30万，力量对比至少有1 ∶ 10。

这里提到李元度带“安越军”加盟楚军，中间还有一段小插曲。

前文已经说到，1860年9月，曾国藩派李元度带领平江勇守徽州，李氏一战便被打败，二话不说，弃城逃跑，半个月后才逃回来报告。其间，胜败不知，音讯隔绝，曾国藩忧心如焚，设在祁门大营的湘军前敌总指挥部差点被太平军一锅端了。曾国藩在朝廷上弹劾李元度，请求免去其官职。

谁料，曾国藩不顾情面的军事处分，让怯逃的败军之将李元度更为生气。他正醉心于书写清朝人物传记文学作品，梦想藏之名山，传之奇人，对军事兴趣不大，所以也不觉得自己战败有什么责任。“此处不留爷，自有留爷处。”见曾国藩还在生气，李元度干脆跑到浙江，投奔王有龄，将平江勇改名“安越军”，意思是要安定古越地浙江。王有龄果真任命他做起了浙江臬司。臬司是清朝各省提刑按察使司的简称，主管一省司法，负责一省刑狱诉讼，兼监察地方官，正三品。

这下曾国藩真气坏了。他认为，就算李元度打败仗可以原谅，但他关键时候投靠“外省人”，破坏了湘军家法，见利忘义、欺师悖祖，不仅能力有问题，人品更有问题。因此，他继续向朝廷弹劾李元度。

恰在此时，左宗棠升任浙江巡抚，朝廷便做了个顺水人情，将李元度的案子交付他来审理。

左宗棠认为，曾国藩对李元度的批评过于偏激。左宗棠评价李元度“报国之志未衰”“在时流中亦为难得之选”。左宗棠对李元度的处理结果是，虽然解散了那支不光彩的“安越军”，但仍保举他做政府司法长官，意在避用其军事之短，而发挥其学问之长。

这是湘军内部力量的又一次分化。曾、李之间的梁子，从此越结越深，李元度经年负气，直至曾国藩死后才后悔。当然，这是后话。而曾、左在国事、兵略上的分歧，从此日益公开化。

但眼下大敌正当前，湘籍将帅的主业是同心对敌，并不是内部磨嘴皮子。

三、楚军优胜的文化原因

此时楚军不断取胜的政治原因是，民心仍向着朝廷。毕竟，中国人骨子里有两千年根深蒂固的忠君观念，不会轻易接受起义军，除非旧王朝彻底消失。加上太平天国领袖洪秀全并没有在宣传上真正争取到民心，在军事行动中也并没有与民众水乳交融，所以，江西、浙江的老百姓主动给左宗棠送万民伞。

楚军战场胜利的军事原因在气势。这是楚军平时“首练胆，次练心，末练战技”的功效。左宗棠的过人之处在于，他将刚直、倔强的个性，融进士兵血肉之中。俗话说，“兵熊熊一个，将熊熊一窝”。将强则兵强，这是铁的定律。这样一群血性刚强的将士，牢固地抱团，便成为虎狼之师。

两军对阵，强弱已分。

太平军现在的优势是人多势众，流动作战，始终把握战斗主动权；但劣势同样明显，没有根据地，缺乏战略整体规划，打赢一战算一战，即使兵势再大，也无法对楚军造成毕其功于一役的毁灭性打击。

太平天国运动之初，起义军志在北伐，目标是要推翻清朝，建立太平天国。但是，到了南京后，从天王到东北翼诸王，好像都忘记了还有推翻清朝这回事。“此间乐，不思蜀”，他们干脆将首都建在六朝脂粉浸润的南京，改南京为天京。南京的风花雪月，是崇乐尚利者享乐的天堂，也是诱惑创业者奢靡颓废的陷阱。

洪秀全确实更沉迷于享乐。如果他真有政治理想，为长远与保存实力计，

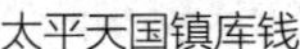
太平天国镇库钱

太平天国天王玉玺

那么即使忘记北伐，也会西征。中国西部广袤的土地，进可以任他一展身手，退可以作为长期的根据地。然而，洪秀全一心只做“天国梦”，不在乎天长地久，只在乎曾经拥有。

四、楚军优胜的体制原因

左宗棠随后为什么可以快速收复浙江？第二封信道出了一个秘密：“蒙朝廷特达之知，擢任巡抚，危疆重寄，义无可诿，惟有尽瘁图之，以求无负。其济则国家之幸，苍生之福，不济则一身当之而已。”将这段话换成湖南土话，即皇帝已经把浙江交给我了，我如果扛得住，就是皇帝有福气；如果扛不住，就是天意，不关你们什么事，我一人做事一人当，是杀是剐，不过如此！

左宗棠已经做好了最坏的打算。当一个人做好了最坏的打算时，他就会拼尽全身力气，无所畏惧，力挽狂澜。清军八旗、绿营战斗力衰弱，除了体制腐败的原因，还因为受体制消磨，将士内心杂念太多，瞻前顾后，不敢以身作赌；军队与军队之间，“胜则争功，败不相救”。这也是太平军即使腐败，早期士气仍胜清军的原因。

咸丰六年（1856 年），天京变乱是一个转折。此后，太平天国不但日益腐败，军队的士气也直线下降。左宗棠从民间组建的楚军，从体制到军人士气，都要高出太平军一筹。更重要的是，楚军代表朝廷，其正统地位能凝聚人心。大清帝国体制内的新旧血液更换，已在这次流血大变动中部分完成。

手握浙江巡抚实权，有了一省财政做支撑，左宗棠开始着手扩军。他安排时任浙江布政使蒋益澧从湖南招募士兵 8000 人，绕道广东，配备武器、军饷，再开赴浙江前线作战。蒋益澧是半路加盟楚军的，指挥起来没有刘典那么容易，左宗棠对他的任用方法与管理手段又有所不同，我们在后面可以看到。

叁拾陆·与孝威

同治元年五月十七日

孝威知悉：

尔所寄信均到。近日未常寄家信，以兵事方殷，不暇故也。

自花园港击败侍逆后，力捍江、皖之边，幸未任其阑入，饷道无阻。嗣又御杨辅逆于遂安，又移军常山、衢州剿侍逆。日间战事虽顺，然总未得大捷。天气渐热，军中疫疾又渐作矣，殊为虑之。刘竹亭之军已到。蒋芗泉一军六月内可到。大约先破龙游、金华两城，则大局乃有可望耳。

浙江夙称饶富，今则膏腴之地尽成荒瘠。人民死于兵燹，死于饥饿，死于疾疫，盖几靡有孑遗。纵使迅速克复，亦非二三十年不能复元，真可痛也。

尔两试幸取前列，然未免占寒士进取之路，须自忖诗、文、字三者真比同试之人何如，不可因郡县刮目遂自谓本领胜于寒士也。院试过后又须赴乡试，过考日多，读书日少，殊为无谓。我欲尔等应考，不过欲尔等知此道辛苦，发愤读书。至科名一道，我生平不以为重，亦不以此望尔等。况尔例得三品荫生，如果立志读书，亦不患无进身之路也。世事方艰，各宜努力学好，为嘱。

各保札共四件，寄来，可分致之。又黎姓一件可交少云，其名则忘之矣。

五月十七日衢州云溪行营［谕］

借师助剿："洋枪队"盛衰记

此信开头，道出一桩史实：左宗棠率楚军在浙江花园港一战大败太平天国李世贤，保住了江西与安徽边境，护卫了曾国藩驻于安徽东流的全国前敌总指挥部的粮道。战事十分顺利，固然得益于楚军英勇善战；但信中没有提及的是，外国势力组织的"洋枪队"的加入此时着实助了清军一臂之力，这里不妨专门说一说。

一、“常胜军”的由来

“洋枪队”最早出现在上海。

第一次鸦片战争后，中国被迫开放五口通商口岸，上海得地势之便，迅速取代自明朝以来“一口通商、一家独大”的广州，成为大清帝国最重要的外贸城市。上海赢得迅速发展，还得利于战乱。咸丰十年（1860 年），楚军与湘勇合力，将 30 万太平军从江西逼进江浙地带。江浙富商逃避战火，无地可选，便携巨资涌入上海。由此，上海汇集东南财富，一时间成为大清帝国的金融中心。

太平军瞄准上海的财富，剑锋东指，上海租界一时恐慌。为防备战火危及财富，美国、英国、法国等在华商人开始筹备组军自卫。

成立“洋枪队”之初，有一个类似“乌龙事件”的小插曲：决心军事对抗前夕，美国第 12 任驻华公使华若翰先尝试同太平天国天京方面取得联系，试图说服他们放弃攻打上海，如果太平军能够同意，那么外国军队可以助力太平军。然而，洪秀全拒绝了，美国便迅速转变立场，反过来支持清军。

1860 年 6 月 2 日（咸丰十年四月十三日），美国人华尔在上海招募从美国流浪到上海的 200 余人，组成一支雇佣军，用以对付太平军。首战青浦，华尔战败。他总结战败教训，将战败原因归咎于外国兵水土不服。于是华尔改变策略，决定用中国人打中国人。他只留下少部分美籍指挥官，新招募 3000 余名中国人、数百名菲律宾用人充当士兵，正式组成近代中国第一支“洋枪队”。

新任江苏巡抚李鸿章看中了美国人的先进武器，决定借助这支外来力量助剿太平军，便上报给朝廷。申请批准后，李鸿章当即命令上海道道员吴煦、候补道杨坊负责联合上海绅商出钱，由政府出面，雇用华尔出任“洋枪队”统领。

再次整装出师，“洋枪队”威力巨大，在松江、青浦连败太平军。清廷对其予以奖励，赐名“常胜军”。

二、浙江也冒出两支“洋枪队”

同治元年（1862年）初，左宗棠从江西移师浙江。因战火阻隔，音信不通，他对上海借师助剿的“常胜军”并不知情。而浙江本土失陷于太平军之手的宁波、绍兴两地，富裕的乡绅、商民已经闻风仿效上海“常胜军”，筹钱出人，自发地将本土的英、法两国人组织起来，建军助剿太平军。

浙江的英、法“洋枪队”能够从民间自发升格为官方支持，还得益于一个走投无路的人：宁绍台道张景渠。

宁波失守，第一责任人张景渠束手无策。病急乱投医，他竟然想到起用海盗头子布兴有，令他带领一帮飘忽不定的海盗去打太平军。谁知，竟意外获胜，镇海得以收复。张景渠急求再收复宁波、绍兴两地，但手头缺兵，因已经尝到利用外国力量的甜头，于是这次不管他们是英国人还是法国人，只

“常胜军”中的中国士兵和外国士兵

要是能帮自己收复失地，他就敢用。受乡绅怂恿，张景渠同意两支“洋枪队”前去攻打太平军。

得到张景渠的授权，1862 年 5 月，仿美国“常胜军”成立的英、法两支“洋枪队”带兵与太平军驻宁波守将黄呈忠展开了谈判。“洋枪队”代表宁绍台道张景渠，要求太平军撤出宁波。提出此要求的理由是，英、法两国远隔重洋，对中国领土产生不了兴趣，它们只想维护自己在宁波的商业利益。遭严词拒绝后，“洋枪队”炮舰开路，枪炮齐发，火力迅猛，宁波城一举收复，黄呈忠退守余姚。

左宗棠接到宁波捷报，始知浙江本土“洋枪队”详情。

左宗棠从一开始就对张景渠没有好感，认为他虽收复失地，但功不抵罪，仍奏请罢免张景渠，换以史致谔。

三、一面利用，一面限制

洋人来助剿已是既定事实，怎么办？

左宗棠因时制宜，“洋为中用”。

报朝廷同意后，左宗棠将英国“洋枪队”组建成“常安军”，法国“洋枪队”组建成“常捷军”。为示区别，“常安军”士兵均以绿布裹头，外号称“绿头勇”，人数在 1000 人左右；“常捷军”士兵的头巾则由蓝色、白色和红色条纹组成，绰号“花头勇”，有 1500 余人。两军所用外籍将士，加起来约 150 人，兵源全部选自中国与菲律宾。两支军队同归浙江巡抚左宗棠节制。

这段时间，左宗棠对英、法两国人形成的基本看法是“英黠法悍”。也就是说，英国人过于狡猾，与他们合作是靠不住的；法国人虽然强悍，但办事靠谱。基于此，左宗棠对两支“洋枪队”区别对待：同治二年正月二十六日（1863 年 3 月 15 日），“常安军”攻占绍兴后，左宗棠即命令宁绍台道史致谔将“常安军”就地解散。“常捷军”则始终随左宗棠攻城略地，直至收复浙江全境。（“常胜军”在1864年5月攻下常州后也被李鸿章解散。）

经左宗棠整顿，“常捷军”于1862年7月正式立军，由法国驻宁波舰队司令勒伯勒东担任统领，法国驻宁波海关税务司日意格担任帮统，兵卒全由中国人及菲律宾用人充任。1863年，统领勒伯勒东战死；其后，继任达耳第福在绍兴战场阵亡，德克碑接任“常捷军”统领。

但左宗棠很快发现，“借师助剿”存在严重问题。

第一，军费畸高。“常安军”“常捷军”所用外国人不过150人，每月所发军饷需8万两白银，是楚军的1倍以上。其中，“洋枪队”普通士兵的军饷，每人每月10两白银，也超出楚军士兵的1倍以上。

第二，军纪混乱。“洋枪队”既没有主义、信仰，也不为忠君、爱国，纯粹是一个靠打仗图发财的临时草台班子，凡有烧杀抢掠，无所不用其极。

事实为证，打下绍兴府后，“洋枪队”做的第一件事就是搜刮民间财物，将抢夺所得以11万两白银的价格，强令当地乡绅、老百姓换成现金收买。打下萧山后，这帮亡命徒不但将太平军丢下的财物掠夺殆尽，甚至清军捡获的战利品，也强令上缴。攻打余姚时，“洋枪队”为抢夺战利品，竟然与清军发生冲突，差点造成火并。

更令左宗棠忧心忡忡的是，“洋枪队”带坏了民风。自从浙江有了“洋枪队”，浙江人都知道打仗可以发财，民众“趋利若鹜，举国若狂”。国内那些平日里游手好闲之徒，都纷纷通过各种关系申请加入，扛起“洋枪队”的旗子，横行乡井，鱼肉百姓，而地方官不敢过问。

更过分的是，闽浙总督下辖的绿营标兵，此时多受高薪诱惑，纷纷另谋出路。只要稍微还有点战斗能力的，都纷纷先退伍再去参加“洋枪队”。他们跟鲁迅笔下的假洋鬼子一个模式，将头发盘起来，运气、本事好的，做了将领；运气、本事差的，做了士兵。绿营兵本就腐败不堪，遭此恶性竞争，已形同瘫痪。

左宗棠知道，“请客缉贼”，必有“反客为主”之忧。汉末，何进邀董卓进京，就是历史教训，何况眼下的是洋人。如何应对？他决定“裁禁、限制”。

四、以契约终结“洋枪队”

在给朝廷的奏折中，左宗棠说出了自己预感到的不利方面：“客日强而主日弱”，花费中国本土老百姓来之不易的血汗钱，养活一帮外国军队，只会让中国地方财政日益空虚，军力日益衰弱，人心、风俗也被这帮唯利是图的外国人带坏。左宗棠列举，如今，上海、宁波一带的人，不再以中国官员为重，反而将外国人当作救命恩人，就是明证。他由此得出结论，“借师助剿”，仅是一时之策，绝对不是长久之计。

着眼“裁禁、限制”，左宗棠与“常捷军”统领德克碑终于面对面发生了一次较量。

浙江萧山被攻克后，朝廷授予德克碑“中国总兵”官衔。德克碑拿着这块牌子，居功自傲，要求闽浙总督左宗棠答应“常捷军”扩招 1000 名士兵。左宗棠坚决不许。胡雪岩担心两人关系搞砸，通过私人交情，带德克碑跑到浙江严州行营找左宗棠当面理论。左宗棠在行营里，要求德克碑行总兵拜见总督的礼仪，才能接见他。

问清来由后，左宗棠以楚军军纪、军规为榜样，将“常捷军”的行为逐一对照并痛批一顿。德克碑被左宗棠的理据与气势镇服，当即按照中国礼仪跪地磕头，答应愿意严肃军纪，“以死战之志，为报效中国出力”，并甘受左宗棠节制。

法国人尊重契约，凡事讲究白纸黑字立证据。左宗棠学实学出身，对讲究理性与逻辑不排斥，他尊重法国人的习惯，要德克碑将自己答应的规定列为条约，全部写下来，签名作为具备法律效力的保证书、军令状，以中文与法文各写一份备档。待这些全部落定，左宗棠才在同意扩军1000人的文件上签字。

当面见识了左宗棠的威严，德克碑心服口服，回去后便下令“常捷军”全部统一换穿中国军服。为了表示“以死战之志，为报效中国出力”的决心，也为了讨好左宗棠，他干脆剃掉了长胡子，看上去像一个蓝眼睛、白皮肤的中国人。

左宗棠最看重外国人是否听从命令，既已服从，此后合作也畅快。在攻打富阳、杭州、湖州时，左宗棠命令“常捷军”助攻，德克碑均不打折扣，立下战功。

两年下来，随着太平天国军势渐弱，左宗棠考虑裁撤“常捷军”。

同治三年七月二十七日（1864年8月28日），楚军攻克湖州，标志着浙江收复完成。这年九月（10月），左宗棠考虑解散“常捷军”。此时恰逢德克碑要回国述职，左宗棠便提出根据事先条约，先裁撤1000人，余下500人归宁波海关税务司主管日意格统领。海关税务是事务性极强的工作，日意格哪里还分得出精力来？左宗棠摆明是安排母鸡爬树、猴子下蛋。领会意图的日意格，知道再也办不下去了，主动提出裁撤全部“常捷军”，“洋枪队”至此便画上休止符。

五、后续

作为魏源“师夷长技以制夷”的坚定实践者，左宗棠从来不愿受制于西方人。但他并不排斥西方先进的文明，相反，他带头专心学习西方先进的技术。

然而，客观地看，“借师助剿”，对清廷而言无论如何都不是光彩的一笔。

同治五年（1866年），左宗棠筹划创办福州船政局，正值用人之际，他求贤若渴。他想起德克碑是法国造船专家，日意格是法国驾驶专家，便高薪聘请二人做船政正、副监督，将欧洲人战场上的能力转移到为中国实业添砖加瓦上来，此举多少让这段不光彩的历史不至于从头至尾都那么难看。

叁拾柒·与孝威

同治元年六月二十四日

孝威知悉：

近日兵事尚顺，衢州城东、南、北三路均一律肃清，踏破贼垒数十。李逆世贤又乘虚攻遂安，亦为我军所败。鼠辈胆寒。看来机势尚顺，兵事尚易，而饷事则毫无打算耳。

适封信间，得郭二叔信，知尔院试经古亦获取列，甚为欣然。发愤读书，讲求正经学问，作一好秀才，亦足为家门之庆也。

尔母近来病体何如？朱和哥回时曾带桑寄生一包，已送到否？

我近来身体如常，惟眼力大不如前。目睹浙民流离颠沛之苦、疾疫流行之惨、饥饿不堪之状，无泪可挥，真是一刻难安耳。［此谕。］

吴都司假归，顺寄今岁薪水银二百两以作家用，可撙节用之。外万名伞一把、旗四树，并付。

六月廿四夜云溪营中

用“儒学”修身，行“实学”办事

写这封信时，左宗棠已经统率楚军解了浙江衢州之围，进逼龙游，将前敌指挥部驻扎在一个叫潭石望的地方。

孝威今年 16 岁，已经参加长沙府秀才考试。成绩如何？在湖南巡抚衙门做幕僚的湘阴同乡郭昆焘及时写信来告知左宗棠：孝威院试通过，已取得秀才功名。

得知喜讯，左宗棠虽“甚为欣然”，但内心未免没有警醒。俗话说，知子莫若父。孝威的真实水平，作为父亲的左宗棠很清楚。

左宗棠开始意识到，儿子与自己的人生道路有了不同。其中，最大的不同是，儿子已不是寒门学子，而是世家子弟。起点不同，路径也就不同。从底层成长起来的人物，本能的想法是希望自己由寒至显过程中的辛酸，子弟也能尝一尝。所以，在上一封信中，左宗棠仍在敲打儿子。他担心长沙的考官冲着自己的面子放宽标准，给孝威做顺水人情。

上一封信中提到孝威被封“三品荫生”。今人对“荫生”已经十分陌生。“荫生”是指凭借上一代余荫取得监生资格的考生，由汉朝的“任子”制度继承而来，逐渐发展成各种不同名目：因上一代是现任大官或遇庆典，朝廷给予功名，称“恩荫”；因上一代殉难而给予的功名，称“难荫”。上述两种通称“荫生”。“荫生”名义上入监读书，实际上只需要经一次考试，就能被授予一定的官职。

古人所谓“封妻荫子”中的“荫子”说的就是这种事。

“荫生”是“起点决定路径、基因决定地位”的现实版。这一价值取向，是由中国的宗法文化造成的。中国人崇拜祖宗，按照这一逻辑，千百年来家族是不可分割的整体，个人是家族史上接力的一段。也就是说，儿子是父亲生命的延续。从这个角度来看，“荫子”理所当然。比如，孝威此时所得，是靠左宗棠的付出获得的回报。别人的父亲没有像左宗棠这种付出，所以他们的后人没有孝威所受的回报。

父子一体，父德子受，这有什么不对吗？

用现代眼光来看，有大问题。人都是具有独立人格、自由意志的平等个体，父是父，子是子，是两个独立的个体。“荫子”显然有违社会公平。毕竟，父亲功劳再大，回报也应一代而终，如果“德报”顺延，那么别人家的孩子不是输在起跑线上，而是在父亲的精子阶段就早已输了。这不是饱受诟病的“阶层固化”吗？

左宗棠是儒学信徒，当然接受“荫子”的事实，但他凭良心也发现这里有问题，所以倡导“机会均等”。

信中，他要求儿子不能因为父亲占用寒门子弟的指标，读书应以增见识、长本事为目的，即使考不上举人、进士也没关系，因为你已经是“荫生”，可以直接封官，只要有真本事，就不愁无用武之地。

而这封信里讲的“正经学问”包括两个方面：一是儒学经典，主要指“四书”“五经”；二是百工实学，涉及农工、地理、水利、科技等。左宗棠设计的知识结构是：儒学经典可以指引读书人的价值方向，百工实学可以提高读书人的办事能力。“义理正其心，经济阔其志”，两者融会贯通，就可以真正做一个对社会有贡献的人。

自隋唐建立科举制度以来，中国读书人只攻文科，一篇文章赢天下。左宗棠走出了这个误区。

左宗棠信中经常提及的“佳子弟”，不是指才华横溢，做得一手好文章的名人，而是那些能独立思考，开卷有得的读书人。湘阴左宗棠家族人丁兴旺、人才辈出，与左宗棠此信立下的家教，不无关系。

叁拾捌·与孝威

同治元年八月初九

霖儿知悉：

六月十七日吴都司兰桂因病假归，曾以一函寄尔，并付今年薪水银二百两归，未知接得否。念家中拮据，未尝不思多寄，然时局方艰，军中欠饷七个月有奇，吾不忍多寄也。尔曹年少无能，正宜多历艰辛，练成材器。境遇以清苦澹泊为妙，不在多钱也。

尔幸附学籍，人多以此贺我，我亦颇以为乐。然吾家积代以来皆苦读能文，仅博一（矜）[衿]；入学之年均在二十岁以外，惟尔仲父十五岁得冠县庠为仅见之事。今尔年甫十七亦复得此，自忖文字能如仲父及而翁十七时否？家太冲诗云："以彼径寸根，荫此千尺条。"盖慨世胄之致身易于寒畯也。尔勿以此妄自矜宠，使人轻尔。

辰下正乡试之期，想必与试。三场毕后，不必在外应酬，仍以闭户读书为是。此心一放最难收捉，不但读书了无进益，并语言举动亦渐入粗浮轻佻一路，特人不当面责备，自己不觉耳。

吾家向例，子弟入学，族中父老必择期迎往扫墓、拜祠，想此次尔与丁弟亦必有此举。到乡见父老兄弟必须加倍恭谨，长辈呼尔为少爷，必敛容退避，示不敢当；平辈亦面谢之："分明昆弟，何苦客气。"自带盘费住居祠中，不必赴人酒席。三日后仍即回家。祠中奖赏之资不可索领。如族众必欲给尔，领取后仍捐之祠中，抵此次祭扫之费可也。

浩斋先生处送谢敬五十两不为多。先生不知我之所以自处，以为带勇之人例有余财，非五十金不足慰其意，且先生境遇亦实苦也。

尔大姊病体何如？尔母信来云：大姊意欲勋儿往小淹读书。我颇不以为然，一则相距太远，一则尔大姊多病，岂可累其照料。又勋儿年太幼小，往来须人护送，亦殊不便耳。少云今岁久住安化县城，家中各事不知经理何如。尔母信云："渠意欲来浙学习军事。"我意俟金华克复后再邀其来。盖克复金华后始有驻足之处，否则随营逐队，太劳苦也。又渠既来营，纵有劳绩，不便列保，未免负之。须先说明此意方好。

近日军事尚顺，自七月十七油埠一战克获全胜，阵斩两逆目后，二十一日续获一胜，李逆之气愈衰，日间颇有遁窜江南之意。惟军中疾疫繁兴，营官哨长几于无一不病，打仗出队不能满五成（**死者日以十数计，长夫尤甚，**）实为可伤。饷事艰难万状，上腊之饷始结算清楚，幸士卒都能耐苦耳。

刘竹亭之勇不甚精，故未促其出战。芗泉奉旨赴浙七月余之久尚迟迟（吾）[毋]行，抵长沙后又不即来(头队甫于七月二十八日抵江西,闻渠二十二日始自长沙启行,大约到此总在此月底矣,)而粤饷、楚饷、江西饷无不搜索殆遍。我之兵事未得其助，而饷事则受其累，已严饬之矣。魏质斋尚觉顺理，然好用文士，难独当一面。我处帮手殊觉其难，就现在大局言之，人才亦实不多耳。

尔院试文字及考古诗赋何不寄我一阅？县府学台姓名别号何不详写告我？［同案何人，亦应将名单开示。］尔既受知，我亦应写信谢他才是。

明岁塾师，仲父已荐何人？可写禀告知。

［和哥断不准其再来，此子习气已深，万无变好之理也。］

草此寄尔，尔复我信可即照书中节次对之。

八月初九夜龙游县潭石望行营

处世有原则，家事靠方法

儿子中了秀才，免不了有人情贺礼往来。这封信开头，左宗棠花大量笔墨教导儿子怎么对待亲朋的祝贺：既要严格遵守儒家教导，又要具体灵活地处理，有经有权。

一、左宗棠教子做人：外坦荡，内严谨

左宗棠一生特立独行，经常在传统的基础上有所突破。早年，他也有些“名士气派”，但他是一个严守古制的人。从他对儿子的教导中，我们可以看出他内心保守与严谨的一面。

可以将左宗棠与魏晋时期的阮籍比照一下。

《世说新语·任诞第二十三》记载，阮籍居母丧时竟然当众饮酒、吃猪腿肉，拒不遵从礼法；看见邻家少妇漂亮，就邀约朋友王戎常到她那里买酒喝，醉了就睡在少妇身边。儿子阮浑长大成人后，风韵、气度似其父阮籍，亦欲“作达”，即放旷出格。阮籍却说：“卿不得复尔！”

阮籍是人格分裂吗？《晋书》认为不是，且对其评价是：“外坦荡而内淳至。”行为虽不合礼法，内心却真正淳厚。魏晋风度放旷出格，其实是为了抵制“假正经”。社会道德沦丧，越来越多的伪君子假道德之名高居庙堂，满嘴仁义道德，满腹男盗女娼，真君子不甘同流合污，便“假不正经”，以颠覆传统的做法瓦解伪君子的道貌岸然。

相较之下，左宗棠的放旷出格，一半是出于天性，一半是出于此种心理。

左宗棠精通人情世故，在奖励孝威的私塾先生浩斋这件事上可以看出来。学生考取秀才，应送老师感谢金。到底送多少？左宗棠认为，50 两白银合适。这个数目按当时流俗并不算多，但考虑到一家 10 口人一年才用 200 两白银，这个数目已经不少。左宗棠说，浩斋先生只知道我是个带兵的高官，却不知道我家开支紧缩，在他面前太抠门，他不会理解，也不合人情。关键是，浩斋先生家里确实缺钱。

二、用人不避亲，但要避“至亲”

长女孝瑜这时冒出一个想法，接三弟孝勋去安化读书。

孝瑜大孝勋 20 岁，照料弟弟完全合情合理。孝瑜是大姐，平时颇有其父风范，行事处处以父亲为榜样。但这件事被左宗棠拒绝了，他曾在陶家设馆 8 年，深味悬居客乡之酸苦，加之对小淹的乡党族人印象欠佳，便以孝瑜已身多病、不便照顾为由回绝了。

父女对话，另有内涵。孝瑜此举是为了讨好父亲，意图在浙江为丈夫陶桄谋个职位。她太了解父亲的脾气，没胆直接提，便在家人耳边吹风。

左宗棠怎么会猜不出长女的潜台词？于是他借机干脆向全家人挑明了：女婿陶桄想来浙江学习军事，这没有问题，但军队里很辛苦，他要有心理准备。何况，他既是我的女婿，又是我的学生。这两件事外人都知道，岳婿关系太近了，反倒难办，他即使吃苦卖命干出了成绩，我也没办法保举提拔他。这些丑话我可要说在前头，你们看着办。

陶桄未尝不想来浙江，但他是个明白人，接信后便打消了这个念头。

读者也许不理解了。左宗棠的三女婿黎尔民、四女婿周庆生，不是都被早早带进军营，且常挨岳父的批评式教育吗？论学养跟才能，陶桄在他俩之上。

左宗棠有自己的顾虑。左宗棠受陶澍托孤，从陶桄 7 岁起就带着他，手把手教他，与陶桄情过父子，如此亲密，怎么好意思批评？何况，陶澍为一代名臣，左宗棠不得不顾忌一点：陶桄只要做官，后世就会拿他与他父亲比较。干得好，是陶澍遗传好；干得不好，责任在左宗棠。

与其这样，不如放手让陶桄在社会上奋斗，可以免了口舌与嫌隙。

三、左姓宗族观念带来动力

事实上，左宗棠的宗族观念十分强烈。信中说到的“左太冲”，是指西晋著名诗人左思。信中所引的两句诗，出自其《咏史·其二》，全诗是：

郁郁涧底松，离离山上苗。
以彼径寸茎，荫此百尺条。
世胄蹑高位，英俊沉下僚。
地势使之然，由来非一朝。

金张借旧业，七叶珥汉貂。

冯公岂不伟？白首不见招。

此诗站在底层读书人的立场，表达了对门阀世族垄断官场的不满。同为底层读书人出身，左宗棠感同身受，所以用心记了下来。但对照原文，左宗棠引错了两字："茎"写成了"根"，"百尺"写成了"千尺"。

左宗棠此处似乎是有意改写："根"比"茎"有文化渊源感，"千尺"比"百尺"更具夸张感，符合他"喜为壮语惊众"的个性。

左姓在百家姓中不算大姓。因此，左宗棠对历史上同姓之人格外留心，看到同姓历史名人，有一种引以为家人之感。野史流传，有人看不惯左宗棠说话口气大，便以"春秋谨严，左宗棠浮夸"来嘲笑他，意思是姓左的人爱好吹牛不是从左宗棠开始的，而是有家族传统。这一嘲笑让左宗棠郁闷过好一阵子。李鸿章这段时间与人写信，干脆直接用"太冲"代指左宗棠，暗指左宗棠说话办事"过于冲动"。

左宗棠一生不惧困苦，努力奋斗，未尝没有为左姓宗族争一口气的心理动因。

叁拾玖·与孝威

同治元年闰八月十七日

阿霖知之：

得尔场后书，知尔初预秋试，诸免谬误，心殊喜慰。榜已发矣，不中是意中事，我亦不以一第望尔。尔年十六七，正是读书时候，能苦心力学，作一明白秀才，无坠门风，即是幸事。如其不然，即少年登科，有何好处？且正古人所忧也。

浙事倾覆至尽，吾以一身当之。不忧群贼之方张，而忧残黎之将尽；不忧筹饷之无地，而忧治事之无人。尔年尚幼，或不解所谓耳。战事诸尚顺利，芗泉闰月初六始抵衢州，声威益壮。大约闰月、九月必可克复数城，以后可取破竹之势矣。

浩斋先生明岁安研何处？塾师又订何人？阳四明岁可上学否？勋儿近有长进否？信来宜详及之。

上年十月恩诏我太常寺卿任内应荫一子，已咨部给照（咨填尔年十六，未知与尔应试学册符否），以尔应诏。又按京官正三品应封赠两代从二品官，已咨部请封祖父，而以己身及尔母应得从二品封典貤赠曾祖考妣。以后二次封典，其貤封应请封尔二伯父母，未知尔二伯父母以为然否。可以尔意私询癸兄，以便安顿也。世间荣显未足为贵，不过国家典例如此，应有者亦不敢辞耳。

尔母脚气已渐愈否？大姊尚在家养病否？三姊想尚未回湘潭，来信于各件均未说及，何耶？

［闰］八月十七日［父谕］

分享荣显也有学问

左宗植于道光十二年（1832 年）考取湖南举人第一名；咸丰元年（1851 年）入京做官；咸丰二年（1852 年）主动申请开缺，回到湖南湘阴，从此隐居乡下，为家族事务上下奔忙，兼代三弟管教子女，曾一度担任衡阳石鼓书院讲席。

孝威秀才考试与举人考试赶在同一年，秀才发榜后马上赴举人考试，忙得不亦乐乎。

因为交通落后，通信阻隔，加上战乱干扰，这些家书在路上短则十天半月，长则近一月，经常延时。左宗棠参加过乡试，知道发榜时间，他掐指一算，郭昆焘与孝威都没有来信报喜，便推断孝威落榜。

猜测儿子已经落榜，左宗棠不但没有难过，反而有一种说不出的高兴。他反过来安慰儿子：你还年轻得很，没考中是好事。

读者看到这里，不禁要目瞪口呆。

但细细寻思左宗棠的逻辑，也就释然了。左宗棠认为，家里与其出个大才子，不如出一个人格敦厚的老实读书人，理由是：才子只能得一世虚名，而人格敦厚的读书人可以教化后代，延续百年优良家风。这才是信中“明白秀才，无坠门风”的真实含义。

这时，湘阴左宗棠宗族因左宗棠的才能与努力，呈现出一种急速上升的势头。正三品的太常寺卿封赏，按照古制“封妻荫子”的惯例，不仅给孝威带来“荫生”的好处，就连左宗棠的妻子、祖父、曾祖父也得到了从二品的封赏。这就是古人说的“一人得道，鸡犬升天”。这些虽不是官爵，仅仅是称号，封赏物品也只限于一些匾额、布匹、锦旗，但作用巨大。

“光宗耀祖”的荣誉，与“祖宗崇拜”结成一体，成为一种信念。这是帝国制度能够在中国延续2000多年的原因之一。自唐朝起，以科举考试定终身，官员由士族地主扩大到庶族地主，笼括了广大中下层的读书人。

朝廷与读书人事实上在做一种交易：读书人“学成文武艺，货与帝王家”；朝廷“君驭臣以爵”，批发权力与官帽子。如王夫之在《读通鉴论》中所言：“爵赏者，人君驭下之柄，而非但以驭下也，即以正位而凝命也。”也就是说，百官之所以死心塌地为帝王一家一姓服务，是因为朝廷除了予以官职、地位等，对干得好的官员还批发赠送荣誉，上及祖宗，下及子孙。

大清朝廷此时对左宗棠还要“二次封典”，左宗植夫妇也将获得朝廷颁发的“从二品官爵”荣誉。

面对铺天盖地的荣誉，左宗棠既不唱高调，也不矫情作态，他说：“世间荣显未足为贵，不过国家典例如此，应有者亦不敢辞耳。”

左宗植夫妇怎么领这张荣誉证书？有点不好处理。道光十二年（1832 年），湖南乡试，左宗植与左宗棠兄弟俩同时参加，左宗植中了解元，即湖南乡试第一名，左宗棠排全省第 18 名。如今“兄因弟贵”，在乡党、族人中，多少有点没面子。

左宗植也不是没有过官运。

咸丰元年（1851 年），左宗植受命入京，当上了内阁中书。清朝内阁中书官阶为从七品，掌管撰拟、翻译、缮写之事，定额为满洲 70 人，蒙古 16 人，汉军 8 人，汉中书 30 人。内阁中书并不是一个看不到前途的虚职，做得好，可外补同知或直隶州知州，或保送充任军机处章京。但左宗植有其父左观澜遗风，性格平和，性情恬淡，对当官没有多大兴趣。

因本身对做官缺乏兴趣，太平天国运动兴起后，咸丰二年（1852 年）夏，战火烧到长沙，左宗植牵挂家室，便申请开缺回家，从此赋闲在乡。身处乱世，他更看重传播文化，先后主讲于澧阳书院、衡阳石鼓书院，大部分时间隐居读书著述，交游绅士，操持家事，课读子侄。

这样一位“有水平，没欲望”的兄长，凭真本事原也可以混个不错的官职。现在朝廷突然加恩，乡下人自然会传言“兄因弟贵”，这难免会触到读书人的尊严敏感区。

左宗棠并不是不考虑别人感受的人。相反，他非常注意方式，要孝威先去询问左癸叟，晚辈间先充分交流，相互传话，先探得左宗植的意见，避免同辈间直接沟通可能导致的尴尬。

这绝不是多此一举。传统中国社会是熟人社会，熟人之间攀比是经常发生的现象。左宗植之前做过新化县训导、桂东县教谕一类的地方文化官员，与湖南籍官员多有书信交流，在湖南文化圈也算知名人物，此事一经传开，议论无可避免。比如，郭嵩焘早就拿左宗棠兄弟做过比较，认为“植胜于棠”。因此，左宗植“兄因弟贵”自然容易成为文化圈内议论的话题。

左宗棠安排孝威谨慎妥善处理，原则是，不管左宗植答不答应“领证”，都不能因这事伤了兄弟和气。

肆拾·与孝威

同治元年闰八月二十一日

孝威知悉：

前日寄一函由郭二叔转递。甫发数时，即接中丞及郭二叔书，知闰月初六日榜发，尔竟幸中三十二名，且为尔喜，且为尔虑。古人以早慧早达为嫌，晏元献、杨文和、李文正千古有几？其小时了了、大来不佳者则已指不胜屈，吾目中所见亦有数人。惟孙芝房侍讲稍有所成，然不幸中年赍志，亦颇不如当年所期，其他更无论也。天地间一切人与物均是一般，早成者必早毁，以其气未厚积而先泄也。即学业亦何独不然？少时苦读玩索而有得者，皓首犹能暗诵无遗。若一读即上口，上口即不读，不数月即忘之矣。为其易得，故易失也。尔才质不过中人，今岁试辄高列，吾以为学业顿进耳。顷阅所呈试草，亦不过尔尔，且字句间亦多未妥适，岂非古人所谓“暴得大名不祥”乎？尔宜自加省惧，断不可稍涉骄亢，以贻我忧。

朱卷自宜刻印分呈宗族亲友。有送贺仪者无论轻重一概受之，写簿确记，遇有庆吊之事照数酬答。诗文均请伯父改正，免人批评。

此信到时，想已见过主考房师矣。主考房师别号姓名可问明告知，以便作信谢之。我家虽寒薄，然外人必不体谅，太涉菲薄似不近情，只好勉强应付。一切问郭二叔、李仲云便得主意。

朱卷履历自须刻之。自我曾祖仁乡公以下至我父母均已咨请封典，京官任内加一级则从二品也。本支名字亦宜详载。

新例：中式后必赴京复试。尔年尚小，难受北道风霜之苦，且学业平平，明岁仍不须赴都会试。查京官二三品以上子弟得举，应具折谢恩，但未知外官何如。如必须具折，我拟即将暂不能赴都、随侍军营以便教训之意入告，或邀俞允。

尔昨抄录闱作，字画潦草太甚，且多错落，又未习行书，随意乱写，致难认识，殊不喜之。嗣后断宜细心检点，举笔不可轻率也。

谒祠、扫墓之礼自不可缺。族间光景甚苦，公项已无存留，一切可自备之，以数十缗为度。祠中可贴一揭：“奉到浙江大营来谕，明岁且缓北上，凡宗族亲党惠赠程仪者概不敢领。孝威敬白。”庶免人家预备。谒祠、展墓礼毕，即赴湘潭外家谒外祖母及各尊长，来往以十日为度。长沙诸亲友处亲送朱卷，数日了之。此外可无须酬应。朱卷以数十本为度（官场不必送卷），同年须酬应者自宜周到，但非其人不可亲昵。近来习俗最重同年，其实皆借以广结纳耳，我素不取。当得意时最宜细意检点，断断不准稍涉放纵。人家当面奉承你，背后即笑话你。无论稠人广众中宜收敛静默。即家庭骨肉间，一开口，一举足，均当敬慎出之，莫露轻肆故态，此最要紧。

今年秋初吴都司归，曾寄薪水银二百两，此次未免又增一番用度。除却应用各项不宜太省，此外衣服等事概宜节之又节，免我远地牵挂。如实不敷，亦只准再寄百两。兵已缺饷七月，我岂可多寄银归耶？尔母病体稍愈否？衰老之年，药饵不可缺。近因省钱，故不服补剂，尔等当亦有所窥。省却闲钱，或可供药饵之资耳。

闰八月二十一日［父谕］

与其“早慧早达”，不如“大器晚成”

这一时期，左宗棠统率楚军在浙江潭石望、新凉亭一带指挥对太平军作战，军事上“得寸进寸，得尺进尺”，有条不紊缓慢推进。

上封信发出才 4 天，左宗棠就从郭昆焘寄信中获知儿子高中举人，排在全省正榜第 32 名的喜报。

这是一个很不错的成绩。回想 30 年前，20 岁的左宗棠曾以副榜第一名，正榜第 18 名的成绩中举。父子俩同为举人，这在左宗棠家族中是破天荒的。祖上从江西迁居湖南 500 余年，只出过 7 代秀才。

中举难度跟当代类比一下就清楚了：清朝考中举人，相当于 20 世纪 80 年代考上高中，今天考上硕士研究生，且举人的录取率比现在高中生、研究生录取率低得多，考生必须考进湖南省前 50 名。也就是说，在湖南 14 个地州市中，须考进全市前 3 名，才有望中举。

孝威少年中举，不排除有父亲的人情因素，但主要是靠实力，他的天资毕竟不错。

孝威天资确实有一些遗传。四兄弟同父异母，孝威是周诒端所生；孝宽、孝勋、孝同是张茹所生。孝威天资确实高于孝宽、孝勋。都说长子像母，长女像父，事实也是如此，孝威像周诒端，孝瑜像左宗棠。

左宗棠是一个居安思危的人。前段时间猜测儿子没考中，他高兴；现在儿子真的高中了，他却不无忧虑。孝威年少，虽不是童蒙未开，但血气未稳，如果得意时多受夸奖，那么他还不飘到云上去?

于是左宗棠尝试与儿子说清一个道理：早慧早达与大器晚成，到底哪个靠谱?

中国人的惯性思维，认为早慧早达好。作家张爱玲有句名言："出名要趁早。"意思是最好做童星，晚点就赶不上末班车了。

古人也常对早慧之人津津乐道。

东汉末年，孔子第 20 世孙孔融，聪明机灵，名声在外。10 岁那年，孔融跟随父亲到洛阳，单独去见太守李元礼。走到府门前，守门人问他姓名，孔融说："我是李太守的亲戚。"

李太守愣住了，犹犹豫豫地去见孔融，纳闷地问："你和我真的是亲戚吗，我怎么不知道？"孔融答道："怎么不是? 我的祖先仲尼（孔子）和你家祖先伯阳（老子）是师生，可见孔李两家是世交。"同屋宾客听后大为惊奇。

恰好这时，一个叫陈韪的中大夫赶到，不无嘲讽地说："小时了了，大未必佳。"意思是，这小鬼现在倒是很聪明，长大了可不一定。孔融立即回敬说："这么说来，陈大夫小时候一定很聪明。"陈韪被反问住了，张口结舌，半天说不出话来。

古人推崇早慧早达，也因生命短暂。据历史学家考证，古人平均寿命仅 35 岁左右。即使是皇帝，也好命不长。历代皇帝有确切生卒年月可考证的，共有 209 人平均寿命不过 39 岁。生命如流萤，似流星，再不聪明就老了，再不发光就死了，所以，古人为了出名心里着急。但今天中国人平均寿命已经达到 76 岁，活到 80 岁时定睛一看，周围多的是 90 岁的老人，还有精力学姜子牙，急着早出名就容易闹笑话。

长寿让人有的是时间跑马拉松，为什么要做短跑冠军？40 岁前就急匆匆跑完人生全程，下一个 40 年岂不只剩等死？

早慧的代价是早夭。汉代贾谊死时不过 30 岁左右，“初唐四杰”之首王勃活到二十五六岁就死了。事业早达者，则从未有过。也就是说，短跑冠军不可能同时成为马拉松冠军。

左宗棠明确反对早慧早达，他列出了三点理由。

一是早慧容易让人自视甚高。世上不排除有绝顶聪明的人，也不排除有智慧全不开化的笨蛋，但这两种人是极少数。绝大多数的人，先天智商差不了太远，所谓“天地间一切人与物，均是一般”，单靠智商功成名就是做不到的。

二是决定人一生成绩大小的，是人生历练和知识积累。早慧者既缺少生活历练，又缺乏知识积累，靠着父母给的那点老本，早早将本事用出来，在应该积累的年龄却先泄尽元气，往后就很难跟得上，这是“早毁”的前兆。

三是无论读书还是办事，都遵循一个规律：难以得到的东西，难得失去；容易得到的东西，容易失去。漫长人生中，最后能得到的，都是你积累后必得的东西；不属于你的，终归会抛弃你。厚积薄发，博观约取，是成功的不二法门。

基于此，左宗棠主张大器晚成。这个主张他终生都没有变过。

同治四年（1865 年），身为闽浙总督的左宗棠，认真地自我总结了大器晚成的规律：“古人经济学问都在萧闲寂寞中练习出来。积之既久，一旦事权到手，随时举而措之，有一二桩大节目事办得妥当，便足名世。”一个人若能积累数十年闲书与杂书，在这世界上办成一两件大事，就算成功，不要指望更多。

但受古人早慧观念的影响，今人往往将大器晚成者看成先天笨拙者，这是不对的。

很少有人想过，左宗棠其实是个少年天才。他 14 岁考秀才，两试全县第一。他 20 岁才中举，是因守父母孝耽搁了 6 年，与水平无关。他 3 次会试失败，主要原因是精力全在实学，再加上考场运气欠佳，因粗心写了错字。何况，他第二次本已考上进士，仅因超额一名而被刷了下来。论天资，同时代的湖南人才，大约只有胡林翼可与他比肩。

但左宗棠的成功不靠早慧，恰恰是后天的挫折与经历，让左宗棠在逆境中锻炼出扎实的办事能力，一步一步地走进大成之境。

肆拾壹·与孝威

同治元年九月初十

阿霖知之：

两书寄尔，均由郭二叔转递，想已接得。

明年不须会试，前书已言之。尔意从二伯入山读书，甚慰我意。惟念尔母衰病日甚，需人侍奉，且一家侨寓省城，无人经理。尔一入山，即家书亦难时得，殊为不便，尔可与尔母酌之。或能请二伯来城专课尔读，而左边住宅一所即退去，别开一塾以为润、勋、阳三儿延师课读之所，计亦良得。尔从二伯读书，得稍长学识，又可就近照料家私，一便。二伯年老，仍须作馆，若迎之家塾，可无须远涉，二便。所愁者不过无钱耳。我在外每年以二百两寄家以敷家用，今拟明岁以后多寄二百两归可耳（**以一百六十金为二伯脩金**）。

尔少年侥幸太早，断不可轻狂恣肆，一切言动均宜慎之又慎。凡近于名士气、公子气一派断不可效之，毋贻我忧。

[朱卷及同门年齿录可各付一本来。]

浩斋师课尔极费心力，明岁又不在家塾，光景之窘可想。尔意欲吾寄谢敬，自是至理。今函六十金奉之，尔亲送去，为我致声（**前已作书谢之矣**）。隽卿先生现在此，我自致谢。石渠、芝生两先生处各奉二十金。湛湖先生闻已下世，其世兄至不成材，不必理会。如师母尚在，可送二十金。惟须择妥人交到，不令其世兄知也。两主考已由折弁带寄土宜各五十两。白兰岩学使及丁稚璜太守、闵鹤子明府、恩筱农房师则均不寄银，以其为外官也。恩索楹联，兹付一首来，可请郭二叔设法递寄。廷芳宇则可无庸致书矣。

郭二叔处借项必须速还，可由若农观察处借支浙捐银百两还之。

明年二伯六十寿辰，可奉百金。[此外，或将寄归寿帐呈一副（**中作一金寿字**），不必署款也。]

昨江西士民送我寿屏两副、万民伞三把、寿幛三个、寿联一副、寿彩一幅，可存之家中，伞则送入祠内可也。

九月十日龙游城西书

肆拾贰·与孝威

同治元年十月二十三日

孝威知之:

二十日接尔前月晦日一书，得悉一切。

试卷刷印一千五百本，未免太多，履历多未详确。我保同知衔知县后曾保同知直隶州，非虚衔也。特旨以四品京堂襄办军务，后又［曾］奉特旨以三品京堂补用，并特赏多珍。然后补授太常寺卿、督办浙江军务，补授浙江巡抚。凡此履历皆应详载。数典不可忘祖，岂可忘乃父乎？又吾父母之得四品封是奉旨赏给，与寻常覃恩例得者不同，应载明“特恩诰赠朝议大夫、诰赠恭人”，方昭核实。国恩家庆未可忽也。

吾以婞直狷狭之性不合时宜，自分长为农夫以没世。遭际乱离，始应当事之聘，出深山而入围城。初意亦只保卫桑梓，未敢侈谈大局也。文宗显皇帝以中外交章论荐，始有意乎其为人，凡两湖之人及官于两湖者，入见无不垂询及之。以未著朝籍之人辱荷恩知如此，亦希世之奇遇。骆、曾、胡之保，则已在圣明洞鉴之后矣。官文因樊燮事欲行构陷之计，其时诸公无敢一言诵其冤者。潘公祖荫直以官文有意吹求之意入告，其奏疏直云：天下不可一日无湖南，湖南不可一日无某人。于是蒙谕垂询，［而官文乃为之丧气，］诸公乃敢言左某果可用矣。咸丰六年，给谏宗君稷辰之荐举人才以我居首；咸丰十年，少詹潘君祖荫之直纠官文，皆与吾无一面之缘、无一字之交。宗盖得闻之严丈仙舫，潘盖得闻之郭仁先也。郭仁先与我交稍深，咸丰元年，与吾邑人公议，以我应孝廉方正制科。其与潘君所言，我亦不知作何语。宗疏所称，则严仙舫丈亲得之长沙城中及武昌城中者，与吾共患难之日多，故得知其详。两君直道如此，却从不于我处道及只字，亦知吾不以私情感之，此谊非近人所有。而宗、潘之留意正人，见义之勇，亦非寻常可及矣。吾三十五岁而生尔。尔生七岁，吾入长沙居戎幕。虽延师课尔，未及躬亲训督，我近事尔亦不及周知，宜多谬误，兹略举一二示之。

二伯所言“不愿侄辈有纨绔气”，此语诚然，儿等当敬听勿违，永保先泽。吾家积代寒素，先世苦况百纸不能详。尔母归我时，我已举于乡，境遇较前稍异，然吾与尔母言及先世艰窘之状，未尝不泣下沾襟也。吾二十九初度时在小淹馆中曾作诗八首，中一首述及吾父母贫苦之状，有四句云：“研田终岁营儿铺，糠屑经时当夕飧。乾坤忧痛何时毕？忍属儿孙咬菜根。”至今每一讽咏及之，犹悲怆不能自已。自入军以来，非宴客不用海菜，穷冬犹衣缊袍，冀与士卒同此苦趣，亦念享受不可丰，恐先世所贻余福至吾身而折尽耳。古人训子弟以“咬得菜根，百事可作”，若吾家则更宜有进于此者，菜根视糠屑则已为可口矣。尔曹念之，忍效纨绔所为乎？

更有一语嘱尔：近时聪明子弟，文艺粗有可观，便自高位置，于人多所凌忽。不但同辈中无诚心推许之人，即名辈居先者亦貌敬而心薄之。举止轻脱，疏放自喜，更事日浅，偏好纵言旷论；德业不加进，偏好闻人过失。好以言语侮人，文字讥人，与轻薄之徒互相标榜，自命为名士，此近时所谓名士气。吾少时亦曾犯此，中年稍稍读书，又得师友箴规之益，乃少自损抑。每一念及从前倨傲之态、诞妄之谈，时觉惭赧。尔母或笑举前事相规，辄掩耳不欲听也。昔人有云：“子弟不可令看《世说新语》，未得其隽永，先习其简傲。”此言可味，尔宜戒之，勿以尔父少年举动为可效也。至子弟好交结淫朋逸友，今日戏场，明日酒馆，甚至嫖赌、鸦片无事不为，是为下流种子。或喜看小说传奇，如《会真记》《红楼梦》等等，诲淫长惰，令人损德丧耻，此皆不肖之尤，固不必论。

吾以德薄能浅之人忝窃高位，督师十月，未能克一郡、救一方，上负朝廷，下孤民望。尔辈闻吾败固宜忧，闻吾胜不可以为喜。既奉抚浙之命，则浙之土地人民皆责之我；既奉督办之命，则东南大局亦将与有责焉。有见过之时，无见功之日。每咏韦苏州“自惭居处崇，未睹斯民康”之诗，不知何时始释此重负也？尔辈若稍存一矜夸之心，说一高兴之话，只增我耻，亦当知之。

明年既定负笈入山从伯父读书，可将此帖别写一通，携之案头，时加省览，如日与我对，庶免我忧。此帖亦宜与润儿及癸叟、世延传观，并各抄一分，俾悉我意。

十月二十三日夜龙游城外行营

怎么做一个合格的文化人

这两封信，核心围绕“怎么做一个合格的文化人”展开。这个话题在今天依然是热门，这里不妨专门展开说一说。

一、贵族的末等，平民的最高等

近20年来，中国时常泛起“读书无用”论调。在左宗棠这里，这种观念不但荒唐，而且不可想象。

左宗棠重视文化，内在原因是“士人”对文化起着关键的传承、创造与弘扬作用。曾子说：“士不可以不弘毅，任重而道远。”

以历史眼光看，“士人”是一个特殊的群体。其特殊性表现在，这一阶层介乎贵族与平民之间，是贵族的末等，平民的最高等。

封建时代，人分贵族、平民两类。贵族又分为天子、诸侯、大夫、士四个等级。前三级拥有土地，可以分封他人。士没有封地，不能封赐别人土地和人口，只能给前三级贵族打工：替大夫管家，叫“齐家”；服务诸侯，叫“治国”；服务天子，叫“平天下”；自己学习，叫“修身”。

平民也分士、农、工、商四个阶层。士指士大夫、官绅，后泛指读书人；农指种田人；工指手工业者，包括铁匠、木匠、裱糊匠、漆匠、篾匠、窑匠、医生等；商指买卖人。平民中，士是第一等，农是第二等，工是第三等，商是第四等。

古代社会重视文化，历届朝廷重用士人，读书不但可以获得经济回报，而且可以获得至高的荣誉。“万般皆下品，唯有读书高”的观念，就是在这种环境里培育出来的。

士人不但有经济实力、社会地位，还掌握着思想资源，可以左右舆论，影响人心向背，在贵族与平民间两头通吃。这一群体的社会影响日益壮大，发展下去，逐渐形成“士族”。士人组团成利益共同体，主宰帝国命运。

东汉末年，“士族”势力的发展在中国历史上第一次达到巅峰，不但控制了国家的政治、经济、文化资源，壮大成“世家大族”，而且根据“门第”和“阀阅”左右官场。“士族”开始排除异己，党同伐异，谋划世代做官，让子孙永享荣华富贵。

哪里有垄断，哪里就有反对。曹操最早站出来与“士族”对抗。曹操出身宦官家庭，起点不高，虽然胸怀大志，腹有良谋，但属于“士族”异己，为名士所看不起。作为有魄力的个性人物，曹操干脆打破“门第”和“阀阅”，提倡“唯才是举”，让官场“零门槛”，将那些有真本事的“草根”人才提拔到关键岗位上。

因为当时社会经济还不足以支撑“草根”人才成为掌握话语权的群体，所以曹操的举动近似叛逆。儿子曹丕坚持不下去，只好以“九品中正制”取代“唯才是举”，继续满足“士族”垄断做官的愿望，阶层矛盾才得以缓解。东晋王朝不得不依靠门阀士族拥戴建立，就是例证。

“士族”作为一定历史阶段的必然产物，到唐朝之后完全淡出历史舞台。随着生产力和经济发展，上层建筑相应地对庶族地主开放，平民、士人都可以通过科举逐渐成为国家的中坚力量。

二、士人两大弊病：公子气、名士气

“士族”发展数百年，给后世留下了两大遗产：一是公子，二是名士。

公子泛指豪门士族的年轻男子。这类人物，早在春秋战国时期就活跃在历史舞台上。“战国四公子”，即魏国信陵君魏无忌、齐国孟尝君田文、赵国平原君赵胜、楚国春申君黄歇，四人各为其主，网罗人才，礼贤下士，广招宾客，导演时代大戏。

“公子”后来逐渐发展成“世家大族”子弟的特称。

自秦至清，公子在历史上的形象基本是正面的。即使是历史上最后一拨的“民国四大公子”，张伯驹、袁克文、溥侗、张学良，也多有光辉的一面。他们共同的特点是，出身豪门、年轻英俊、天资卓越、才华横溢、风流倜傥，兼懂琴棋书画，有文化底蕴。

伴随公子群体而来的是“公子气”。这个词的褒贬色彩与“公子”完全相反，是指一种颇受人诟病的风气。称人家的儿子叫“贵公子”，是往人家脸上贴金；说某某少年有“公子气”，无疑是讽刺其人为败家子。“公子气”集中表现为“纨绔气”：不学无术，提笼架鸟，吃喝嫖赌，挥金如土。

清朝晚期，“八旗子弟”便成了“公子气”的典型代表。

此时，左宗棠深恐儿子染上“公子气”。自己早年做“农士”，尝尽人间疾苦，所以发达后仍不忘本，能保持读书人的朴素本色。公子哥儿则出身于官宦世家，生于深墙之内，长于妇人之手，幼习诗书，不辨菽麦，从小耳濡目染，易逞才使气。他们一旦养成“公子气”，就会使学业日益空虚，家业迅速衰败，徒剩华丽躯壳，最后反不如白手起家的平民子弟。

左宗棠思虑深远，欲谋求家族百世繁盛，因此最担心自己一生努力奋斗，到儿子一代就倾败，所以及时敲打儿子，有备无患。

但防得了官宦之家的“公子气”，诗书世家的“名士气”又让左宗棠不得不提早警醒。

名士，本义是指已经出名但没有做官的人，是一种介乎士大夫与隐士之间的角色。名士极盛是在魏晋时期，连王公贵族都争相模仿名士风流。

名士起源的历史，可追溯到春秋时期，伯夷、叔齐不食周粟而饿死，是一种名士气节。与之同时期的楚国狂人接舆，鄙夷孔子其人，高唱“凤兮凤兮！何德之衰？往者不可谏，来者犹可追”，隐约可以闻出一股名士傲气。

名士傲气经后世发展，逐渐发展成为恃才放达、不拘小节的个性。《世说新语》对魏晋名士傲气持肯定态度。但自隋唐起，“名士气”逐渐成为一种让主流文化界有点嫌恶的个性，清朝人对名士傲气尤为不容。

左宗棠这样描绘有“名士气”的人的特点：稍微能写得一两篇拿得出手的文章，就觉得自己天下第一；凡事高己卑人，不把别人放在眼里，逢人就说某某不怎么样。这种读书人一面“举止轻脱，疏放自喜”，一面“言语侮人，文字讥人”。平时拉一帮跟自己气味相投的朋友，相互“抬轿子”“吹喇叭”，其实别人早在心里笑话他，他却还自我感觉良好。

左宗棠因为揭了名士的底，弄得自己跟文化圈的关系很紧张。与左宗棠同时代的名士，第一人当数王闿运。论学问根底、思辨眼光，王闿运与左宗棠难分轩轾。但左宗棠看王闿运总不顺眼，原因在于实干家与纵横家气味严重不相投。

王闿运当年的梦想是凭三寸不烂之舌纵横天下，成为帝王宗师，将天下运于掌心。

王闿运可以看作苏秦、张仪的继承者。他的错误不在于有“名士气”，而在于没有看清平等、民主、自由的历史大势，逆历史潮流去忽悠人心。但他毕生敢于捍卫士人气节，又让今人肃然起敬。

早年，王闿运著《湘军志》，不被曾国荃以豪华别墅湘绮楼收买，如实披露湘勇历史污点；晚年，袁世凯邀王闿运做中华国史馆馆长，他仍敢当面痛批袁世凯称帝是“民犹是也，国犹是也，何分南北；总而言之，统而言之，不是东西”，坚决不做野心家的吹鼓手。作为一代名士，王闿运是合格的，他一度成为一代知识分子的标杆。

但“名士气”的弊端，同样不可小看，尤其是对家族与后人的贻害，左宗棠对此看得十分清楚。

三、做有道德与人格的士子

左宗棠在教育儿子时并不完全否定名士，他只是希望警醒儿子，不要沾染“名士气”。在左宗棠看来，后人成为一代名士，对个人固然有好处，但对家族来说看不到半点利益。他希望孝威为左家后世兴旺打好基础，做个有道德与人格的正人君子，不希望他成为只开一代就凋谢的“谎花”，而应“化作春泥更护花”。

除反“公子气”“名士气”，左宗棠还提醒儿子不能看《会真记》《红楼梦》，理由是这类书“诲淫长惰，令人损德丧耻”。这话让人不敢苟同，似乎显得左宗棠有“道德洁癖”。用现代眼光看，胡思乱想是个人自由，只要行为不出格，就算是一个好人。

中国传统文化评价一个人，对思想与行为，有非常灵活的把握标准：“百善孝为先，论心不论迹，论迹贫家无孝子；万恶淫为首，论迹不论心，论心终古少完人。”评价一个人是否孝顺，只看他是否有孝心，而不看他做过多少孝顺的事。

当然，左宗棠不让儿子看《会真记》《红楼梦》，也不是全无道理。就算是在个性自由开放的国度，少年如果满脑子男女之事，那么还有心思念书吗？

肆拾叁·与孝威

同治元年十二月初四

霖儿知悉：

许久未接尔信，颇为悬念。

尔往小淹后何日回家？今年夏、秋、冬三季应酬奔走之日多，读书静坐之日少，不知如何荒废矣！学问不日进则日退，殊可虑也。

此间战事尚顺，十一月十四日克复严州府城，徽郡之贼亦经击退，克复绩溪、祁门。惟龙游、汤溪两城尚未能下，殊为烦闷之至。浙江全省之贼均来金华，已经四仗打退，或者援尽食绝，两城克复可期，而以后大局较易收拾，惟饷事则实无打算耳。

尔母病体需人侍奉。尔明岁既须入山读书，润儿恐未必能照料，每两月可回省一次视之。

若农观察处拨付一百二十金为尔外祖母及文官妇请旌表，前信未及详载。忆吾族中尚有应旌者，请尔母一查为要。

吴都司所附各信件均已收到矣。

十二月初四日［父谕］

巡抚浙江第一年

写这封信时，楚军与太平军正激烈争夺浙江金华，太平军已经四战四败。左宗棠采取“围而不攻”的策略，断绝太平军粮道，若援尽食绝则敌军自溃。只要拿下金华，龙游、汤溪两城就能不战自取。

谁能想到，这么一项重大的决策，居然源自一则偶然获得的情报。

同治元年十月四日（1862 年 11 月 6 日），左宗棠亲自带兵，夺得龙游城东的塔岭，扎下营寨。7 天后，左宗棠再度出击，带兵往太平军营寨里抛火弹。太平军被烧得大乱，营寨被攻破，楚军趁势夺得了一批旗帜和枪支弹药。楚军发挥平时“练胆、练心”的优势，直接冲进太平军军营展开肉搏。太平军死伤大片，楚军负伤也多达700余人，左宗棠下令收兵。

太平军遭此强攻，闭城拒战，急求外援。

围攻不下，左宗棠变得焦虑起来，所以家信中有“龙游、汤溪两城尚未能下，殊为烦闷之至”一句。他从抓来审问的俘虏口中得知，侍王李世贤将精锐全部转移到了金华。

左宗棠连夜拔营，开赴金华。

此时，距左宗棠任浙江巡抚已有一年。

一年来，除了指挥军事，左宗棠还做了五件大事。

一、以刚直应对朝廷

左宗棠做的第一件大事：将在外，君令有所不受。

咸丰十一年（1861年）年底，接到以三品京堂官衔督办浙江军务的任命后，左宗棠第一次有权利直接向朝廷呈递奏折。虽然在湖南巡抚衙门做幕僚期间，他已经数次以张亮基、骆秉章的名义给朝廷直接写过奏折，但奏折里署自己的名字还是头一回。

咸丰十一年十二月十五日（1862年1月14日），左宗棠向朝廷呈递浙江巡抚任上的第一份奏报：《遵旨督办浙江军务据探省城失守敬陈办理情形折》。

第一次给朝廷写汇报材料，需说清楚前任巡抚城破人亡的原因。这事可有点难办。

曾国藩在接到朝廷下令救援浙江的命令时，故意以请示朝廷的方式拖延时间，导致浙江巡抚王有龄城陷人亡。慈禧太后大约是看出了其中的问题，一方面批评左宗棠进军浙江时行军过于迟缓；另一方面绕开曾国藩遥控指挥，命令楚军首战开进衢州，攻下金华与严州。

自咸丰二年（1852年）以幕僚身份主政湖南，经过10年官场历练，左宗棠向朝廷奏报，开篇已见老练。

左宗棠一方面接受批评，另一方面拒绝接受朝廷军令。他陈述了自己收复浙江的规划设计，从远处着势，先巩固后方，避免陷入太平军的包围圈。

但怎么向朝廷汇报王有龄以身殉职这件事？总不能将问题的源头指向曾国藩吧，尽管事实确实如此。左宗棠称，自己刚接到金衢严道道员江永康的汇报，据浙江杭州城外营盘逃出的把总王祖达禀称，“十一月二十八日辰刻，见逆众在凤山、望江两门扒城而进，城中各处火起，杭城登时失陷，现在溃兵纷纷四散”。

但杭州城陷之前，自己既已履督办浙江军务之职，责任无论如何也绕不过去。所以，左宗棠接着说：“臣维杭城被围已久，外援不至，卒有此变。臣与闽浙督臣均奉旨援浙之人，坐视列郡沦胥，生民涂炭，罪何可逭？惟事势业已如此，则援浙之局应即通盘筹划，从新整理，以图恢复。”

左宗棠的意思很明确，现在王有龄已经死了，神仙也没办法再把他救活过来，我们的当务之急是收复浙江。左宗棠很清楚，朝廷最关心的是自己能不能列个收复浙江的时间表，而不是在王有龄这件事上纠缠不休。

二、凭铁腕撤换旧班子

左宗棠做的第二件大事：拿浙江省政府原班官员开刀，挖掉官场低效与腐败问题的根源。

左宗棠这样向朝廷汇报：浙江军务败坏的原因，首先是历任督抚不懂军事，不重省防。太平军刚打进南京时，浙江巡抚王有龄吓坏了，将本省的财政收入几万两白银直接交给金陵大营、皖南各军，试图借助他们给自己当防火墙，本省则无论是总督、巡抚直管的标兵，还是地方上的协兵，都仍是一副疲沓的老样子。

等到南京、安徽的太平军打进浙江时，总督、巡抚乱作一团，又临时抱佛脚，拿到黄牛便是马，将各地的散兵游勇、逃兵溃卒全部收进来，以为重赏之下必有勇夫，开出高额军饷，试图借金钱开路，抵挡太平军攻城的脚步。但不知兵越多，军饷开支越大，加之散兵游勇、逃兵溃卒未经训练，又缺乏强有力的治军措施，军令不能贯彻执行。依靠这样的军队，“以守则逃，以战则败，恩不知感，威不知惧”，越打战斗力越衰，只有败亡一条路可走了。

左宗棠的处理办法是，将战斗不力的军队人马，逐一查明，大幅裁撤。

三、用能人除旧布新

左宗棠做的第三件大事：一口气向朝廷保举了 17 名地方军政要员（共 18 人，严咸因中途病故未能就任），将浙江原班人马大换血。

同治元年正月二十九日（1862 年 2 月 27 日），左宗棠从江西、湖南、安徽三省人才中保举以下人员。

汉军正白旗兵部候补主事李云麟，刚明耐苦，在湖北带勇有年，曾立战功，毫无军营气习，质地实堪造就。

湖南在籍员外郎、候选知府邓绎，留心经济，立志不苟。

江西丁忧在籍兵部主事夏献纶，安详练达，器识宏远。

湖南候补同知谢大舒，曾在江西万载本籍办理团练出力，品正才长。

湖南平江县在籍五品衔候选知县张岳龄、湖南告假在籍湖北候补知府周开锡，才识均优，饶有吏干。

湖南湘乡县五品衔候选教谕成果道，宁乡县在籍光禄寺署正衔候选训导魏良，湘潭在籍候选主簿吴国佐、邹寿璋，廉明勤干，志趣甚正。

湖南溆浦县举人严咸，抱负甚伟，饶有识略。

湖南临湘县举人陈友诗、候选训导田钰，性行纯朴，才具亦长；候选训导葛钺、候选从九品未入流夏鸿先，遇事勇敢，胆气殊优。

安徽桐城县文生世袭云骑尉马寿华，才气豪迈，节概卓然。

湖南湘乡县候选县丞易方、候选光禄寺典簿陈彝爵，沉毅有为，深明方略。

同时，左宗棠还举荐浙江处州镇总兵、候补总兵刘培元取代衢州镇总兵李定太。

四、新设粮台，交付胡雪岩

左宗棠做的第四件大事：在浙江设立粮台，提拔胡雪岩做粮台道员，全权经手负责。

同治元年正月十九日（1862 年 2 月 27 日），左宗棠向朝廷奏请将胡雪岩调到自己帐下：

又闻籍隶浙江之江西候补道胡光墉，急公慕义，勤干有为，现已行抵江西，堪以委办台局各务。该两员均以浙江之绅办浙江之事，情形既熟，呼应较灵，若令遄赴臣营听候差遣，必有裨益。

之所以起用胡雪岩，是因为当时军饷短缺，后勤已失保障。胡雪岩不凡的商业才干，让左宗棠刮目相看。为增加保举通过的系数，左宗棠向朝廷大倒苦水：

饷需不继，则有不能调拨之患；经费不敷，则有不能募补之患。名为节制提镇，实则营官、哨长亦且呼应不灵，不得其臂指之助，而徒受其迫促之扰。虽有能将，无饷何以驭兵？虽有谋臣，无兵何以制贼？

意思是说，省库没有钱，地方没法拨款；地方没有钱，养不起军队。军人个个像霜打的茄子，神仙也没有办法指挥。不解决军饷，浙江怎么打太平军？

江西巡抚按规定每月需供应楚军“协饷”10 万两白银，此时已经拖欠。左宗棠安排浙江金衢严道道员江永康去办理粮台，江永康不去自筹，反过来问左宗棠要米粮、军火弹药，气得左宗棠破口大骂他“故意刁难，事同儿戏”。

现有的官员是窝囊废，没有胡雪岩，左宗棠不但办不动事，而且带不动兵。对如此急需的人才，朝廷当然同意左宗棠放开手脚任用。

五、招兵买马，聚闲置人才

左宗棠做的第五件大事：招兵买马扩队伍。

刚进浙江时，楚军有 8000 余人，但左宗棠安排了 4 营 2000 人留防婺源，实际能出战者不足 7000 人。要负责浙江防务，人手严重短缺。连左宗棠自己也叹，“局势益宽，人才日乏，殊为可危”。

左宗棠看中了蒋益澧，称他“才气无双，任事勇敢”。但蒋益澧现在是广西臬司，归广西巡抚刘长佑领导。左宗棠便对刘长佑说，1861 年春，他与蒋益澧已经约定来楚军营，蒋益澧做广西臬司还在其后，请刘长佑尽快放人。

左宗棠颇懂趁自己处于急剧上升时期，凝聚各方力量壮大自己。他向朝廷报告，请求湘军各大地方要员派人前来协助浙江，指名道姓点兵要将：

其江忠义、李续宜、刘蓉，军务方殷，需才亦急，未能多所分拨。惟浙江全省决裂，时局攸关，不得不先其所急。应请旨敕下各臣，令其精选一营两营前来。又钦差大臣贵州提督田兴恕所部，亦多骁勇之士，应并请旨令其遴选勇丁千名，派提督衔总兵沈宏富管带前来，由臣调遣。药品既备，攻达自神；壁垒一新，军威自肃。

通过团结与利用各方力量壮大楚军，左宗棠得以顺利收复浙江全境。这也是不到半年时间他被升迁为闽浙总督的重要原因。

1863年

同治二年

左宗棠——51岁

长子孝威——17岁

次子孝宽——16岁

左宗棠家教语录

一 即如看人家好文章，亦要仔细去寻他思路，摩他笔路，仿他腔调。

二 少年志高言大，我最欢喜。却愁心思一放，便难收束，以后恃才傲物、是己非人种种毛病都从此出。

三 家用虽不饶，却比我当初十几岁时好多些。但不可乱用一文，有余则散诸宗亲之贫者。惟崇俭乃可广惠也。

四 亏体辱亲，不孝之大者。

肆拾肆·与孝威

| 同治二年正月初六

霖儿知悉：

郭叔处递到尔前后两书，一切俱悉。

所论重经济而轻文章亦有所见，然文章亦谈何容易。且无论古之所谓文章者何若，即说韩、柳、欧、苏之古文，李、杜之诗，皆尽一生聪明学问然后得以名世，古今能几及者究有几人？又无论此等文章，即八股文、排律诗，若要作得妥当，语语皆印心而出，亦一代可得几人？一人可得几篇乎？今之论者动谓人才之不及古昔由于八股误之，至以八股人才相诟病。我现在想寻几个八股人才与之讲求军政、学习吏事亦了不可得。间有一二曾由八股得科名者，其心思较之他人尚易入理，与之说几句《四书》，说几句《大注》，即目前事物随时指点，是较未读书之人容易开悟许多。可见真作八股者必体玩书理，时有几句圣贤话头留在口边究是不同也。

小时志趣要远大，高谈阔论固自不妨。但须时时返躬自问：我口边是如此说话，我胸中究有者般道理否？我说人家作得不是，我自己作事时又何如？即如看人家好文章，亦要仔细去寻他思路，摩他笔路，仿他腔调。看时就要着想：要是我做者篇文字必会是如何，他却不然，所以比我强。先看通篇，次则分起，节节看下去，一字一句都要细心体会，方晓得他的好处，方学得他的好处，亦是不容易的。心思能如此用惯，则以后遇大小事到手便不至粗浮苟且。我看尔喜看书，却不肯用心。我小来亦有此病，且曾自夸目力之捷，究竟未曾子细，了无所得，尔当戒之。

子弟之资分各有不同，总是书气不可少。好读书之人自有书气，外面一切嗜好不能诱之。世之所贵读书寒士者，以其用心苦（读书），境遇苦（寒士），可望成材也。若读书不耐苦，则无所用心之人；境遇不耐苦，则无所成就之人。[如朱表兄、黎姊丈即前鉴也，尔当远之。]

我在军中，作一日是一日，作一事是一事，日日检点，总觉得自己多少不是，多少欠缺，方知陆清献公诗“老大始知气质驳”一句真是阅历后语。少年志高言大，我最欢喜。却愁心思一放，便难收束，以后恃才傲物、是己非人种种毛病都从此出。如学生荒疏之后，看人好文章总觉得不如我，渐成目高手低之病。人家背后讪笑，自己反得意也，尔当识之。

闵鹤子先生处既送十二金亦可去得，以其为县试前列之师，非甚有异常知遇之感也。丁稚潢先生处已有回禀来，其赴陕臬时可往送行，不必送礼。刘克庵送四十金与尔，此间无所闻，当由我处还之。

黎婿此间无可位置，可转达之。浩斋先生所荐胡仙槎在常山办转运，大不安静，每日在外，于公事绝不留意，已革逐之。浩斋先生馆地此间无处寻觅，来信亦不及复矣。［此谕。］

癸亥正月初六龙游城外大营

少年宜“志高言大”，中年宜“检点自省”

在这封信中，左宗棠第一次用了一个新名词——“书气”。

导演姜文在电影《一步之遥》中提到过一个名词——“锅气”。“锅气”就是“锅的气”。一碗面条，从滚锅里夹出来，离灶5步，就没了“锅气”。

“书气”不妨也作如是解。言谈中缺少文化底蕴，则寡淡无味，面目可憎。古人说，“言之无文，行而不远”。“书气”不是书卷气，书卷气太文了；也不是书生气，书生气太迂了。它是人得书真传后的一种气韵、气感、气场，是出口成章，是腹有诗书气自华。

左宗棠在这里以“书气”来引导儿子。

一、为什么要鼓励年轻人

从信中可以看出，晚清时期的湖南，拿读书装点门面的人为数不少，真读书的人却不是很多。怎么会这样？左宗棠将其归因于八股文框死了人的自由思想。

对于左宗棠这种真读书的人来说，大权在握，急需用人，要找到一个有“书气”的人才，竟然如此之难。他只好退而求其次，到书卷气浓、书生气重的“八股人才”中找。装模作样读书的人，多少能背下几句诗，你跟他说道理，他至少还能领会；不学无术的人，则根本无法沟通。左宗棠由此感叹："可见真作八股者必体玩书理，时有几句圣贤话头留在口边究是不同也。"

左宗棠24岁那年，写下了"身无半亩，心忧天下"的名言。孝威转眼17岁了，受父亲影响，谈吐也有点"豪气"。

怎么看待少年口出大言？一般的老师、家长倾向于批评、压制。左宗棠认为，这样做是不对的。正确的做法是，一方面充分肯定，另一方面及时提醒。毕竟，年轻人学浅识短，即使是少年天才，面对巍然屹立的前辈先贤，也会有一种"侏儒感"。如果你问他，"教书育人你能超过孔子吗？写诗作文你能超越李白吗？"他就泄了气，只剩一条路，破罐子破摔。

打击年轻人总归是不明智的。前人对于后人来说是一座座高山，即使今天号称"最博学"的人，走进图书馆也会发现自己读书太少。但人类文明能够传承与创新，多亏了少年的不知天高地厚。年少无知者自信心特别强，以为超过古人就是敲几下键盘的事。此时，千万不要叫醒他们，更不能打击、嘲笑他们。少年一旦清醒，前人的积累就会像山一样压过来，自信心很容易瞬间崩塌。

人入中年后，进取心不如青年人，原因就在于这时逐渐看清了人生真相，掂出了自己的斤两。做成事业的人，多靠半懂不懂，动力与热情反而有无穷之大；真看透了的人，反倒寻仙访道，风轻云淡去了。

左宗棠在信中充分肯定儿子，求学跟立志，就应该口出"大言"，但同时提醒他：

第一，你读书时口里说的道理与心中想的道理，是不是一样？

第二，你批评人家做得不对、不好，你是否有更好的方法？换了自己，可不可以做得更好？

第三，模仿是最好的老师，你能不能做到先弄懂前人，模仿他做对、做成一两件事？

既不打击儿子的自信，又能给他具体方法，左宗棠的做法无疑是正确的。

二、为什么要点醒中年人

少年懵懂无知的自信可以鼓励，中年人呢?

左宗棠认为，人到中年，就不能再鼓励了，而是要及时打击、点醒。

人到中年，性格、气质、才能已经定型。该碰的机遇，也碰过几次；能成功的地方，已经成功了；正在成功路上的，也在做最后冲刺；至于屡战屡败仍一事无成的，需要的不是自信，而是反省。如果再摸着他脑袋鼓励，那么不但不能培养出人才，反而有可能培养出一个老顽童，北京话叫“苍孙”。

人到中年，初历沧桑，感到无论知道得如何多，总嫌不够；无论做得怎样好，总有欠缺；面对事业、家庭、生活、朋友，总慨叹人生是一门遗憾的艺术；习惯用反省取代自信，这样就可以将“无知的力量”转换成“知识才是力量”。毕竟，少年与青年还有试错的机会，中年人已没有多少错过重来的机会了。

这些道理，左宗棠用一句“老大始知气质驳”概括了：中年人别跟青年一起折腾，闭门自省才是正道。这也是在提醒孝威，及时抓住青春时光，多读书明理，等将来某一天幡然悔悟，就来不及了。

中年人闭门自省阶段，就是人们常说的半桶水阶段：“博不精，专不透；高不成，低不就。”过了这个自省阶段，便又能柳暗花明，更上一层楼。

三、如何将“大言”变成事实

年轻人早年的“大言”，如何变成事实?

左宗棠做出以下示范。

一是将早年放出的“大言”当作激励自己超越古代伟人的动力。即“读书稍多，始知从前之狂妄。盖就具所自是者，亦仅足以傲当世庸耳俗目，无足短长之人，其于古之狂狷，固未能望其项背也”。

二是以“大言”自高其名，像诸葛亮早年每以管仲、乐毅自比，吸引高人注意，为自己创造机会。“吾昔以一举人办天下事，气不高，何有济？今受朝廷倚畀重，方下心图之，敢自高耶？！”

从左宗棠蜕变的轨迹可以看出，成功不但要靠自己的实力，还要靠高超的心路转换。我们读历史或观察生活，最容易产生一种错觉，觉得别人成功容易，只有自己成功不容易。果真如此吗？其实只是我们尚未了解别人而已。

感受到别人成功背后的艰辛，自己距离成功才能更近一步。

肆拾伍·与孝威

同治二年正月十七日

孝威知之：

尔腊月所寄之信已到，计作此信时尔已负笈入山矣。尔读书作人诸事，前曾屡次示知，可时时在意。我方料量我事，不暇分心教尔，尔宜自己立志学好为是，毋贻我忧。

初十日克复汤溪，十二日克复龙游，两城首逆均经擒斩。是日克复兰溪，杀贼不过千余。十三日辰刻金华府城亦即克复（三日克四坚城）。计共杀老贼五六万，拔出被掳难民不可数计。折稿迟即付来。金华既得，则浙江局势大振。现饬各将先收旁县，进取绍兴、杭州，如天之福，或可渐图蒇事。惟饷事大绌，欠饷至八月有余，士卒太苦，恐不免有饥溃之日，是为可忧。朝廷倚注日隆，体念亦甚至，我自当尽瘁以报。惟将士忍苦相从，始终一致，亦实可念。

龙游首逆陈廷香是猪婆潭人（距柳庄不过数里耳），伪官至忠遴神将。刘竹亭曾遣李怀英（樟港人）、蒋孝贵（蒋家坪人）谕降，竟被杀害。昨克城日乃追斩之。已有札饬县拿其家属惩办矣。首逆忠裨天将李尚扬是湖南安仁人，道光廿九年入广西为匪，与萧朝贵、李开芳、李世贤为死党，伪官仅下伪王一等。昨日提讯，供吐甚明，当即磔之，亦应拿其家属。此次所办贼目多湖南人，多湖南咸丰二年被掳从贼之人，在贼中日久，遂自忘其为贼矣。

浙江虽只杭、嘉、湖、绍四府未复，而大乱之后，田土荒芜，人民死丧流亡，几于靡有孑遗。若论复元，则非二三十年不能也。

正月十七日［父字］

肆拾陆·与孝威孝宽

同治二年三月十九日

孝威、孝宽知之：

所寄信件均到。

尔等今岁读书如何？昨见孝宽与我禀，字画略有进境，尔母来书亦渐夸之，或者真知立志学好耶。长一岁须长一岁志气，刻刻念念以学好为事，或免为下流之归。家用虽不饶，却比我当初十几岁时好多些。但不可乱用一文，有余则散诸宗亲之贫者。惟崇俭乃可广惠也，识之！

刘先生向颇专勤，待之宜厚。我曾教小学生，知先生之难且苦。学俸三节致送，或时其缓急送之。尔母药饵不可少。尔辈衣无求华，食无求美，则当用之钱可不致缺矣。此时尚无外事分心，可勤苦学问，勿悠忽度日，最要最要。我在外久，不知尔等近来长进何如，心中时以为念。如天之福，东南大局可以肃清，终当早作归计。如竟不能抽身，亦当令尔等轮流随侍前来，故急望尔等趁此闲暇多读书也。

黎婿无须前来，以此间无可位置之故。时局尚不知何如，浙江尤为危地，暂不欲子侄之来浙者此也。少云处不及作书，凡家信皆可给其阅看。

近时战事均顺，浙东七郡之地一律肃清，浙西亦克数县（浙人以杭、嘉、湖三郡为浙西）。近因群贼窜皖南，故饬克庵廉访越境剿之。前月廿五，本月初一、初五、初七等日均获大捷，王钤峰亦屡捷祁门。惟贼数太多，恐一时急切难以肃清耳。奏稿寄一分来，一阅便知其详。

三月十九日严州大营［字寄］

提点下属：刺激尊严，动以名节

同治二年三月十八日（1863年5月5日），清廷发布新的人事任命，授左宗棠闽浙总督、曾国荃浙江巡抚，原闽浙总督耆龄改调任福州将军。

曾国荃正在集中精力攻打天京，无法到任，由左宗棠暂代兼任。

在这封写于三月十九日（5月6日）的家信中，左宗棠居然没有与家人提及升迁之事，多少让人有点意外。大约这次升迁太快，而巡抚到总督实权变化不大，没有给他内心带来波澜。

升迁迅速，与左宗棠战功卓著直接关联。

这一年正月十八日（3月7日），楚军部将黄少春、刘璈带领将士攻下浦江，两军再合力攻打诸暨，5天后即收复诸暨。浦江、诸暨、金华的太平军逃向桐庐。左宗棠命令蒋益澧所部会攻绍兴，魏喻义所部攻取桐庐。

正月二十九日（3 月 18 日），楚军水陆并进，攻下桐庐，浙江东部七郡县重归清廷版图。所以，左宗棠在这封家信中说“近时战事均顺，浙东七郡之地一律肃清”。

胜利的取得，来自左宗棠的“霸道治军”，楚军军纪严明，命令畅达。但将在外，军令有所不受，部将蒋益澧前段时间的自作主张，差点打乱左宗棠的全局部署。

事情还得从头说起。

一、蒋益澧反败为胜

1863 年 1 月，浙江宁波绿营兵进攻曹娥江，以图攻取绍兴。太平军增兵向金华集结，以援龙游、汤溪。蒋益澧一心图取头功，带兵直接猛攻金华。金华城墙坚固，非弹药炮火所能洞开，蒋益澧便霸王硬上弓，动用全部兵力在城墙下开挖地道。

左宗棠得报，当即否定，写信告诉蒋益澧，要打下金华，“攻坚”不是好办法，应当分兵“雕剿”。

什么叫“雕剿”？就是模仿老鹰捕食之势，摸准情报，选准时机，指挥军队快速出击，以图一举成功，得手后迅速撤离。当时，楚军内正流行用这种战术。

蒋益澧却不听左宗棠指令，继续按既定想法，命令士兵不分昼夜抓紧挖地道。谁知刚挖到过半，太平军的增援部队来了。

左宗棠又紧急下发一道新指令，要蒋益澧趁太平军人马刚到，还没有修好营垒，直接发起攻击。蒋益澧依然不听，继续耐心挖他的地道。

就在地道快要挖通的最后关头，太平军侦察兵伏地听到了动静，增援的太平军赶紧疏散。针对蒋益澧的地道战，太平军因势利导，从金华城西到白龙桥，一路修筑了几十里长的坚固壁垒。此举让楚军地道前功尽弃。

蒋益澧无计可施，追悔莫及，自请以军法议罪。

左宗棠没有因蒋益澧抗命而拿他议罪，而是给他写去这样一封信：

> 公部万人攻一城，三月未下，盖攻坚之难，地道无成，援贼复逼筑坚垒。事前实劝诫再三，无如公自信太坚，强不可使何？今虽未大损折，但历一事不能长一智，吾与公不足惜，恐浙事误于我辈之手，此心无以对天下后世也。去其是己非人之心，化其始骄终怯之念，庶几保无咎哉！

意思是说，你带领楚军一万主力部队，3个月也没能拿下金华，主要还是因为攻坚战难打。但也不全是客观条件方面的原因，主观原因在于你过于自信，听不进我的正确意见，才一错再错。我将主力部队交给你，你不争气，我俩冤枉死于战场倒是小事，但收复浙江这事也跟着黄了，你我死后怎么面对天下人，怎么跟后世的历史有个对得起自己良心的交代呢？好好想想吧。你只要不觉得自己从来都对、别人从来都错，不一开始做个冒险主义者，后来改做逃跑主义者，凡事谨慎小心，多听别人意见，就可以做到不问心有愧吧！

这封信以大义晓之，既辛辣批评，又略带嘲讽，还指明了正确的方法，直接打击了蒋益澧超强的自尊心。蒋益澧看完信以后，羞愧难当，当即重新采用左宗棠的战术，重兵猛攻前来增援的太平军，果然接连获胜。

蒋益澧为人任侠使气，霹雳生猛，缺点是固执，但这种人在战场上一旦方向对了，就能所向无敌。到同治二年正月（1863年2月）下旬，汤溪的太平军被打得走投无路，派人求降。蒋益澧怕遭诈降，命令壕内的伏兵发起猛攻，一举擒获了以李尚扬为首的8名太平军将领。

楚军大部从西门浩浩荡荡杀进城，斩杀太平军6000余名，占领了汤溪城。楚军将领高连升、熊建益配合带兵急袭白龙桥太平军援军，获胜后进攻金华，太平军闻风撤退。于是便有了这封家信结尾提到的“浙东七郡之地一律肃清”的喜报。

二、曾国藩表扬过头

眼下，左宗棠已经是与曾国藩在朝廷中并列的总督。随着左宗棠官位的急速上升，曾国藩的心态也发生了一些变化。蒋益澧这次打了胜仗，曾国藩给左宗棠写去表扬信，对于楚军战场的节节胜利，高兴之下语气已近乎恭维：

> 侍逆两年之内两为雄师所摧，皆在二三月间。浙贼虽多，要以侍逆为剧寇，从此当不敢再犯颜行，浙事必渐次旋转。沿江两岸连克九城五隘，弟不敢引以为喜。独阁下捍御强寇，不令江西东北再遭蹂躏，却是非常之喜。

曾、左二人这段时期的书信，最有趣的地方是，曾国藩总是低调而大度地表扬左宗棠，左宗棠则来者不拒、照单全收。以左宗棠的谨慎与细心，不可能感觉不出这痕迹明显的过度表扬。左宗棠大概也会想到，曾国藩现在的表扬，后世若有人读到，就是自己成功的证明，所以自然不嫌多。但他忽略了一点，曾国藩这样做，对他有一个坏处，读者反过来会认为曾国藩谦虚大度，左宗棠则在沾沾自喜，难免不会对左宗棠心生反感。其实，这就有点冤了，曾国藩来信过度表扬，左宗棠哪里管得着呢?

强者交往，最忌犯颜。在曾、左二人的交往中，左宗棠此时大约需要有这样一种心理。毕竟，两人都是位高权重之人，信纸上夸人，见面也会折服，这叫“折人先折言”。

仔细体会曾、左二人的书信，会发现强者与强者联手，言谈举止之间均有曲尽人情之微妙。

肆拾柒·与孝威

同治二年五月初三

孝威知之：

尔所寄书已览悉矣。山居读书，得亲典籍、远尘嚣，乐何如之！此日足可惜，勿悠忽过去也。

杭州来援贼颇多，均被击败。皖南歙、休、黟［音近怡］、祁以浙军得全，士民且为我盖生祠矣。创议第一日即醵金五百余两，人心之可爱如此。洋人遇我处委员至即摘帽示敬，平常骄踞之态渐渐敛戢。俟皖南平，江西景镇无事，然后大举以规浙西三郡（即杭、嘉、湖也）乃有把握。惟近奉总督闽浙之命，倚畀日隆，责任日重，而事务日繁，精力日减，深惧无以报也。尔辈闻此，不当为我喜，当为我忧。

所调吾湘各人多不中用者，盖亦听言之未审。然浙地艰危，人多裹足，本地官绅又无足用者，筹饷诸务实无头绪。天下事不难办，总是得人为难耳。

五月初三［父谕］

肆拾捌·与孝威

同治二年七月十五日

前书作后封定待发，忽患疟疾，苦不可言，平生未曾抱病如此之久也。现服浙医药数十剂，清理湿热，乃就痊可，然复元则非数十日不能。战事均顺，秋高气爽，乃能大举，亦实因将弁兵勇患病之故。此次之病较上两年尤甚，以所历兵燹之余，凶秽之气薰蒸所致，又地方荒凉，无从觅医药故也。尔辈在家，岂知此苦。

余明珊表兄归，曾寄养廉银二千四百两，拟以八百两买旧祠作通族试馆，以千余两还少云山上田价，以二百两作润儿娶妇之费，余留为家用。渠由大江回湘，大约此书到时不久即可接到矣，尔可一一为我经理。族中应做之事甚多，俟廉俸有余再次第为之可耳。

宗朝事只不理为是。美大爹迂腐不通，其来省苦求尔母，尤敢以族众甚怨为词，太无道理，监生亦不与之，可致意二伯也。

七月十五日［谕］

办好家族事务，关键靠“广惠”

短短 1 年 4 个月，左宗棠的官位经历了两次飞跃：1862 年 1 月 24 日，补授浙江巡抚；1863 年 5 月 5 日，再授闽浙总督。位高权重，责任日重，为了不负朝廷寄望，他也是蛮拼的，全副身心投入。

楚军一路凯歌。上封信中“浙东七郡之地一律肃清，浙西亦克数县”以及这里第一封信中提到的“俟皖南平，江西景镇无事，然后大举以规浙西三郡”两句，既道出了收复浙江胜利在望的预断，也反映了剿灭太平军全国一盘棋，湘军各大山头相互倚依，牵一发而动全身的事实。

此时，楚军大将刘典起到了中流砥柱的作用。他从浙江追击太平军，不但将太平军赶出了省境，还打进了皖南，这对曾国荃的“吉字营”湘勇是一种配合与支持。

但战争带来的瘟疫也前所未有地袭来。左宗棠也感染了疟疾，时冷时热，苦不堪言。这真是一个不幸的消息。

烦恼攻心的时期，左宗棠仍不忘抽出精力解决家庭琐事。

一、“广惠”可以“远怨”

孝威按照父亲的要求，去湘阴东山白水洞闭门读书了。左宗棠认为，人真正能用来读书的时间是 16 岁到 26 岁。16 岁以前，童蒙未开，无能力独立思考、学深学透；26 岁以后，介入各种社会应酬，协调家庭关系，精力再难以集中。人的学养底子的厚薄，正取决于这个“黄金十年”。

左宗棠要求孝威闭门苦读，也许还有一层用意，希望儿子抓紧时间学点真本事，等浙江收复，大局稳定，就将他叫到身边来。目的是，一则督促他学习，二则预备安排他到军营里做个文官见习生。

做上闽浙总督，这对家族来说是件大事。500 多年来，湘阴左家第一次出了这么一位高官，族人也纷纷找上门来，找机会沾点光。

家庭开销也骤然增加了。这次左宗棠从2万两“养廉银”中一次性托人带回2400两，归还借女婿陶桄的1000多两；按孝威结婚的前例准备200两作为孝宽结婚用；800两用来买下左家祠堂，改作“通族试馆”，供族人子女免费读书。

左宗棠规定家庭年开销不超过200两白银，然而，就家庭内成员日用而言，实际开销远不止这个数。俗话说，“蛇大眼大”。

人情往来上，左宗棠践行两句话：一是“惟崇俭乃可广惠”，二是“广惠之道，亦远怨之道”。换成今天的话说就是：只有自己省吃俭用，才有条件帮到更多的人；只有帮到更多的人，才能让各家心平气和，不至于心生怨恨。

早年的底层生活经验让左宗棠十分清楚，人性好妒忌、攀比，容易积怨成恨。怎么化解这一人性弱点？即利用人性的另一个弱点：一旦受人恩惠，则怨恨自消。

中国人在这一点上往往无师自通。游子出远门后回一趟家乡，不论升了官还是发了财，第一件事都是全村人吃饭，再登门给乡亲送礼品，这样总能获得众口一词的称赞。如果空着双手回来，一毛不拔，那么即使官声再好、名气再大、大道理再多也不管用。他们会想，这些名利都是你的，跟我有什么关系？

人情社会，乡亲们心里都有本账，这些陈年旧账全记在心坎上，心里那杆秤一称，斤两就出来了。这个观念听起来有点世故，但即便个性如左宗棠也得顺从，谁又可以吹牛自己敢特立独行？

但这种人情讲究微妙得体，只求面上惠及全体，而不私下特惠个人。

对于个别想单独来沾光的人，左宗棠就对不住了，必须秉公办事。

二、拒绝私惠“美大爹”

信末提及的“美大爹”，是左宗棠族人，年纪老大不小了，功名还是个零。读书人没文凭，面子上挂不住，他便跑到周诒端面前求情，要左宗棠去湖南巡抚衙门找关系，为自己争取一个监生的功名。老人家怕左宗棠不重视，因此反复声称，如果争取不到，则左氏族人都会对他有意见。

“美大爹”的心情可以理解，话却没有讲圆。左宗棠一生最恨他人组团威胁自己，读信后气不打一处来，不但断然拒绝，而且骂他“迂腐不通”。可见，左宗棠虽然菩萨心肠，想实践“广惠之道”，但不是观世音菩萨，不管这人心眼好坏，逢人求助就帮他烧一炷香。

在根深蒂固的中国人情传统里，左宗棠的这种做法，不失为一个同时兼顾人情与公平的好方法。说中国人“全民腐败”固然不对，但说“全民都有腐败心理”是一语道破机关。

道德固然无法责众，但平心而论，中国社会的公平、正义，首先是被每个普通人内心这一“双重道德”标准给破坏的。

肆拾玖·与孝威

同治二年九月初三

霖儿知之：

得七月十三日信，具悉一切。

成涤泉既与席研香共事，未便调来。此君胆气血性均为吾所爱赏，惟于兵事则历练尚浅耳。张世兄两代同年，其人性情亦介直可取，已咨湖南调之。如无盘费，可由家中先付三十金与伊。江西各厘局已由涤相索回，彼间无可位置，来浙则可。李文学在李世颜幕病殁，已饬世颜有便送其柩回南，归时我亦当致赙。寒士因升斗之入送命异乡，亦殊可悯。惟世颜亦病甚，未知竟能归其遗蜕否。

今岁疾疫较上两年为甚。疟、痢、痧症死者，将士、兵勇、长夫合计不下数千，病弱骤难复元者几于十之七八。自我而外，芗泉、克庵、质斋诸君无不病者，营官哨长固无论矣。然克庵力保江皖，芗泉攻克富阳，各营于饥病之余尚能出死力以诛盗贼，忠哉我军！我近为疟所苦，计五十余日中乍凉乍热，殊不可堪。旬日来始觉稍稍痊愈，亦未尝服药（以从前为药所误故），惟饮馔调补而已。

闽浙兵事方殷，而吾以衰年多病之身勉承其乏，殊为可忧。尔曹当念而翁之艰难辛苦，勤思保家保身之道，毋贻我虑。

闻尔今岁多病，心殊忧迫，思尔一见，而道远莫致。又以浙江兵燹之后，继以饥馑，加之疾疫俨同瘴乡（委员物故者甚多），亦不欲尔急来，且俟杭城克复再议。

闻尔病根由倾跌受伤而起。现在读书高坡，常由屋后山磡跳掷而下，不顾性命，只贪嬉戏，殊不可解。《记》曰：孝子毋登高，毋临深，惧辱亲也。亏体辱亲，不孝之大者，尔亦知之否乎？吾年卅又五而尔始生，爱怜倍切；尔母善愁多病，所举男子惟尔一人，尔亦念之否乎？年已十八而举动如此，与牧猪奴何异？尔亦耻之否乎？此后如不悛改，吾亦不复念尔矣！

润儿今岁须与完姻。余三表伯于八月初一始由景德镇启程，计此信到时亦已抵长沙。

余详前信，不复赘。

九月初三日［父字］严州城外大营

汝充大舅在粤光景甚窘。尔四姐近有信来否？郭仁先［一叔］现署广东巡抚，吾意欲拨与一二百金，且俟其到任再思兑拨之法。如长沙有便到广东，即先寄去亦可，禀商尔母为之。据我想来，尔四姐仍归湘为是。

左支右绌，挺过瘟疫、缺饷难关

写这封信时，左宗棠担任闽浙总督兼浙江巡抚已近半年，楚军前敌指挥部驻扎在富阳一带，收复浙江全境已指日可待。

在最后收复浙江全境的时间节点上，楚军遭遇了两大难题的困扰，一是瘟疫，二是缺饷。

大战之后必有大疫。眼下，楚军各营瘟疫流行，已有几千人因此丧命，而幸存下来的人百分之七八十都感染了疟疾。左宗棠也不幸患上疟疾，一会儿热，一会儿冷，持续了 50 多天，折腾得够呛。

困难关头，楚军“练胆、练心”训练方法发挥出强大的作用。在带病出战的情况下，刘典仍然守住了江苏、安徽与浙江边境的军事要塞。蒋益澧率领部属徐文秀、张志公，一举攻下了富阳。其后，左宗棠下令各部回营驻守。

这段时间，石达开带领 3 万余名太平军将士抵达四川大渡河西岸的安顺场。这位曾经创造了三败曾国藩于江西战场神话的太平天国翼王，因妻子生下儿子庆祝了三天而错过了最佳的渡河时机，被四川总督骆秉章诱降。

1863 年 6 月 27 日，石达开在成都公堂受审，被骆秉章判以“剐刑”。石达开被绑缚刑场受刑当天，被割了 100 多刀，他自始至终不喊一声，其威仪、器量、节操令清军上下为之动容。

信中“江西各厘局已由涤相索回”，说的是左宗棠升任闽浙总督之后，统计出在收复浙江战役中死难的有 96 名官员与乡绅，并为他们向朝廷申请抚恤，这需要一笔抚恤银。也就在这个时候，曾国藩以左宗棠已经任闽浙总督，完全有能力凭福建省财政支持军饷为由，将原来划归左宗棠收税的婺源、景德镇与浮梁三地的厘金税全部收归湘勇营。

对左宗棠来说，曾国藩此举速度过快。毕竟浙江事实上还没有完全收复，福建所谓支援军饷又不过空议。楚军军饷顿时捉襟见肘，不少军营原本已拖欠士兵军饷半年有余，如今更是雪上加霜。

左宗棠为经济困境所迫，也不想再依赖外援，便开始施展他长袖善舞的经济才能，左支右绌，来渡过眼下难关。具体措施是：

一、将粮台搬到衢州，安排胡雪岩重新更定厘金税规约，在温州行运“瓯盐”；

二、将宁波海关的新关税作为军饷；

三、将浙江巡抚所得“养廉银”，全部用来赈济战争重灾区的黎民百姓。

为了节约有限的粮食，左宗棠每天带头喝粥，并亲自带领各军事统领、营官、哨官与灾民一道，共同煮粥分食。

尽管如此，灾民还是大量饿死。

为了救急，左宗棠干了一件“逼富济贫”的事情。他通过户口登记查询浙江富裕乡绅，发现浙江有杨坊、俞斌、毛象贤等10多名富绅趁物资奇缺，囤积居奇，垄断物资，哄抬物价。

左宗棠通过浙江官府文件，将灾区分片，指定由上述富绅专人负责救济，具体救灾方法是，让富绅从外地买米回来煮粥，到灾民集中地施粥，由官府人员负责监督落实。

“逼富济贫”沿用的是左宗棠在湖南巡抚衙门时积累的工作经验。咸丰三年初（1853年），左宗棠以湖南巡抚张亮基的名义，邀请湖南永泰金号老板黄冕、普济药店老板贺瑗、利生绸缎铺老板孙观臣、十里酱香园老板欧阳兆熊，在长沙天心阁的湖南巡抚衙门内办了一席“鸿门宴”，酒过三巡，他连逼带劝，为张亮基募得12万两白银，解了湖南绿营严重缺饷的燃眉之急。

“逼富济贫”是通过权力干预经济，不是正确的为官之道，但在战乱非常时期，不“逼富济贫”，便只能每天眼看着成千上万的灾民饿死。“人道”大于“商道”，这是左宗棠的观念，也不是全无可取之处。

清 · 佚名《楚军攻克余杭战图》

伍拾·与孝威

同治二年九月二十九日

孝威览之：

久不接尔信，未知尔体气已复元否，悬系不已。前此由郭意叔递寄各函想已接得。尔母病体全愈否？闻尔已入山从伯父读书，山内无尘市之嚣，而有弟昆翕聚之乐，读书乐趣想已自知领取矣。

我处战事颇顺，富阳克复，直逼杭城，只俟余杭一克，即可取破竹之势。刘克庵廉访（已加布政司衔）转战江、皖之间，于大局大有裨益。其为人深知战事，善察地势。年来患难相从，极为劳苦。乃近得其报，渠太翁已于八月卅日病卒。夺情之举，君子不为。然金革变礼，实非寻常可一概而论，已疏请改为署理。俟军务略定，给假奔丧，事毕仍回署任，未知得邀俞允否耳。

缓数日，秦参将告假回省之便，当再有信物寄归，先此寄览。

九月廿九日严州军次［谕］

伍拾壹·与孝威

同治二年十月初九

阿霖览之：

许久未接尔信，不知家中近事云何。余明珊表伯归，一切事件想已略有端绪，而尔无一字见寄，何耶？

此间战事诸顺，皖南之贼或散或降，其入浙者亦经击败。浙军折回浙江，兵力益厚。先取余杭以图嘉、湖，则杭城已成孤注，而嘉、湖亦可次第收拾矣。立冬以后，疫气稍减，刻下拟进驻富阳也。

丁叟完姻，闻是九月二日。润儿姻事已诹吉否？吾念尔甚，能同余表伯来浙一见否？

十月初九日严州营次［谕］

父亲望“孝顺”，儿子盼“自由”

这一时期，淮军统帅李鸿章通过“诱降”与“杀降”收复苏州城。左宗棠则在筹划收复余杭、杭州两城。

读最近的三封信，我们可以得知，孝威最近发生了一件不幸的事。在山中读书久了，心生烦闷，他悄悄跑到白水洞的后山冈上爬坡跳高，不小心重重摔了一跤，伤筋动骨，回家后不停咳嗽，咳得吐血。

在白水洞研究学问兼教授孝威的左宗植发现后，吓得不轻，赶紧写信将实情告诉弟弟左宗棠。

左宗棠告诫儿子，偷偷摸摸冒险跳高，以致伤身害体，是不对的，也是“不孝”的。没深没浅地拿自己身体冒险，这是三岁小孩才做的事，因为“孝子毋登高，毋临深，惧辱亲也”。

恨铁不成钢，左宗棠“论人太尽”的个性又一次体现出来。他越写越生气，竟然批评儿子是“牧猪奴”，还不如放牛娃，只配放猪。左宗棠申明，如果儿子不加以痛改，自己就不再想念他了。

左宗棠看问题准，骂人也稳准狠，经常一句话将大活人骂成一幅壁画，这次再次表现出来。

父子情感由此出现裂痕。

看到这里，读者不免纳闷，孝威读书读得好好的，为什么想到去爬坡跳高？

左宗棠认为，这是儿子童心未泯、放纵贪玩所致。

果真如此吗？中间恐怕还真有个“代沟”问题。

回看前些年的书信，我们会发现，左宗棠除了跟少年儿子谈血淋淋的战争，谈家国重任，就是批评与约束儿子。

然而，孝威与爷爷左观澜、二伯左宗植一样，属于性情平和、性格偏柔的人。左宗棠的刚直雄强，似乎没有遗传家族的天性。也就是说，儿子与他在气质上不是同一类人。

根据古人“肖子”的标准，左宗棠一直按照自己的目标培养儿子：性格要刚，读书要致力实学，不能有“公子气”“名士气”，等等。这等于要改变儿子的天性，孝威无疑难以做到。

但左宗棠规定他必须这么做。按古人的规定，嫡长子是“家督”、未来的一家之主，父亲一生的希望将全部寄托在他身上，所以，左宗棠对孝威的约束特别多。孝威应该读什么书，什么时候参加进士考试，左宗棠都做了硬性规定。

左宗棠这么做，在当时再正常不过。中国古人一代一代，全都是这么过来的。正因如此，今天去分析父子观念的差异，可以从中得到一些启发。

作为左宗棠的儿子，孝威名义上是官二代、富家子弟，实际上生活简朴到与平民无异。他甚至还没有贫寒家庭的少年自由。左宗棠15岁那年母亲去世，18岁那年父亲去世，因此，他属于“放养型”，没有父亲庇护，反而得以自由成长。孝威碰上如此强势的父亲，自己读什么书，包括对前途的规划，不仅没有选择的自由，更谈不上自主。少年心事被压抑，爬坡跳高只是为了释放。

孝威近来第一次拖延给父亲回信，左宗棠开始猜测是他到白水洞深山读书，信息封闭，交通阻隔，不便给自己写信。但事实并非如此。结合后面的家信可以明显看出，孝威已心生抗拒。我们推测，此时，他内心说不定还有一点庆幸。父亲每次来信责骂自己的话那么狠，他的心大概比被鞭打还难受。对这个给了自己生命，又无时不在倾注关爱的父亲，他既爱又恨。每次想到给严苛的父亲写回信，他心里都未免有点害怕。错了字、句，他要受批评；观念不合，他要受批评；家事处理不合意，他还是要受批评。现在借口去深山读书，免了被父亲遥控，岂不身心轻松？

这是左宗棠父权压迫造成的吗？一个半世纪以前，左宗棠的这种教育观念，属于时代主流。中国传统家庭文化的根基是“孝”。《孝经》有两个基本要求：一是身体发肤，受之父母，不敢毁伤，孝之始也；二是立身行道，扬名后世，以显父母，孝之终也。就是说，人的每一块骨肉、每一根毛发，都是父母给的，任何丝毫损伤，都是不孝；光大门庭，光宗耀祖，才是最大的孝顺。

没有人敢否定孝道。孝道一旦不存，宗法观念就会跟着瓦解，家族也会随之解体。从秦到清，中国的政治制度采用君主专制，经济制度采用土地私有制，社会制度采用宗法制，文化制度采用礼乐制，是以，中国的封建社会得以稳稳当当延续 2000 多年。

伍拾贰·与孝威

同治二年十一月初二

孝威知之：

自尔入山读书后，曾接尔母两信，稍释远怀。仲肃来，询悉家中近状之详，并得家信，知余三表伯及秦游击所携去之银物尚未递到，未知前谕各事已照办否。

此间战事诸顺，我于前月卅日进驻富阳，距杭州、余杭两城均不过六十里，一俟营墙修固，即往两处督战。以局势论，似一两月内可以得手。今日接上海报知，苏州已于前月廿五日收复。余贼当逸入嘉、湖，其来杭州与踞城之贼会合亦在意中。然贼多则心不齐而粮易尽，亦易与耳。逼贼海隅，合成长围蹙之，乃一定之局。现在光景已有十之七八，只要皖南宣、歙一带堵御严密，便可徐徐收功。

孝宽喜事已诹定何日？家中光景可详告之。

十一月初二日富阳大营［字］

浙民死丧流亡之惨为天下所仅见，我入浙以后，日坐愁城，目睹情形，几于泪殚为河矣。一切赈救之策皆从无中生有，黾勉图之，无救十一。方引为惭恨，积为悲伤，而浙民与江、皖之民已相与颂仰之矣。十月初七日祝寿献伞者麇至，且议造生祠。昨自严州进驻富阳，难民老弱均焚香进酒，其小孩亦合掌牵裾，不忍别我。呜呼！此亦可见民心之未改也。［孝威看之。］

浙江有了座“左宗棠生祠”

这封信很短，但读懂不易。

要弄清这封信的大背景，先得说清楚军和淮军。

一、淮军将太平军大批赶进浙江

咸丰十一年（1861 年）夏，李鸿章见曾国藩将前敌总指挥部从祁门移驻东流，仍回到湘勇幕府，做机要秘书。当时，他有了独立门户的想法，特邀曾在父亲李文安手下做过幕僚的张树声，向曾国藩上了一道禀帖，分析安徽形势，表示愿意仿湘勇创办淮勇。

得到曾国藩的批准后，李鸿章马上安排张树声到合肥西乡三山诸部招募团练，同时，邀集庐江进士刘秉璋，驻扎在三河的庐江团练首领潘鼎新、吴长庆加盟。同治元年（1862 年）春节后，淮军“树铭鼎庆”（张树声、刘铭传、潘鼎新、吴长庆）四营组建完成，开赴安庆集训，首战选择上海。

曾国藩在给朝廷的奏折中积极举荐李鸿章出任江苏巡抚。1862 年 4 月，李鸿章受命署理江苏巡抚，在上海就任。

淮军开赴上海后，李鸿章“尽改（湘勇）旧制，更仿夷军”，用洋枪洋炮装备，雇请外国教练，同时招降纳叛，扩充实力，两年内淮军由 6000 余人迅速扩张到近 7 万人。

1862 年 6 月，上海发生大面积瘟疫，太平军将士大规模感染，李秀成扛不住，决定撤离。正在部署兵力包围虹桥的淮军程学启部找到战机，李鸿章则亲率树字营、春字营前去助阵。

这一仗与咸丰四年（1854 年）曾国藩亲自指挥打靖港相似。初交战时，淮军抵挡不住，纷纷往桥边逃。李鸿章学曾国藩坐到虹桥桥头督战。他抓住带队逃跑的张遇春，对士兵下令：“拿刀来！”张遇春吓得赶紧折回接着打。败局奇迹般扭转，最终太平军败逃。淮军乘胜追击，又连赢两仗，李鸿章成功拿下上海。

上海地理位置优越，交通发达，商品经济相对繁荣。李鸿章懂商业运作，按 1% 的标准收取商品厘金税，使得兵饷充足。有了强大的经济做后盾，李鸿章乘机大量招募兵勇。

1863年7月，淮勇程学启部兵临苏州城下，收复江苏，毕其功在此役。李秀成从天京率军支援，与北路淮军会战于无锡大桥角。一仗打下来，李秀成战败，苏州太平军守将郜永宽陷入淮军包围圈。走投无路之际，郜永宽与程学启部密谋，约定于同治二年十一月初五（1863年12月15日）献城投降。

同治二年十一月二十五日（1864年1月4日），淮军顺利入城。李鸿章采纳程学启建议，诱杀郜永宽等8位太平军降将，余众悉数遣散，太平军散兵游勇纷纷逃往浙江。

逃入浙江的太平军，眼下又成楚军劲敌。

所以，左宗棠在此信中说："苏州已于前月廿五日收复。"后面谈的，接着上述战局与形势展开。

左宗棠此时算定，被李鸿章赶出来的太平军会逃往浙江嘉兴、湖州，再与杭州的太平军会合。于是，他提前做好了应对之策。

左宗棠看出流窜作战的太平军有两大软肋：一是人数虽号称二三十万，但主将之间钩心斗角，军心不齐，整体缺乏战斗力；二是没有根据地，没有后勤支援，打一枪换一个地方，这种漫无目的的流寇思想与游击战术，可以用阵地战配合合围攻击打败。

摸清了敌人的情况，就能把握主动权，只等对手往自己预设的圈套里钻。

虽胜利在望，坐在富阳大营指挥作战的左宗棠却没有一丝喜色。战火烧过的浙江，有数以万计的军民尸体，更有数以十万计的流民，可谓人间地狱，惨绝人寰。左宗棠恻隐之心大动，痛心不已。

战争胜负，关键在于民心。与日益不得民心的太平军相比，楚军有严肃的军纪，统帅左宗棠还有一颗慈悲的心。

此时，浙江民众用白银当选票，自发站到朝廷一边，筹钱为左宗棠造生祠。

二、富阳百姓为什么建“左宗棠生祠”

“生祠”就是为奉祀活着的人而建立的祠庙。

中国人建生祠的习俗，最早源于汉朝。《汉书·万石君传》记载：“（石庆）出为齐相……（齐国）为立石相祠。”

生祠类似于城隍庙，具有浓厚的宗教性质。民众自发建造生祠，有“纪功”和“祷祀”两重目的。一方面，民众以这种方式表达对造福当地的官员的感激，表示铭记历史，缅怀清官；另一方面，民众是将官员当作神，为自己的未来祷祀求福。

唐朝以后，以活人为神的生祠开始大量出现。

以人为神也存在问题。随便一个官就可以立生祠，会造成神比人多，甚至自己立个菩萨自己拜，树出大量“假神”。

武则天统治时期，意识到生祠不能随便立，便下旨规定，建立生祠要申报，要严格审批，对并无政绩却花钱买“托儿”申请立生祠者，从严从重处罚。

清朝立国之初，也遭遇过“假神”困扰。为杜绝官员借生祠造假神坑害老百姓，雍正皇帝干脆规定：严禁百姓挽留所有卸任官员及建祠树碑。“嗣后如仍造生祠书院，或经告发，或被纠参，即将本官及为首之人严加议处。”此后，生祠在一段时间内绝迹。但太平天国运动让朝廷虚弱的保护能力与民众强烈的安全渴望严重错位，建生祠的风俗又从民间自发生长出来。朝廷阻挡不住，只好因势利导。

信中叙述了一个细节，左宗棠从严州进驻富阳，沿途难民老弱均焚香进酒，一个小孩跟着大人念“阿弥陀佛”，牵着左宗棠的衣服下摆不肯放手。幼弱者的求护、本能的恐惧，对军事家左宗棠来说，还有比这样的举动更能击碎他坚强内心的吗？

妇幼无助，命如草芥，看到这里，我们或许已经在心里骂清廷混账。如果不是清王朝无能，官员腐败，闹得民不聊生，哪里会突然间冒出一个太平天国运动来？中国老百姓历来要求不高，只求有饭吃、有衣穿，有家住、出门没有生命危险，就感恩太平盛世了。中国老百姓确实是人类最善良的族群。

伍拾叁·与孝威

同治二年十二月初五

孝威知悉：

得十一月十日书，具悉尔母及尔体气均好，甚为欣慰。卫生丸极得力，内有参、茸，可取服之。秧参力量较高丽参为佳，作丸药服之，亦好药饵。滋补究是无益，总要自己加意葆练，庶无他虑。“父母惟其疾之忧”一语时时体玩，是为至要！杭城不久可复，我意俟复杭城后，尔兄弟可侍尔母同来，禀商尔母以为何如。

我于移军富阳后即赴余杭看地势，调诸营进扎以攻余城。前月十七、廿四日两获大胜；廿四日一仗，轰毙伪归王邓光明。此贼悍极，在诸贼酋中最著名迹。除此一憝，差为快慰。现在芗泉已破杭城外各石垒，直捣杭城。楚军亦破余杭七垒。贼党思降者多，看来浙西三郡或易蒇事。闽中兵事亦渐得手，惟当慎以图之耳。

我本无宦情，杭、嘉、湖了妥，当作归计。惟浙民凋耗已极，当为谋及长久，以尽此心。思欲流连一年半载，定其规画，未知朝廷不遽调离此间否，若闽中则匪我思存矣。

刘克庵、杨石泉才德俱优，蒋芗泉才气一时无两，幕中多谨饬之士，尔来此学习，亦长才识。明年来时有余三表伯照料，亦可放心。我自病后，精气大减。始衰之年，复元不易，此后当日见衰颓，故望儿辈来此，少为团聚，以娱我怀耳。

腊五夜富阳大营［谕］

今日已拔队进横溪头，距余杭数里耳。料理案牍毕，即当进驻之。

伍拾肆·与孝威

同治二年十二月初六

霖儿知之：

寄来泉州真神曲四十九盒（**每盒两块**）、上高丽参八两、桂圆膏一匣（**共两锡盒**），又洋灰鼠外褂一件、花灰鼠圆袍一件，可验收，听尔等服用。真神曲治病甚效，可分送尔大姐、三姐，自留一分足矣。

腊六夜父字

一位中庸清官的“礼物簿”

1863年12月20日，左宗棠亲自前往余杭察看军事地理形势，回前敌指挥部后即下发公文，在宁波设立书局，刊刻《四书》《五经》。

写这封信时，收复浙江已可计日程功。

战功如此迅速，得益于左宗棠手下三员大将：刘典、杨昌濬、蒋益澧。这三位个性人物，都为时人所不容。左宗棠以包容的心态、欣赏的眼光，委以重任，使三人独当一面，替左宗棠撑起了浙江全局。

与家人分别三年多，左宗棠第一次动了将全家接来浙江团聚的念头。留心上次的书信，他还只是希望孝威一个人来。以左宗棠“操心危，虑患深”的性格，没有绝对安全的把握，他不会冒险想到接家眷来团聚。看来，太平天国的覆亡，可以掐着指头计算了。

接家眷来浙江团聚，除出于正常人都有的思念之情外，还有一个原因，左宗棠最近疟疾虽康复，但发现身体垮得厉害，未免有“人穷返本”之意。本来，51岁的左宗棠正值壮年，劲气内敛，虎视鹰扬，不会思及儿女情长。男人的软肋是身体，当血气出现衰竭，精力无法支撑时，就会对天伦之乐产生兴趣。

同治二年十二月初六（1864年1月14日），左宗棠率军顺利拿下余杭。余杭地处浙江北部，位于杭嘉湖平原和京杭大运河的南端，是长江三角洲的中心地带，古有“丝绸之府”“花果之地”的美名，虽经战乱，但未毁其奢华。

打了胜仗，也夺得不少战利品。左宗棠刚进驻余杭县衙门，即得到部下缴获来的五样礼品：泉州神曲、上等高丽参、桂圆膏、洋灰鼠外褂、花灰鼠圆袍。

泉州神曲是当地最著名的特产。医药书上记载：“出福建泉州府，开元寺造者佳。此曲采百草罨成，故又名百草曲。以黑青色煎之成块不散，作清香气者真。”左宗棠得到的 49 盒神曲，属老范志万应神曲。这一百年老字号药品由泉州名医吴亦飞亲手秘制，始创于雍正十一年（1733 年）。当年的神曲，每块重 30 克，主治伤风感冒、食积腹痛、呕吐泄泻、中暑痢疾。

在中国古代，药品就是最好的礼品。

洋灰鼠外褂则属晚清上流社会的时尚奢侈品，晚清谴责小说家吴趼人在《二十年目睹之怪现状》第四十八回里有这样一句描写：“全都穿着细狐、洋灰鼠之类，那面子更是五光十色……”仅此一句，便可见当时官场流行精雕细琢的奢靡之风。

对于这些战利品，左宗棠没有拒收，而是选择寄回家。他自己朴素惯了，对这些时髦玩意儿提不起兴趣，穿在身上反倒不习惯。但妻子出身名门，享受一下也正合适。跟从左宗棠 30 多年来，总督夫人的日子也是够“朴素”的，比上等农家妇女好不了多少。如今每年仍守着左宗棠寄回的 200 两白银，虽然日子说不上紧巴，但绝对谈不上享受。现在得一件丈夫从千里之外寄回的洋灰鼠外褂，好歹也是个心理安慰。

左宗棠此举算不算“腐败”？这要看放到哪个时期，以什么样的标准来衡量。如果与清朝大贪官和珅比照，这些就是普通到不值一提的小礼品，顺手就可以笑纳；如果与明朝的江苏巡抚海瑞相比，这些就全都是贵重的大礼物，是损害志节的“糖衣炮弹”。

左宗棠选择接收，也属人之常情。左宗棠以“中庸”为为人处世的标准，生活上，他固然反对一切排场、铺张、浪费，但也率性喝酒、吃肉，他尤其喜欢吃鸡。1952 年，经华人厨师彭长贵创新推出的“左宗棠鸡”，如今已与“东坡肉”一样全球著名。

在儒家士大夫左宗棠看来，“享中等福”便是尊重人性与人情，他反对走贪婪（享上等福）与压抑（拒绝享福）两个极端，主张中庸之道。用今天的话说，就是既不“有权就任性”，也不“成就别人，亏待自己”。

1864年

同治三年

左宗棠——52岁

长子孝威——18岁

左宗棠 家教语录

一 读书养身，及时为自立之计。学问日进，不患无用着处。

二 待兄弟总要尽其亲爱之意。“怡怡”二字可时体味，劝勉之意多于训诫，乃为得之。

三 其实则帖括之学亦无害于学问，且可借此磨砻心性。

四 自古功名振世之人，大都早年备尝辛苦，至晚岁事权到手乃有建树，未闻早达而能大有所成者。

五 天道非翕聚不能发舒，人事非历练不能通晓。

六 至科第一事无足重轻，名之立与不立，人之传与不传，并不在此。

七 今之作者但知涂泽敷衍，揣摩腔调，并不讲题中实理虚神、题解题分、章法股法，与僧众诵经念佛何异？

伍拾伍·与孝威

同治三年正月初七

孝威知之：

此间军事诸顺。惟上年腊月廿六日逼攻贼垒，因归路狭隘，旁阻两港，为贼所乘，致表侄余佩玉带伤溺毙，将士之伤亡者三百余人，为我军从前未有之事，深为忧愤。现在海宁州之贼已降，杭城首逆亦有穷蹙归诚之禀，余杭贼断难久踞。此关一开，浙之全局可望速好。惟金陵诸贼颇有由皖、浙窜入江西回粤之耗，现已有一股窜陷昌化，恐后此将源源而来，浙江复为贼薮也。上年秋冬皖南肃清时，曾商之节相（一咨三函），请急争宁国县、广德州两处，断贼去路。渠总以兵力不敷为词，广德久不进兵，宁国贼去已久并不过问，致此处空缺，为贼留一去路，实可叹惜，看来春夏之间战事当益棘也。

上年冬间曾嘱尔今年二月同余三伯来浙，又有全家来浙之说。今事势如此，暂可无须前来（且俟大局完好再议移家赴任为是），恐途中无可驻足，前途或有警报，致进退维艰也。至嘱至嘱。

余劳安佩玉朴实凝重，为外家子弟中最有出息者，甫保福建副将，竟尔力战捐躯，殊堪叹惜。已觅得忠骸，以礼殡殓，俟道途肃清，再送其归。余三伯处可以此告之。昨已奏请照副将例从优给恤，并入祀湖南昭忠祠矣。[手此谕知，可送尔母一阅。]

正月初七日余杭横溪头大营

伍拾陆·与孝威

同治三年正月十八日

孝威知之：

所欲言者，已寄去一函，由盐茶局转递，未知接到否。

海宁、桐乡降后，嘉兴亦可收复，杭、余二城贼首亦有乞抚之事。然后患甚多，故不许也。溧阳大股逆贼由广德、宁国县窜来，人数甚多，李逆世贤思由浙窜入江西。旬日以来布置粗定，惟恐一入江西则贼势蔓延，又成不了之局。计今春战事必急，尔可毋须前来，免我牵挂。至要至要。

我身体尚如常，近服补剂，亦觉得力，犹能竭力为时局救此败着。刘克庵廉访二月底葬事可毕，已飞请其募勇三千来浙。如贼窜江西，渠可进剿，以防湖南边界也。[草此谕知。]

所挪陶少云之项已告［知］克庵矣。

甲子正月十八日余杭城外大营

伍拾柒·与孝威

同治三年三月初一

孝威览之：

兵事自入春以来诸颇顺适，然攻城攻垒，伤亡壮士盖以千计。二月二十四日卯刻始克杭州、余杭两城。自入浙以来六百余日，无时不在忧危震撼中，得此始有小歇之处。然李逆世贤、黄逆文金，李逆远继皆窜踞湖州，此两城败贼又将与之合势，忧未艾也。二十五日亲率各营追贼至瓶窑，至安溪关，夺诸要隘，饬蒋军速规德清、石门，拟逼贼入湖州，合围困之，不令其阑入他处，未知天意何如。

前数日奉到廷谕，考绩之典备荷褒嘉，恩遇之隆有加无已，感愧何既。而曹当益奋励读书，为图报之地也。

三月初一日余杭行营［书］

明日当入杭州。眷属赴浙须俟全浙肃清，再着人来湘迎护，暂不必急。

见在住宅虽颇狭陋，然不失为贫士美宅。李文靖云："居第当传子孙也。"贡院街新置吾族试馆，今岁即可经理。大约中栋留安神座，最后两宅仍赁人居住，取其岁租以为修理之费，前栋可留为族姓考试住房。二伯父来城，可禀商之。

拿下杭州城，大损失，大收获

这一时期，左宗棠将主要精力用于考虑三件大事：一是学习如何仿造西方蒸汽轮船；二是部署收复余杭、杭州两城；三是令胡雪岩设立赈抚局赈济难民，招商开市。

一、曾国藩节制乏力，左宗棠委曲求全

同治三年二月二十四日（1864 年 3 月 31 日）清晨，左宗棠指挥楚军迎来历史性的胜利：杭州、余杭两城被顺利攻下。这标志着左宗棠不再是名义上的浙江巡抚，而是真正成为有土地、有治下百姓的浙江巡抚。

将信中记录的这段历史推后比照来看，此时，距离太平天国首都天京被攻破，已进入 3 个月倒计时。大胜利前夜，仗打得异常激烈，楚军意外遭遇大损失。营官余笏安率领一营，直捣敌军营寨，不料偷袭不成，反中埋伏。一营撤退时夹在两个港口之间，进退失据，一次性死伤 300 多人。楚军开赴战场以来，第一次遭遇全营覆没。

战场的真实情形是，同治二年十二月三日（1864 年 1 月 11 日），楚军将领黄少春率部攻破余杭城东 7 座壁垒，于十二月二十七日（2 月 4 日）乘胜大举进攻。配合的军队分三路：杨昌濬部进军城北，康国器部进军城东，魏喻义等部在城西北列营。主将黄少春与准副将余笏安部绕攻瓶窑军营，遭太平军将士抵抗。余笏安倚仗血气之勇，率营孤军深入，不幸中了太平军汪海洋部的埋伏。

余笏安，字佩玉，是左宗棠姐姐的儿子。左宗棠评价他“朴实凝重”，并称他是外家子弟中最有出息的年轻人，正准备向朝廷保举他做福建副将。相

较于总是被左宗棠批评指责的不争气的女婿黎尔民、周庆生，几个舅子，以及与余笏安同是外家子弟的和哥，可以看出，左宗棠并不只会批评教训后人，他也会表扬人。

余笏安年轻力壮，正处于事业成长期，突然撒手人寰，殊为可惜。如今我们除了可以在这封家书中读到他的简短事迹，还可以在《清史稿·左宗棠传》中看到他的名字：“（同治）二年正月，益澧及高连升、熊建益、王德榜、余佩玉等克金华、绍兴，浙东诸郡县皆定。”

自己的亲外甥阵亡，左宗棠的悲痛可想而知，他还得给姐姐一个交代。

仔细说来，余笏安战死，也与曾国藩有间接关系：他已经无法指挥全局。

仗打到这时，左宗棠对安徽、江苏的太平军不断逃往浙江颇有意见。他心里清楚，若湘勇与淮军有心围歼，太平军逃不出来。

倒不是曾国藩有意放水，而是包围天京的吉字营将领曾国荃与驻守江苏的江苏巡抚李鸿章此时都不听最高统帅曾国藩的指挥。一个浙江承担了全国近半的军事任务，楚军吃不消。左宗棠早预感到这一后果，曾建议曾国藩抓紧在安徽省宁国县（今宁国市）、广德州（今广德市）两处增兵，堵死敌军逃跑的退路，以利全国战场。为了表明这个问题已经相当严重，左宗棠接连给曾国藩写了三封信。曾国藩有心听取，但他知道九弟曾国荃的脾气，也知道学生李鸿章羽翼渐丰，自己已无力调动。

既然不能改变事实，那么只好改变对事实的解释。曾国藩无奈之下，回信给左宗棠列出两大理由：一是宁国县早被太平军放弃了，广德州也没有太平军想来占领，这两块地盘基本上就是后方；二是湘勇的主力部队正在包围天京，抽不出兵力来。

左宗棠一看就知道曾国藩在敷衍自己。他推测曾国藩的目的，是将在安徽的太平军先赶到江西，再逼近浙江，并让他来打，以减轻湘勇的压力。这一想左宗棠就更委屈了，楚军加在一起不过 3 万兵力，却要承担全国中枢战场，这哪里是人干的活？

但为了顾全大局，左宗棠也无可奈何，他知道，接下来的仗会越来越难打。信中“看来春夏之间战事当益棘也”说的就是这个预判。

二、朝廷赐官封衔，左宗棠尽忠报国

这段时间，全国的战局形势也发生了变化。《清史稿·左宗棠传》中记载：“三月，江苏军克常州，贼败窜徽、婺，趋江西。世贤踞崇仁，海洋踞东乡，宗棠以贼入江西为腹心患，奏请杨岳斌督江西、皖南军，以刘典副，从之。”

作为闽浙总督，左宗棠像早年在湖南幕府时“内清四境，外援五省”一样，在浙江搞起军事输出，派刘典配合杨岳斌，援助江西、安徽。

但去年刘典的父亲去世了，他已请假回湖南宁乡办丧。按清朝制度，他得在家守满二十五个月的孝才能再出山。战事迫在眉睫，要尽忠则顾不上尽孝，左宗棠便安排刘典临时从湖南紧急招募3000名士兵，开赴浙江前线。

招兵买马后就直接上战场，楚军士兵的训练也可以速成吗？差不多是这样。主要原因是，湖南民间有习武之风，随便一个劳动力都能搬弄几下拳脚。楚军练心，主要看胆气与武力，不要求一定是神枪手。

第三封信中，“前数日奉到廷谕，考绩之典备荷褒嘉，恩遇之隆有加无已，感愧何既”一句，指的是朝廷因顾念左宗棠收复杭州有功，赐封他太子少保官衔，赏穿黄马褂。

太子少保即太子的老师。左宗棠人在杭州，怎么教远在北京的皇太子？原来，清朝太子的老师多，主要分两类，一类是太子太师，太子太傅，太子太保，官衔为从一品；另一类是太子少师、太子少傅、太子少保，官衔为正二品。两类老师合起来，叫“太子六傅”。左老师即使分身乏术，也不用担心误人子弟。当然，这是戏言，事实上，清朝已经没有太子，“太子六傅”不过是荣誉性的虚衔。

“不设太子”是清朝皇帝制度的一大改革。做皇帝最头疼的家事有两件：一是儿子无能，导致后继皇帝无力掌控天下；二是儿子既多又有能，为夺帝位自相残杀。雍正皇帝从诸皇子中九死一生搏杀出来，继位后心有余悸，为了防止皇子争夺皇位相互倾轧，首次实行“秘密建储法”，即生前不公开立太子，死后通过遗诏宣布，一举避免了儿子们争得头破血流。

下任皇帝是谁，臣子基本靠猜，由此，“太子六傅”即使有心想当帝王师，也找不到教育对象。太子虽然名存实无，但官衔仍沿袭了下来，专门赏给那些有功的重臣、近臣，作为荣誉性官衔，以示朝廷恩宠。

不要以为朝廷封个虚衔就没用处。即使是名义上的太子老师，也至少代表他有过硬的本领，说明其有资格胜任。尤其左宗棠是乡下举人出身，如今竟被提拔做了下任皇帝名义上的老师，他能不感恩戴德?

果然，戴上这顶高帽子，左宗棠不但自己尽忠报国，还要求儿子发愤读书，预备为国出力。

今人也许很难认同这种心理。但在中国古代封建社会，得到朝廷的封赏已经成为家族的精神信仰，光宗耀祖更是平民士子愿意努力奋斗、尽忠报国最直接的动力源泉。

同为底层读书人的洪秀全和左宗棠都可谓科考的受害者。一半因天资太差，一半因考运不佳而落第的洪秀全，牢骚满腹，想方设法推翻旧体制，以实现自己当皇帝开科取士的梦想；左宗棠则要平和得多，不顺利时他并没有怨天尤人，而是安心当个著书立说的隐士，耕田种地，当朝廷向他开放正常的上升通道时，他依然能挺身而出，成为这个政权最坚实的捍卫者。

伍拾捌·与孝威

同治三年五月初三

孝威知之：

顷得尔书，知有外祖母之丧，殊为痛愕。老人频年多病，气血耗亏已久，卒有此变，哀惋何言！尔大舅父闻耗，自当星奔回里，又未知有此盘费否。前得其信，知已得差遣，或张罗较易。我处奠敬应从其厚，随尔与尔母酌之，百金或二百金可耳。建坊一事近无所闻，想必未办，将来我必任之。但建于县城似不如建于乡间为妥。我近督师经过城邑，石坊多遭毁坏者，故有此说。然亦听汝舅父辈主之而已。

贡院街祠屋如何经理，尔来信总未说及。吾意先建中栋，以便安奉神座（宜高大，与对门之牌坊相匹，意以高与坊齐，可以避煞耳，今岁山向不开，须明岁为之）。其前栋应比中栋略低尺许，大门仍作正向。后栋则略与修葺，为试馆可也。

我应得浙抚养廉，拟呈缴万两入官。见在兼署并无半廉可得。其总督养廉则以之修葺浙抚署矣。大约此项祠屋用度及外祖母牌坊之费均须俟明年寄归也。贺仲肃家中光景窘甚，如家中有余银，可拨百金付其少君作家用。

自杭、余克复后，战事俱顺。惟因皖南广德州与宁国县无兵守御，致苏、常、浙之贼得由此过皖南以窜江西。曾节相与李中丞均以纵贼为速效之着，不知贻误大局乃至于此，寻亦悔之，已无及也。现在浙军已追过广信，因湖州尚有大股悍贼盘踞未动，而常州、丹阳克复后，逆众均由湖州窜皖，须发兵截剿，故不克以大支入江西。俟湖州事定，我当移驻衢州督剿耳。

自上年以来，腹泄之疾日甚一日，而体更肥大，气更虚弱，心神志虑迥不如前。杭、余之克，复拜官衔黄马褂之赏。受恩愈重，图报愈难，思之惕然。尔辈如稍知我心，当益兢惕自持，免重我忧虑。

道涂多梗，尔可毋来，俟有平静之日再遣人来接尔。[手此谕之。]

五月三日杭州节署

三统帅之间的“拉锯”

这一时期，在曾国藩节制下，湘勇统领曾国荃、楚军统帅左宗棠、淮军统帅李鸿章各自率军，在南京、苏州、杭州三地形成“铁三角”之势，并对太平军发起反攻。

一、左宗棠：报告无回应

左宗棠作为当事人，不能预知写这封信时，距太平天国首都天京告破只剩 43 天。

倒计时阶段，国内几大军事主力日益壮大，其独立性也日益彰显：湖湘集团名义上的最高军事统帅曾国藩依然坐镇安徽安庆，充当前敌总指挥；吉字营统领曾国荃带领手下 5 万湘勇，正将天京城铁桶一样地包围，连蚊子也飞不出来，他在图谋最后的破城；已经成功收复江苏失地的淮军统帅李鸿章，战斗高潮已告一段落，表面上在休整队伍，其实在寻找立新功的时机；已经拿下浙江杭州与余杭两个要地的楚军统帅左宗棠，这时也有力量将目光投向安徽几座待援的城市，筹划早灭全国战火。

但李鸿章前段时间有个出格的做法将左宗棠惹恼了。他指挥淮军由江苏常州向浙江湖州打过来。这场战斗进入了浙江地盘，属于“跨省援助”。左宗棠十分生气，他坚决不能接受李鸿章染指浙江。

左宗棠倒不是担心李鸿章来抢浙江地盘，而是认为李鸿章此举属于头痛医脚指头，弄乱了全盘战局。他三次写信与总指挥曾国藩商议，其基本意见是“远防不如近剿，请注意广德”。

早在同治二年十二月十三日（1864 年 1 月 21 日），左宗棠就针对全国做了一份战略规划，他十分认真地向朝廷提出自己的构想，并向朝廷申请邀集曾国藩、李鸿章、沈葆桢共同来探讨。

左宗棠的基本战略方案是：

> 就现在局势而言，苏州既克，杭州之围正急，悍贼邓光明既诛，陈逆炳文、汪逆海洋均在杭、余两城，自救不暇，海盐、平湖又已收复，其海宁、嘉兴之贼不足为苏州之患也，是李鸿章所部可缓攻嘉兴。其踞常州之逆为陈坤书，李鸿章既言其不甚耐战，自无能为，暂舍此不攻，金陵一破，常州亦必应手而下，是李鸿章所部可缓攻常州。

意思是说，李鸿章最近老瞄着常州，是将战争重点的方向搞错了！他应该多考虑援助围攻南京的湘勇，而不要急急忙忙先来攻打常州。因为，南京城一破，常州自然可以由楚军一举拿下，不值得提前如此劳心费神。这是在太阳光底下点蜡烛，瓢泼大雨中浇庄稼，纯属画蛇添足。

关于如何防备逃出南京城的太平军，并提早在可能逃亡的道路上部署兵力，做好埋伏，争取一网打尽，左宗棠凭他精细过人的技术思维同样做了周密的预案：

> 一、厚集兵力，扼广德、建平、东坝总要数隘；
>
> 二、为饶、广计，均宜以严扼昌江，为保上游为主，如婺源、祁门、石门诸处；
>
> 三、兵力有余，则仍以远防广德州、宁国县为要。

让他意外的是，这份十万火急的战略报告递上去半年都不见任何回应。左宗棠一时琢磨不透到底是怎么回事了。

难怪时隔半年之后的同治三年五月初三（1864年6月6日），左宗棠写这封家信时，仍在儿子面前表达他的不满：“惟因皖南广德州与宁国县无兵守御，致苏、常、浙之贼得由此过皖南以窜江西。曾节相与李中丞均以纵贼为速效之着，不知贻误大局乃至于此，寻亦悔之，已无及也。”

左宗棠推测，曾国藩与李鸿章最近都犯了近视的毛病，没看清全国大局。

果真是“曾李皆醉左独醒”吗？

事实远没有那么简单。

二、李鸿章：试探与推托

左宗棠并不知道曾国藩也有难言之隐。

战天京已进入最后攻坚阶段，曾国荃眼下胜负未卜，曾国藩何尝不想邀身边的淮军来帮衬？问题是，曾国荃在天京不但打红了眼，也打出了大野心，他拒绝外援，要独吞天京。

而朝廷只关心尽早打下天京，并不关心哪支军队打下。早在年初，慈禧太后就通过圣旨催促李鸿章援助曾国荃攻打天京。

李鸿章何等精明之人！凡事先谋人。他知道这个忙不能随便帮，何况曾老九不好惹，于是便先探探老九的反应。果然，曾国荃与部下放出口风，只要李鸿章有胆到天京城边扎营，吉字营就先消灭淮军再打太平军。

这话让李鸿章听得心惊肉跳，但朝廷不知内情还在不断地催，老师曾国藩也在过问。李鸿章知道，拿下天京是个形象工程，必将名垂千古，他其实也早动了心思。怎奈他怕曾老九真动粗，便试探性地再次写信给老师，称只要得到曾国藩一纸书信，当义无反顾前往援助。至于给朝廷的汇报，李鸿章则明言：曾国荃有书信，不准自己援助。

朝廷接到汇报，这才意识到，曾国荃已经把天京当成了自己的山头。

曾国藩接到学生李鸿章的信函，倒是认真了，且认真写了封邀请信。李鸿章又动心了，但思虑再三，还是怕曾老九与他火并，于是决定先不去，并处

心积虑地给老师回信说：现在天京正值盛夏季节，淮军的攻城利器炸药与大炮恐怕打不响，因此不能前来。

这话当然连三岁小孩都骗不过，盛夏天气干燥，正是点炸药的黄金季节，春、冬天气易受潮，才有可能打哑炮。李鸿章故意在老师面前推托，其实是在负气。

曾国荃才懒得管李鸿章怎么想、怎么说，更没空看他是什么态度。只要李鸿章人不来，什么都好说，甚至在背后怎么议论自己都可以。

但曾国荃孤军这么拖着也不是办法，毕竟在全国战局中，江苏、浙江已相继收复，朝野上下此时都齐刷刷地盯着天京，这种关注让曾国荃的压力空前增大。

三、曾国荃：打下天京城

要凭借孤军奋战，争分夺秒拿下天京城，得先拿下阻碍入城的地堡。偏偏这里有太平军的数百名精干守卫，火炮、弹药源源不断运来，打得吉字营敢死队的兄弟个个眼冒金星。

焦急关头，负责给曾国荃做军事参谋的曾国藩机要秘书赵烈文想出了一个主意，用芦苇、竹枝、木条编织成丈余长、八尺高、两尺厚的篱笆，糊上泥巴，装在战车上，作为盾牌，攻城士兵紧跟其后，便可以逼近地堡。

清 · 佚名《平定太平天国战图》其十一《克复金陵图》

曾国荃一拍大腿，就这么办！

当吉字营的湘勇敢死队推着这道稀奇古怪的篱笆盾牌到距离地堡只有六七百米的地方时，太平军也被这个怪物搞蒙了。他们被逼使出了最后的撒手锏，动用开花炮弹轰。

炮声雷动，接二连三，近 10 个篱笆盾牌被轰得稀烂。但有 3 辆侥幸躲过的战车依然顶着盾牌，冒死继续推进，一路再也没有炮弹炸响。吉字营的敢死队愣了一下，瞬间欣喜若狂：城内已经没有开花炮弹了！

事实上，太平军还有 5 发开花炮弹，但因压在底层受潮全成了哑炮。

吉字营敢死队还手了！在篱笆盾牌的掩护下，炮手瞄准地堡，发出第一枚开花炮弹，天京城墙应声被炸开一道缺口。后继炮火猛烈跟进，城墙连片崩塌，太平军尸骨横飞，数百名敢死队员蜂拥入城，后面跟着杀声震天的 5 万名将士。

这一天是同治三年六月十六日（1864 年 7 月 19 日）。

天京城破后被屠城三日。

六月十六日是一个转折点，盘旋在李鸿章、曾国荃与左宗棠之间历时半年多的“拉锯”纠葛，宣告结束。

四、题外

天京城破前后，左宗棠没有什么战事，他的主要精力放在浙江战场的善后工作上。

同治三年二月二十五日（1864 年 4 月 1 日），楚军占领浙江省会杭州，6 天后，左宗棠带领亲兵进驻杭州。战后的杭州城满目萧条，原有市民 81 万人，如今不到 8 万人。左宗棠忙设赈抚局，收养难民，招商开市，筹资收购茶、笋、废铁，修浚河道，开设书局，刊刻经籍，杭州乱局方得以初定。

伍拾玖·与孝威

同治三年六月初十

孝威知之：

所托郭叔递浙各件均已收到，知家中平安，足慰远念。外祖母墓铭尚未起草，未知已否深葬。尔大舅归家否？前得郭筠仙信，言其旋里有日，未知尔四姐亦同归否。粤东盗氛甚炽，素非善地，盐官补缺甚难，总以归里为是耳。外祖母待我如子，从前寒苦时得外家佽助甚多。数年从戎于外，未获一奉甘旨。将来建坊之费自当独任，前书已详之矣。剑峰坋田前以给尔四姐，仍须给之，毋听其辞。

余伯何时可来？

江西兵事须俟各路援军齐集乃冀渐有转机。金陵城内贼种豆麦，可延数月之命。攻坚本无善策，非俟其食尽不能得手。湖州逆贼尚多且悍，自五月初十日后，东南两路苦战兼旬，毙贼不少。西路苏军克长兴，浙军克孝丰，生擒贼渠伪感王陈荣，军声愈振。现在分攻安吉，此城一兑，则长围遥合，湖州可以坐制其命。此处一下，全浙肃清，当移军衢州耳。

时事方艰，吾名位日盛，而精力乃日渐衰颓，正恐无以副当时之望。前江西无事时，曾望尔母子入浙，一慰老怀。今江西贼尚未平，自可缓议。即尔会试之举亦可不急。读书养身，及时为自立之计。学问日进，不患无用着处。吾频年兵事，颇得方舆旧学之力。入浙以后，兼及荒政、农学，大都昔时偶有会心，故急时稍收其益，以此知读书之宜预也。尔母书来，言尔兄弟今年读书工课多荒，此大可虑。家居无酬应之烦，尚不及时为学，自甘与世俗庸人等，久之志趣日就污下，并且求为世俗庸人而不可得矣。阿润资质太差，勋、同吾犹望其能读书，尔当督之。待兄弟总要尽其亲爱之意。“怡怡”二字可时体味，劝勉之意多于训诫，乃为得之。

军中溽暑，体常不适。偶值小雨乍凉，书此告尔志之。

六月初十日杭州

在实践中总结与培养家风

左宗棠写这封信时并没有料到，6天后，南京城被曾国荃统领5万名吉字营将士攻克。这一时期，左宗棠拒绝了法国人要求合伙在宁波设厂造船的申请。

一、立牌坊，报答岳母王慈云

道光十二年（1832年），左宗棠入赘湘潭隐山周家，距写此信时转眼已经三十二年。左、周两家的姻缘，在左观澜与周系舆同窗时已定为儿女亲家。

从1832年到1843年，左宗棠居岳父家桂在堂“西屋”长达十二年。岳父周系舆退休前曾做过礼部侍郎、户部侍郎，湘潭周家算得上当地豪门显贵。许是应了“丈母娘看女婿，愈看愈有趣”这句俗话，入赘期间，岳母王慈云对女婿左宗棠关怀备至，左宗棠一句“外祖母待我如子”可高度概括。

王慈云老人擅长相夫教子，不但自己会吟诗作赋，还将几个女儿培养成小有名气的诗人。此外，王慈云老人还有一手，会识人看相。周诒端接连为左宗棠生了3个女儿，女婿眼看就要无后。王慈云老人急了，“不孝有三，无后为大”啊！她一眼便相中了女儿的丫鬟张茹，执意要左宗棠纳为小妾，原因是她看准张氏有“宜男相”，会生男孩。不出所料，张茹接连为左宗棠生下了3个儿子。

岳母如此体贴关心，宽怀大度，左宗棠回想起来，怎能不感激涕零？

在上一封家信中提到，戎马倥偬中得到王慈云老人去世的噩耗，战事缠身的左宗棠第一反应是“殊为痛愕”。

老人家在世时不缺吃、不缺穿，左宗棠能做的最好报答是好好待妻子，自己有出息。老人去世后，要想感其一生厚待之恩，最好的报答是给她立牌坊。

牌坊是古人为表彰功勋、科第、德政以及忠孝节义所立的门洞式纪念性建筑物，又叫“牌楼”。立牌坊的目的，是宣扬其人美德，标榜其一生功绩。作为祠堂的附属建筑物，牌坊兼有祭祖功能。

虽然牌坊在今天遭受了一些诟病，尤其是“贞节牌坊”对女性权利与自由的压抑、束缚，但是平心而论，通过牌坊传承文化与精神价值的方式，在今天看来依然值得肯定。对一个人最好的报答，就是让其名字、事迹在历史上流传下来。

左宗棠此举不无意义。如果不是他为岳母树碑立传，那么今天有谁还知道湘潭曾经有个王慈云老人？

左宗棠办事素来细心、周全，他充分考虑了建牌坊的安全性，建议立在乡下。理由是，根据自己近年来亲见，建在县城或省城，一旦发生流血革命，国家改朝换代，牌坊就有遭炮轰、践踏之虞。

二、叹家风，不助大舅子周汝充

此信还值得一提的是左宗棠的大舅子周汝充。他跟着左宗棠的湘阴同乡郭嵩焘去了广东。当时，郭嵩焘是广东巡抚，周汝充在他手下花钱买了个监官。

监官是中国古代官职之一，清代时部门归属都察院，职责是代表皇帝监察各级官吏，以左都御史、左副都御史为长官。用今天的话说，周汝充买了个市检察院候补副院长的官。据当时的官价行情，买官的花费在 1000 两至 3000 两白银。

清朝买官的人，大多数父辈曾经做过高官，而自己功名落魄。买官的动因，一则家里有钱，掏得起这笔费用，买来可以过过官瘾；二则自己功名卑微，遭邻里议论，不买个官帽装头脸，面子上挂不住。朝廷同意卖官，主要是为了弥补国库亏空。

自宋朝起，中国开始形成“官本位”思想。官职像“金本位”一样，可以作为衡量一切价值的标准，因此，想买官者很多。僧多粥少，朝廷往往只给予象征性的荣誉职位，要挂实职很难。像监官之类的职务，就是吃饱饭后充当朝廷“包打听”之类的告密者，替朝廷帮闲。

不能武断地说凡买官者一定是庸官。也有买官者比不少凭功名做官者干得更出色的，如王有龄，他从胡雪岩手里借了 500 两白银，在浙江坐实了个候补县官，转正后扶摇直上，凭政绩数年后顺利做上浙江巡抚。王有龄虽然不懂军事，但是治民有一套。更鲜为人知的是，就连大名鼎鼎的胡林翼，也干过花钱买官的事。道光二十六年（1846 年），已在家丁父忧 5 年之久的胡林翼，看不到被朝廷重新起用的迹象，便通过亲戚、朋友借来 1500 两白银，买了个贵州安顺府知府实职，其后青云直上。

但大多数买官者是打肿脸充胖子，官衔只是顶脂粉糊的高帽子，这是事实。所以，左宗棠在信中托儿子传话给大舅子周汝充：到哪里买官不好，偏偏选择广东？广东的黑社会多，平日里偷盗成风，打官司的人天天挂号排队，就算挂了实职，这官也不好当，还不如干脆回来算了。

左宗棠对周家颇有微词，原因是岳父周系舆虽然学问超群，门庭显赫，但未遗传下良好家风，其孙子一辈甚至沾染懒惰、抽烟恶习，君子之泽，二世而斩，真应了“富不过三代”的俗话。周家家风不正，如今责任全落到左宗棠身上。而自己作为外族人，只能哀其不幸，怒其不争，能帮一把是一把。

所以，左宗棠这次虽然有心帮助，但仍严格按照家规来。

左宗棠看出周家衰落的原因是财多而家教缺失。所以，此次尤其忌讳资助现金。上封信中，他跟儿子规定，送外祖母丧事礼金 100 两至 200 两白银，不能再多，也不能再少。

"官二代"周汝充在广东的日子确实很不好过。他买个监官空挂在那里，天天坐等补个实职。但"权把子"哪里是靠等得来的？坐吃山空，母亲去世，如今连回湖南丁忧的路费都借不足。一个大男人窝囊成这样，让左宗棠既恨又怜。对于他的面子，左宗棠可就不管了。与自己平辈的大男人，做姐夫的可以救困，但不能救面子。

三、吸取教训，用光两职"养廉银"

左宗棠这时的年收入到底有多少呢？他现在身兼浙江巡抚与闽浙总督两职。巡抚的工资为每年 150 两白银，总督的工资为每年 180 两白银，朝廷每年发下来的账面工资是 330 两白银。当然，账面工资是象征性的，仅仅为了表示官员清廉、高德。封疆大吏的主要收入是养廉银，此外分量不薄的"三节"（春节、端午节、中秋节）、"两敬"的降温费（冰敬）与取暖费（炭敬），以及耗羡费加在一起，每个职位的实际收入约 4 万两白银，两职加起来高达 8 万两白银。这些都是光明正大、合理合法的账面工资。

这么一笔巨款，左宗棠是怎么用的？将它挪作公用。

眼下，浙江硝烟未散，举目疮痍，左宗棠拿出巡抚养廉银 1 万两捐给朝廷，将总督职务年薪全用来修建浙江巡抚衙门。这样大手笔"以私充公"与捐款之后，他手头还余下 3 万两白银。这些钱不能再放手散了，他还要支付官府主要部门成员及幕僚的工资，事实上也没有什么结余。

为什么要拿自己的工资作为国家投资的建设基金？只要将报告递交工部，国家就可以全额拨款。左宗棠此举，除考虑到花自己的钱办国家的事做起事来少牵绊、少议论之外，还有一个目的，就是自己把钱用光、花光，可让后人无钱仰仗，逼迫他们在艰苦生活中自立自强。

左宗棠从周汝充身上清楚地看到了财多的害处。子孙钱多，从小在蜜罐子里泡大，大手大脚惯了，本事没学一点，毛病倒有一堆，独立于社会，不但不具备社会竞争力，而且会迅速被挤兑到社会底层，被末位淘汰。毕竟，农民、工人还有一技之长，可以靠一把锄头、一件工具养活自身；富贵子弟不学无术，剥去衣装，根本比不上农民、工人，最后沦为废物。

左宗棠以大舅子为反面教材，劝儿子多读书，长点真本事。信中“学问日进，不患无用着处”一句已有点替儿子出路担忧的意味了。可见左宗棠希望后人学真本事，其心之切。

眼下，平定浙江省进入最后冲刺阶段，左宗棠一句“金陵城内贼种豆麦，可延数月之命”明显是对全国战局的误判。至于误判的原因，前文已说明。事实上，这封信发出才六天，大约还停留在江西境内的某条小船上，天京城就被曾国荃的 5 万名吉字营湘勇强行攻破了。

陆拾·与孝威

同治三年七月二十三日

霖儿知之：

前由驿寄去各函计已收到，尔六月中信亦到矣。

金陵克后，大局渐定。惟湖州贼数尚多，苦与官军鏖战不休。而江西逆贼败窜新城、南丰，有入闽窜粤之势。闽省西面与江西接壤，处处皆虞窜越。涤相立意驱贼入粤，为苟且之计。不知此贼入粤，则党羽蜂起啸应，贻害无穷。福建、江西、湖南、广西之祸殆无已时，此亦气数为之也。

上年我浼仁先垫银五百两给徐故令台英及尔汝充大舅，订由湖南兑拨郭意城处。今特遣袁升带归，验收后可以原封交去。尔屡函欲赴浙，可请余三伯同来。来时须募勇夫二三十名来营，以便途中照应护送（自江西至浙，沿途皆有游勇劫掠，宜慎之）。此件即请余三伯照料。发去银五百两，交袁升带来，以为募勇雇夫及沿途盘川之费。

尔三品荫生照已领到寄来。如明年由浙会试，可就便考荫，须速由县起文（可于会试起文之便着人赴县递呈，守候文书投藩台衙门，庶领咨捷速。一切请意诚叔托其照拂可也。房费不可省）。美大爹监照付来，可交去，属其勿管地方闲事。

少云光景原可不必作官。尔大姊不知外间作官苦楚，一意怂恿，将来必有懊悔不及之日。前为致信篙翁，今将其回信给阅，听其自打主意。

所需燕窝，今先买五斤送来，余再续寄。

族中苦人太多，苦难普送。拟今岁以数百金分之，先侭五服亲属及族中贫老无告者。尔可禀知二伯父酌量，其银下次即寄归可也。

二伯处送银二百两，已交袁升带来。

七月廿三日杭州［寄］

助人有原则，救困不救穷

写这封信时，孝威在湖南已经知道了天京城被湘勇打下的消息。左宗棠描述时并没有太多欣喜，反倒表现出一种深沉的忧虑。原因是，他知道打下天京是一个“形象工程”，太平军的兵力仍有30余万，失去都城的散兵游勇会前往福建、江西、湖南、广西四地，变成无后方流动作战。作为闽浙总督，左宗棠的压力不但没有因胜利减轻，反而加重了，他哪里高兴得起来！

这里也可以明显看出，后世看历史与当事人对历史事件的反应有所不同：今人将天京城破看作太平天国灭亡的标志；左宗棠此时完全没有这种感觉，在他眼里，这只是消灭太平军阶段性的一役。

左宗棠认为，曾国藩的战略最近出了大问题：“涤相立意驱贼入粤，为苟且之计。”这是说，曾国藩有意将天京的太平军朝广东方向驱赶，以便给朝廷写体面的胜利捷报。作为闽浙总督，剿灭残敌的担子由左宗棠一个人主挑，还真让他有说不出的憋屈感。

怎么办？认命。这大约也是后来左宗棠一掌握证据，就立即站出来举报曾国荃打下天京却放走了幼天王洪天贵福的原因之一。举报目的当然不在于扳倒曾国藩，而是为了让朝廷上下知道，太平天国精锐还在，自己正顶着呢，事情还远远没完。

一、不建议女婿做官

这段时间，左宗棠除了开始筹划将家人接到福州总督署团聚，还不忘处理宗族亲人的两件大事：一是对女婿陶桄花钱买官的事表态，二是对湘阴左宗棠家族穷人如何救济的问题。

陶桄自上次被左宗棠写信以“如来浙江做官，因与自己关系太亲，即使做出了成绩，也不好提拔”为由委婉拒绝后，就基本断了“傍岳父做官”的念想。

作为前两江总督陶澍之后，按照清朝例，陶桄靠着父亲荫德，获得了部院主事的官职。这是个正六品衔，相当于京城知县、各省通判。虽然是个虚职，但有了这个虚职，陶桄在乡下有了面子，不至于再让邻里风言风语。

问题出在女儿孝瑜身上。孝瑜既能干，又望夫成龙。公公陶澍一生辉煌，可那是公公自己的；父亲左宗棠眼下风光，那也是父亲自己的；只有丈夫陶桄出人头地，才是最实在的。所以，她不但常向陶桄吹枕边风，还亲自通过母亲之口游说父亲，为丈夫谋个显赫实职。

男人最怕枕边风。陶桄哪里经得起老婆天天在耳边唠叨？被怂恿的次数多了，他也就半推半就，从安化的爵田里提出几千两白银，买了个四川候补道员。

左宗棠这次反对的态度比较温和，毕竟自己一手教出来的女婿，本领还是让人放心的。他只是觉得，“少云光景原可不必作官。尔大姊不知外间作官苦楚，一意怂恿，将来必有懊悔不及之日”。陶桄在家读书做学问比做官更合适，因为做官有做官的难处，一旦身陷其中，将来后悔就来不及了。

此时，左宗棠很不情愿直接帮助陶桄，一则关系太亲，至亲无亲，保举容易惹嫌；二则因人论事，陶桄做学问的能力强于做官；三则出人头地要靠奋斗，左宗棠坚持“救困不救穷”。

二、先论亲疏，再论贫苦

“救困不救穷”的原则，明确体现在这次救济宗族亲人的事情里。

今人对慈善会、红十字会并不陌生。它们是社会救助机构，专门用于各类人道主义援助。但古代社会，国家与民众之间缺少民间组织一环。政府顾及不了的老弱病残、鳏寡孤独，谁来关怀？全靠乡绅阶层与宗族纽带。

乡绅的基本功能是维系地方自治，类似今天的商会，起到社会中间组织的作用。宗族纽带则通过血缘、亲情，形成了“族人自救”传统。两相结合，弥补了慈善机构的功能。与今天比较，它的基本缺陷是，造成社会利益家族化，所谓“肥水不流外人田”。

左宗棠帮助族人，不是无原则、无条件的。他立下了一条基本标准：先及“五服亲属”，再及“族中贫老无告者”。

“五服”是什么？今天已很少有人说得清楚。这里不妨将它理一理。

“五服”原本是中国封建社会礼制中的亲属丧服制度，划分依据是血缘。根据血缘亲疏，服制按照服丧期限及丧服质地粗细的不同分为五等，依次是斩衰、齐衰、大功、小功、缌麻。

斩衰是五服中最重的丧服，用最粗的生麻布制作，断处不缉边，表示毫不修饰，以尽哀痛。服丧期为3年，实际为25个月。在清代，古代男子及未嫁女为父，承重孙（长房长孙）为祖父，妻妾为夫，均服斩衰。

齐衰是次于斩衰的丧服，用粗麻布制作，断处缉边。服丧期一般分四种：3年、1年、5个月、3个月。例如，在清代服丧期3年的如子为继母、慈母；1年的如孙为祖父母，夫为妻；5个月的如曾孙为曾祖父母；3个月的如玄孙为高祖父母。

大功又称“大红”，用粗熟麻布制作。服丧期为9个月。在清代，凡为堂兄弟、未嫁堂姊妹、已嫁姑及姊妹以及已嫁女为伯叔父、兄弟，均服“大功”。

小功又称“上红”，用稍粗熟麻布制成。服丧期为5个月。在清代，凡为伯叔祖父母、堂伯叔父母、未嫁祖姑及堂姑，已嫁堂姊妹、兄弟妻、再从兄弟、未嫁再从姊妹，又外亲为外祖父母、母舅、母姨等，均服小功。

缌麻是“五服”中最轻的一种，用较细的熟麻布制成，做工也比“小功”更细。在清代，凡男子为本宗之族曾祖父母、族祖父母、族父母、族兄弟，以及为外孙、外甥、婿、妻之父母、表兄、姨兄弟等，均服缌麻，服丧期为3个月。

“五服”原本指五种丧服，后来也用于指五辈人。血缘关系中的“五服”是指同父又同母是一服，即所谓“一奶同胞”；同父不同母是二服；同祖父是三服；同曾祖父是四服；同高祖父是五服。

与五服对应的是“九族”。九族纵向有高祖父母、曾祖父母、祖父母、父母、己身、子、孙、曾孙、玄孙；横向有己身、兄弟、堂兄弟、再堂兄弟、三堂兄弟、姊妹、堂姊妹、再堂姊妹、三堂姊妹。纵横形同经纬，共同构成了完整的“五服、九族”家族结构。

人情文化因“五服、九族”而完善发达。这个家族谱系，便是左宗棠救济的依据。

三、人道优先，精准扶贫

在今天，人情文化为中国人创业成功的凝聚力，也成为桎梏或障碍。笔者在发起全球各地湖南商会的过程中，经常听到一些办家族企业的朋友抱怨，办企业离不开家人齐心协力，但最难处理的是亲人关系。企业出了问题，不好追责；盈利了，又不好分成。当涉及责任与利益时，你跟他讲道理，他跟你讲人情；你跟他讲人情，他又跟你讲道理。这种事不好找律师打官司。打断骨头连着筋，一旦法庭相见，则不但家丑外扬，亲情也毁了。毕竟公司员工可以随时开除，亲戚却不能开除。

当年，左宗棠也陷入了人情困境。信中提到的“美大爹”，上次以族人怨怒组团威胁，要左宗棠帮他争取一个监生功名。左宗棠认为，他的要求过分，不仅严词拒绝，还写信批评了他一顿。骂也骂了，气也消了，可族人还在盯着自己，怎么办？左宗棠只好违心为他争来一个监生证照。

监生功名可不只是一顶高帽子，还是一张取得地方名利的通行证。拿到它，不但见了地方官不用下跪，而且地方上的纠纷有权出面调解。出钱出物找他帮忙的老百姓，怎么都不会少。

左宗棠担心“美大爹”拿了鸡毛当令箭，借监生证照在地方耀武扬威，因此，特意嘱咐儿子当面提醒他，拿“监生”充门面可以，不要管地方闲事。事实上，左宗棠的提醒用处不大。不管地方闲事，哪来的好处？没有好处，“美大爹”当初就不会不惜拉下脸面也要组团威胁左宗棠，力争这个证照了。所以，左宗棠帮“美大爹”，怎么说都不是件让他心安的事。

左宗棠信中救助“族中贫老无告者”的方法，时至今日仍能给人们一些启发。

晚清国家动乱，百姓受苦，左宗棠宗族也不例外。受苦的人分为两类：一是困难户，二是穷人。困难户是缺一顿饭就有生命危险的，穷人是长年累月吃不饱穿不暖的。左宗棠无条件援助困难户，是出于人道主义。对于贫穷的族人，左宗棠立下规定，不予救助。理由是，人都有一双手，别人都有饭吃，他为什么会弄得活不下去？要么懒惰，要么不干正事。既然这两个毛病都可以改，改掉毛病就有饭吃了，又为什么要帮他呢？

左宗棠的这个办法，用今天的话说，就是“精准扶贫”。穷人不好帮，帮得不好，就越帮越穷，越穷又越帮，这样只能是恶性循环。

左宗棠的方法跳出了这个循环。

陆拾壹·与周夫人

同治三年七月二十三日

筠心夫人知之:

初拟江西路无梗阻，即接眷来浙。现在江西贼虽败窜，大有窜闽入粤之意。闽中无可恃之将、可用之兵，将来仍须前去督办。只候湖州贼踪窜定即当出省，故不欲接眷来也。霖儿五年不见，可令其与余三伯同行，付来银五百两作雇护勇、长夫之用。手此，即问近好。

七月廿三日杭州［书寄］

陆拾贰·与孝威

同治三年八月初六

霖儿览之:

接七月初十日书，具悉家中安好，新得一孙，足慰老怀。是月克孝丰，可名之“丰孙”，所以志也。乳足则无须雇用乳母，不可过于爱之。吾家本寒素，尔父生而吮米汁，日夜啼声不绝，脐为突出，至今腹大而脐不深。吾母尝言育我之艰、嚼米为汁之苦，至今每一念及，犹如闻其声也。尔生时，吾家已小康，亦未雇乳媪，吾盖有念于此。少云欲以第六女配丰孙，尔母欲俟十岁后再议，此甚有见。十岁后男女俱长，吾如尚在，当为订之。

壬叟入学，最为可喜。尔伯父望子甚切，而壬仅中人之资，得此固可塞责耳。

试馆明岁可改造，义学明岁可举行。究竟需钱若干，如何规画，尔来书不一言及何耶？义学之外尚须添置义庄，以赡族之鳏寡孤独，扩充备荒谷以救荒年，吾苦力不赡耳。带兵五年，不私一钱；任疆圻三年，所余养廉不过一万数千金，吾尚拟缴一万两作京饷，则存者不过数千两已耳。浙事了后，当赴闽一行。以一年度之，尚可余廉泉数千。当请觐北上，即决计乞休耳。约略言之，俾尔知自为计。

尔意必欲会试，吾不尔阻。其实则帖括之学亦无害于学问，且可借此磨砻心性。只如八股一种，若作得精切妥惬亦极不易。非多读经书，博其义理之趣，多看经世有用之书，求诸事物之理，亦不能言之当于人心也。尔初学浅尝，固宜其视此太易。今岁并未见尔寄文字来，阅字画亦无长进，可见尔之不曾用心读书，不留心学帖，乃妄意幸博科第，以便专心有用之学，吾所不解。曾记冯钝吟先生有云：“小时志大言大，父师切勿抑之。”此为庸俗父兄之拘束佳子弟者也。若尔之性质不逾中人，而我之教汝者并不在科第之学，自不得以此例之。且尔欲为有用之学，岂可不读书？欲轰轰烈烈作一个有用之人，岂必定由科第？汝父四十八九犹一举人，不数年位至督抚，亦何尝由进士出身耶？当其未作官时，亦何尝不为科第之学，亦何尝以会试为事。今尔欲急赴会试以博科名，欲幸得科名以便为有用之学，视读书致用为两事，吾所不解也。大约近日颇事游嬉，未尝学问，故不觉言之放旷如此。尔欲由湖南赴京，亦听尔之便。吾以五年未见尔，故欲尔来浙，即由浙进京。已遣袁升带银归，并请余三伯挈尔同行。此信约月底可到，到时尔自定主意。

八月初六夜杭州［书寄］

寓“素质教育”于“应试教育”

楚军于同治三年七月二十七日（1864年8月28日）攻下湖州，又于次日攻下吉安，浙江全境至此收复。正是在这样一种胜利的喜悦中，左宗棠给长子提笔写下这封书信。

左宗棠最近被儿子孝威“提拔”做爷爷了。孝威妻贺氏产下一子，左宗棠取名“丰孙”，即左念谦。

孙辈开始繁衍，怎么规范家教，以正家风？以家里最贫寒的时候为标准，他建议儿子不要请乳母。从这种自我约束能力可看出左宗棠已将儒学内化于心，人格高于流俗。

战争之余，左宗棠将业余精力主要放到为族人、乡人办试馆、义学、义庄这些社会公益事情上。

试馆是古代科举考试时各地应试的人居住的场所。义学也称“义塾”，即靠官款、地方公款或地租设立的蒙学，免费供贫寒子弟上学。“义庄”则是旧时族中所置的赡济族人的田庄，包括学校、公田、祠堂等设施。左宗棠醉心于此，自己忙不过来，还安排儿子来当帮手。

孝威对此举显然没有多大兴趣，来信中回避了这件事。左宗棠有点不高兴，对儿子说：我虽然做了封疆大吏，但满打满算，只存了几千两白银，我打算办完手头的事，就上北京申请退休，你们怎么办？我怎么管得了？你自己看着办。

左宗棠的本意，是让儿子不要对自己产生依赖心理。

孝威听后，果然有了危机感。既然不能依靠父亲，自己不趁早取个进士功名，往后的日子就不好说了。他一心要从湖南直接北上会试。

左宗棠看出了孝威这个心思。孝威违背父亲来浙江见面的意愿，已让左宗棠不高兴；见他一心沉醉于会试，想捞个进士功名，左宗棠又批评他为考试而考试，不注重真才实学。

这下可把孝威难住了：听父亲的话吧，会试很有可能打水漂；不听父亲的话吧，父亲会对自己用家法管制。孝威只好敷衍父亲说：我也想按您说的一心学真本事，但总得先考取个进士文凭，等拿到文凭后再来学真本事也不迟。

不想这句话再次将父亲惹恼了。左宗棠的意思是，“读书”与“致用”，“混文凭”与“学本事”，并不矛盾；混文凭时那些学写字、背古文的基本功，也是真本事所必需的。为什么非要将原本的一件事分成两件事区别对待？也就是说，寓“素质教育”于“应试教育”即可，为什么非要将两者分得清清楚楚，截然对立呢？

国家的考试制度出了问题，当年害到了左宗棠，现在又让他在教育儿子上纠结。平心而论，一个 18 岁的青年，哪里能像父亲这样看得清楚，想得仔细呢？何况，国家考试制度有问题，孝威除了顺应还能怎样？

事实上，左宗棠对八股文与科举制度的看法在近几年有了些变化，原因是，幕府中的人才学历普遍偏低，他发现秀才中凡八股文作不好的，自己跟他们讲道理他们也理解不了；倒是那些八股文作得还不错的几个举人，理解能力强一些。他对科班出身的人反感程度有所降低，对科举制度的认可度又有所提高。

左宗棠在素质教育与应试教育两者之间打擦边球，是有很高难度的。他对儿子，无疑是过于苛刻了。除非将儿子带在边上“身教”，否则仅靠每个月书信“言传”，不能当面释疑解惑，又缺乏鼓励与监督，孝威怎么可能达到父亲的要求？

左宗棠也意识到了自己的苛刻。毕竟，自己小时候说话口气大，“喜为壮语惊众”，现在 18 岁的儿子这方面也有点像自己。左宗棠以明末清初学者冯钝吟的话为自己辩解：年轻人口气大，千万不要压制。这话是对的，但有个前提条件：父亲水平低，儿子天资高。现在我水平不低，你水平不高，所以这个观点不适用于我们父子。

左宗棠这些话听上去也有些道理，但他没有意识到，在教育方式上，自己无形中又立下了双重标准。

做儿子的都希望能按照自己的意愿生活，不受父亲束缚。但做父亲的都希望儿子能符合自己的意愿，不要我行我素。所以，强势的人物往往有两副面孔：做儿子的时候，往往以倔强挑战父亲；等自己做了父亲后，又总想控制儿子。

问题是，一个总在按照父亲意愿说话做事的人，固然肖父，也难有什么大出息。这也是名门难出名子，而寒门多出英才的原因之一。“不肖之子”是中国人骂人最狠的一句话，但放到成才上来，不一定是一句应该否定的话。

子大不由父，父子间心理上微妙的裂痕再次出现。孝威怕来浙江见父亲，借口要从湖南直接赶往北京。左宗棠接到书信，心头掠过一丝异样，回答也有点赌气：“尔欲由湖南赴京，亦听尔之便。吾以五年未见尔，故欲尔来浙，即由浙进京。”意思是盼你来浙江，不是一心想着要当面教育你，而是做父亲的有 5 年没有看到儿子，想看看你最近长成什么样了。其舐犊之情隐晦、深沉。事实上，在 4 个儿子中，左宗棠的一番心意与心血，全倾注到了长子孝威身上。

陆拾叁·与孝威

同治三年八月十七日

孝威览之：

前遣袁升带信件归，后又寄信一函由驿递郭意叔处转交，计到在袁升之先也。

湖州、广德、安吉贼数十万倾巢向窜，浙军不居复城之功，而以追贼为事。又调黄提督、刘总兵、刘副将迅由江、常拔赴淳安，节节截剿。毙贼数万，溺死无算，解散投降者复又数万，击毙首逆伪堵王黄文金于宁国，伪偕王谭体元于威坪，伪昭王黄文英于威坪蜀口，大小头目之被捡斩者殆以千计，夺骡马二千余匹、伪印七八百颗。惟伪幼主及李远继见尚逃匿荒谷，贼尚四五万，已饬诸军竭力兜剿。大约旬［月］内必可全股歼除，而东南始云肃清矣。

前谕尔九月同余三伯来浙，家眷可无须来，因道路多梗，我之行踪难以遽定故。今江西大致已可肃清，而浙、皖肃清在即，我意仍是挈眷来浙为是。尔禀知尔母，可早为料理为要。住宅即交何三看管。尔三姐、四姐如须在省住，即交其居住亦可。书籍、木器及笨重之物均查明开单交其照料。乡下租谷，除完粮外概交两姐分用亦可。我衣服均未带来，其蟒袍、貂褂、朝珠可并于此次便带之。九月内再有信来，信到即可起程，到此当在十月，尔过年后由此进京会试，亦不嫌迟也。

八月十七日［谕］

办事依“条理”，互保靠“举报”

这是左宗棠自咸丰十年（1860 年）离开湖南后与孝威再次见面前的最后一封家书。接家人来福州这件事，中间变了几次卦。左宗棠先是判断局势未定，要孝威单独跟余三伯来；后又觉得大局已定，要全家人都来；再后来感到江西混乱，恐途中生变故，又改回原计划。眼下，他认为全国战场即将肃清，沿途风险很小，还是决定全家迁来更合适。

从这件事情的处理方法上，可以看出左宗棠办事高度的灵活性。一般人往往只看到左宗棠刚直性格背后的原则性，以为他不知变通。事实上，处在瞬息万变的战场上，统帅灵活性稍差就有可能被太平军捉去祭旗。

一、办事依“条理”

从左宗棠不嫌麻烦地料理长沙司马桥住宅的安排中，我们可以看出他秩然的条理来：家人来福州，房子请一个叫何三的长工看管；因三女左孝琳、四女左孝瑸都嫁在湘潭，离长沙的家很近，如果她们来住家，就交给她们住，但管家仍不可少；家里需要用的又轻便的东西，尽量带来；带不动的东西，写个清单备查；还有自己的衣服、朝珠，也要带来。事无巨细，不厌其烦。

对居家人而言来说，这些家庭琐事的交代都很平常，算不得什么。但作为闽浙总督、浙江巡抚、楚军统帅，每天的公务堆积如山，脑袋里要装多少大事？何况远隔千里，家里20间房子，他全凭记忆在做安排，还能如此井井有条，确实非比寻常。

左宗棠非常看重一个人的条理，对缺乏条理的人喜欢指责。与曾国藩相识之初，左宗棠便从办事条理的角度对曾国藩评价不高。左宗棠对胡林翼说：“涤公才短，麾下又无勤恳有条理之人，前自岳州归后，弟无三日不过其军絮聒之。伊却肯听话，所以诸事尚有几分。近来外人亦不尽以‘书憨’嘲之。伊却自笑云：‘坏了几分矣。以后若再好几分，恐又行不去也。’”这段话属二人戏谑之言，轻松幽默，颇值得玩味，我们也因此知道曾国藩在长沙时被人取了个叫“书憨”的绰号。

曾、左的诸多不同，除了在办事、用人方式上条理有别，还见于选择任用人才的标准。左宗棠用人以“廉干”（廉洁、能干）为重；曾国藩用人以“廉爱”（廉洁、爱民）为重。细看之下，左宗棠重才，曾国藩重德。深究起来，能干的官员办事必有条理，否则办不成事；爱民的官员办事则不一定有条理，也许他只有一颗温暖而仁慈的心。何况，“爱民”还可以假装，而能干无法假装。

曾国藩用人缺乏条理，又以“廉洁、爱民”为道德标准，所以，他对太平天国到底是怎么被剿灭的一直没弄明白，晚年则“不信书，信运气”。

二、互保靠“举报”

曾国藩真的一直凭好运气？这封信泄了底。他的霉运，几乎都转给左宗棠了。眼下，数十万太平军全被曾国荃从天京赶到左宗棠的地盘上，家信的原话是：“湖州、广德、安吉贼数十万倾巢向窜。”

左宗棠正在以一己之力，力挽狂澜，看信中的战报就知道了。一仗打下来，楚军不但一举击毙了太平天国堵王黄文金、偕王谭体元、昭王黄文英，而且“毙贼数万，溺死无算，解散投降者复又数万”，太平军“大小头目之被擒斩者殆以千计，夺骡马二千余匹、伪印七八百颗”。自出山以来，他哪里打过这么大的胜仗？

如果说仅限于战场上挑重担，左宗棠虽有不满，但也任劳任怨。问题是，曾国藩深文周纳，最近打给朝廷的报告，喜欢在关键地方做手脚。同治三年六月十六日（1864 年 7 月 19 日）攻下天京后，曾国藩向朝廷汇报说，幼主洪天贵福“积薪宫殿，举火自焚”，意思是太平天国运动已经彻底被扑灭。

左宗棠这封家信写于同治三年八月十七日（1864 年 9 月 17 日），距天京城破刚满两个月，信中说得清清楚楚：“惟伪幼主及李远继见尚逃匿荒谷，贼尚四五万，已饬诸军竭力兜剿。”也就是说，太平天国旗号还在，人马与在都城南京时相当，只不过是都城迁了个地方而已。曾国藩摆明着是在欺君。

让左宗棠尴尬的是，如果这一切不照实陈明，自己打的这些大仗、恶仗，就是为他人作嫁衣。部下打了胜仗，如实汇报上去倒显得像撒谎，将士得不到朝廷应有的奖赏，楚军也不好带。

清 · 佚名《平定太平天国战图》之十二《幼逆洪福瑱就擒图》

何况，形势已经咄咄逼人，朝廷已经动手防范湘军，江南大营与江北大营那帮人时刻监控曾国藩、左宗棠的举动，随时向朝廷汇报。慈禧太后正逼迫曾国藩大幅裁撤湘勇。左宗棠态度如何，决定了楚军命运。

同治三年七月初六（1864 年 8 月 7 日），综合权衡之后，左宗棠照实向

朝廷举报：

> 据金陵逃出难民供：伪幼主洪天贵福于六月二十一日由东坝逃至广德，二十六日，堵逆黄文金迎其入湖州府城。查湖郡守贼黄文金、杨辅清、李元继等皆积年逋寇，贼数之多约计尚十余万，此次相互勾结，本有拼命相持之意。兹复借伪幼主为名号召贼党，则其势不遽他窜可知。且江西兵力渐集，李世贤、汪海洋诸逆如不得逞于江西，则遁入浙、闽，复于湖州踞逆相首尾，亦未可知。

这封举报信被今人看作曾、左公开“交恶”的开始。后世对左宗棠的举报动机有多种推测，但大多都欠准确。

推测代替不了事实。一个根本问题是，如果前面不将湘勇的确凿消息据实向朝廷陈述，那么眼下楚军一举消灭太平天国堵王黄文金、偕王谭体元、昭王黄文英这样大的事情，左宗棠如何向朝廷写报告？如果事实真相含混，那么眼下即使在奏折里真事实录、现场播报，朝廷也难相信。何况，曾国藩眼下备受猜忌，作为做过帮办曾国藩军务的左宗棠，又何尝能让朝廷彻底放心？朝廷最担心的事情，莫过于曾、左此时联手。因此，没有比主动站出来举报更好的“互保”之策了。

陆拾肆·与孝威

同治三年十月二十九日

孝威知之：

日昨送我，舟中人客嘈杂，未及一一详示。然究不知儿之能遵吾教否，又不能已于言。今日至富阳，酬应较少，乃书此寄之。

儿此来，原拟令同住数月，始遣北上。不意闽中事急，不能不舍儿以去。吾既去杭，儿亦宜及早北上。道途多险，游勇剽掠为患，苏、常、镇、扬一带时有戒心。儿未知远行之难、世事之坏，一切皆宜详慎，不宜粗率卤莽，以贻余忧。近日察儿举止多有轻率之处，多由阅历未深。如由弋阳至广信时，正值湖州余孽败窜，儿放胆径过，虽幸无事；然尔父亦数夕不能安卧矣。藉使在长沙时少缓行期，俟余信至就道，岂不安稳耶？尔抵杭后，闲谈日多，读书日少。言动之间童心未化，虽无大谬可指，却无佳处可夸。窥其心之所存，不免有功名科第之念。此在寻常子弟亦不为谬，然吾意却不以此望儿也。

自古功名振世之人，大都早年备尝辛苦，至晚岁事权到手乃有建树，未闻早达而能大有所成者。天道非翕聚不能发舒，人事非历练不能通晓。《孟子》“孤臣孽子”一章，原其所以达之故在于操心危、虑患深，正谓此也。儿但知吾频年事功之易，不知吾频年涉历之难；但知此日肃清之易，不知吾后此负荷之难。观儿上尔母书谓“闽事当易了办”一语，可见儿之易视天下事也。《书》曰：“思其艰以图其易。”又曰：“臣克艰厥臣。”古人建立丰功伟绩无不本其难其慎之心出之，事后尚不敢稍自放恣，则事前更可知矣。少年意气正盛，视天下无难事。及至事务盘错，一再无成，而后爽然自失，岂不可惜？顷于舟中见李云麟奉旨撤去四品京堂，益用儆惕。以李雨苍质地之美，何事不可为？只缘言之易，行之乐，遂致草草结局。假令潜心数载，俟蕴蓄既裕，而后见诸设施，[亦]岂遽止于此？儿当引以为鉴也。

至科第一事无足重轻，名之立与不立，人之传与不传，并不在此。儿言欲早得科第，免留心帖括，得及早为有用之学。如其诚然，亦见志趣之不苟，然吾不能无疑。科第之学本无与于事业，然欲求有以取科第之具，则正自不易，非熟读经史必不能通达事理，非潜心玩索必不能体认入微。世人说八股人才毫无用处，实则[真]八股人才亦极不易得。明代及国朝乾隆二三十年以前名儒名臣有不从八股出者乎？罗慎斋先生以八股教人，其八股亦多不可训，然严乐园先生从之游，卒为名臣。尝言“得力于先生在一‘思’字”，盖以慎斋教人作八股必沈思半日然后下笔，其识解必求出寻常意见之外乃首肯也。今之作者但知涂泽敷衍，揣摩腔调，并不讲题中实理虚神、题解题分、章法股法，与僧众诵经念佛何异？如是而求人才出其中，其可得哉？儿从师学时俗八股尚未有成，遽望以此弋取科第，所见差矣。至谓"俟得科第后再读有用之书"，然则从前所读何书？将来更读何书耶？如果能熟精传注，则由此以窥圣贤蕴奥亦复非难。不然，则书自书，人自人，八股自八股，学问自学问，科第不可必得，而学业迄无所成，岂不可惜？试细思之。

至交游必择[其]胜我者，一言一动必慎其悔，尤为切近之图。断不可旷言高论，自蹈轻浮恶习；不可胡思乱作，致为下流之归。儿当谨记吾言，不复多告。

十月二十九日富阳舟中[谕]

读破万卷，神交古人

写这封信时，孝威已经跟着余三伯顺利到达杭州城，左宗棠将两人安置在浙江巡抚衙门，父子俩相聚达 3 个月之久。其后，左宗棠因军事移营富阳，一些不方便当面对儿子说的话，便趁军事空闲又作书信，一则对前段生活做个总结，二则对儿子存在的问题及时进行敲打、告诫。

好文章都有"文眼"，起着提纲挈领的作用。这封家书可以看作《左宗棠家书》的"书眼"。而"眼中之眼"，则是"操心危、虑患深"6 个字。

一、父老子少的烦恼

"诸葛一生唯谨慎"，以诸葛亮为榜样的左宗棠，操心之重，确实超出人们想象。他凡事都要盘根问底，弄个水落石出。18 岁的儿子平安到达杭州，按理应该表扬、鼓励。但左宗棠不仅没有这样做，还去信询问江西巡抚、沿途州县长官，了解儿子行程的点点滴滴。当得知儿子经过弋阳至广信时正值湖州的太平军败窜至此，而孝威若无其事地从太平军眼皮底下放胆经过时，左宗棠吓得不轻，接连几个晚上都在担心这件事。

成事不说，既往不咎，为过去可能遭遇的危险担心，左宗棠此举似乎有点迂腐可笑。左宗棠当然意不在此，他是担心儿子如此粗心与鲁莽，照此发展下去，将来不摔跟头则已，一摔怕他再也爬不起来。

客观地说，孝威确实有点懵懂与幼稚。但一个才满 18 岁的青年，能成熟稳重到哪里去？不过父亲的担心也没有错，如果不幸被太平军捉住做了人质，左宗棠敢不听任摆布？换了谁都会后怕。这个问题必须指出来，下不为例。

只是容易影响父子关系的核心，不在于父子谁更在理，而在于左宗棠与儿子交流的方式、方法可能出了问题。如果点到为止，就皆大欢喜。但左宗棠习惯性的批评又来了，马上批评起儿子来杭州后读书少，说他“言动之间，童心未化，虽无大谬可指，却无佳处可夸”。孝威能 17 岁中举，天资当然不错，属于“响鼓不用重槌”的类型，看到父亲如此凌厉的批评，最可能的感受是无所适从。

左宗棠如此严苛的一个原因，首先在于孝威是长子。长子是父亲毕生事业的继承人，父亲在长子身上不但寄托了他一生追求的终极目的，也寄予了他未来的全部希望。因此，做父亲的哪敢放松大意？

此外，还有一个原因是，孝威出生太晚。左宗棠 20 岁结婚，虽不算早，但也不晚。长女孝瑜今年已经 31 岁了，比曾国藩的长子曾纪泽还大 6 岁。但古人认为，女儿无法传后，所以家族传人得从长子算起。左宗棠 34 岁才生下孝威，父子年龄差距大，童蒙的儿子总跟不上成熟父亲的步伐，达不到父亲的要求。换句话说，如果孝瑜是儿子，就理想遂心多了，左宗棠可以带着儿子一起成长，而不是像现在这样，父亲已经熟透了，儿子还童蒙青涩，弄得他老产生这种父老子少式的苦恼。

二、读书要“以书化人，人书一体”

盼儿子去掉童心，早早承担起“家督”的责任，左宗棠对孝威的要求到了吹毛求疵的地步。如孝威跟母亲在信中随口说了句“闽事当易了办”，左宗棠便批评儿子“少年意气正盛，视天下无难事”。左宗棠在之前的家信中也说过类似批评的话，而且不止一次。

为什么儿子引用父亲的原话有错？左宗棠的意思是，自己这样说是为了给家人宽慰；而儿子引用，则显得年轻人口气大、轻率狂放。其实，孝威未必不是想引用父亲的话来安慰母亲。左宗棠的严厉有点过头了。

当然，左宗棠以“操心危、虑患深”教导儿子做人要谨言慎行，防止言出祸随的观点是对的，可以作为为人处世的正道。

为了以事实论证自己的担心并非多余，左宗棠在这里说了一则实例：李云麟在向朝廷上奏折时担保的某事出了差错，慈禧太后一生气，撤去了他四品京堂的官衔。

李云麟于咸丰十一年（1861 年）出任都统，驻军桐城、潜山一带。曾国藩对他评价很高，曾在咸丰八年正月十一日（1858 年 2 月 24 日）给九弟曾国荃的家书中这样说：“李云麟之长短，亦颇与我相似。”与曾国藩爱好抽水烟相比，李云麟一生没有不良爱好，就是酷爱山水，逢山必攀，遇水必游，遇险必登。这次他向朝廷拍胸脯担保某事却摔了跟头，左宗棠也替他感到惋惜。但官场沉浮是常事，其后他又被起用。同治五年（1866 年），李云麟出任塔尔巴哈台参赞大臣，兼署伊犁将军。左宗棠自称“立品当如山有岳，持身要比玉无瑕”，他是一个追求完美的“零差错主义”者，用身边活生生的例子来警醒孝威，不是为了批评而批评，而是要教儿子沉下心来，学点真本事。

上封信中，父子俩还在争论应试教育与素质教育发生冲突该怎么处理。这封信中，左宗棠继续坚持自己的一贯意见，强调"寓素质教育于应试教育"。

左宗棠的意思是，八股文所习的"四书""五经"，可以作为政治学；实学所习的知识、方法论，可以作为技术学。以政治统领技术，则两者并行不悖。这无疑是一种远见。而孝威受父亲前些年只求"素质教育"的影响，开始固执地认为"应试教育"与"素质教育"的矛盾不可调和，为了"素质教育"，只有放弃"应试教育"。

左宗棠觉得这个逻辑有点荒唐，怀疑儿子是"应试教育"没学好，以"素质教育"来敷衍塞责。他不厌其烦地扭转儿子的偏见，试图将他引上正确的道路。

左宗棠看出儿子在"知"与"行"方面出现了割裂，因此，在此信中干脆跳出"素质教育""应试教育"非此即彼的理论争执，总结出了一个读书做学问的根本道理：读书的目的是"以书化人，人书一体"，即将书本上的道理变成生活本能。如果做不到，则"书自书，人自人，八股自八股，学问自学问"，人书割裂，后果严重：站在"应试教育"的角度，中进士无望；站在"素质教育"的角度，真本事学不到。

这个观点，其实是"读破万卷，神交古人"的通俗表达。左宗棠随物赋形，从"寓素质教育于应试教育"，到"以书化人，人书一体"，观点确实既新颖又深刻，乃至今天读来于我们仍不无启发意义。

1865年
同 治 四 年

左宗棠——53岁

长子孝威——19岁

次子孝宽——18岁

家教语录

㊀ 尔曹学业未成，遽忝科目，人以世家子弟相待，规益之言少入于耳，易长矜夸之气，俱流俗纨绔之习将自此而开也。

㊁ 正立志读书之时，非讲交游结纳时也。同人宴集时，举动议论切勿露轻浮光景，勿放浪高兴［少应酬为要］。时时提起念头检点戏言戏动，内重则外轻，而过自寡矣。

㊂ 自卑以尊人，敬父执之道尤所当讲也。

㊃ 总要摆脱流俗世家子弟习气，结交端人正士，为终身受用，勿稍放浪。

㊄ 勤苦则奢淫之念不禁自无，力学则游惰之念不禁自无，而学业人品乃可与寒素相等矣。

陆拾伍·与孝威

| 同治四年正月初八

[谕]孝威知之：

尔在清江浦所寄一信已由芗泉方伯递来，其寄尔母书亦附驿递去。计程当于腊底抵都，路途想均清吉。原饬尔即住夏芝（苓）[岑]岑[三兄]处，可免会馆嘈杂及别寓孤寂，谅已安榻夏宅矣。日间潜心读书、写字、作试帖，须自立工课，有恒无间，自有益处。意念宜沈静收敛，所有妄言妄动须日一检点。能自知有过则过亦少，知有过而渐知愧改则业自进。

吾家积代寒素，至吾身而上膺国家重寄，忝窃至此，尝用为惧。一则先世艰苦太甚，吾虽勤瘁半生，而身所享受尝有先世所不逮者，惧累叶余庆将自吾而止也。[二则]尔曹学业未成，遽忝科目，人以世家子弟相待，规益之言少入于耳，易长矜夸之气，惧流俗纨绔之习将自此而开也。爵赏之荣，两疏固辞，未蒙鉴允，自不敢再有陈渎。然忧患之念日积怀来矣。

闽事败坏至极。所忧者不仅军政之不修、武事之不竞，而在民风之不正、吏治之日偷。自入闽以来，所见所闻无非八九年前各省泄沓颓败气象，纵此时无巨股阑入，亦必趋于危亡。盖人心日弛，人才日敝，浸浸乎纲隳纽散之虞，非一时所能整顿也。中丞老而妄，方伯庸而专，均非从前意想所到。一省之大，无一卒之恃、一月之储。所借以勉强支格者，惟浙军之二万三千人及浙饷每月十四万而已，岂不伤哉！士盗伏草行劫、结会从乱者处处皆然。吾驻军延平，前后数十里间，白昼抢劫之案几无日无之。数日后，分兵四出掩捕，斩杀数十名，风乃稍息。然聚则匪而散则良、东捕而西窜者不知凡几。高、黄两军之进漳州，由省会、兴、泉经过，处处皆须预为购办柴草米盐，临时[则]无从买给。扎营盘亦须租价，否则聚众持械，不与贼斗而先与官仇。呜呼！此独非三代之民与？而乃至此。上失其道，民失其本心，匪伊朝夕矣。吾何修而能戡此乱、解此劫乎？贼数本十数万，入闽后，而闽、粤之从乱如归者又不知其纪。幸闻浙军至，颇有震慑之意，将觅路他窜，欲求聚而歼之，势有不能矣，非入江西，即入粤东。毛寄云、沈幼丹空有援闽之议，恐将来仍须闽之往援耳。此等议论切勿出口，徒招人怨。至嘱至嘱。

润儿信来，十一月十五日举一子，吾命之曰建孙。尔母闻甚健。

入闽诸军，克庵小挫后旋亦复振，余俱平适，惟刘筒青患痢甚重耳。

乙丑正月初八日延平行营[封发]

总督福建：法家治标，儒学治本

孝威已经离开浙江，到北京租下房子读书，准备参加今年春天的会试；左宗棠因收复浙江全境，得到朝廷一等恪靖伯的爵位封赏。

此时此刻，左氏整个家庭处于欣欣向荣的上升期，没有变故，没有病恙。人生真正的幸福，大概就是这个样子。这也是每个人努力奋斗的动力。

但“人有悲欢离合，月有阴晴圆缺，此事古难全”。月满则亏，这是自然法则，也是人间规律。完满的幸福意味着，完美的日子不会持续太长。

儿子今年步入 19 岁，左宗棠将他当作成年人，开始跟他谈论国家大事。

一、官员堕落，全省糜烂

作为闽浙总督，左宗棠第一次踏进福建，便仿照在湖南巡抚衙门做幕僚时用过的方法，不是先整顿，而是先摸底。

在摸清全省的底细后，左宗棠发现情况比想象的还要糟糕，他不禁感到失望，发出这样的感叹：一省糜烂到这个程度，即使没有太平军烧杀掳掠，按照现有的政治生态发展下去，福建省也会逐渐自取灭亡。

为什么会得出这么悲观的结论？左宗棠指出，全省各级“一把手”均存在问题：“中丞老而妄，方伯庸而专。”

中丞，在汉朝时指御史台长官，清朝时专指巡抚，相当于今天的省委书记。方伯，在殷周时代指一方诸侯之长，后泛称地方长官，相当于今天的市委书记。用现代话说，省委书记老眼昏花，却盲目自大，总在瞎指挥；市委书记道德低下，才干平平，都守着既得利益，蛮横专权，自我感觉良好。上梁不正下梁歪，县里、乡里、村里全乱成一锅粥。

因为官场腐败、官员惰政，全省政治败坏得不成样子，很少有官员会铭记守土安民、保一方平安的职责，反而各自伸手捞钱。这对于战后福建的恢复无疑是雪上加霜。政事荒废，造成的后果是无人练兵，“军政之不修”。

“军政之不修”，则正气不存，进一步的后果是：绿营将领不忙练兵，忙享受；士兵不忙训练，忙偷鸡摸狗、打架斗殴，造成“武事之不竞”，士气不振。

正气不存、士气不振，进一步的后果是“民风之不正、吏治之日偷”。全民道德败坏，苍蝇满天飞；强盗、土匪成群结党，光天化日之下公然抢劫。

全省从上到下糜烂不堪，如此严重的问题怎么治理？作为儒学创新者，左宗棠决意从儒家学术中寻求解决方法。

二、“官、吏合一”，切断腐败根源

儒家学说治乱理政，首要的一条是从人心入手。

当年，子贡问孔子治国之道，孔子答：足食、足兵、民信，即老百姓吃得饱，国家军备充足，民众信任政府。三者之中，最重要的是民众信任政府。如果政府说什么民众都不再相信，那么政府将难以为继。

此时，官民之间的信任跌到了冰点。闽浙总督左宗棠在进军福建漳州的路上，便遭遇了官民之间信任严重缺失的尴尬：沿途连柴草米盐都买不到，因为老百姓都不愿意卖，楚军的一切生活用品都要自带。非但如此，军队安营扎寨还要付给当地老百姓租金，否则他们就拿起锄头、菜刀与军队拼命，“不与贼斗而先与官仇”。左宗棠不得不无奈地发出这样的感慨：这还是儒学传统教导出来的帝国子民吗？

晚清朝廷已经腐败到骨子里，反思原因：一是大清王朝承平已200余年，开国时遗下的进取与锐气早已丧失殆尽，而各种陋习沉渣泛起、弊端沉淀；二是君主专制造成皇权与官僚集团的矛盾对立，作为皇权代理人的官员，当自身利益得不到法律保障时，便总在想方设法挖帝国墙脚，损公肥私；最关键的原因是帝国官、吏分离，官员虽手握权力，但只管道德教；却不懂办事；办事的胥吏虽没有政治权力，但实际上操纵着地方行政。吏员借办事巧立名目，中饱私囊，将皇帝与官僚集团同时架空，社会问题便由此爆发，民众便成为最直接的受害人。

作为真正信仰并身体力行儒家学说的官员，左宗棠按圣贤教导兴利除弊，代表了由体制外介入体制内的一种新生力量。为挽救福建颓局，左宗棠首先提拔了一批真正会办事的“廉干”人才担任官员。他向朝廷申报，请求调遣新授浙江督粮道周开锡、记名道吴大廷、按察使衔福建补用道胡雪岩、刑部员外郎张树菼四人随同来福建，听候差遣委派。这些官员既懂政治，又懂技术，到一线办事，便从根上切断了“官、吏分离”的弊源，“民信”逐渐得到恢复。

当时的福建可谓一穷二白，左宗棠治理福建经济的思路是，首先从理财入手。理财的关键在于全面整顿政务，而整顿政务的关键在于起用能办事的人才。因此，他每月需从浙江提取 14 万两白银，用以支援福建军饷。

官场历来是繁剧之地，利益争夺激烈，左宗棠要除旧布新，难度是空前的。因为，福建官场经撤换后虽不再全是原来那批官员，但帝国体制没变，官场还是那个官场，前任遭遇的问题左宗棠一个都不会少。肥肉早被瓜分了，除了咬紧牙关啃硬骨头，左宗棠没有其他办法。

三、培养“廉干”督抚后备队

左宗棠一腔热血地挽救福建颓局，但各省之间的利益争夺依然如故。湖南巡抚毛鸿宾、江西巡抚沈葆桢根本不买他的账。该他们支援的军饷，信中每次都答应得好好的，可最后就是收不到。对这种口惠而实不至的忽悠，左宗棠一开始不能接受，但后来次数多了，也就习惯了，只能发发牢骚，指责他们“空有援闽之议”。闽浙军事激烈时，援饷拖欠太久尚可理解；现在浙江已经收复，左宗棠催得急，他们却仍有借口。

也不能全怪地方督抚自私，其实任何人去坐那个位置，都不一定比毛鸿宾、沈葆桢做得更好。仔细想一想，朝廷从上到下都是一本烂账，倘若他们举全省之力支援了福建，那本省怎么办？湖南、江西若掏空了，下属办事拿不到钱，就会扯光毛、沈的头发，真到时候，左宗棠也没办法帮到他们。

各省皆有本难念的经。左宗棠想清楚了，外援既然靠不住，就自力更生。他开始下意识地着手提拔在战场上已培养了 5 年的蒋益澧、刘典、杨昌濬来做浙江、广东地方的巡抚、布政使，掌握一省的军政与财政大权。自己保举出来的人才，让他们支援多少银两还不是一句话的事儿？

或许会有人认为，这种“任人唯亲”、走官场人情的做法不合法治精神。事实上，有人的地方就有人情，有人情基础才好办事，关键在于凭借人情是办公事还是谋私利。这一点古今中外并没有不同。人性是相通的，民主政治区别于封建专制之处在于有独立监督的第三方。

四、儒法并用，先治标，再治本

“治乱世当用重典”，这句话可以说是政治常识，十分有效。

左宗棠入闽后做的第一件事，就是整顿地方治安，对强盗、土匪毫不客气，大开杀戒，一口气就杀了几十人。通过杀人立威，政府的信誉逐渐恢复。左宗棠从咸丰二年（1852 年）以幕僚身份主政湖南时起，用法家治吏，积 13 年经验，治理手段越用越娴熟。

在左宗棠看来，身处乱世，法家手段对大多数人而言是“仁”。当国家腐败、社会黑暗、恶人横行时，杀恶人不是一件坏事。相反，如果官员追求表面和谐，满口仁义道德，背后男盗女娼，那么罪过比杀人更大。用左宗棠自己的话说：与其一路哭，不如一家哭。杀掉几个恶人，保全一省人，让政风归于清廉，民风归于淳朴，这就是最大的“仁政”。

但光靠杀坏人就能根治社会问题吗？也不能。所以，法家只是非常时期不得已的手段，左宗棠更看重儒学教化人心。

正因为在治理福建时期切身体会到文化的教化与一省的命运唇齿相依，所以其后在陕甘总督任上他办了西北教育史上空前的大事——成立中国最大的官方书院，取名“兰州贡院”。此时，他已经开始琢磨在福建办船政之事，福州船政局不仅是一项国防军事，也是系统引进西方科学技术文化的举措。近代大思想家严复就是从船政学堂走出来的。

陆拾陆·与孝威

同治四年正月二十八日

孝威知之：

尔去后只接得途次一信，计腊前可以抵都，未审能服水土否，芝岑［兄］处能容下榻否，复试何日，考荫何日。得尔母书，知荫照已托徐八兄同年带京，想亦接到。

会试后在寓读书写字，勿时出外。尔年尚少，正立志读书之时，非讲交游结纳时也。同人宴集时，举动议论切勿露轻浮光景，勿放浪高兴（少应酬为要）。时时提起念头检点戏言戏动，内重则外轻，而过自寡矣。

辞伯爵第二疏未蒙俞允，不敢不谢恩。然自惭德薄能浅，无以仰承恩眷。析薪未克，复荷更难，正恐渐流入纨绔一类，隳吾家寒素耕读之风。即如闽省泉州一郡，五等之封均有，今之能世其家号称无忝者曾几人耶？言及此，尔当引以为惧，不可高兴以重吾过。

闽中兵事尚无他，所苦在本地无一将一兵之助，而吏治民风竟颓敝无可下手处。譬犹病人食息如常，而败症已具，急切莫从施治。现驻延平，拟俟南阳、龙岩两处贼踪窜动再相机截击，一面进剿漳逆也。

会试榜后，趁天气清和，早作归计。须探看何路平稳，即从何路取道言归。两座师处，代土仪送去后，恐不免有向借之事，可问芝岑［兄］，酌量应酬。自己刻厉，省出银钱以奉师长，亦子弟当然之事也。

三日作一文一诗，每日写大卷三开、白折三开，切要自定功课，有恒无间。

手此，交折弁寄汝，可写回信付来（家中常有信来，尔母以下均好，无须念之）。

正月廿八日［父字］

扎牢海防口，李世贤内讧毙命

此信第三段“辞伯爵第二疏未蒙俞允，不敢不谢恩”，说的是同治三年十月十一日（1864 年 11 月 9 日），清廷诏封左宗棠为一等伯爵，赐号“恪靖”这件事。写这封信时，左宗棠已挥师开赴福建。作为闽浙总督，他此行肩负起剿灭太平军残余军事力量的担子。

一、明争暗斗，朝廷撤换英国公使

太平军余部在福建的势力依然不容小觑。不是冤家不聚头，楚军的死敌、太平天国侍王李世贤，此时又在与左宗棠周旋。

李世贤是左宗棠带楚军出山之初入江西遇到的第一个劲敌。咸丰十一年三月十四日（1861 年 4 月 23 日），左宗棠凭“练胆、练心”，在江西乐平一仗打得李世贤差点灰飞烟灭。4 年后，两人又相遇于福建战场。

1865 年 2 月，已成强弩之末的侍王李世贤分兵攻占漳浦，召汪海洋部在龙岩会师，意图攻击长泰和安溪，偷袭楚军后背。因楚军将领王德榜部死守，太平军无法推进。楚军将领康国器率部在龙岩出击，大败太平军，李世贤被迫逃入漳州。

漳州与台湾隔海相望，东与厦门相邻，南近广东、香港、澳门，是下海外逃的理想地。李世贤因地制宜，动了逃亡海外的念头。

同治四年正月十八日（1865 年 2 月 13 日），漳州密探报告左宗棠：在漳州税务司的轮渡码头，发现有英国人驾着 3 只小夹板船随潮驶过，其人大摇大摆不听稽查，直接进入太平军设在新桥的关卡。

左宗棠安排人暗地跟踪调查，漳州地方官府抓来李世贤的信使，一经审问，对方交代了李世贤与英国税务官勾结的事实。

左宗棠当即报告朝廷，请求朝廷同意自己以“私通叛逆罪”将英国驻厦门税务官捉拿归案，并命令总理衙门立即传唤驻京英国公使，严行查禁办理此事。

左宗棠不厌法国人的强悍，却痛恨英国人的狡诈。他认为，英国人明面上得了清廷的好处，背后却与太平军来往，连基本的诚信都不讲。对付狡猾而不守信用的人，只能以毒攻毒。

左宗棠暗地派人贿赂福州税务司美里登等人，成功离间了李世贤与英国人。英国领事反过来为左宗棠办事，当地清军得到准确情报，屡次搜获太平军从洋人那里获得的军械武器。英国人的武器支持不到位，李世贤下不了海。

台面上的国际政治追责，左宗棠一刻也没有放松。同治四年二月十一日（1865 年 3 月 8 日），左宗棠针对英国驻厦门领事柏威林前往漳州与李世贤来往一事，命令中国海关委员协领长庆、通商委员署福州府知府丁嘉玮寄信查问，确认事实后，他便奏请朝廷责成总理衙门传谕英国驻中国公使馆，撤换了现任公使柏威林。

李世贤海遁的希望随着柏威林的下台，彻底破灭。

二、内外交困，汪海洋暗杀李世贤

死了逃亡海外之心，李世贤继续在福建各地寻找战场取胜的机会。

同治四年五月二十六日（1865 年 6 月 19 日），退出漳州后，李世贤部在永定与楚军交战，再次遭遇大败。此后，长达 1 个多月的时间，李世贤如同人间蒸发，直到六月二十八日又冒了出来。只是这次他剃光了头发，化装成难民的模样，孤身一人逃到镇平。

同治四年七月初一（1865 年 8 月 21 日），在从潮州进入镇平的路上，李

太平天国天条书

世贤被霆军活捉。

霆军本是湘勇统帅曾国藩的嫡系部队，但碰巧这营霆军前些日子阵前起义，投靠了太平军。霆军探报怀疑李世贤是楚军派出的密探，便将他交给了太平天国天将黄添元。李世贤告诉黄添元自己是天国侍王，黄添元大吃一惊，认为此事非同小可，便立即报告汪海洋。

汪海洋闻讯，惊得从座位上跳了下来。太平天国都城天京已被清廷收复，如今已是有枪就是草头王的时代，他不想再承认这个曾经的上级。但迫于李世贤昔日的威望，他只得出城迎接，见面后，将李世贤安排在镇平城内大禾坪的“绍业第”。

汪海洋与李世贤见面后的第一个想法是怎么不留痕迹地将李世贤除掉。太平天国后期封王多如牛毛，想争权夺利与贪图享受的大有人在。即使在天国旗号已经覆亡，残部连最后的晚餐还能不能吃上一顿都成问题的时候，将领们仍作此想。

早先，汪海洋已用同样的办法杀死了李世贤的得力部将、太平军知名将领李元茂。

谭富本是李世贤的部将，在汪海洋杀死李元茂后，便暗中向楚军将领康国器请降。康国器要谭富带汪海洋的人头来见，孰料举事前被察觉。谭富逃出大营，向清军投降。汪海洋内忧外困，疑心更重，内部矛盾愈演愈烈。

七月初三（8 月 23 日）夜，趁着月黑风高，汪海洋派人将睡梦中的侍王李世贤一刀砍掉了脑袋，一代枭雄的命运至此画上句号。

杀害李世贤，是太平军的又一次自相残杀。此后，太平军内讧依然不减当年，这给左宗棠带来了便利，为楚军彻底、干净地消灭太平军，节省了时间与精力。这对于老百姓早日远离战火，算是一大福音。

陆拾柒·与孝威

同治四年三月十三日

孝威知之：

接尔抵都后两书，知尔途间安吉，抵都后用功如常，深慰我怀。芝（苓）［岑兄］勤慎持正，尔在寓可多受教益，诸凡请其指示，可少差误。酬应既繁，须时时留心检点，言动之间断不可稍形纵肆。

昨见福建折弁赍回《致徐中丞书》，我以尔所寄家信在内，故径自拆视。见字画草率，多用行体，称谓款式均不妥协，殊为不取。树人先生年已七十又四，较我长二十岁。我虽同官，尚时存谦逊之意。尔致信宜用红单小楷，外用全书，上写愚侄［左△△］。如照都中款式，即用大单片亦可［**称"愚侄"上写。信面称"安禀"或"钧启"，字体宜小**］。初次通信尤宜加慎，岂可任意草率，失敬礼之意。岂惟致书督抚宜然，即凡同乡、外省与我同官者有交情者，尔均宜执子侄之礼，不可稍形倨傲。不独世故宜然，即论读书、学礼亦应如此。自卑以尊人，敬父执之道尤所当讲也。［尔昨次所写，字体带行，不用全书，不称安禀，不自称愚侄，词意间并无敬慎之意，殊为失之。幸此信经我拆阅，未及径寄，免致开罪尊长，否则惹人贱恶矣。］此后遇有必须通信之处，均宜自降一格，断不可稍有亢踞。行书并未学习即可不写，亦藏拙之道也。有人求写信寄当事者都宜谢绝，以向无往来或奉严谕不准预闻外事谢之，人亦不怪。总之，一举笔即当十分谨慎，免留话柄，免招尤悔。从前周克生因致书石鞠庭先生说湘潭公事，致干严谴，并累及石芳先生由侍郎降编修，可为前鉴，切当慎之又慎。

考荫事一切问之芝(苓)[岑兄]，自当不错。现在试事将毕，此差到京已在榜后，恐尔已出京矣。芝（苓）［岑兄］家用太重，景况颇窘，尔拟留银赠之，似非百金不可，不知行资够否。如不敷，则应由此间补寄。兹乘差便，附寄百两交芝(苓)岑，如尔已致送，则此项即存之芝兄处作别用可耳。

闽中战事尚顺，惟贼数尚众，洋人勾引多方，非入海即窜粤，此数月内战事当益急。我因贼势虽蹙，贼踪未定，故仍驻延平伺察。杨和贵、简桂林各在湘带五百人来，合之现在各营有三千劲卒，可打好仗也。周寿山、吴桐云、张听庵均已赴省办事，厘税、军需两局可以分劳。惟吏事则贪庸者多，尚难整理，军政尤不可问，是为焦烦耳。

胡雪岩人虽出于商贾，却有豪侠之概。前次浙亡时曾出死力相救。上年入浙，渠办赈抚，亦实有功桑梓。外间因请托未遂，又有冒领难民子女者被其峻拒，故不免有蜚语之加。我上年已有所闻，细加访察，尚无其事。至其广置妾媵，乃从前杭州未复时事。古人云："人必好色也，然后人疑其淫。”谓其有自取之道则可耳。现在伊尚未来闽，我亦未再催。尔于此事既有所闻，自当禀知。但不宜向人多言，致惹议论。手此，即由折弁之便付尔，尔当知之。

三月十三日延平大营［封发］

说话要小心，下笔要谨慎

孝威第一次出远门，父亲对他的牵挂萦绕心怀，于是写了这封信。19 岁的孝威，即将步入成年。随着年龄增大，社会交往日广，左宗棠一面规劝儿子专心功课，一面教他一些为人处世的方法。

一、写大卷以正心

此前，左宗棠曾在信中提及规劝功课的具体要求，就是每天要练书法，写大卷三开、白折三开；时每隔 3 天必须作一篇文章，作一首诗歌。

大卷是清朝殿试所用试卷。在大卷上练书法，只能用楷体字，以“光、方、乌”为标准。白折则是清朝朝考所用试卷，用工整的楷书写在白纸制的折子上，向皇帝奏明情事。此种情况下，官员全凭手写，这也是为预防进士外放为官后在奏折上乱涂乱画。书法在考卷上先过关，相当于见习。

能写好大卷、白折，放到今天够得上书法家水平。所以，历朝进士放在今天来看，都称得上书法家。《海国图志》的作者魏源、民国初年内阁总理熊希龄，考取进士前都曾因书法不过关，专门花了3年时间闭门练字，足见要求之严。

大卷难写。康有为在《广艺舟双楫・干禄》中深有体会："大卷弥满，体尚正方，非笔力雄健，不足镇压。"写大卷很能锻炼人的眼力与整体把握能力。

练习书法于儿子而言有何教益？左宗棠以为，可以"正心"。

二、尊长者以守礼

孝威这次除了参加会试，还以一等恪靖伯之子的身份，提前参加了朝廷的"荫生"考试。

古人特别讲究尊师重教，文化人的社会地位高。根据古制，会试考生需要给自己的秀才、举人老师赠送礼物以示感恩。左宗棠要孝威找楚军驻北京办事处的负责人芝岑取钱赠师。

乡下老师日子难过，左宗棠见过身为秀才的父亲左观澜在乡间教书的窘况，自己在安化、长沙也做过十多年塾师，所以特别能理解。但他不肯额外增加家庭开支。怎么办？只能省。所以，他要求儿子少跟同学、朋友在北京搞聚会，省出钱来孝敬老师。

孝威这次给福建巡抚徐树人写了封《致徐中丞书》。因当时的邮差就是福建省政府自备的专差，福建省官员的信全放在一起，左宗棠拿起孝威的信就拆了。私拆儿子书信，这话说不过去。左宗棠自称是误以为儿子给自己的信也夹在《致徐中丞书》里，所以顺带拆开看了。这话像是借口，很可能是左宗棠放心不下，想看儿子写得怎样。

不想这一看，问题来了。

左宗棠总结孝威的书信有五大失误，即"字体带行，不用全书，不称安禀，不自称愚侄，词意间并无敬慎之意"。

古礼规定，行书自由，多用于同辈通信；与长辈通信应用楷体，以示恭敬。左宗棠提醒儿子，凡是与父亲同官、同年的，儿子都必执子侄礼。草率敷衍，不仅侮辱了别人，也侮辱了自己。

是左宗棠对福建巡抚徐树人敬佩有加，才会对儿子如此严苛吗？

其实不然。左宗棠在后面跟左宗植通信时评价徐树人："以廉慈闻，实则衰庸充位而已。"徐老先生在福建官场被人称颂廉洁、慈爱，口碑似乎不错。事实上，这个人在左宗棠看来老而无才、廉而无能，不过是赖在福建省"一号首长"的位置上，混个养老。

如此官员，似乎并不值得尊敬，左宗棠却教儿子恭敬待之，是虚伪吗？

认为此做法虚伪，大约是当代中国人与古代中国人在礼制认识上隔膜太深的缘故。

比如，父子俩为一件时事，以平等身份，可能争得不可开交；但一上饭桌，儿子立马变得恭敬。尊敬长辈不需要理由，这就是传统的中国文化。能说这是做儿子的虚伪吗？父子平等，指人格上的平等。但不是说，在家庭与社会生活中，父子关系可以完全对等。

左宗棠在这里教导孝威的方法，正是遵循古礼。徐树人在政治上无能是一回事，但对待74岁的古稀老人，作为晚辈对其表示尊敬是礼法，两者并不冲突。即在政治上你可以否定他，但生活中必须尊敬他。

三、谨言语以免祸

古代有一个庞大的乡绅阶层。这一群体主要由科举士人、退休官员组成。他们非官非民，充当着社会中坚力量。官员即使在位时声名煊赫，也总有下台时，出了政治事故要被开除回到乡下，年老了告休要回到乡下。这些民间乡绅议论时务，可以直接影响官员施政。

正因如此，官员、乡绅之间的通信变得重要起来。他们会相互交流意见，形成一个庞大的民间舆论场。尤其是在职官员的家书，内容十分敏感。因为，朝廷的最新动向、官员的施政纲领、官场内部的人事关系，家书中有第一手消息。

官员家属口风如何，与家庭福祸休戚相关。

这就有点尴尬了，官员的家书不可能不涉及国家政事，否则写信时无话可与家人讲。但讲了又怕泄密，像埋下一颗地雷，不得不防备它被引爆。怎么办呢？唯有家人看后烂在肚子里。

左宗棠拿身边的一件事来警醒孝威：周克生给石鼱庭写信说起湘潭公事（大约是政府组织上的人事任命），此事泄密后朝廷追查下来，石鼱庭由侍郎降为编修。

可见，话不能随便说，字不能随便写，小事出纰漏，大事必遭殃。左宗棠曾有一句名言："粒谷必珍，富之本也；只字必惜，贵之原也；微命必护，寿之根也；小过必惩，德之基也。"

"清风不识字，何故乱翻书。"多少官员一不小心在奏折里写错了一个字，朝廷就要了他的脑袋。

信中说到的道员胡雪岩，此时就正遭遇被人写负面新闻的烦恼。

四、不参与议论胡雪岩

左宗棠收复杭州后，胡雪岩主动请缨，做了三件善事。

一是将漫山遍野的官兵、民众及太平军尸体收集到一起，举行义葬，以免造成大面积瘟疫。

二是招抚太平军余部，出告示通知他们前来自首，罚款或坐牢，任选一条，以免这些人散落民间，再次集事。

三是赈济贫民，在杭州四处开设粥厂，救济无米下锅的流民，以尽人道主义，避免民众大规模饿死。

前面两件事都办得滴水不漏，第三件事却办砸了。

因杭州城流民太多，要精准救济很难。为避免有人冒领救济粮，胡雪岩想出了一个馊主意：领过救济米的人，剃掉双眉。发粮的工作人员一看就知道谁领过了。

方法虽然有效，但其实做错了。古人规定，男子的头、女子的腰，不能随便摸，难道这眉毛就可以随便剃？这对弱者的尊严已经构成了侵犯。

事有凑巧，杭州城里一个秀才家里无米下锅，碍于面子忍着饿，被妻子逼着也来排队。好不容易背袋米回家，妻子看到后气不打一处来，数落他为了一袋米连眉毛都可以不要。秀才哪里受得了这等嘲讽，找根绳子上吊了。

这件事传开后，阜康钱庄门前炸开了锅。被剃掉双眉的人陆续醒悟过来，越聚越多，要求胡雪岩还眉毛。这事情可就难办了，眉毛剃了没办法接上。胡雪岩只好每人赔10两白银。

事情传到左宗棠耳朵里，他不禁皱眉苦笑。

传到左宗棠耳朵里的坏消息，还不止这一个。

当时盛传，胡雪岩某天在杭州城里盯着一位姑娘看，看得姑娘不好意思了，他还目不转睛。姑娘很生气，鄙夷地瞪了他一眼，躲进屋内。胡雪岩当即安排手下找到姑娘的父亲提亲，最后以7000两白银定下亲来。新婚之夜，胡雪岩叫姑娘脱光衣服，躺在床上，他举着一盏小油灯，从头到脚，将姑娘仔仔细细看了个遍。他心满意足了，叫姑娘穿好衣服，自己就出去了。第二天一早，胡雪岩又派人叫来姑娘的父亲，打发他2万两白银，要他抓紧给女儿再找个安分守己的人家嫁了。

以道德视之，这叫“富贵而淫”；用今天的话说，叫“性变态”。左宗棠却仍不予追究。理由是，胡雪岩“至其广置妾媵，乃从前杭州未复时事”。意思是说，自从做了我的部下后，胡雪岩安分守己，我就没必要拿过去的错误再来审判他一次了。何况，社会舆论的唾沫星子，已够胡雪岩喝一壶了。凡事有因必有果，他正在喝自己酿下的苦酒，身边人就不要再落井下石了。

事实上，左、胡关系此时刚进入一个新阶段。从信中可以看出，胡雪岩的商业根据地开在浙江，左宗棠去福州总督署就任时，胡雪岩在福州的商业网络还没铺好，人还没赶到，左宗棠也不催他。两人心里都明白，福建灾民紧急，谁都想争取早一天到，用不着催。

左宗棠特别交代儿子：你既然已经知道胡雪岩的一些事，那么在北京如果再听到关于他的一些议论，还是应该告诉我。但我有个要求，你自己知道就可以了，不要去跟别人掺和、起哄，世事复杂，轻易议论容易自取其辱。

陆拾捌·复仲兄

| 同治四年三月十九日

仲兄大人福安：

弟入闽以后，惟上冬刘克庵副帅小挫一次，旋即复振。龙岩克后（康军之力），继克南阳（刘、王两军之力）汪逆老巢。而高、黄两军之攻漳城，屡获胜仗，尤足寒贼胆而固民心。弟驻师延平，就近兼拿盗匪，拟即晋省办事。因汪逆时有北窜之意，故暂仍未动。杨、简两镇新募之营亦到，兵力足敷。外间谣言退驻浦城，并无是说。弟自办军务以来，拿定主意，宁肯缓进，断不轻退。其制贼之略在保完善之躯、制鸱张之寇。初奉督办之命，即以此上陈，至今未敢变易，故于广德、宁国之不剿不防必抗疏争之。无如三函两牍概置脑后，卒酿此时闽、粤纷纭之局也。尝叹东南大局，若有实心任事、稍通方略者三数人及早经理，断不至蔓延流毒至今。见在大局虽稍有眉目，然戡乱之人实不多觏。而运气却好，亦不可解。岂古来所谓命世英豪亦半凭运气耶？抑国家景祚方隆，群盗固应数尽耶？

伯爵两辞，未蒙鉴谅，不敢为再三之渎，实则非家门之福。弟之不受贺，而申谕家人以忌满之说，由衷之谈，非有所矫执也。

浙之官民均切去思。新抚马毂山一遵旧令尹之政，遇事虚怀商榷，稍可慰意。闽事败坏至不可堪，徐中丞以廉慈闻，实则衰庸充位而已。战事尚顺，惟贼意欲下海以赊死。其汪逆一股时思北窜，现虽极力截剿，未知果无漏逸否。

淀甥、癸侄已早安抵营中，且令其留心学习。喜幕中多端士，无各军习气污我素丝耳。

手此即复，请大安。

怀弟宗棠谨启

三月十九延平营次

秦提军，老猾也。作武官不能打仗，专讲应酬。弟待之亦厚，未尝资其力。渠所言无可取也。附白。

办事“缓进不退”，成功半凭“运气”

这封写给二哥左宗植的家书，内容较前面的家书要老到得多，也深入得多。写给儿子的信总是在指导跟教育，这封信语气完全不同。可见，写家书是一个互动的过程，交流对象怎么样，决定了交流深度达到几分。与同辈明白人交流，左宗棠压在心底里的那些主意、观念，逐渐袒露出来。

一、成功策略，缓进不退

左宗棠自述战场胜利的法宝是“缓进不退”。原话是：“弟自办军务以来，拿定主意，宁肯缓进，断不轻退。其制贼之略在保完善之躯、制鸱张之寇。”

这与毛泽东“集中优势兵力，各个击破敌人”的战术有异曲同工之妙。战争的结果是希望“保存自己，消灭敌人”。战场取胜不仅靠实力，更靠士气。而激发士气的最好方法，就是取得胜利。一旦局部失败，出现溃退，消极与悲观情绪就会瞬间蔓延，士气难振。所以，战略上要“缓进不退”，宁可少打胜仗，力争不打败仗。

放远了看，左宗棠在1875年5月着手收复新疆时的战略是“先北后南，缓进急战”。其战略思想脉络的源头，在这里可以找到。

“缓进不退”就是“积极稳健”。打仗靠士气与勇气取胜，为什么不可以“积极冒进”？这从哲学家老子的话里可以找到根据。老子说：“吾有三宝，持而保之。一曰慈，二曰俭，三曰不敢为天下先。慈故能勇，俭故能广，不敢为天下先，故能成器长。”

不敢为天下先，就是不打第一枪。谁打第一枪谁倒霉。这个观点，左宗棠没有详细阐述。

但战略上的胜负，决定因素在天下大势。顺之者得势，逆之者失势。而势无定无形，到底还有“偶然+运气”的成分。

二、天下大事，半凭“运气”

左宗棠在与二哥的信中说出了大实话：“然戡乱之人实不多觏。而运气却好，亦不可解。岂古来所谓命世英豪亦半凭运气耶？抑国家景祚方隆，群盗固应数尽耶？”

太平天国为什么能被消灭？左宗棠归结为清军气数未尽。

当然不是说他的战术是靠运气取胜，而是大半个中国卷入战争，他对曾国藩统领以湘勇与楚军为主的湘军五大主力以及淮军，通过与八旗、绿营配合，彻底消灭太平天国，之前并无绝对把握。

而对于消灭太平军，曾国藩也曾思来想去，结论为靠“运气”。

在唐浩明先生的小说《曾国藩》中，曾国藩与九弟曾国荃如此总结：

> 咸丰四年出兵之初，我在靖港大败，长沙官场尽是白眼，我自己也对前景失望，没想到塔、罗在湘潭十战十胜不仅抵消了我的失败之过，还赢得了湘军的彻底翻身。这是一个例子。
>
> 第二个例子，咸丰五年在江西，石达开把我舢板全部引进鄱阳湖，然后全力围攻我水师，逼得我跳长江自杀。虽被救不死，但全军已溃败。正在垂手待擒之际，鲍春霆却突然率打粮之军归来，冲乱了长毛的阵脚，使我死里逃生。
>
> 第三个例子，咸丰六年，从樟树镇败回南昌，石达开将南昌城团团包围，炮声火光昼夜不歇，南昌指日即破。做梦也没想到，长毛竟然在一夜之间撤走得干干净净。

第四个例子，咸丰十年在祁门，李秀成率数万大军已杀到我的眼皮底下。祁门总共不到三千人，幕僚们几乎逃光，连李少荃都被吓走了。我已写了遗嘱，枕剑而卧，随时准备自尽。结果又是让鲍春霆冲进祁门大山来救了。而奇怪的是，李秀成居然不再进攻，率部西去了。倘若他不走，继续打下去，霆军很可能也挡不住。

沅甫，你看看，我能有今天，到底是靠我的本事呢，还是靠运气呢？

曾国藩好友欧阳兆熊在私密日记《水窗春呓》中披露，曾国藩临终前一年，还在要求他给自己做这样一则墓志铭："不信书，信运气；公之言，告万世。"

曾、左两人既然同时说到了运气，这事就值得仔细玩味了。关键看我们怎么理解"运气"二字。

如果将"运气"理解为不可知的天意与玄幻，则流于迷信，因为这是一种超自然的神秘力量。曾国藩即倾向于此。如果将"运气"解读为时势与潮流，则可以通过理性与逻辑分析出原因来，它就符合科学。

三、"运气"掌握在自己手里

左宗棠在这里的解释接近科学："国家景祚方隆，群盗固应数尽。"

当时，大清帝国权威尚在，还有慈禧太后、恭亲王奕䜣这样一批改革派，能适时大胆起用汉族能人，维持王朝正统，是国运延续的根本。

中国人从秦始皇二十六年（公元前 221 年）起接受皇帝，2000 多年的封建帝制不是说推翻就可以推翻的，民众一时也接受不了。这是晚清在大乱后仍能出现"同光中兴"，焕发第二春的民心基础。

将历史从晚清往后推半个世纪，1911 年，辛亥革命成功后，皇帝虽然被请下台，但帝制仍阴魂不散。1916 年，袁世凯称帝；1917 年，张勋复辟。10 余年后，伪满洲国得土壤又成立。在当时的中国，要赶跑一个皇帝容易，要赶跑中国人头脑中的帝制观念，不是短时间可以实现的。

说太平天国“数尽”，不无道理。孙子曰：“不可胜在己，可胜在敌。”人们总以为敌人是被对手打败的，实际上敌人是被自己打败的。如果洪秀全真正具备领导才能，那么何至于在革命盛势时五王自相残杀，内部元气自耗殆尽？而曾国藩哪一次死里逃生，不是碰上太平军内部争斗才虎口脱险？

“兴亡谁人定，盛衰岂无凭？”历史确有定数，一个朝廷的气数是可以运用逻辑与理性分析出来的。

左宗棠只是将理性分析的结果，叫作“运气”。

陆拾玖·与孝宽

同治四年五月二十一日

孝宽知之：

许久未接家信，亦未暇寄字回湘，想眷集各吉也。哥哥考荫引见，蒙天恩加赏主事。已具折专弁谢恩，并因旅费缺乏，酌量寄京矣。

闽中兵事顺利，四月二十一日克复漳州府城，次日克复南靖县城，而漳浦、云霄、平（安）［和］、诏安各厅县均以次克复（全境肃清）。计侍逆一股十余万，除穷蹙乞降外悉数歼除；丁逆太阳一股亦因穷蹙乞降。惟汪逆海洋屡经剿败，尚复鸱张，其悍特甚，各军拟悉数追剿。无如闽边米粮匮绝，且山谷阻深，馈运极难，约须费米一石五斗然后可运一石（每石价须八九千）。各军一粥一饭尚有间断之时，目睹情形极为焦灼。王镇开琳于前月二十二日为汪逆所乘，损失八营，为频年未有之事：（所部丁长胜在永定之猎射坳失事。丁本良将，因江西所募新湘营不能战，且米粮正乏，子药已尽，被围两日夜而陷）。幸刘克庵分所部及康道国器所部奋力援剿，立解重围，现已檄王镇带老湘营回赣防剿。汪逆志在窜江，我军分路追剿，越境恐为江西之患（鲍超一军叛卒已到江西），亦将波及湖南也。计窜闽之贼二十余万，今剿剩数万。诸将士殚力尽心，可谓至矣。而犹剩此逆未及歼尽，殊不放心，仍当竭力图之耳。手此谕悉，并呈尔母阅之。

诸军追贼过上杭，我已于初十日移节漳州矣。尔辈欲赴闽，须打听江西无贼乃可。总须先发信，以便遣人迎护。

五月二十一日漳州行营［寄］

为官之道，宽严结合

此时，曾、左虽同为封疆大吏，但遭遇的困难大为不同。困扰曾国藩的是“世俗文法”。他的机要秘书赵烈文称他“历年辛苦，与贼战者不过十之三四，与世俗文法战者不啻十之五六”，是说曾国藩与社会陋习、官场的潜规则周旋，花掉了百分之六七十的时间与精力。左宗棠则不同，他采用法家手段，全方位除旧布新，清理社会陋习、官场潜规则，因此不存在“世俗文法”的困扰。换句话说，曾国藩一生总在克服左宗棠那里不存在的困难。

一、惩处腐官，教育庸官

眼下，摆在左宗棠面前的困难主要有两个：一是福建地方官员不作为，贪腐、懒政、惰政现象比比皆是，政府现有机构一盘散沙；二是从江西、浙江打到福建，仗越打越大，进军速度越来越快，经济也日益紧张，后勤保障一时跟不上。

左宗棠与福建巡抚徐树人沟通了自己“铁腕治闽”的思路：

> 闽中之治，以治匪为要。治匪必先察吏，察吏必先惩贪。暂惟公独任其劳怨，弟心不安，然亦无如何。受三、桐云当可稍资臂助。贪吏如周式濂、周大健，代理诏安之张鸿书，请挈弟衔劾办。此外尚有数员应参办者，容再奉闻。国家好好地方，好好百姓，尽为若辈搅坏，殊深发指。知公仁心厚德，将必有大不忍者。然一家哭，何如一路哭，昔贤已言之，愿公断在不疑也。

福建地方黑社会势力猖獗，原因是有地方保护伞。要打掉黑社会，必须先考察官员，而考察官员的第一步，是“打老虎”。

“老虎”目标大，一打一个准，但“苍蝇”怎么办？

左宗棠对部下周受三说出了自己的方法：一地的官场风气要重新振作，首先在于上级领导干部要全神贯注，大胆用人，除了有贪婪劣习、粗鄙陋习、抽鸦片恶习、麻木不仁的这四种人绝对不任用，其他人才都可以量体裁衣，因材施用。

为什么要宽严结合？左宗棠说：

大抵中人之资，可与为善，可与为恶，吾之好恶一端，斯吏之趋向定矣。长沙一猾吏曾语人云：“吾辈所工者，揣摩风气耳。使上司所尚者果是廉干一路，吾亦何乐而为贪庸乎？”此言虽谐，却亦近理。

左宗棠已经清楚地认识到，此时官场风气，流行风吹两边倒：下级官员时刻在琢磨上级领导的意图，以把握正确的政治风向。只要上级领导清廉能干，下级官员就会收手不贪。治官之要，需就锅下面，因势利导，除考察之外，平时也要多教育、关怀与引导。

对此，左宗棠说：

今日道府以上至督抚，均言察吏，而不知察吏之外，尚有训吏、恤吏两端。训之使不至为恶，恤之使可以为善，斯其成就者多，而转移自速也。由前言之，表端则影自正，修身以上之事也；由后言之，以人治人，改而止，忠恕之道，齐家以下之事也。闽中官吏庞杂，习气颓靡。吾惟去其太甚者，举其贤者、能者，不必问其从来，咎其已往。某某当权时钻营之人，概置不问可也。

二、市场开路，革新盐政

这边解决福建官场，那边军费又让左宗棠头疼。

楚军队伍庞大，军费开支较出山时已增加了 10 倍。福建多山，运输极其艰难，稻米的运费是其成本的 1.5 倍。左宗棠忙于应付之余，不得不长叹一声："闽边米粮匮绝，且山谷阻深，馈运极难，约须费米一石五斗然后可运一石（每石价须八九千）。各军一粥一饭尚有间断之时，目睹情形极为焦灼。"当兵的连饭都吃不饱，这仗还怎么打？

怎么解决巨额的军费？左宗棠决定拿食盐做文章。

改革盐政，首要在换人。左宗棠征得朝廷同意之后，罢免了贪污且不作为的福建布政使张铨庆、督粮道周揆源，改由吴大廷出任福建盐法道。

同治四年六月十五日（1865年8月6日），左宗棠连上三道奏疏，提议在福建试行票盐，获得特批通过。

票盐是道光初年两江总督陶澍提出的一项新制度，此前朝廷一直实行纲盐。纲盐与票盐有什么区别？简单地说，纲盐是国家垄断食盐的生产与销售，实行完全的国有国营；票盐则是将食盐的销售环节放开，由民间资本进入，实行国有民营。

国有国营的纲盐最大的弊端是，官员人浮于事，效率极低。政府的盐堆在仓库里不动，而老百姓家家缺盐，私贩偷运黑盐横行，老百姓只能通过黑市购买高价盐，不免怨声载道。地方政府守着盐库这座金山，却还一年四季告穷。

国有民营的票盐带给朝廷的烦恼是，控制老百姓的最重要的商品食盐若被公开、公平、公正的市场夺走，朝廷就会失去管制的权力。

左宗棠早年在安化陶家教书时读完了陶澍的全部奏折，对票盐当然不陌生。眼下非常时期，如果不试行票盐解决军费，那么福建能不能收归朝廷还是个未知数。

为了收复已失疆土而暂行票盐，朝廷当然答应。

左宗棠懂得，要让朝廷支持官员改革某项政策，最重要的一点是让朝廷没有任何经济损失，相反，还能尽快得到实实在在的回报。

于是左宗棠下大力气清理福建历年盐务财政收支。账目显示，福建省政府行纲盐以来，已经负有400多万两白银的高额债务。查账才知道，原来暴利被盐政办事员勾结黑盐贩子，贿赂贪官做假账，暗地里合伙瓜分掉了。

左宗棠改行票盐，认票不认人，只要是拿到盐票的人就可以自由贩卖食盐，这一举端掉了黑盐贩子的饭碗，黑市不打自消。

同治四年十一月十六日（1866 年 1 月 2 日），左宗棠向朝廷长篇汇报改行票盐的成果：半年来，票盐上缴京饷及司库 15 万两白银，是同治元年（1862 年）行纲盐时上缴金额的 1 倍。盐税实际支持楚军军饷及应付福建地方政府各项实际开支 16 万余两白银。市场盐价仍与原来的价格相等，老百姓的开支并没有增加。

经济好处已经到手，朝廷立即同意左宗棠将票盐制度在福建推广实行，楚军军饷问题迎刃而解。

柒拾·与孝威

同治四年闰五月初七

[谕]孝威知之：

许久不得尔书，颇为系念。

闽事诸顺，全境肃清。见驻漳州，调兵入粤，仍勒兵境上，伺其窜入江西则急起截之，兼防其窜湘之路。谅诸逆或诛或降，仅止汪逆一股已不成气候，或可了也。

尔榜后已分何部？少年新进，诸事留心考究，虚心询问，借可稍资历练，长进学识。切勿饮食征逐，虚度光阴。每日读书习字，仍立功课，不可旷废间断。闻王老师清俭耐苦，人品心术甚为人所莫及，尔可时往请其教益。总要摆脱流俗世家子弟习气，结交端人正士，为终身受用，勿稍放浪以贻我忧。时政得失、人物臧否，不可轻易开口。少时见识不到，往往有一时轻率致为终身之玷者，最须慎之又慎。

直、东军务方殷，南归道梗，且俟秋凉再理行装，归时仍以取道浙江为便。

今日接家信，尔充舅及黎婿闻于四月廿六日起程来闽，[行抵袁州，计在叛军过后，此时应已抵闽省矣。家中老幼均吉，尔母及尔姊弟辈均思来闽]然必江西无警乃可行也。

前由闽省银号汇寄八百两为本县公车程仪及应酬之费，想已接得[手此告知]。

闰五月初七日漳州大营

父亲想“圈养”，儿子盼“放养”

同治四年四月二十九日（1865年6月3日），左宗棠将前敌指挥部设到漳州。在部署兵力作战的同时，向朝廷连上三道奏折，对福建盐务、商业做出大刀阔斧的改革。在军事、民政繁剧的时刻，他抽空给长子写下这封书信。

上一封信是左宗棠第一次单独给在湖南老家的次子孝宽写的，而这封信则是左宗棠给还在北京等待会试放榜的长子孝威写的。将前后两封信结合起来看，信件的内容虽有不同，但背后有着一致的教育观念。

孝宽是妾张茹所生，小孝威 1 岁。通读全部家书后可以看出，孝宽的办事能力不错，能称左宗棠心意；但身上“书气”不浓，也看不出什么灵气，这与左宗棠有较大的差异。

孝威还在北京考试，孝宽暂代“家督”之责。按说，父亲第一次给孝宽写信，除了叙述战事，还应有一些针对个人的问候、关心与教育，但左宗棠只有一句“手此谕悉，并呈尔母阅之”，可见他只是想通过此信，告知家人近况。

现在距离南京城被攻下已快过去 1 年，但太平军的势头似乎不弱反强，有回光返照的意味。

最近有两件事让左宗棠十分扰心。第一件事是浙江镇军（总兵）王开琳在同治四年五月二十二日（1865 年）被太平军将领汪海洋一次吞并了 8 个营（每营 500 人，8 营为 4000 人）。这场恶战的惨状对楚军来说是史无前例的。

回看前面的家书，楚军出山之初，连打三大胜仗，己方“零伤亡”。之前最大的一次损失，是在同治二年十二月二十六日（1864 年 2 月 3 日），营官余佩玉陷入敌人包围圈，损失也不过 300 余人。这次损失 4000 人，大约已超过了楚军成立以来战死士兵的总和。所以，左宗棠扼腕苦叹：“为频年未有之事。”

第二件事是收复福建时深入荒山老林，楚军遭遇后勤补给的严重短缺。军粮不但难以买到，而且即使买到，运输一石米，要花一石五斗的运输成本。现场购买的军粮价格为每石 9000 文，约 8 两白银，是湖南粮价的 8 倍。这种情境，多像后来收复新疆过程中的遭遇！

楚军以农业劳动的方法训练士兵，士兵特别吃苦耐劳，饿着肚子也能打仗，所以，行军在福建的崇山峻岭间照样健步如飞。

正因为每一点成绩的取得都极端艰难，所以左宗棠对得来的富贵特别珍惜。随后孝威从北京一返回家中，他就当即去信，不谈军事、形势、胜利，专心教育他为人处世的道理。

左宗棠在信中告诫孝威说：“时政得失、人物臧否，不可轻易开口。”也就是说，不要随便谈论时事、政治，不要信口评价社会名人。

这与左宗棠早年的经历完全反其道而行之。

左宗棠年轻时爱谈论时事、政治，他第一次会试期间，寄居在胡林翼父亲胡达源北京的家里，他与胡林翼结识，二人考试前不忙着猜题押宝，而是专门坐而论道、分析时事、抨击政治。左宗棠在城南书院师从贺熙龄期间，对顾祖禹、魏源的作品评头品足，不但指出他们的缺点，还提出自己的观点。

也许连左宗棠自己都没有意识到，他一生之所以能够成功，恰恰是因为青年时代谈论“时政得失、人物臧否”。谈论的过程中，他养成了一种很重要的能力，即独立思考与自由表达。为什么自己得益的方法，却不许儿子学？这大概就是所谓的“初生牛犊不怕虎，生出角来反怕羊”。

做父母的通病，自己走过的弯路，不希望后人再走；自己得过的教训，不希望后人再得，左宗棠也未能免俗。问题是，没有这些弯路，没有这些教训，后人怎么可能成长得起来呢？世上从来没有从人生起点笔直走到成功终点的人。完全按照强势父母的思路，不过是鸟笼养鸟，马圈养马。实践证明，“圈养”不如“放养”。

古人讲究“易子而教”，看来是颇有道理的。真正有开创能力的人才，都有锋芒与缺点，他们虽然不入父母的法眼，但通过自己的奋斗往往可以从另一个地方冒出来。

这里也让人看到左宗棠内心其实过于小心、谨慎，有保守与传统的一面。他竟然跟儿子说：“少时见识不到，往往有一时轻率致为终身之玷者，最须慎之又慎。”这哪里像一个锋芒毕露者讲出来的话！钱基博评价左宗棠“豪雄盖代，而敛之以惕厉”，可谓知言。

左宗棠凭能力在荆棘社会中取得成功，对国家与民族来说是一大功绩，对他自己来说是一种成功与证明，对家族来说是一种莫大的荣耀，但对教育儿子来说不见得是一件好事情。在笔者看来，左宗棠的教育观念虽然都有道理，但条条框框和规矩实在太多。

柒拾壹·与孝威

同治四年七月初一

孝威知之：

接闰月二十一日信，知已安抵家中，途间均顺，至为慰意。先两日甫得尔都中四月晦日书，正以尔盘费少，直、东军务正急，颇为悬系，今竟安然无它也。

会试不中甚好。科名一事太侥幸、太顺遂，未有能善其后者；况所寄文稿本不佳，无中之理乎。芝岑书来，意欲尔捐行走分部，且俟下次会试再说。我生平于仕宦一事最无系恋慕爱之意，亦不以仕宦望子弟。谚云："富贵怕见开花。"我一书生忝窃至此，从枯寂至显荣不过数年，可谓速化之至。绚烂之极正衰歇之征，惟当尽心尽力，上报国恩，下拯黎庶，做[完]我一生应做之事，为尔等留些许地步。尔等更能蕴蓄培养，较之寒素子弟加倍勤苦努力，则诗书世泽或犹可引之弗替，不至一日澌灭殆尽也。

世俗中人见人家兴旺辄生[忌嫉心]，忌嫉无所施则谀谄逢迎以求济其欲。为子弟者以寡交游、绝谐谑为第一要务，不可稍涉高兴，稍露矜肆。其源头仍在"勤苦力学"四字，勤苦则奢淫之念不禁自无，力学则游惰之念不禁自无，而学业人品乃可与寒素相等矣。尔在诸子中年稍长，性识颇易于开悟，故我望尔自勉以勉诸弟也。都中景况我亦有所闻，仕习人才均未见如何振奋。而时局方艰，可忧之事甚多，外间方面亦极乏才，每一思及辄为郁郁。尔此后且专意读书，暂勿入世为是。古人经济学问都在萧闲寂寞中练习出来。积之既久，一旦事权到手，随时举而措之，有一二桩大节目事办得妥当，便足名世。目今人称之为才子、为名士、为佳公子，皆谀词，不足信。即令真是才子、名士、佳公子，亦极无足取耳。识之。

六年不见尔母及尔曹兄弟姊妹，又两新妇、两孙亦时念之。惟现在汪逆入粤后凶焰尚张，其蓄意在窜江西另寻生路。眷属来闽必从江西取道，暂可缓之。俟贼踪有定，再由此间派人来接。将来恐须由长沙雇船到九江、湖口，换船至江西广信府之河口；由陆路赴福建之崇安，雇船到福建省城，方为妥便也（此路游勇土匪无处无之，来时尚需带勇士百名防护）。

润儿今岁原可不应试，文、诗、字无一可望，断不能侥幸。若因家世显耀竟获侥幸，不但人言可畏，且占去寒士进身之阶，于心终有所难安也。尔母于此等处总不能明白，何耶？

前接尔信，索银甚急，已托周寿山由福建银号汇兑纹银八百两交芝（岑）[岑兄]收转尔用，想芝（苓）[岑]早已接得。除还借项二百两外，当以二百两送绵师，二百两送芝（苓）[岑]，余即留芝兄处应酬各项。

七月初一日[书于]漳州城大营

富贵怕见开花

这封信，左宗棠与儿子谈论的是自己与家庭。近几年来，让他战战兢兢，如临深渊、如履薄冰的，是自己发迹速度太快，延续富贵很难。他说："我一书生忝窃至此，从枯寂至显荣不过数年，可谓速化之至。绚烂之极正衰歇之征……"

毫无疑问，骤然富贵，已让他恐惧。

以左宗棠的理性与智慧，这背后一定有文章。

一、警惕"暴得大名"

左宗棠怎么看待名利、富贵？他给后人留下了两句话：一句是"暴得大名不祥"，另一句是"富贵怕见开花"。

"暴得大名不祥"，意思是一夜之间成为名人，不是吉祥的信号，而可能是一个凶兆。为什么呢？原因主要有两点：其一，出名是每个人都想实现的事，一旦你得了大名，别人就会眼红，飞黄腾达必遭人嫉，他们会想办法来夺，夺不到就诋毁，弄不好会有血光之灾；其二，大名必然带来大利，骤然取得大利，不但会改变个人的人生轨迹，也会改变家族的发展路径。事实上，每个人根据自己的性格、才能，都有相对固定的发展路径，家人突然发迹会改变原有的生活轨迹，无异于揠苗助长，埋下诸多隐患。

左宗棠可不是在自己吓唬自己，也不是在杞人忧天。与左宗棠有相近观点的人，还有东汉末年的曹操，以及同时代的曾国藩。

曹操在《述志令》中有一句名言："是以不得慕虚名而处实祸。"他将"虚名"与"实祸"对等起来，道出了名气背后的凶险。换句话说，当实力与底气不足以支撑名气时，请务必保持低调与务实。

曾国藩则在咸丰四年十一月二十三日（1855年1月11日）给诸弟的家信中说："古人谓无实而享大名者，必有奇祸。吾常常以此敬惧，故不能不详告贤弟，尤望贤弟时时教戒吾子吾侄也。"当时的背景是，曾国藩在3个月内接连攻下数城，朝野点赞声一片。面对骤然而得的声名，他反其道而行之，以足够的清醒与警惕待之。

三人对名气持相同的恐惧态度，不能不引起今人警醒。

二、降解"小目标"，追求"大目标"

今人出名，与古代成名有诸多的不同之处。

古代交通阻塞、通信落后，即使靠文章出名，传播速度也相对缓慢。今天，处于信息社会，科技不但为我们带来了空前丰富的物质与财富，也为我们带来了无所不至、无孔不入的发达传媒，让一夜出名成为可能。

但名利是把"双刃剑"。虚名容易招祸，这在今天屡见不鲜。

虚名固然常常招祸，实名就可以放心睡大觉吗？也不尽然。左宗棠从咸丰二年（1852年）入湖南幕府，10年积累，位及封疆大吏，贵为伯爵，算得上是渐得大名，那么他就没有后顾之忧吗？

左宗棠说："富贵怕见开花。"

实名固然不大可能遭遇人祸，但会受规律的制约。规律是什么？花开之后花谢。所以，左宗棠在此信中说："绚烂之极正衰歇之征。"别人看到的是外表的绚丽，只有自己知道其后力不从心，必将逐渐走向衰退。

凡事忌满。月盈则亏，器满则倾，这也是规律，要跳出这一规律的制约。曾国藩引用宋朝蔡襄的一句极有见地的诗表达他的观点："花未全开月未圆。"这句话说得婉约含蓄，不容易明白。简单来说，就是人要有一个自我调节目标的过程。比如，有人将人生目标定位在娶老婆、生孩子、开车子、买房子、有票子，"五子"登科。如果一天内这些愿望全部实现，就是"花已全开月已圆"，人生将要走下坡路了。怎么自我调节呢？可以根据自己的兴趣，做一桩自己最喜欢的事业，将前期已经实现的小目标仅当作成就事业的基础，这样你还是"在路上"，即"花未全开月未圆"。

如果不断地用一个更大的目标笼罩自己不断实现的阶段性目标，将前面已经实现的目标都自动降格成小目标，自己就会永远处于"花未全开月未圆"的状态。

左宗棠此后的做法就是如此。他收复闽浙后，选择去平定陕甘，就是将平定太平军的阶段性成功降格成小目标；平定陕甘之后，他又不拒艰苦，主动请缨收复新疆，仍是将前面的成功踏在脚下，当成小目标；直至组织恪靖定边军抵抗法国。在个人职业生涯中，左宗棠始终处于"在路上"的状态。

三、诗书传家，酝酿元气

以上是左宗棠个人事业发展上的"花未全开月未圆"。对家族来说，怎样避免后人因自己名声日隆而改变其应有的正常人生轨迹呢？

左宗棠的做法是，将自己的学养当成儿子的基石，让他们以此为起点，积蓄力量，酝酿元气。

怎么酝酿元气？即“诗书世泽”“勤苦力学”。

左宗棠对“勤苦力学”尤其看重，原因是，他看到了官宦子弟、读书人家出问题大都是闲出来的“富贵病”、懒出来的“愚蠢病”。所以，他在信中说“勤苦则奢淫之念不禁自无，力学则游惰之念不禁自无”。人只要从小戒奢淫、不游惰，长大成人后就不至于成为社会的累赘，更不至于在激烈的竞争中被社会淘汰。

家族要兴旺发达，主要靠个人努力、文化规范，但核心在家风。

人天生性格不同、气质不同，其中有好有坏，怎么趋好避坏？靠诗书熏陶。读书虽不能改变人的性格，但可以改变人的气质。一个真正知书达理、被文化内化了的人，很难坏到哪里去，也不可能失败到哪里去。这就是左宗棠结合自身阅历经验得出的经营家庭的智慧。

柒拾贰·与孝威

同治四年八月十六日

孝威知之：

接尔七月十五日信，知尔母及姊弟等亟欲来闽省视。我原拟将贼事了妥后道途安静，乃遣人前来，以来路必走江西，正汪逆注意欲窜之地也。现在康道于粤境叠获胜仗，粤贼就抚甚多，汪逆已带伤入镇平城，高、黄、刘于八月初二获大捷，初九夜贼弃城而遁，现饬紧迫。然一入粤境，则步步落贼之后，专靠刘克庵一军拦头，将来湘省边界恐不免受其害，已函咨刘克帅带各营由江西安远、信丰、南安边界相势截击。如不能遇贼，则力扼桂阳；若贼已窜入桂阳，则并力郴州也。眷属可雇船［红船为宜］，由长沙、岳州至九江湖口入鄱阳湖，溯流至省城，换船至河口（铅山地界大船尚可到），到河口后起旱过山，至福建崇安上船（尽是装货小船），下水抵闽省。途间宜加意慎重，如有妥实健勇可雇数十名（亦须派十长总哨）同行。到河口后过山，有三日旱道，路尚大，惟家眷行走不易，届时当派差官带数十勇丁前来护之。

司马桥住宅即交妥人看管（不必佃与人）亦可。书籍家具须一一查点存记，免他日归来无停顿安置处也。

少云病似不轻，尔大姊闻眷属赴闽未免孤寂，亦无法致之。

大舅及黎婿已由闽省到漳州大营，尚平安无他，惟无可位置耳。［手此告知，想能领悉，不多及。］

十八日当着袁升、李发回湘接眷。莫一、李贵不可用，已斥遣之矣。

江西中丞已换刘岘庄［坤一］，过南昌时可往拜之［帖用愚侄，称呼九叔。谒时便探贼踪，请派戈什哈两人照料过境］。

八月十六日漳州大营［发］

福州团聚，刘坤一护佑家眷

写这封信6天前，左宗棠率楚军攻下了镇平。3天前，朝廷发布任命，左宗棠以钦差大臣身份督办广东、江西、福建三省军务，平定太平天国余部。大战前夕，他给长子写下此信。

左宗棠接全家人来福州团聚这件事，商议了快两年了，此时才有了一点眉目。他必先做好“武装到牙齿，保卫到头发”的周密安排，才允许家人动身。这次几乎是全家出动，除了2位夫人、4个儿子、2个儿媳，还有2个孙儿。

左宗棠的二女左孝琪，道光十四年（1834年）生，终生未嫁，自然要跟母亲同行。三女左孝琳，道光十七年（1837年）生，嫁湘潭黎尔民；四女左孝瑸，道光十七年（1837年）生，嫁湘潭周庆生。黎尔民与周庆生都在楚军营中，两女离娘家近，自然也想跟来。

唯有长女左孝瑜，道光十三年（1833年）生，远嫁益阳安化，孩子已有六七个，且陶桄又花钱在外地买了个道员，最近得了重病，所以没法赶来。阖家大团圆缺了大女婿一家人，左宗棠不无落寞地说：“少云病似不轻，尔大姊闻眷属赴闽未免孤寂，亦无法致之。”

在太平军彻底被消灭的最后关头，举家老少搬迁，风险可想而知。左宗棠为什么还敢冒险接家眷来？原因是，在今年中秋节时，江西巡抚已经换成了刘坤一。将家人托付刘坤一保护，左宗棠很放心。这不仅是因为两人交情深，也因为刘坤一强势且能干。

刘坤一作为湘军中一位承前启后的人物，这里不妨专门说一说。

刘坤一生于道光十年（1830年），湖南新宁人，是湘勇创始人江忠源的亲戚。因为这层亲戚关系，刘坤一自幼师从江忠源，19岁那年考取了县学廪生。

邵阳地处闭塞山冲，刘坤一走出乡关，多亏了刘长佑。

刘长佑大刘坤一 12 岁，但按族谱辈分，刘坤一是刘长佑的叔叔。咸丰五年（1855 年），刘长佑带着这个年轻的小叔叔，在新宁县办成团练，作为湘军的一支，进入江西作战。

刘坤一在战场上发挥邵阳人的铁血精神，初战告捷，再战胜利，成长为湘军中的一员骁将。朝廷破格提拔他做直隶知州。此后，他带领新宁勇，转战湖南、广西等地，历任临江知府、广西按察使、广西布政使，一直做到了江西巡抚。

有这样一位湖南老乡主持江西，左宗棠还有什么不放心的？所以，他在信中安排孝威到江西后的第一件事，就是去南昌巡抚衙门拜见刘坤一，有他保护就安全了。

刘坤一仕途一路通达，同治元年（1962 年）升广西布政使。同治三年（1865 年）迁江西巡抚。光绪元年（1875 年）擢两广总督。光绪元年（1879 年）署理两江总督兼南洋通商大臣。随着曾国藩同治十一年（1872 年）去世，左宗棠光绪十一年（1885 年）离开人世，刘坤一成了清末最后一位湘军统帅。

湘军衰落的标志是光绪二十年（1894 年）甲午海战的战败，刘坤一当时是指挥湘军抗日的统帅。

日军于 1895 年 3 月 4 日在牛庄重创湘军主力，7 日占领营口，9 日攻陷田庄台，湘军在辽河东岸遭全线溃败。刘坤一积极筹划反攻。但清廷害怕了，派李鸿章与日本签订了《马关条约》。

湘军抗日失败，《清史稿》有较完整的记述："日本犯辽东，九连城、凤凰城、金州、旅顺悉陷，北洋海陆军皆失利。召坤一至京，命为钦差大臣，督关内外防剿诸军。坤一谓兵未集，械未备，不能轻试，诏促之出关。时已遣使议和，坤一以两宫意见未洽为忧，濒行，语师傅翁同龢曰：'公调和之责，比余军事为重也。'"刘坤一指挥海战刚开打，朝廷便令他鸣金收兵，他"愧愤填胸，寸心如结”。

湘军抗日失利的原因，一是朝政腐败，军费被慈禧太后挪去庆祝60岁生日；二是湘军表面辉煌但内部已见暮气，锐气大不如初。

甲午海战后，清朝官场经历了一轮大洗牌，分化成三大阵营：以两江总督刘坤一为代表的湘军系，以两广总督李鸿章为代表的淮军系，以湖广总督张之洞为代表的清流系。

刘坤一被日本军队打醒了，他清醒地认识到，日本将成为中国未来巨大的威胁，要战胜日军，不能靠一时一地一战，而应着眼未来。经过深思熟虑，他第一个提出打“持久战”：

> 持久二字，实为现在制倭要著。诸将一闻和约，义愤填胸，必欲一决死战。坤职在兵戎，宗社所关，惟有殚竭血诚，力任战事，此外非所敢知！

其后，在推动维新变法上，他也不乏善举。光绪二十七年（1901年），他与张之洞连上三疏，请求变法，这就是近代史上有名的“江楚三折”。

1902年9月，刘坤一去世，朝廷追封其为一等男爵，谥“忠诚”，晋赠太傅，归葬老家湖南省新宁县飞仙桥沙坪里。第一代湘军从此退出历史舞台。

张之洞对刘坤一的评价颇高：“居官廉静宽厚，不求赫赫之名，而身际艰危，维持大局，毅然担当，从不推诿，其忠定明决，能断大事，有古名臣风。”

朝廷评价刘坤一生平，有两句话值得留意：一是“老成硕望，国家柱石之臣”；二是“天下督抚，忠诚第一”。

柒拾叁・与孝威

| 同治四年八月二十五日

孝威知之：

十五日一缄由驿递去，计已接到。十八日袁升、李发归又寄一缄，大约九月(抄)[杪]始可接得。

闽军克复广东镇平后四获胜仗，江西平远获一胜仗（席军），霆营叛勇黄矮子、伪佑王李远继、伪平东王何明亮三大枝皆剿散殆尽。惟汪逆一股尚未受大创。高、刘、康蹑踪紧迫，但令粤东有兵拦头，尚可收夹击之效。贼意直注南韶以入湖南桂阳、宜章边界，已请克庵率所部由安远、信丰、南安以趋桂阳，当可赶上江西各边兵力甚厚，刘岘庄中秋前后履新，必能布置也。郭叔如何布置情形未见一字，昨克镇平，亦未见粤东一卒一骑相助，不知其何说也。[手此谕尔知之。]

来时多买土布带来，此间布少价贵故也。

八月二十五日漳州[书]

节制三省军务背后的政治策略

太平天国侍王李世贤被汪海洋杀害后，太平军内部人心进一步涣散。汪海洋凭一己之力左阻右挡，无法再压住楚军乘胜追击的阵脚，预示着其败亡已进入历史倒计时。

一、三省合流，联动出兵

同治四年八月二日（1865 年 9 月 21 日），太平军以攻为守，进攻分水坳军营，遭楚军重创，被击毙 3000 人。楚军将领康国器趁势出击，率部又攻破石古军营，太平军陷入困境。八月八日（9 月 27 日），太平军残部再也抵挡不住，被迫放弃镇平，西逃平远。

楚军将领黄少春、高连升会同康国器，三部联合，分道追击，一仗击毙太平军 1 万余人，缴械投降 4000 余人。此时，太平军在江西又遭席宝田挫败，逃往兴宁。

左宗棠安排王德榜部留在福建境内看守，其余各部分头出击。

福建、广东、江西同步剿敌，三省联动配合迫在眉睫。

朝廷仿咸丰十一年（1861 年）实授曾国藩两江总督、兼节制浙江军务成例，于八月十三日（1865 年 10 月 2 日）发布上谕，命左宗棠督率楚军各部驰援广东，以闽浙总督身份节制广东、江西兼治内福建三省军务，统一指挥各军联合作战。

当时，三省军力及布置的情形如下。

首先，江西提标军有 6 营 3000 人，由江西提督席宝田统带；江西抚标军有 8 营 4000 人，由总兵娄云庆统带；老湘营人马 10 营 5000 人，由已革总兵王开琳统领。此外，还有江西各地方派来的 1 万余名驰援兵勇。

其次，广东有提标军 10 营 5000 人，由广东提督高连升统带；抚标军 10 营，由总兵康国器、副将康熊飞分领之；督标军 20 营 1 万人，由提督衔方耀、提督衔卓兴分领之。另外，两广总督瑞麟募粤勇 10 营，驻于广州城郊；广东巡抚郭嵩焘募粤勇 8 营，正随军征剿。

最后，福建有楚军将领刘典所部 20 营 1 万人，正朝江西方向挺进，另有抚标军 10 营 5000 人，预备进入广东；左宗棠亲统督标军 20 营 1 万人，扎营于福建漳州。

这里有必要将清朝的军事制度简略交代一下。

清军军制分八旗与绿营。其中，绿营实行军区制，军区以镇为单位，全国共设 11 个军区 66 个镇。绿营兵内部分三大类：标兵、协兵、营兵。标兵是作战部队，协兵为防守部队，营兵为守卫部队。指挥长官为总督、巡抚、提督、总兵。总督在地方权力最大，称制军。巡抚次之，称抚军。其后依次是提督、总兵。条块分割看似清晰，但事实上，这些军队内部属于不同的系统，调遣时多靠临时组合，往往“兵不知将，将不知兵”，因此，上了战场“胜则争功，败不相救”，犹如一群乌合之众。

左宗棠从咸丰二年八月二十五日（1852 年 10 月 8 日）入幕湖南巡抚衙门指挥军事，前后 8 年，对绿营兵制的弊端看得清清楚楚，也心有余悸。楚军战场取胜，胜在“兵归将有”体制。现在接到朝廷安排的节制广东、江西、福建军务的命令，左宗棠的第一反应是，这是成事不足、败事有余的安排。

二、以退为进，借权开路

同治四年九月初七（1865 年 10 月 26 日），左宗棠向朝廷奏报《复陈近日贼情恳收回节制三省各军成命折》，义正词严地拒绝接受节制广东的命令，理由有四个。

其一，“其林正扬一股，闻已缚伪来王陆顺德投于粤军。粤境无贼，江境有贼，臣自无庸入粤调遣各军”。

其二，“惟闽军既逾岭入粤，则步步皆落贼后，处处皆成尾追，殊不得势”。

其三，“广东民俗类多狡猾凶顽，出人意表，此次从贼来归者又多以投诚幸免，恐两广兵事尚无已时”。

其四，“兵机最忌遥制，臣非敢有意推诿，伏恳收回节制三省各军成命，俾各将领得免观望迁延，实于大局有益”。

仔细看，第一条意见说太平天国来王陆顺德已经投降，广东已经没有什么太平军的威胁，但第三条意见认为广东民风民情狡猾凶顽，彻底平定太平军可能遥遥无期，这两条意见前后矛盾、言不由衷，可见并未道出左宗棠本意。

左宗棠的真正想法到底是什么？第二条与第四条已经透露了出来：楚军进广东追杀，地方政府不配合，则自己由主动变成被动，一步落后步步落后，只会无功而返；如果远程遥控，三省督抚万一执行剿敌不力，责任就会全在自己，与其这样，还不如三省分开，各打各的，见效或许更好。

左宗棠在奏折中如此苦心孤诣的原因是，他此时的遭遇与咸丰六年（1856 年）曾国藩出兵江西的情形有点相似。曾国藩当时的身份是兵部侍郎署团练大臣，有官职而无地方实权，却要管起湖南、湖北、江西三省军务，因此号令不动，多方交恶。左宗棠此时的权力也只限于浙江、福建，要他负责权杖不及的江西、广东，只会步曾国藩后尘。

这里可以看出曾、左处理同类事情时方法上的不同。曾国藩的方法是，一开始与咸丰皇帝打哑谜，想争权力又不说破，最后被逼得借“丁父忧”的名义甩手不干，才算捅破这层窗户纸，代价是在老家隐居长达 1 年有余。左宗棠不会选择扭扭捏捏，他的办法是理直气壮地抗命，陈明利害，指出方向，引导朝廷进入自己的预设方案。

左宗棠为何不愿出兵广东？留心细看，在给朝廷的奏折中，有“闽军穷追六昼夜，粤东竟无一骑一卒会剿也”一句。结合这封家信中提到的“郭叔如何布置情形未见一字，昨克镇平，亦未见粤东一卒一骑相助，不知其何说也”一起看，便会豁然开朗。

原来，广东巡抚郭嵩焘既不与左宗棠事先沟通，也不出手帮衬，左宗棠感到事情有点难办了。

左宗棠在后面的信中评价郭嵩焘“迂琐”，也就是迂腐、琐碎。曾国藩认为他是“著述之材”，非“繁剧之材”，即会写书，不擅办事。二人的评价在这里得到验证。楚军入广东来帮他忙，粤军连个泡都不冒，什么道理？左宗棠看出来了，广东督抚不和。

如果说郭嵩焘此时有意不出兵，那么大概是冤枉他了。带兵确非郭嵩焘所长，而当时他确实与两广总督瑞麟正在闹矛盾。

左宗棠是个不怕手里权力大的人，节制江西、广东军务，事实上更符合他的意愿。但要办好事，他懂得以退为进，让慈禧太后感到棘手难办，又别无选择，才会大胆放权，事前帮左宗棠搬走拦路石。

三、节制三省，事权归一

不出所料，朝廷接到左宗棠的辞谢奏折后，如此批复：

> 左宗棠即可不必入粤。惟各路将领必须有威望重臣节制调度，方足以一事权，不至各怀观望，致误事机。左宗棠惟当视贼所向，前往江西居中调拨，相机剿办，以期迅殄狂氛。俟此股贼匪殄除净尽，方能卸此重任。此次所请收回成命之处，着无庸议。……左宗棠片着抄给瑞麟等阅看。

这道圣旨，一举帮左宗棠解决了三个棘手的问题：

一是以最高指示确定，三省事权统一全归左宗棠，三省军力全归左宗棠一人调遣；

二是左宗棠不必客悬广东亲自坐镇，可以在本省福建遥控指挥；

三是两广总督瑞麟也需遵从左宗棠做出的军事安排与调遣。

如果没有这一步棋，则援助广东掣肘颇多。瑞麟是叶赫那拉氏一脉，满洲正蓝旗人，作为满洲官员、慈禧太后的嫡系亲信，他不点头支持，广东的军事不可能顺利。没有瑞麟从中掣肘，还有谁敢不执行左宗棠的命令呢？

郭嵩焘虽与瑞麟还在闹矛盾，但他们之间纯粹是两广省内的事，不会影响到统帅左宗棠。

1866年

同治五年

左宗棠——54岁

长子孝威——20岁

㊀ 凡事要细心经理，不可全信别人。

㊁ 别人只知敷衍外面好看，不管人家有苦难说。即此一事，可知做官之难，可见别人不足靠也。

㊂ 偌大世界，能胜督抚者竟不可多得，古云“封疆危日见才难”，不其信乎。

柒拾肆·与孝威

同治五年正月初一

孝威知悉：

得二伯书，知已于十月二十五日启程，为风所阻，十余日尚在湘阴，未知何日得安抵章门也。在漳州时，以奉节制三省新命固辞不获，将有粤东之行，遂请舅舅及尔民携银到河口来接。如未至河口，即赴章门暂租公馆小住。得尔民及舅舅来书，十一月十八日由闽省动身，计腊中可到江西矣。

我自腊初入粤，适所调各军齐至。十二日进扎州东十余里一带，汪逆倾巢来扑，一战毙之。是日诸军尽力攻击数十回合，至收队时乃得殪此巨逆。诸将皆云：数年以来仅见此恶仗也。汪逆既毙，群贼汹汹，急欲逃窜。我即飞催各军速进，以合长围。十七日鲍军始进州西北三十里之相公亭，十九日席军始进大坪，二十二日粤军始进长沙墟。贼即于是夜二更倾巢而走，闽军蓐食急追，鲍军亦至。二十三四连日斩擒数万，收降五六万。二十五日高果臣独追至大田，生擒首逆胡瞎子以归。此股全数荡平，贼首贼目（叛勇黄矮子、欧阳晖亦均授首）诛斩数千，无一漏网，而后东南长发之局始结。拟将降众料理妥贴后，将各军分别撤留，即由此回闽矣。

郭叔迂琐如故，不足与谋。此方土匪遍地，非良吏猛将错落布置其间不能望其改变也。我近甚衰惫，不任烦剧之任，亦颇厌兵事，故急思脱身，暂将闽事了妥，渐作归田之计。尔等可奉母速来，一慰六年离悰也。

丙寅元日

柒拾伍·与孝威

同治五年正月初二

孝威知之：

嘉应州踞逆全股荡平，东南大局底定，首逆擒斩净尽，余贼无一漏网，此军兴以来未尝有也。现拟将降人安置妥协后即回旆闽省，大约二月中旬可以到署。兹遣勇丁前来送信与尔，并探尔行抵何处。如尚在章门，可写家信请岘庄中丞排递来闽，以慰悬盼。［手此谕知。］可转禀尔母及舅舅知之。来闽时，过河口，沿途可发信交周寿珊转递也。

［五年］新正二日

嘉应作战场，末劫在钱塘

写这封信的 10 天前，左宗棠将前敌总指挥部设到广东嘉应城东井城。其后 3 天内，统率三省 10 余万清军，通过黄沙障之战，将 20 余万太平军全部消灭（包括解散）。1866 年 2 月 10 日，左宗棠返回松口，预备回福州。这封信是左宗棠在等待朝命的轻松心境下写的。

家眷此时在从长沙司马桥住宅来福州总督府的路上，军事也一刻没有消停。左宗棠节制三省，事权在手，一鼓作气，马不停蹄地部署发起对太平军的最后一战。

自同治三年六月十六日（1864 年 7 月 19 日）天京城被攻破之后，太平军失去大后方，整体向起义大本营广东方向集结，谋求东山再起。根据这一战略，1864 年 10 月起，太平军兵分两路，杀入广东邻省福建：

一路由侍王李世贤率领，经连平，于 9 月 30 日占领平远，10 月 3 日抵达镇平，10 月 13 日出大埔关，随即入永定攻占龙岩，驻兵于此，再攻漳州。

另一路由康王汪海洋率领，9 月经平远、武平后攻打汀州，先后占据汀州、连城、上杭一带。

两路人马，集结约 20 万兵力。其中，汪海洋部有 185 个队，每队 500 人，计 9 万余人。

汪海洋在杀掉李世贤后，决定夺取嘉应州作为大本营，图谋东山再起。

同治四年十月二十一日（1865年12月8日），太平军攻城。嘉应州知州程培霖带领数十名卫兵，斩杀自己部署的东门守兵，弃城逃跑。太平军不费一枪一弹占领了嘉应州。

左宗棠聚气凝神，部署收复。当时，可供调遣的兵力，福建、江西、广东合起来超过8万人。太平军残存兵力10余万人。

1865年11月下旬，大将刘典按左宗棠的要求，率20营进入江西，遣抚标军（巡抚管辖的绿营）10营进入广东，左宗棠亲统督标军（总督管辖的绿营）20营，进驻平和县琯溪。

左宗棠一声令下，三省将士同时向嘉应州靠拢，决战在即。

汪海洋部署9万余兵，分扎在嘉应州各要隘关口，自己则居中调度。太平天国偕王谭体元、太平军先锋总统胡永祥分扎左右，遥相呼应。

两军对阵，左宗棠决定以奇兵制胜，驻琯溪不过月余，即拔营走山路向大埔进逼。

琯溪距大埔150余公里，且全是险绝山路。左宗棠放弃走大路，目的是麻痹汪海洋。

为保证万无一失，进军前夕，左宗棠对包围圈做了精细安排：命军务帮办刘典进驻东南的丙村、井塘；提督高连升、总兵刘清亮驻北城北葵岭、樟树坪；提督黄少春驻城东北金谷坑、横径；道员康国器驻城北乌坭坪；布政使王德榜驻城东塔子坳。粤东总兵方耀驻扎西面的南口，总兵郑绍忠驻南面的长沙圩。调赣军提督鲍超驻城西相公亭，按察使席宝田、总兵刘胜祥驻扎西北大坪。又命粤军派战船数十艘，扼守大埔三河坝，阻击水上退路，防备太平军逃往海外；岸上则派道员朱明亮率军配合。

除江西清军外，各路大军已在嘉应州城外围布阵，左宗棠坐镇松口庆十庄指挥。

关键时刻，太平军将领丁太洋投降大将刘典，泄露了太平军城防计划。

同治四年十二月十二日（1866 年 1 月 28 日）黎明，被困在嘉应州城的太平军分三路寻求突围：一路潜抄到葵岭、深坑，袭击清军；一路从黄坑出击，牵制丙村、井塘清军；一路由康王汪海洋亲率，猛扑塔子坳、黄竹洋。

因丁太洋提前泄密，左宗棠已做好应对准备，太平军钻进一个提前下好的套。

大敌当前，汪海洋亲自在城东北指湖顶督战，被丁太洋发现，顺手一指，清军数十杆枪同时射击，汪海洋头部中弹，当夜身亡。

太平军溃逃回城，推偕王谭体元为首领，再次迎战。

同治四年十二月十七日（1866 年 2 月 2 日），鲍超在相公亭打败太平军。两天后，席宝田、刘胜祥率两路 1 万余人赶到，驻军太平堡。左宗棠下令加速收紧包围圈。

太平军被迫于同治五年正月初九（1866 年 2 月 22 日）出城突围，全部落入包围圈。

决战没有悬念地结束。此战俘虏太平军 6 万余人，杀将领 734 人，杀士兵 1.6 万余人。侥幸突围的 2 万余太平军，向黄沙嶂方向撤退，遭清军层层拦杀，死伤殆尽。偕王谭体元在绝望中试图跳崖，被清军黄少春部活捉。

同治五年正月二十一日（1866 年 3 月 7 日），谭体元被押解至左宗棠所在地松口行营，处以极刑。所俘 6 万余太平军，发放路费，全部遣散回家。

此战前夕，有算命先生给左宗棠算过一卦，卦辞是：“嘉湖作战场，末劫在钱塘。”他起初不以为意，但最后一战确实在嘉应州，谭体元最终也在嘉应州钱塘墟被捉。此次战事，居然完全应了算命先生的预言，仿佛真有某种超自然的神秘力量在支配。

战争结束后，一个叫吴观礼的读书人给左宗棠写了首《嘉应班师铙歌》：

金盘堡，班师回；金盆岭，班师来。

楚军确实是在长沙金盆岭练成出山，又在广东嘉应州金盘堡结束最后一战。左宗棠后来回忆起这两件事，不无惊悚。他十分谨慎地说：

> 自金盆岭誓师以来，与粤匪周旋数十战，今乃燮之海隅，肃清余孽，可谓不负初志。其地名曰金盘堡，后先相映，亦一奇也。又毖纬家言：“嘉湖作战场，末劫在钱塘。”嘉应州有钱塘墟，恰与末劫之语相应。天心厌乱，日月重光，从此可解甲归耕，岂非幸事！

左宗棠将算命先生的预言兑现并解释为“天心厌乱”，是将神秘现象科学化。如此巧合背后到底还有什么原因？恐怕永远无法得知了。

3月的广东，春意葱茏，清风拂面，空气咸腥。驻足残败的战场，左宗棠凝视着凄艳的残阳，目光隐于一团血色疑云中。

庆功宴上，朝廷表彰左宗棠“督办军务，调度有方”，赏戴双眼花翎。

柒拾陆·与孝威

同治五年二月十四日

孝威知悉：

昨得尔信，尚未启行，仍俟后命，岂前信不足凭耶？不解，不解。今日行抵兴化，约十八日可回省署，急盼尔等速到。以慰远怀。尔母脚气偏又举发，未知已就痊未。老年血气虚惫，难望断根，且俟到署后延医调治为妥。肝郁之说不足信，想是肝虚耳。如已在途，亦不必催程，缘水路滩高且多，必须舟人相酌也。

二月十四日兴化府廨书［寄］

柒拾柒·与孝威

同治五年二月二十日

孝威知之：

昨一纸由岘叔处转递，当已接到。十八日回省，十九夜忽接建安县禀，斋匪猝陷崇安县城。此地为江、闽冲要，亟发各军速剿，并飞咨江西、浙江矣。尔等如尚未动身，得此警报，自己暂停前进。倘已成行，亦须折回江西省寓，免受惊恐。眷属累赘，断不可冒险前来也。［手此谕知，］可转白尔母为要。

专勇回后，迄不得尔一信，殊为悬悬。接此谕后即详写一信来。

二月二十日督署［谕］

柒拾捌·与孝威

同治五年二月二十五日

孝威览之：

十八到署后两次寄信，不知均到否。

崇安于十五日突被斋匪陷踞，二十日建阳亦复不守。斋匪无甚伎俩，初起人数不多，无如各军凯旋后均屯驻汀、漳各处，一时难以应手耳，看来须旬日外乃可办理。尔等可禀告尔母，且安住章门，俟此事了妥，再派人带银来接。缘此匪起于江西之封禁山（广信、铅山等县），过山即崇安辖，为来时必经之道，故不宜孟浪也。特专快足前来送信，可详写一信来（上下若干人，每日须用若干）。来足已包定十三天到江西，十三天回闽，共银十元，由此间付之。尔赏一二元即够，不必多耳。

二月二十五日

柒拾玖・与孝威

同治五年三月十四日

孝威知之：

前月二十五日曾写一信由闽省信脚递来（限十三日到，计初九日已得阅矣，）告以崇安道梗，眷属缓行之故，想已接得。

斋匪起自江西之封禁山（铅山、上饶交界），蔓及闽之崇安。二月十五日突陷崇安，二十日连陷建阳。幸我于十八日回闽，人心不致骚动。二十三日贼见延平官军至建宁，传言大兵凯旋速集，贼乃退回崇安。适黄芍岩军门全军（檄赴浙提任）二十三日抵邵武，闻警即出屯界首。二十六日贼回崇安，一闻大军将至，即夜又遁东北乡之大浑、岚角。二十七日芍岩分军到崇安，次日到大浑，次日剿岚角之贼，得获大捷。贼由岑阳关出窜江西，芍岩分军星夜蹑剿，比及石塘，又获大捷。贼之漏逸者不过数十，而江西铅山、河口一带斋民遂不敢动矣。现派张听庵太守树荚带楚军新中营驻崇安，饬朱游击光斗带亲兵后哨署崇安游击，而芍岩一军仍分驻铅山、崇安，俟江西有军来再行赴浙。

尔等久驻章门，甚为悬系。现在道路肃清，自宜及早来闽。兹特雇信足前来，并附蔚长厚信行会票千两一缄，尔可着人持缄［赴广润门内府学前白马庙巷内］去取，以作盘费。我又派左右翼亲兵四十名交副哨官彭清和、宋永年带至河口迎护。船到河口，伊等必已在彼等候，可与鲁杰三等合伴同行。过山抵崇安，我已派武巡捕潘守备喜在彼雇船等候（已交银二百两作雇船之费）。由崇安至建宁均是小船，到建宁后换大船晋省。一路仍须细心打听，万勿孟浪为要。其由江西省城到河口一带，刘岘庄曾有信来云“饬炮船护送”，自然稳妥，惟系上水，不能快耳。中间过山（作四天行走）最为辛苦。抵崇安后河道甚小，水浅滩高，须雇熟习舵工乃好。潘巡捕自当妥为照料。途间最宜谨慎小心，切勿大意，千万千万。

亲兵口粮已由此间发足，毋须另赏。

三月十四夜［谕］

信足限十二天到江西省城，十二天回福建，脚价只十元。如能如限速到，随尔酌赏，须于回信注明。接此字后，与尔母商量定妥，即详写回信，以便信足速回也。［又谕。］

外汇票一纸、信一函并附。

斋教起义，险酿大事

同治五年二月十八日（1866 年 4 月 3 日），左宗棠经兴化抵达福州总督署。此后，他将主要精力投入创办船政。平定斋教起义，是这一时期的一段小插曲。

左宗棠选择在最后剿灭太平军的关头接家眷来福州，其间充满风险与变数。为保证绝对安全，孝威带着一家老少在江西章门避险，不想这一避就是几个月。眼下太平军已如愿覆亡，旅途可望吉顺。当得知周诒端还在章门治疗脚气病而延迟了行程时，左宗棠去信进行催促。

兵荒马乱之年，家人 6 年不见，思念之殷可想而知。左宗棠骨子里是性急的，之所以此次接家眷前来迟缓完全是因为理性，而不是天性。而且天性很快被理性取代。原因是，福建崇安、建阳骤然冒出斋教起义，一夜之间被打下两座县城。这与太平天国早年打下永安时何其相似！左宗棠赶紧追加一信，要家人赶快折回章门避祸，不要冒险前来。

斋教起义最早源于贵州，民众基础是斋教信徒。咸丰五年（1855 年），斋教领袖罗光明在贵州都匀发动起义，拉开了太平天国之外又一股农民起义的序幕。

追查历史，斋教是由明教演变而成的，是一个秘密的宗教组织，融合了白莲教成分，崇奉弥勒佛，以“天国普有”为宗旨。明清以来，此教在江南各省流传很广。19 世纪中叶，斋教信徒在湖南和贵州等地尤其活跃。

“斋民起义”的发生，是晚清政治与社会腐败的产物。

回头去看，从咸丰二年（1852 年）起，10 余年来，曾国藩、左宗棠等人率领湘军致力镇压太平天国运动，虽然最终取得军事上的成功，但国家的政治制度没变，社会的经济基础也没有变。糟糕的是，农村原本以乡绅为基础的社会自治，也因农民起义惨遭破坏；加上战火对经济毁灭性的摧残，农民遭受的经济压迫不但没有因为起义减轻，反而更重。毕竟，战争是个只消耗、不生产的“老虎机”。再加上朝廷拿不出钱来养活俘虏，实行剿尽杀绝政策，这种不得已而为之的手段无形中又逼反了许多良民。至于作战逃逸出来的士兵，部分解散军队的士兵，则无论是太平军还是湘军，离队后都不约而同地加入各类秘密结社组织，如哥老会。这些人不事生产，既盗官府，又抢民财，再次严重消耗了大清帝国的财力。这对已经逼近贫困极限的劳苦民众来说，无疑是雪上加霜。

这次斋教在崇安起义的首领是陈顺光、杨维忠、安亲德等人，参加者多是当地种田的农民和茶农，他们头裹白巾、红巾和绿巾，旗帜上大书“天国普有”字样，以崇安境内的大浑、岚角为中心，活动于武夷山，已攻占崇安和建阳。

左宗棠派提督黄少春等率军镇压，起义军很快失败，退入江西境内，陈顺光被俘就义，从发动起义到彻底败亡，仅数十日。

这次斋教起义如果不是左宗棠及时镇压，后果恐怕难以预料。

平定起义军后，左宗棠不胜感叹。这些年来，他带兵纵横东南，深入了解国家与社会各个层面，全面掌握了政治、经济、文化等方方面面的大量一手资料，看到了国家与社会问题的症结所在，所以，他越发生出以儒家学问教化安定天下人心的强烈愿望。

对大清官场的弊病，左宗棠不但号脉准，而且药方灵，还在接手闽浙总督工作时不无愤慨地说，如果帝国的官员能有两三个尽心任事的人，许多问题在萌芽状态时就被扼杀了，国家也绝不致腐败糜烂成今天这个样子。作为帝国官员，左宗棠有忙不胜忙的烦恼。在国家制度没有改观的前提下，这个声音虽然洪亮，但很快被吞噬于暗夜中。

捌拾·与仲兄

| 同治五年九月二十三日

仲兄大人万福：

调督陕甘之命于本月初六日奉到，料理文书及各要件，非四十日不能交篆起程，大约十月中旬可就道也。此间士民闻弟西行，皇皇如失所恃。幼丹诸公借轮船事欲留我数月，将军、中丞均据以入告。孰谓民心不古哉！

家眷本拟同行至汉口回湘，因弟行期甚迫，而两儿妇均于十月、十一月免身，恐途中不便，只好俟其免身再归。癸叟拟同伊叔母归，身体如常，两年来练事明理，可慰兄晚景耳。

手此，即请

大安

怀弟宗棠顿首

九月廿三

要办成事业，先解决顾虑

上一封信寄出后，孝威按照父亲给定的路线图，带家人顺利抵达福州。6年生死离别，一朝团聚，悲喜交集，可以想见。因此，半年内再没有书信。

这时给尚在湖南的二哥左宗植写信，有两个原因：一是左宗棠在同治五年八月十七日（1866年9月25日）已接到朝廷圣旨，改任陕甘总督，家眷需回长沙，得提前跟二哥通气；二是左宗植的儿子左癸叟两年前来左宗棠幕府中做文案，如今自己改任，左癸叟计划卸职后回湘阴，需对二哥有个交代。

左宗棠对癸叟颇为欣赏，而且常委以重任，给朝廷写奏折的大事往往交付癸叟起草，修改时对写得好的地方经常加以表扬。对比一味批评孝威，这态度不禁让人纳闷。这大约就是古人“易子而教”的道理。父亲一想到儿子，眼光自然苛刻；儿子一背着父亲，难免寻思放任。所以，父亲水平再高，儿子也很难教好。而癸叟与三叔毕竟非父子，不能依赖三叔，哪有不抓住机会历练本事的道理？

此信开头短短几句，见出左宗棠欢喜于自己被人需要，并享受这种成就感。听说他要调往陕甘，民众紧张得像丢了魂。他对民众需要自己、离不开自己感到踏实。也就是说，“存在感”与“成就感”，是他办事的动力。

大乱之后，民众都盼望得到强有力的人物的保护，这是人之常情。而浙江、福建两省巡抚也都向朝廷上奏，极力挽留，这让左宗棠倍感舒心。他据此判断，虽历战乱，但人心仍未变，人们还是有是非观念、道德价值的。这让我们想起他初入福建时，面对民众“聚众持械，不与贼决而先与官仇”，感叹“呜呼！此独非三代之民与？”的情形。此时却完全两样，可知左宗棠最在意的还是民心。

信中“幼丹诸公借轮船事欲留我数月”一句，是指原江西巡抚沈葆桢以福州船政局事务还没交接完好为由，请求朝廷让左宗棠在闽浙总督任上再多留几个月一事。

福州船政局是左宗棠在闽浙总督任上做的一件大事，值得展开说说。

一、要办成船政，先免除朝廷顾虑

此时，西方用坚船利炮打开中国大门已过 26 年，中国人还在谈夷色变，“天朝上国”仍视西方科技为“奇技淫巧”。左宗棠顶着文化冲突，大胆向朝廷请求自造轮船。

此次“以夷变夏”的建议，为什么可以一举通过？与左宗棠办事注重条理与讲究沟通技巧有关。

从现今保存的同治五年五月十三日（1866 年 6 月 25 日）的《拟购机器雇洋匠试造轮船先陈大概情形折》中可以看出左宗棠面对朝廷时高明的劝说技巧。

左宗棠不是先不谈自造轮船有什么可行性，能给中国带来哪些好处，而是站在朝廷的角度，考虑有哪些不可行性，再针对不可行性逐条论证，提出自己的解决办法。

不可行性主要有以下七个方面。

一是船厂选择建造地址难，大机器需要实地，而海边多沙地。

二是轮船机器购买太难，买则需漂过大西洋，难以托运。

三是外国师匠难请，即使请来也存在语言障碍，难以沟通。

四是筹集建船厂经费难，国家大乱初定，5 年内恐难以拿出 300 万两白银做建设费。

五是船建好后中国之内没有人懂得开船。

六是造船所需煤炭也是一笔大开支，无人买单。

七是破天荒大事，属非常之举，容易遭遇官场与社会的造谣、诽谤。一开始社会会质疑它能否办成；若办成了，则又会埋怨花钱太多，或者责怪我们学西方“奇技淫巧”，跑偏了题。

全部列完后，左宗棠在奏折中自问自答，逐条给出解决方案。

左宗棠同样清楚，如果一开始他就在奏折里大谈“师夷长技”的好处与可行性，那么朝廷只会愈加担心坏处与不可行性。他反其道而行之，从论证“不可行性”着眼，免除了朝廷顾虑，给慈禧太后先吃一颗定心丸。这实在是一种不动声色的高明策略。

左宗棠清楚，要办成船政，既要有主张，又要有方法。主张属目标，相当于理想；方法属路径，相当于路线图。理想、目标，一说朝廷就能听懂，但方法、路径不说朝廷不会明白。说服他人，提出方法比空喊主张重要。

左宗棠的策略，反其道而行之，说完了方法，再说主张。他另上一道《复陈筹议洋务事宜折》，站在全球国际关系的时局中，对船政与国际政治关系及发展趋势做了一番精当分析。

两道奏折放到一起，完整地回答了“为什么要办、为什么能办、具体怎么办”的问题。

朝廷当即批准。

朝廷虽然批准了，但英国又出面阻挠，加之中国士绅呼应，朝廷的态度再次摇摆不定起来。

同治五年十一月五日（1866 年 12 月 11 日），左宗棠再上一道《密陈船政机宜并拟艺局章程折》，一针见血地指出：英国人为什么反对我们？因为英国依靠轮船与航海技术，才得以垄断与中国通商之利，所以特别担心中国自造轮船成功后他们不但会丧失垄断地位，还会丧失海上优势。比较来看，法国商船比英国少得多，英国信仰耶稣，法国信仰天主，两国历史仇怨很深。法国人不服气，有打破英国垄断的想法，他们先在日本搞试点，日本人已经聘请法国人韦而宜督造轮船。中国现在完全可以利用英国与法国之间的矛盾，及时抓住机会，发展壮大本国船政事业。

经左宗棠这一分析，朝廷坚定了办福州船政局的决心。

拿到朝廷一纸“同意”批文，才刚开了个头。具体怎么办？还得靠自己。

二、要挖来人才，先解决个人顾虑

首要的一件事是，到哪里物色合适的人？左宗棠一眼看中在家守制的沈葆桢。

看中沈葆桢，首先因为他是福建人。中国人的宗族、地域观念很强，福建客家人多，正因如此，船政具体事务的开展得靠本地人，否则，偷工的、拖欠的、拆台的，各种意外，防不胜防。

沈葆桢当然很想做船政大臣，在家乡做成这样一件大事，不但造福桑梓、光宗耀祖，而且名垂青史，何乐而不为？但他有自己的顾虑，以至于左宗棠“三顾茅庐”，沈葆桢仍无动于衷。

沈葆桢为什么迟迟不答应？其实他是在等。沈葆桢明白，左宗棠马上要去陕甘，自己如果轻率答应，仓促上马，万一是个烂摊子，自己就得背这黑锅。

左宗棠看出了沈葆桢的顾虑，站在他的角度，设身处地，预先帮他解决

福州船政局全景

了两大难题：

一是提请朝廷下发任命书，让“船政大臣”新职位名正言顺；

二是建议朝廷将福州船政局从省级企业单位升格为中央直属事业单位，新任闽浙总督无权管辖，闽浙总督只有支持的“事权”，没有反对的“政治权”。

左宗棠将船政的路开拓得宽广，也是沈葆桢接手后能把船政局办得顺风顺水的重要原因。

同治五年八月十七日（1866 年 9 月 25 日），左宗棠接到调离闽浙总督的任命时，船政大事已经基本落定，但沈葆桢仍极力挽留左宗棠，表达的是对左宗棠的感恩与认可。十月十七日（11 月 23 日），左宗棠向新任闽浙总督吴棠交卸官印，又率楚军出发，踏上西征之路。

一个人要成为别人需要的人，获得别人真诚的肯定，与自己背后付出的汗水成正比。

今人只看到左宗棠成功表面的 1/8。其实，冰山底下的 7/8，稍作挖掘，已见庞大。

捌拾壹·与孝威

同治五年十月十九日

[谕]孝威知之:

十九日行抵建宁,水陆均好,惟早行触寒,忽发腹泄,大约需二三日调理即复元耳。潘、郑两巡捕一路服侍小心,潘送至建宁,令归,郑则尚须至河口也。无风雨之阻,约二十七八可抵河口。尔等明正西旋,仍是船至崇安为省事。手此,问尔母好。

十月十九日建宁行馆[发]

捌拾贰·与孝威

同治五年十月二十七日

孝威知之:

二十七日行抵河口,一路顺平,别无阻滞,师行静肃,官民无扰。我腹泄已愈。年来元气渐耗,脾尤虚弱,拟买全鹿丸试服何如,如稍有效验,到京后当买鹿茸一具作丸药也。年赏可照中秋节开给,潘、郑两巡捕则已由此间给赏,无须再给矣。住署之勇丁可每人给番一元压岁,什长倍之。明年回湘,可由水路直至崇安，起旱三日到河口，惟先须雇船耳［指河口而言］。

昨到崇安查喻令账簿，尔等来闽过县境时，渠实赔钱二百三十余千，已清给之。凡事要细心经理，不可全信别人。即如此事，若不查个明白，必翻疑县令之谎说矣。别人只知敷衍外面好看，不管人家有苦难说。即此一事，可知做官之难，可见别人不足靠也。

我意赶到汉口过年，不知能否。天气久晴，今日始微雨，恐以后难望晴暖耳。

周寿珊已奉旨开延建邵缺，署藩司自可即真，惟闽抚一缺不知简放何人。刘克庵书来，极言母病难离，大约是不高兴之故。我已回信请其仍募勇到汉口，诺其具奏开甘臬缺，未知腊底能赶来汉口否。旧部来投者极多，闻河口尚有数千在彼等候也。

相侯奏请开缺，注销封爵，虽未蒙允行，然慰留之词寥寥，两湖亦似站不住，看来数月内必有一番举动。偌大世界，能胜督抚者竟不可多得。古云“封疆危日见才难”，不其信乎。［手此谕知。］

在署读书写字，少出外应酬。切嘱，切嘱。

二十七日［父字］

步步筹划，奠定班底

同治五年八月十七日（1866年9月25日），左宗棠接到朝廷颁发的调任陕甘总督的圣旨。紧急调任的原因是，曾国藩负责剿捻两年，不但没有剿灭，反而越剿越大，将捻军赶进了山西、湖北、河南、山东诸省，朝廷不得不临时换帅。

左宗棠计划交接福建、浙江两省公务，最快需40天。他加快节奏，十月十九日（11月25日）已到福建建宁县，十月二十八日（12月3日）又赶到福建闽江河口湿地，办理政事交接手续。

这样算下来，他与家人的这次团聚，不足半年。

这一次分别，也意味着与妻子、二哥永别。

左宗棠“操心危，虑患深”的个性，又一次表现出来。他到福建崇安县检查工作时发现，孝威上次带家人经过时，是由崇安县县令接待的。左宗棠索取账本一对，县令亏空了230余千文，折合200余两白银。左宗棠赶紧叫来财务，自己掏钱补上。七品芝麻官不好做，县令吃了暗亏，下次会设法补账，弄不好会挪用公款。于是他告诫儿子，不要轻易听信别人碍于情面说的好话，否则又要暗中得罪人。

宦海沉浮，官场人事又出现波动，曾国藩眼下陷入极其尴尬的困境。原因是，理学家带兵打仗，战略、战术上均不擅长。剿灭太平军时，尚有左宗棠、李鸿章、曾国荃、鲍超等一班善战者撑场，曾国藩的军事短板没有机会暴露。现在独立剿捻，困难重重。

能力不够关系补，曾国藩再次运用过人的政治才能，抢在朝廷处罚前，自求“开缺回籍，注销封爵”，一下把握住了主动权。朝廷只好虚意挽留，保留原职原爵，改命他做淮军的“剿捻总顾问”，这事总算敷衍过去。

左宗棠对曾国藩被削权并无多少同情，两人在国事、兵略上分歧日现。他对曾国藩办事能力严重不足、战略眼光严重短浅的牢骚不是今天才有的。何况，最后平定太平天国重担由自己挑，功劳仍主要算给了曾国藩。曾国藩凭此封了一等侯，而左宗棠只得了个伯爵封号，这事也让他耿耿于怀。

曾国藩办不成的剿捻，左宗棠接过来，也并不好办。毕竟，换帅不会让事情本身变得容易。要办成别人办不成的事，除了更能吃苦，关键的是找对方法。

一、先理思路，确定战略

左宗棠的方法是，先理出独立自主的办事思路，再跟朝廷沟通自己平定陕甘的战略计划。而沟通的重点，是首先说清自己打算先做什么，再做什么。

左宗棠分析：从地域来看，楚军要进入陕西省，必须先清理干净函谷关以外的叛军；要进军甘肃省，必须先清理干净陕西省的叛军；要驻军兰州，必须先清理干净各路叛军。从叛军的性质来看，捻军属于急着要办的，得迅速平定；回军属于可慢着办的，宜缓步进行。因此，战略总方针应是：“先秦后陇，先捻后回。”

清朝军队在甘肃

朝廷对这一战略心存疑虑。理由是：叛军可不分什么省界线，为什么不能两股力量同时剿，非得分出个先后次序？

这事怎么论证？左宗棠有点犯难了。谁都知道，打仗是一门实践性很强的学问，这事通过理论不可能说服朝廷。既然如此，以前的事实就最有说服力，那就拿自己做例子，摆事实论证好了。

左宗棠跟朝廷如此总结：打仗贵在专心一处，集中精力，不被干扰。6年来，我之所以能顺利收复浙江、福建，就是因为分清了先后次序：先将江西、安徽的军事布置全部安排妥当，再专心入浙江；等浙江叛军全部清理干净，再专心入福建；福建叛军全部清理干净后，再专心入广东。如果不是这样，那么太平军今天还在活跃。

朝廷一听就懂了，于是批准了“先秦后陇，先捻后回”战略。

但具体怎么打？方法仍有分歧。

二、亮底牌、明利害、表忠心

左宗棠向朝廷申请建立“车营、屯田”制度。

“车营”是中国古代的战车部队，最早由明代抗倭名将俞大猷对付蒙古军队时提出并创建。俞大猷发现，明朝北方终年不得安宁，主因是缺乏有效打击蒙古骑兵的手段。他研究古代兵法，发现战车是对付骑兵的有效武器，于是创立了“车营”。

“车营”的具体军制是：重车每辆装火炮 2 门，配备士兵 20 名，其中，正兵 10 名，管马 2 名，管炮 6 名，车长、舵手各 1 名。另配 10 名为骑兵，其中，鸟铳手兼长刀手 4 名，藤牌手 2 名，镋把手 2 名，队长、火兵各 1 名。轻车每辆配备士兵 10 名。每营兵车 128 辆，官兵 3109 名。

左宗棠沿袭“车营”制，朝廷没有意见；但搞“屯田”制，朝廷表示疑虑。

“屯田”制的历史，可追溯到魏武帝曹操时。曹操北伐，士兵缺衣少食，他利用戍卒、农民、商人垦殖荒地，解决军粮、军衣问题。此后，历代政府沿袭“屯田”制，以取得军饷和税粮，并发展出军屯、民屯、商屯多种形式。林则徐被贬新疆后，也大力发展过屯田。

朝廷对左宗棠的屯田建议，既不批准，也不否定，事实上很不以为意。原因是什么呢？西征军每年由朝廷与各省补贴军饷数百万两白银，慈禧太后要立马看得见的胜利，不希望看到左宗棠搞出一个“生产建设兵团”来。楚军士兵平时都去忙种地，是做好了垦荒安家的准备，如此一来平定陕甘岂非要拖到猴年马月？

不搞屯田，战场胜利没有保障；想搞屯田，朝廷又不表态。左宗棠又缺乏实例论证此举非搞不可，毕竟世上没有几样事情是“非它不可”的。于是他考虑换一种方法说服朝廷。

第一，多年来，我专心东南战场，从未经历西北兵事；部下又全是南方的精兵强将，从没有跟捻、回交过手；能不能取胜，没有把握。怎么办？我只有“慎战”。仓促出马，难保不全军覆没。明朝孙传庭被朝廷催促出关，全军覆没，是前车之鉴，我不想看到自己重蹈覆辙。

第二，请朝廷放宽岁月，“责臣以西陲讨贼之效，不效则治臣之罪，以明军令。臣惟勉竭驽钝，次第规画，以要其成”。

第一条意见是向朝廷摊牌。愚臣水平有限，若按朝旨仓促应战，万一失败，谁来替代他？朝廷找不出人。第二条意见是在表忠心，仿诸葛亮的《出师表》，给朝廷吃颗定心丸。

亮出底牌，晓以利害，表以忠心，慈禧太后不但心里有底了，更重要的是里里外外全看明白了，她不再犹豫，拍板同意。

政策与制度有了，到哪里去找冲锋陷阵的士兵？

三、因事募兵，轻装上阵

楚军打到现在，难道连士兵都没有了吗？确实是这样。

楚军收复浙江、福建、广东后，主力大多原籍返乡。倒不是朝廷猜忌，而是清朝原有的绿营、八旗还在，军饷全靠本省财政拨款，地方再也养不起这支民间起家的高薪军队。左宗棠主动遣散部分军队，还有一个很重要的原因，6年打下来，老兵疲了，留下来战斗力也不强。

这次西征，左宗棠只选用了楚军原班人马3000人，并挑选出其中大部分用来做将官、士官、营官、哨官、亲兵及精锐士兵。西征士兵，得靠临时招募，补充新鲜血液。

在家丁忧的刘典，接到了左宗棠的紧急招募令。

此时，刘典已经对朝廷心灰意冷了。平定太平天国最后一战，他是节制三省军务的“二把手”，胜利后，他大约想过能做浙江巡抚，却没做成，因此，对朝廷的人事调整不满，借丁忧的名义迟迟不肯出山。

看到这里我们也许有点纳闷：左宗棠刚出山那会儿，他们都是既不要钱又不要官，只为成就感而来；打下浙江后，左宗棠曾保举刘典、蒋益澧、杨昌濬做道员、布政使一类厅局级官员，他们当初也全不以为意，相互推让，现在怎么有争官念头了？

其实，就连左宗棠也看出来了，依靠个人人格魅力吸引一批不为名、不为利，仅仅为理想与抱负的人一起短期干成一桩大事尚可，但长期干几件大事则不行。再“廉干”的人，也有正常的名利欲，渴望公平、正义。何况，他

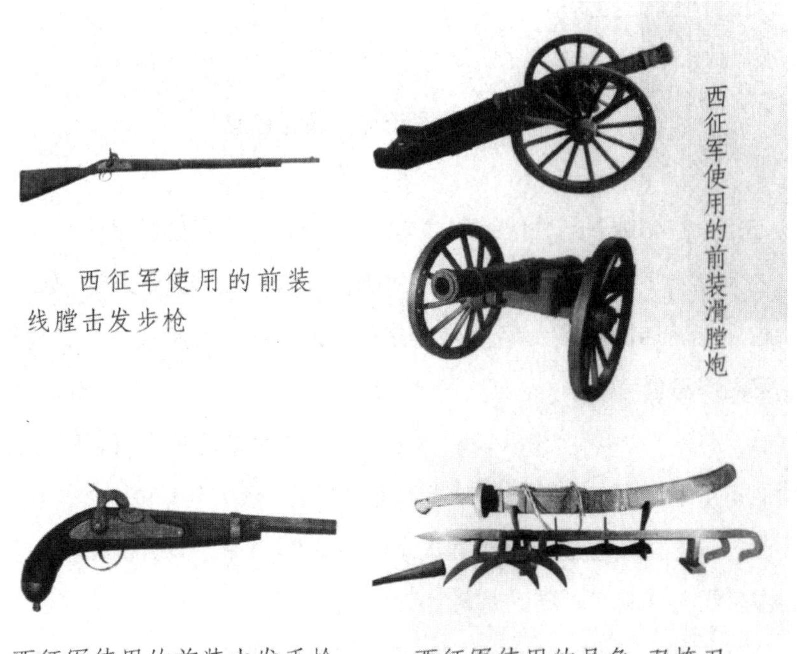

西征军武器

们都有家有室，如今精力衰退，不可能冲着左宗棠的知遇之恩，就无条件地为朝廷卖命一辈子。还有一个无法回避的原因，现在左宗棠是朝廷命官，如果原班团队不再是上下级，则他们成了体制内的普通官僚，不知道上级是谁。做那种不为理想的击鼓传花式官僚，本就不是他们所愿，做官又违心掣肘，他们才懒得再待下去。

左宗棠许诺，举荐刘典做甘肃省按察使，并让他能够以此身份在湖南乡下募集军队。没有这条许诺，刘典不会出山。刘典这次在很大程度上是冲着左宗棠才出山的，这里有很明显的人情因素；若没有这一点，左宗棠就是孤家寡人，孤掌难鸣了。一个再简单不过的事实，古往今来，没有一个办大事的人可以生活在真空里。任何一个统帅都有自己的亲信，区别是团队还是团伙。

刘典再次为左宗棠分忧。这次原计划征兵 3000 人，随即改成 6000 人，后又扩招到 1.2 万人。初步奠定西征军的班底。

四、旧恨新怨，隐忍官文

左宗棠在本朝开创性地组建“车营”，所需大量马匹哪里来？

左宗棠此时已辞去刚刚做顺手的闽浙总督，又未到任陕甘总督，是个前不着村后不着店的封疆大吏。带兵走到湖北，喝口水都要求人，他只能求助老冤家湖广总督官文。

官文还在为 6 年前没有借朝廷之刀砍下左宗棠的脑袋而感到遗憾。但现在动他不得了，左宗棠成了与自己比肩的总督，代表朝廷的钦差大臣，官文得罪不起，只好阳奉阴违，草草搜集了 280 多匹杂马，敷衍塞责。旧恨叠加新怨，左宗棠再次窝了一肚子火。

求人自矮三分头，即使再有不满，如今也只能隐忍。按照清朝规制，只有总督、巡抚才有权给皇帝加盖官印递奏折。陕甘总督的官印还没有拿到，左宗棠还得借官文的官印，才能将那些至关重要的奏章呈给朝廷。

经过 10 余年的官场历练，左宗棠已修炼出隐忍的功夫。左宗棠在诤友曾国藩面前自称“弟”而不署“晚生”，因为两人合作经年，彼此交谊深厚，左宗棠即使率性偶违礼制，也不用担心被朋友出卖而遭遇官场文法篱网。题外顺及。

捌拾叁·与仲兄

同治五年十二月十一日

昨抵章门，遣石清携汇票八千两，以六千金捐入湘阴作义举，以一千五六百建试馆，余以买史坡墓田。闽浙廉银用尽（**留三千两作家眷回湘之资**），此八千乃预支陕甘廉也。所以急为安置者，五十外人且有万里之行，了一件即是一件耳。

轮船为救时急着，惨淡经营，幸蒙俞允。西行则车营、屯田又须从新布置，此皆旧病旧方耳。兄前以屯田为问，孙侍讲所议弟未见过，大约是指腹地兵燹之后而言，意在节饷耳。现在江、浙兵后，田土荒芜多而且久，招垦可行而开屯不便者，为其有主无主多有错杂，兵民杂处最难相安（**有要地应屯兵之处，闲田无多，其闲田最多者何能且战且耕**）。且一营之人分布十里、数十里，难于照管钤束耳。弟昔在严州，以兵荒米贵故曾力为此，而其用心则专在救饥民。故有军士耕种甫毕，忽地主出认者；并有荒至三年之田，临收获时地主向分租者，皆一概许与，令军士弗与争论。故拔营向富阳、余杭时，孩童妇女数百皆环拜泣谢而去。其余各灾区则止借与籽种、牛力（**均由温、台买来，浙西则无一牛也，伤哉**），并分三等发赈，令官委之耐劳苦、有实心者于发赈时劝相之（**见在浙中吏治为东南最，则皆此等人才也**）。每县十余元，或米谷数百石而已。此仅可谓之劝垦，而不得谓之屯田也。至关陇则地多平衍，人民死亡过半。回产既无人耕牧，汉产亦多荒芜。向时稻米二十余文一斤，麦面十余文一斤者，今贵至一钱内外，且无从购取，若不开屯则立虞饥溃。人之粮粮，马之刍豆，举待给于数百里、千余里之外，战何以战？守何以守？自古边塞用兵，无不以兴屯为守务者此也（**赵壮侯屯田三奏尤为中肯**）。前此弟在闽浙，适朝廷垂询及之，遂以车营、屯田两事对。朝议于车营尚以为然，屯田则置之不论。兹乃悟其必如是而后西事始有入手处，亦缘疆臣号饥之章层见叠出，无以应之故耳，否则鲜不以为迂矣。

自奉西征之命，自限四十日料理闽事而后卸篆，发折三十余件、片四十余件，心力为瘁。癸侄为吾写折亦无辍笔之时。已请人录副稿归，兄取视之，当不嗤其妄也。

近得闽中家信，得两女孙。弟妇本拟腊月回湘，弟属以俟明正乃行，盖冬尽水涸滩高，艰阻万状也。乃闽中士民则盼其重来，而昨途中奉到寄谕，则亦谓俟甘事底定，朝廷不难令左某来闽，然则夙缘仍未尽耶？

自章门登舟，行三十里，风雪大作。今晚初晴，若顺风三两日，由吴城换船过湖，腊杪当抵汉口耳。

十二月十一夜王家渡舟次

万里西行，谋划归宿

这一时期，左宗棠在全力创办船政，筹办将来成立大清海部（清廷到 1885 年才设立总理海军事务衙门）。因陕甘总督杨岳斌无力应对变乱，陕甘陷入全面混乱。1867 年 1 月 1 日，写这封信的前 5 天，慈禧太后加急递来旨意，命左宗棠立即前往陕甘督办军务。

这封信，左宗棠与二哥左宗植探讨时务，涉及船政、西征等国家大政方针，全是国家机密。用现代眼光看，左宗棠泄密了。但在当时的人看来很正常，因为没有电话、网络，即使流传开，也仅限于小圈子，不必担心被捻军、回军探得。

乡绅与官员互生互长，是帝国一大特色。乡绅利用自己的知识、经验，与在职官员交流，影响政治，此即一例。

信中，左宗棠自述了一则奇特的旧事：打下浙江严州那会儿，看到大片良田荒芜，他组织士兵去开垦，大面积种上稻苗。不想秋收时节，地主过来认领，称某块田是他的，左宗棠又连地带谷主动让给地主。他还颁发布告劝农民种田，由官府免费提供牛力、种子，并发放一定的农业补贴金。当时，他下定决心做一个带领闽浙人民脱贫致富的父母官。

然而，铁打的官场，流水的官员。捻、回反叛，西北陷入危机，朝廷一道圣旨，左宗棠又从闽浙调往陕甘。他心有不舍。不只是沿海比西北富庶，左宗棠还放不下船政。何况，闽浙总督是有土地、有人民的实职，陕甘总督是虚有土地且大部分百姓已脱离朝廷控制的虚职。一等恪靖伯是平定太平天国后封的，而此时仍没有得到对应的封赏，还必须时刻承担战场倾覆的风险，如果不是出于建立一番功业的理想，左宗棠是提不起积极性的。

朝廷意识到这个调遣于情理上有亏欠，所以在圣旨中暗示左宗棠，等平定陕甘后，仍调他回来做闽浙总督。左宗棠听后铭记于心，虽明知三五年兑现不了，但至少内心里会感到一点温暖。

但毕竟是54岁的人了，加上在浙江感染上疟疾之后，近年来常患腹泻，左宗棠的精力已不如从前。考虑事情周全细致的左宗棠，已不像初出山时那样一味勇猛精进、图取事功，而是量力而行、前后考虑。硬骨头摆在眼前，必须去啃，自己生死未卜，他开始计划退休后的归宿。

二哥左宗植无疑是代自己铺垫好归宿的合适人选。

左宗棠这次捐给湘阴县8000两白银，其中，6000两白银捐作慈善基金，约1600两白银捐作建试馆经费，剩下400两白银为父母在史家坡买墓田。这样做，是通过慈善义举，为自己将来退休铺路。

这笔钱属预支陕甘总督养廉银。左宗棠每年能得到的账上工资在4万两白银左右，加上各种陋规银，总归不少，而每年寄回家中的生活费不过200两白银，怎么会缺钱到要透支的地步了？

其中，固然有左宗棠将钱捐给国家、醉心慈善的原因，更主要的是他常拿自己的钱作为奖金慰劳将士，周济家境贫困的部下。这与其说是他发善心，不如看作为官策略：自家不缺钱花，向朝廷申报军队各项补助、救济款，不但流程复杂，而且救远不救近；拿工资办公事，不但自己心安，而且可以凝聚人心，提高办事效率。

一家老少福州团聚过后，现在也准备返回长沙了。因两个儿媳妇即将分娩，留待同治六年正月（1867年2月）再举家返湘，左宗棠为家人预留了3000两白银。这样算下来，家人福州团聚的往返开销不低于6000两白银。这无疑是一次奢侈的旅行，虽然完全值得。

1867年
同治六年

左宗棠——55岁

长子孝威——21岁

左宗棠家教语录

一 在家读书养母，经理家务，勿滥交，勿为习俗所染，谨身节用，自有得处。

二 家下事一切以谨厚朴俭为主。秋收后还是移居柳庄，耕田读书，可远嚣杂。

三 少交游，勤工课，敬慎俭约，为诸弟先。

捌拾肆·与孝威

同治六年二月二十六日

孝威知之：

此月中旬各营陆续来鄂，二十日前队启行，廿四日亲率各营续进。适捻逆自宿松折回，窜扰黄梅、广济、蕲水、蕲州等处。湘军彭杏南战殁，亡失极多。贼踪日夜上窜，径抵黄陂时，则吾军前队已抵滠口一日矣。廿四日申刻吾率各营行抵滠口，廿五日发马步探至黄陂及杨店、双庙一带，则贼又于先日东窜黄安矣。现又确探贼踪以定行止，如贼由黄安窜豫，则我军由云梦、德安以趋襄阳，否则暂驻数日，察其动静以定行止。盖军行虽指秦陇，途间无避贼而行之理，而鄂军屡挫，士气不扬，谭竹翁、曾沅翁亦坚留以资镇压，义不可遽去也。

此起捻逆之悍，由僧、多败溃之军被捻掳胁勉从，恐不邀曲贷，遂蒙面丧心，反戈相向。其中三盟、黑龙江之人居多，习骑耐战，宜非湘、淮之军所能当。湘以剿长发之技剿捻，淮以剿常捻之伎剿此捻，故均作败局。我所以拟车炮一式者，实早虑此。将士不知此贼伎俩，锐言亟击为宜，而于车炮多嫌笨累。昨闻湘、淮屡挫，始肯练车炮、习车营，或不至如湘、淮之失算乎。

尔等去后，余少五先生、余三表伯、恢九伯父子及陈二先生等来营，均各有所赠遗，未留营也。此外，旧识来营者亦颇应接不暇。吾腹泄如故，参茸均按日服食，不见火证，足知吾衰。

马队车营一变南方兵法，事甫创始，全赖知其意者为之教练，始能避短用长。车营赖马莪园，马队赖喜桂亭，而喜颇不为时论所与也，其教战养马则实有所见，军中服之。此外僚佐均尚和协，能分任吾事，借可藏拙节劳，尔辈可毋我念。在家读书养母，经理家务，勿滥交，勿为习俗所染，谨身节用，自有得处，识之。

丁卯二月廿六日滠口行营［书寄］

八旗军兴衰记

这封信说了一件让人匪夷所思的事情，八旗名将僧格林沁战死后，部下悉数投降捻军。因担心朝廷追责，反水部队将炮火反过来对准楚军。左宗棠只好在这封家信中无可奈何地感叹：“此起捻逆之悍，由僧、多败溃之军被捻掳胁勉从，恐不邀曲贷，遂蒙面丧心，反戈相向。”

左宗棠能有什么办法应对让僧格林沁送命的捻军？他细心研究曾国藩、李鸿章之前剿捻失败的原因，得出的结论是：曾国藩用剿杀太平军的经验来剿捻军，不知道对手变了，原有的经验也就失灵了；李鸿章用剿“捻民”的方法来剿捻军，犯了同样的错误，故均致败局。

左宗棠的办法是，以动制动，以车营战马队。

看到这儿，读者心里可能盘旋着一个疑问：太平天国叛乱已经平定，剿捻抚回，朝廷的正规军八旗军都干什么去了？毕竟，楚军只是起于民间的一支“野战军”，现在仍是临时招募的民间团练。

这里有必要先将清朝立国以来的军事制度变化进行一番简单交代。

一、从八旗、绿营到团练

清朝军队分经制兵与团练。

经制兵即国家正规军队，由八旗与绿营组成。八旗为努尔哈赤于明朝万历四十三年（1615 年）创立，将士来自满蒙，兵力在 20 万左右，是统治阶层的嫡系部队；绿营为顺治初年创建，将士来自汉军，兵力在 60 万左右，是保境安民的地方武装。

团练则是民兵，又称“乡兵”，源于中国古代地方民兵制度，是负责统领地方的自卫队，维持乡下治安，主防匪盗。

八旗与绿营在康熙、乾隆两朝战斗力最强，但到嘉庆、道光两朝，实力大幅衰退。衰退的直接原因，一则国家承平日久，天下无事，文恬武嬉，营务松弛；二则军队长期松懈，内部严重腐化，将官不将兵士当成朝廷所有，而是当成个人私产。

八旗、绿营的衰退暴露于18世纪末。标志性事件是，嘉庆元年（1796年），川、楚两地白莲教起义，绿营兵已经无力对付擅长游击战的白莲教徒。嘉庆四年（1799年），八旗中最精锐的皇家禁卫军中的“健锐营”与“火器营”被派往前线，还没有投入战斗，就匆忙败退回京。

朝廷不得已，只好求之于团练。

咸丰二年（1852年），太平军杀进湖南，各地团练应运而生，咸丰皇帝在全国一口气任命了43位团练大臣，但多数不成气候。毕竟，朝廷正规军啃不下的骨头，草台班子的民兵也觉得卡喉。意外的是，崇文尚武的湖南例外，团练经江忠源、罗泽南悉心培育，迅速壮大。

咸丰皇帝不得不接受这样一个事实：满洲贵族凭20万名八旗将士指哪打哪，数年内征服近亿人口的辉煌，已经一去不复返了。数来数去，如今还能拿得出手的八旗将领，只剩多隆阿、僧格林沁。

二、多隆阿命断陕西

多隆阿生于嘉庆二十三年（1818年），字礼堂，呼尔拉特氏，达斡尔族，满洲正白旗人。此人擅长指挥马队，与湘军第一名将鲍超齐名，时人以“多龙鲍虎”并称。

多隆阿从征战太平军的战场中脱颖而出，时间在咸丰三年（1853年）。作为黑龙江骁骑校尉，他随同胜保镇压太平军。咸丰六年（1856年），湖广总督官文将他调到湖北黄州（今黄冈市），多隆阿与都兴阿并肩作战，在收复武汉、黄州、黄梅战役中屡立新功。

咸丰十一年（1861年），多隆阿配合湘军攻占安庆，论功担任都统、荆州将军。

从普遍不争气的八旗子弟中看到这颗战场血拼出来的新星，咸丰皇帝仿佛看到了旗人的希望，遂倚为心腹，委以重任。同治元年五月初三（1862 年 5 月 30 日），垂帘听政的慈禧太后沿用咸丰重用旗将的思路，将多隆阿调离江淮战场，令其入陕镇压捻回叛乱。

当时，陕西境内有三支反叛武装：太平天国将领陈得才率领西北远征军，正逼攻西安；云南李、蓝起义部队在蓝大顺率领下，经由四川攻入陕西；陕西回军正将清军将领胜保打得分不清东南西北。

多隆阿肩负重托，于 1862 年 9 月初抵达陕西。他到后即施展"招抚兼施"手腕，派间谍入回军诱降，成功控制西北各民族。

但陕西的形势并不容乐观。蓝大顺率领的李、蓝起义部队，这时已占领陕西盩厔（今西安市周至县）。多隆阿身先士卒，亲率马步 10 营，对西安以西 100 公里处的盩厔发起攻击。

同治三年二月二十三日（1864 年 3 月 30 日），多隆阿亲自击鼓督阵，士气大振。不料，一颗子弹从起义军的鸟枪中飞过来，击中他的头部。虽然城破，但多隆阿因伤势过重，于四月十三日（5 月 18 日）去世。

一代将星，化作流星。

三、僧格林沁战死山东

八旗名将僧格林沁，论本事尚出多隆阿之右，被封为"铁帽子王"。

僧格林沁生于嘉庆十六年（1811 年），论家族渊源，是一代天骄成吉思汗胞弟哈撒尔的第 26 代孙。

道光五年（1825 年），14 岁的僧格林沁被选定为索特纳木多布斋郡王嗣子，承袭科尔沁左翼后旗扎萨克郡王。道光十四年（1834 年），23 岁的僧格林沁被提拔为御前大臣、正白旗领侍卫内大臣。道光十五年（1835年），僧格林沁署镶红旗蒙古都统。道光三十年（1850年），僧格林沁任镶黄旗蒙古都统。这年，道光皇帝驾崩，权力交替时期，朝廷引僧格林沁为心腹，任命他为顾命大臣。

僧格林沁同样因镇压太平天国战功显赫而进入历史视野。

咸丰三年（1853年），作为参赞大臣，僧格林沁受命督办京城巡防，阻拦太平军北伐，他统领皇家禁卫军精锐健锐营、外火器营、两翼前锋营、八旗护军营、巡扑五营及察哈尔各官兵，并哲里木、卓索图、昭乌达蒙古诸王劲旅，设防紫荆关，在天津南王庆坨与太平天国北伐军开战。

首战告捷，太平天国北伐军被迫退到连镇。

咸丰四年（1854年），僧格林沁在连镇再败太平天国北伐军，杀死主将林凤祥、李开芳，声威大震。

作为八旗军中最骁勇善战的主战派，僧格林沁一生最瞩目的事迹发生在咸丰九年（1859年）。

咸丰九年（1859年），咸丰皇帝为加强海防，授命僧格林沁督办天津大沽口和京东防务。僧格林沁专心训练船兵，修筑堡垒，积极备战。他吸取第一次大沽口战役失败的教训——咸丰八年四月初八（1858年5月20日），英法联军炮轰大沽炮台，指挥官谭廷襄弃守逃亡，大沽失陷——筹建大沽海口和双港防御工事。

1859年6月，英法联军声称要交换《天津条约》，派新任驻华公使普鲁士、布尔布隆率领一支由一艘巡洋舰和13只炮艇组成的“换约舰队”从上海沿水路北上。行至天津大沽口时，被僧格林沁叫停，英法联军置若罔闻。僧格林沁下达战斗命令。一仗打下来，击毁英军战舰3艘，打死、打伤英军464人，英国海军司令贺布也被打成重伤。两军相持数日后，英法联军军舰撤走。

消息传到北京，咸丰皇帝愁眉舒展。大沽口保卫战是道光二十年（1840

年）以来中国对外战争的第一次胜利，一举打破了欧洲人不可战胜的神话。

中国的胜利严重刺激到英法政府。咸丰十年六月十五日（1860 年 8 月 1 日），英法联军再次组织 18000 人，由北塘登陆，进占天津。八月初四（9 月 18 日），英法联军攻陷通州。八月初七（9 月 21 日），清军与英法联军在八里桥展开激战，僧格林沁作为统帅，力战不敌，战败逃走，所部清军覆没。僧王不敌，朝廷难保。八月初八（9 月 22 日），咸丰皇帝被迫以北上狩猎的名义，逃往热河避暑山庄。英法联军在京城放肆抢夺，为毁灭罪证，一把火烧了圆明园。

一夜之间由天子变浪子的咸丰皇帝既惊又怕，将战败责任归罪于主战派，下令拔去僧格林沁三眼花翎，削去其正黄旗领侍卫内大臣、镶蓝旗满洲都统职务。不久，将他的郡王爵位也革去，只留钦差大臣一职。

但惩罚只是象征性的。一个月后，直隶、山东及河间府一带捻军骤起。朝廷在旗人内找不到指挥官，当即恢复僧格林沁郡王爵，命其率 1 万余名八旗军赴山东剿捻。稍后，又授权他节制河北、河南、山东、安徽、湖北五省军队。

僧格林沁的厄运发生在同治四年四月二十四日（1865 年 5 月 18 日）。

这天，捻军采用诱敌深入策略，将僧格林沁的八旗军诱至山东曹州（今山东省菏泽市）高楼寨。等僧格林沁发觉时，已身陷重围。他率随从冒死突围，逃至曹州西北的吴家店，被捻军士兵杀死于麦田。

四、兵归朝廷变兵归将有

多隆阿、僧格林沁两名旗将相继战死，不只是宣告清朝最后两位“骑士”的个人命运骤然而止，也标志着八旗军回光返照的最后一抹亮色消失，蒙八旗从此一蹶不振。

八旗军完全不能指望，朝廷被迫转移人才重心，更大规模地起用汉人。“以汉代旗”的观念，最早由军机大臣肃顺提出，被慈禧太后与恭亲王奕䜣沿用。在朝廷这样的用人策略下，曾国藩、胡林翼、左宗棠、李鸿章迅速崛起，逐渐成长为柱国基石。

朝廷放弃旧时世家，培养现世新贵的做法，改变的不只是国家统治阶层的血统，军队体制也出现重大调整。曾国藩仿戚继光练兵，无意中将军队国家化（兵归朝廷）变为军队私有化（兵归将有）。这对清王朝来说，无疑是饮鸩止渴。军阀拥兵自重，既为埋葬清王朝打下军事基础，又为日后民国军阀割据、混战种下祸根。这也是八旗军衰败付出的历史代价。

捌拾伍・与周夫人

同治六年四月二十日

筠心夫人览者：

得四月初六日书，具悉家中近事平安，甚慰客怀。

屯滠口、德安，均无战事。所到，官民均恃以为固。四月初一日击贼随州，仅小有斩获，以贼见炮车即走，不回拒也。初三日淮军到德安，我军由随州、枣阳趋襄阳。初八日抵樊城，赶雇车驮，今十二日矣，所雇购者不及一半。适捻贼败杨鼎勋之淮军，复由汉、黄窜安陆，意在乘虚渡汉。渡汉不得，则由襄、枣以窜豫也，我军又须回戈击之。今夜月明时潜师夜起，结营峪山八条冈，拟仍合长围困之。幸秦捻为刘提督松山、黄道鼎所败，势已大蹙，陇回亦多乞抚，我缓入秦陇亦无害也。

鄂中大旱，秧田枯拆，首种不入。民间日夜避兵，啼呼满道，深可伤悯。我之迟回于此，亦欲为中原销此巨患耳。

试馆已动工，凡工师工费赏犒之需少从宽裕，俾乐于从事。孝威主之，不必问之二伯。家下事一切以谨厚朴俭为主。秋收后还是移居柳庄，耕田读书，可远嚣杂，十数年前风景想堪寻味也。

四月二十日樊城书［寄］

曾国藩义荐刘松山

同治五年十二月初六（1867 年 1 月 11 日），陕甘总督左宗棠从江西取道湖北，准备去北京面圣述职，途中突然接到诏书，令他暂时不要进京谒见，立即开赴陕西督办军务。

此时，楚军已在湖北滠口、随州，江西德安一带与捻军交战。陕甘总督任上的事情，只能暂时由穆图善代理。左宗棠此时名义上是陕甘总督，实际上为钦差大臣督办陕甘军务。

同治六年正月初十（1867 年 2 月 14 日），左宗棠坐镇湖北汉口，楚军在这里陆续集结。

朝廷经过一番内部激烈的讨论，最终明确同意了左宗棠的“先秦后陇，先捻后回”战略。原因是，左宗棠抓住问题要害，两句话就说清了其中利害：捻军强于回军，要平定捻军，可以先从心理上打垮回军，反之则不然；回军只在陕西、甘肃，捻军则全国流窜作战，若窜过河南，则牵动全国，两害相权，剿回轻于剿捻。

为了集中精力剿捻，楚军的车营与炮兵开始显现威力。捻军发现楚军威力巨大，便避其锋芒，不战而走。但左宗棠不能跟他们在战场上玩躲猫猫，因为慈禧太后给他平定陕甘叛乱的期限是5年，照这样打下去，万一拖个几年，楚军耗不起。

一、“不言而善战，挺拔明白”

捻军善于打“游击战”，不幸遇上了湘军勇将刘松山。

信中“幸秦捻为刘提督松山、黄道鼎所败，势已大蹙”一句，说明刘松山是捻军天敌，能在敌人的挪闪中抓住主力，一仗就打得他们大伤元气。

刘松山当时的身份是甘肃提督，相当于今天的甘肃军区司令。但就是这样一个厉害的角色，竟然一度被左宗棠忽视，幸亏曾国藩举荐上来。

刘松山是湖南湘乡七都山枣人，早年曾在湘乡一带当长夫，相当于今天的农民工。咸丰三年（1853年），王錱脱离曾国藩的湘勇，独门独户自创老湘营，刘松山加盟了老湘营。

左宗棠的楚军班底来自老湘营。创办楚军时，他大胆起用杨昌濬、刘典、蒋益澧这些被曾国藩弃而不用的大才，却始终没有注意到刘松山。

咸丰八年（1858年），曾国藩第一次发现刘松山。这年九月二十五日（10月31日），他召见了两个营官，其中就有刘松山。曾国藩当天的日记后面附有一句对刘松山的评价：“不言而善战，挺拔明白。”意思是，刘松山不善言谈，但会做事，为人正直，看事透彻。

3年后发生的一件事让曾国藩看到，起用刘松山没有错。

咸丰十一年（1861年），湘勇营在徽州城遭太平军夜袭，众将士惊慌溃

清·佚名《平定捻乱战图》(局部)

逃。刘松孤身挺出，将战旗往脚下一插，对逃兵喊话："我是第四旗刘松山！大家不要退！"众将士纷乱中稳住阵脚。

同治三年(1864年)，湘勇攻下天京后，面临大幅裁撤，曾国荃的吉字营首当其冲。所有人都没想到，刘松山所部老湘营留了下来。

更让众将想不到的是，同治四年(1865年)，曾国藩奉命北上剿捻，奏请从征的唯一湘军嫡系又是刘松山。根据曾国藩的保举，刘松山出任甘肃肃州镇总兵，但仍调皖南镇，归曾国藩节制。

同治五年(1866年)，刘松山指挥老湘营，一战便打败捻军首领张宗禹、牛洛红于湖团；再战又败捻军于徐州西，追剿入河南。张宗禹盘踞西华，牛洛红盘踞上蔡，在万金寨设伏，意图抄袭官军。刘松山与李祥和联手，在双庙、郾城、南阳、新野节节追杀，张宗禹被迫逃窜入陕西，捻军自此分成东、西两部，不能复合。

曾国藩最初确定剿捻战略为"重点防务、坚壁清野、画河圈围"，着力修建工事，被动防御。这一招不但没能抵挡住捻军，反而让捻军声势越打越大，以致窜入河南、湖北、江西，威胁北京。

眼见朝廷处于危急时刻，同治六年二月（1867 年 3 月），慈禧太后临时换帅，将曾国藩调离剿捻前敌总指挥部，命他在江南制造总局下设造船所试造船舰，事权由李鸿章、左宗棠联手取代。

曾国藩对剿捻无功深感愧疚，及时向朝廷举荐刘松山入楚军。

二、曾国藩知人有明，刘松山“作战有方”

左宗棠得到刘松山，喜出望外，及时给朝廷上了一道奏折，明确表示对曾国藩的感激：“臣与曾国藩议论时有不合，至于拔识刘松山于凡众中，信任最专，其谋国之忠，知人之明，非臣所及。”

左宗棠自述感激原因：刘松山本是王鑫旧部，我早在 10 余年前就知晓此人，但没有感觉他有什么特殊才能。刘松山从湖南随征入安徽，为曾国藩所赏拔，这才脱颖而出。我曾私下评论曾国藩素称知人，晚年得到刘松山，尤能证明他的识人卓识。

刘松山能同时得到曾国藩、左宗棠的赏识，在湘军史上是绝无仅有的。一般的情况是，曾国藩认可的人才，左宗棠认为偏庸懦；左宗棠赏识的人才，曾国藩认为偏粗勇。

刘松山跳出了“非左即曾”的偏差，是什么原因？我们从曾国藩早年的评价中或许可以找到答案：“不言而善战，挺拔明白。”

曾国藩用人有四条原则：“带兵之人，第一要才堪治民，第二要不怕死，第三要不急急名利，第四要耐受辛苦。……大抵有忠义血性，则四者相从以俱至。”

左宗棠用人原则就两条：一是“廉干”，二是上战场能身先士卒、敢拼命。

显然，曾国藩看中刘松山“挺拔明白”，左宗棠看中刘松山“不言而善战”。

刘松山带领的老湘营，战斗力确实超出了楚军其他各部。左宗棠剿灭捻军，以其为主力；平定陕甘回军，又赖其为先锋。

同治七年七月十日（1868 年 8 月 27 日），朝廷在剿灭捻军后论功行赏，要求左宗棠简拔将士随军西征。左宗棠向清廷推举刘松山所部老湘营将领中战功卓著的达 15 人，包括易德麟、章合才、萧章开、陶定升、唐光辉、李云贵、何作霖、黄万久、易致中、余虎恩、胡文贵、杨清源、李就山、陈广发、杨世俊。这些人才，都是曾国藩当年解散湘勇时雪藏下来的精锐与骨干，足见支持之实诚。

同治三年（1864 年）打下天京后，左宗棠与曾国藩在朝廷面前唱双簧，如今曾国藩已成淮军军事顾问，对朝廷的威胁完全消除，朝廷不用再担心“客大欺主”，所以，左宗棠把握时机，专门上了一道奏折，称赞曾国藩知人之明，表扬刘松山“作战有方”。

客观地说，曾国藩识刘松山于草莽，证明他确有“知人之明”，如今大义举荐刘松山给左宗棠，是真正的“谋国之忠”。

剿灭捻军后，刘松山在平定回军起义中，也有不俗的表现。遗憾的是，他因挺拔勇毅、霸蛮敢死，不幸英年战死疆场。

同治九年正月（1870 年 2 月），回军在陕西渠南，踞石家庄及马五、马七、马八诸寨，负隅抗拒。刘松山先破石家庄，督攻马五寨，纵火焚寨门。最后，攻破城门的一刻，一颗炮子飞来，正中刘松山左乳，刘松山不幸翻身落马，诸将飞马过来探视，刘松山痛骂：“别管我！整队速攻！毋乱行列！”士气复大振，楚军一举攻破马五寨。刘松山带伤继续指挥作战，因伤势过重，回营后不幸去世。

鉴于刘松山在楚军中威望极高，不重重抚恤不足以服三军。同治九年正月二十七（1870 年 2 月 26 日），左宗棠专门向朝廷上了一道《刘松山剿贼大胜中炮阵亡现筹办理情形折》，请求朝廷按提督阵亡的待遇给予其抚恤，并赐谥号“忠壮”，入北京昭忠祠，在陕西、甘肃两省立专祠纪念。

刘松山死后，其16岁的侄子刘锦棠接过老湘营统领的重担。刘锦棠人如其名，为左宗棠“锦上添花”，在收复新疆时担当先锋与主力，也算曾国藩举荐之间接续遗泽。

三、刘松山逸事

刘松山一生留下了不少动人故事，其敬业精神尤其令人感佩。

左宗棠回忆过一件他亲历的事：刘松山自咸丰三年（1853年）入营，18年来，仅招兵时回过一次家乡，在家待了10多天又匆匆回营。他10来岁时曾在家乡定了一门娃娃亲，聘礼已送了20多年，却没时间办婚典，两家人心里都悬着一块石头。一次，刘松山带兵经过南阳，碰上女方娘家人送来新娘。一问才知道，新娘在南阳租房坐等，已过两年，只待刘松山有空来办婚礼。

左宗棠听说后，感动不已，赶紧安排手下将新娘送到洛阳，趁新募兵勇未到的空隙，给刘松山放假几天，并亲自替他张罗完婚。

不料，完婚不到半月，妻子还没来得及怀上孩子，一代勇将竟血染疆场。

捌拾陆 · 与孝威

同治六年五月初七

孝威知之：

前由驿递去一缄，计已得达。以后日去日远，不能常寄家书，可不必念我，致以无信为平安耳。

捻逆扰鄂，贼马我步，贼速我迟，故常不相及。我军一击之随州，一击之枣阳，未及痛杀，以贼见即绝叫狂奔，毫不抵拒也。车炮之制足制骑贼有余，然纵击穷追非马队不可。昨见《岳忠武传》，其与李成战于襄阳，示王贵、牛皋：“以长枪步卒击其骑，以骑兵击其步。”正与现在所用阵意相近。我军车队既精，再得所调塞马辅之，贼不足平也，可见古今事理并无二致。读书增其识解，治事长其阅历，自少差谬，岂独兵事然哉！而曹勉之。

抵樊后，因购雇车驮极其劳费，而仍不能成行。兵燹之余，物产凋耗，频年调发既数，民不能堪。加之车夫骡夫多是花门种类，彼畏秦人仇杀，不敢西行，故难于应手。甫有头绪即率之以行，克帅今日由此趋老河口，取道荆紫关以指兰田；我率各营由此取道宛、洛以指潼关，大约月余日始可会师秦中，尚恐沿途有战事耳。

贼悉趋豫，将窜山东。秦捻亦正思出关来会。回氛仍炽，穆将军权督篆，专主抚回，廷议亦颇右之，抚局太早终非了局。厚庵临卸篆又有击河狄之举，恐无胜理，此与刘霞仙临去复以兵事自任同一机轴，事权将歇，复作努力向前之势，人其从我乎？关陇捻、回并扰之外，又有游勇之害，即所谓江湖哥老也。用勇丁之流弊必至于此。近日淮、霆各军殊为可虑（淮军尤甚）。自冬徂春，亢旱已甚，燕、豫、秦、晋、西蜀、楚北皆然，不知天意将何为也？

试馆规摹一切均听二伯主持。家中各事尔须妥为料量，毋贻我忧。少交游，勤工课，敬慎俭约，为诸弟先。此外无多属。

二伯父处未及作信，可以此送阅。

我服参茸丸精神甚好，惟腹泄不愈。近时酒兴大减，亦不能饭也。

五月初七日樊城营次

剿捻半年，虑患深

同治六年四月初八（1867 年 5 月 11 日），陕甘总督左宗棠统率大军抵达湖北樊城，五月十三日（6 月 14 日）离开。这封信写在离开前 6 天。这一时期，左宗棠主要精力用于思考分析平定陕甘变乱之策。下文中的剿捻，在当时只是附带的职事。

一、《岳飞传》启发精兵思路

草野书生成为军事大家，左宗棠读过《孙子兵法》吗？无论正史还是野史，都找不到任何有关记载。

军事学是一门具体而专业的学问，需要在战争中学习战术。而关于左宗棠成长为军事将领的参考教材，这封信中给出了答案，是《岳飞传》(《岳忠武传》)。

楚军与湘勇一样，起于民间团练，初衷是模仿岳飞的“岳家军”、戚继光的“戚家军”，打造一支保家卫国的军队。

进什么庙拜什么菩萨，左宗棠从岳飞的用兵方法里吸取了营养。

岳飞抗金时发明了一种新打法：“以长枪步卒击其骑，以骑兵击其步。”通俗地说，就是用步兵打骑兵，用骑兵打步兵。

任何方法的成功，都得益于思维运用的成功。比如，“错位竞技”思维，最早见于“田忌赛马”。

齐国大将田忌和齐威王约定比赛。两人商量好，各自将马分成上、中、下三等。首轮比赛，田忌选择上等马对上等马，中等马对中等马，下等马对下等马，三盘皆输。第二轮比赛，田忌错位排列，以下等马对上等马，上等马对中等马，中等马对下等马，一负两胜。

左宗棠在兵法上也遵循同一思维：用自己的长处，攻对手的短处。

左宗棠曾言："古今事理，并无二致。"事情虽然不同，但道理是一样的。左宗棠捧着《岳飞传》，沿用精兵思路，着力培养一支具有超强战斗力的车营。

但车营需大炮、良马，这些从哪里得来？

二、胡雪岩全力筹钱粮

初到湖北时，湖广总督官文碍于朝廷命令，仓促筹集了 280 匹驽马塞责，让左宗棠有苦说不出。

别人靠不住，只能靠自己。

着眼于自力更生，左宗棠除了奏请调派陆路提督高连升随同征剿，还要求广东巡抚蒋益澧派兵协助，并从香港"购办上好洋枪二千杆"。

为解决粮食补给和西征饷项供给两大难题，左宗棠在汉口设立陕甘后路粮台，在西安设立甘肃总粮台，在上海设立采办转运局。三大后勤机构，全由粮道委员胡雪岩一手负责。

胡雪岩不但办事不打折扣，筹钱也很给力。这次他带来一个好消息，已从洋商银行一次性借得 120 万两白银。左宗棠用这笔钱，从蒙古买来一批矫健的"塞马"，用于征战。

左宗棠对于决定办的事，从来不惜下血本。兵精粮足，自信心倍增，他在给儿子的信中居然放出"贼不足平也"的豪言，并踌躇满志，与刘典相约"会师秦中"。这似乎犯了老子"祸莫大于轻敌"的忌讳。

是福是祸，随后便知。

三、哥老会混迹军营中

值得警惕的是，湘军仿“岳家军”“戚家军”建军，战斗力固然超强，但军阀制度雏形已具，弊端已开始初现，哥老会组织也在军中盛行。左宗棠一时又找不到解决的办法，只好望之兴叹，跟儿子写信说：“用勇丁之流弊必至于此。近日淮、霆各军殊为可虑（淮军尤甚）。”

哥老会是一种清代民间结社组织，以打家劫舍、劫富济贫为业。军营出现民间社团组织，也不能全怪士兵，大家本来就是民兵，平日里军饷都靠军队自筹，对于被遣散的士兵，朝廷根本没有建立对应的退伍军人复员制度。没有社会保障，回乡衣食无着，加上军营里已经大手大脚惯了，退伍受不了乡村清贫，三五一吆喝就称兄道弟、占山扎寨了。

此时，哥老会渐成气候，楚军近几年回乡招募新兵，每次都会混进一批哥老会会员。眼下，龙头老大竟安插人到楚军中发展会员。不少营官、哨官，明里军士，暗地哥老会，颇有点“一套人马，两块牌子”的味道。

左宗棠已经有所察觉。军内流血冲突，看来在所难免。

四、左宗棠不幸患腹泻

信中，左宗棠提到“酒兴大减”，说明他之前的酒量应该不小。但他此时不但喝不得酒，还吃不下饭，原因是患上了习惯性的腹泻。而病因不外乎消化不良。

引起消化不良的原因，一是饮食无规律，二是胃动力不足。左宗棠军务缠身，不按时吃饭是常态；胃动力不足，则是胸气郁结所致。

左宗棠爱发脾气，是胃动力不足的直接原因。更内在的原因是，他“操心危，虑患深”，国事、家事、军旅事、芝麻小事，全记挂心头，且放心不下。诸葛亮治军，罚士兵 20 军棍以上的事务，必亲自审核，左宗棠也是如此。他不但事务繁杂，考虑问题还既深又细，导致他经常性失眠，胃肠功能进一步紊乱。

身体疾病与心理疾病，互为表里，存在因果关系。

《论语》里有则故事：冉伯牛得了重病，孔子前去慰问，隔着窗子握住他的手，摇了摇，说："斯人也，而有斯疾也！"意思是，是什么样的人，就得什么样的病。

左宗棠患上腹泻，是"斯人也，而有斯疾也"。"操心危，虑患深"被他发挥到极致，这一方面帮助他事业超常成功，另一方面给他的身体带来负面影响，令他苦恼不已。

古希腊哲学家有句名言："性格即命运。"这就叫命。

捌拾柒·与孝威

同治六年六月十三日

孝威知悉：

樊城一月至灵宝，酷热不可当。前月十七八、本月初四大雨连朝，又为泥泞所苦，师行之艰至此而极。师进潼关，克帅进武关，高果臣饬由蜀河口进引驾回，三路并进，声威颇壮。狡贼本欲东窜豫州，闻大军且至，恐扼于殽函、蓝关只轮不返，则窜同郡，图渡河窜晋，又为刘寿卿所败，现复西窜。朝命兼制晋防，拟于潼关小憩数日，察其动静图之。我与克翁、果臣分三路，地势尚合。入秦以后稳扎稳打，或望得手也。回患断非剿抚兼施而又能攻其心不可，所出之示录寄一阅。手此告尔等，毋我念。

六月十三日行营［寄］

双 衔示

大军西征，由秦趋陇，杀贼安民，良善毋恐。

捻寇纵横，害吾赤子，剿绝其命，良非得已。

多杀非仁，轻怒非勇，诛止元恶，锄必非种。

凡厥平民，被贼裹胁，归诚免死，禁止剽劫。

汉回仇杀，事起细微，汉祸既惨，回亦无归。

帝曰“汉回，皆吾民也。匪人必诛，宥其良者。

使者用兵，仁义节制，用剿用抚，何威何惠。

告谕吾民，俾晓吾意，勿比匪人，以死为戏。

大军所至，如雷如霆。迅扫郊甸，远征不庭！”

楚军差点全军覆没

写这封信时，左宗棠统率楚军刚抵达陕州灵宝县（今灵宝市），5 天后，抵达潼关。

上一封信，左宗棠发出“贼不足平也”的豪言，计划跟刘典会师西安，可见其踌躇满志。这封信中，他已从乐观中清醒过来，原因是盛夏行军，酷热难当，急风暴雨，泥泞当道，从湖北樊城（今襄阳市）到陕西陕州灵宝县，拖拖拉拉，走走停停，居然花去了一个月时间。看来，打败军队的不一定是敌人，也有可能是天气。

西征途中无数困难，超出今人想象。

左宗棠于途中遇到的一次大挫折，发生在同治六年六月十四日（1867 年 7 月 15 日），也就是这封家书寄出后的第二天。

书信中没有记载，而野史添油加醋，实际情况到底如何？今天只能从左宗棠的奏折中找答案。

左宗棠于六月二十四日（7 月 25 日）向朝廷汇报的《分道入秦妥筹办理折》中，翔实记述了骤然而至的毁灭性天灾。

同治六年五月十三日（1867 年 6 月 14 日），左宗棠率领楚军从湖北樊城启行。接连数日烈日当头，所过之处几月没下一滴雨，部队冒暑前进。到五月二十四日（6 月 25 日），天降福音，接连下了两场大暴雨，酷暑稍降，人心浮动的部队稍定。

但暴雨加剧了行军困难。被雨水冲击后，松垮的泥土浮于路中，淹没车轴。马车成了牛车，艰难挪动，左宗棠只能命令大部队暂停行军。日晒雨淋，军士疲困至极，无精打采。这样走走停停，挨到六月十三日（7 月 14 日），总算走到陕州灵宝县境内。

部队就地休整，左宗棠摊纸磨墨，抓紧写完了这封家信。

第二天一早，楚军又振奋精神出发，来到函谷关内。

左宗棠坐在战马上，抬头用望远镜看路，但见两边的山高耸矗立，巨壁陡峭，山谷中间一条弯弯曲曲的羊肠小道仿佛可以通行，楚军情状如《西游记》中历经九九八十一难的唐僧一行人，不由得倒抽一口凉气。

先头部队抓紧时间，摸着山路，披荆斩棘，抢在中午陆续出关。运输枪炮的辎重部队还卡在关内，艰难移动。左宗棠命令大部队必须统一行军，让先头部队在关外等。

下午6点，辎重队还没出关，山谷西面突然乌云密布，电闪雷鸣，没有任何预警，鸡蛋大的冰雹劈头盖脸地朝人砸下来。冰雹砸了几分钟，接着暴雨如倾。

雹砸雨注，山土松动，巨大的泥石顺着山体轰然垮塌，水流夹沙，汇成洪流，将函谷关堵住。关内瞬间积水成潭，深达数尺。水流冲击声，车马撞击声，如雷如炮，伴着风雨呼啸，辎重部队人马或被冲走，或被撞击，或被泥埋，喊声乱成一团。

待雨停风歇，已入暗夜。

左宗棠下令先头部队火速入关抢救，忙了一整夜。次日早起盘点，辎重部队九成车辆、马匹、骡子损毁，有几十名押解辎重的军人以及驾驭马车的车夫被雨水冲进河中，尸骨无存。唯一值得庆幸的是，先头部队因提前出关，所带枪械毫发无损。

这场无影鬼般的天灾，差一点吞噬全军。所幸左宗棠平时以“练胆、练心”的方法训练士兵，又以农业劳动锻炼士兵的耐苦精神，因此，虽遭意外劫难，但全军上下仍能临危不乱，除了军械部分受损，士气并未大挫。

出关后，左宗棠下令就地休整一天，负责宣传的幕僚做了一场思想动员报告，楚军便又振作精神，踏上漫漫西征路。

这场惊心动魄的暴雨灾害，当时史家多有记载。

比如，清人王安定在《湘军记》中称，楚军这次丢失、损毁的辎重上万，被暴雨冲入河中淹死的超过 100 人。

为什么会发生这等蹊跷事？王安定分析，不是别的原因，都怪左宗棠平时太不信神。这次入关前，有当地人告诫过他：函谷有个神，名叫李左车，倘要平安过关，必须先下马祭祀，再率军通过，否则会遭惩罚。左宗棠听了，全不当回事，反而哈哈大笑，说："我就不信真有什么鬼！李左车的本事，挡不住我大军前进的脚步。"

王安定的说法是：函谷神怒淹楚军。

果真如此吗？恐怕是王安定添油加醋的想象。科学地说，西北气候不比江南，自然条件恶劣，气候反复无常，而当时气象预测条件落后，即使左宗棠自称"今亮"——当代诸葛亮，也无能力提前预知气象变化。

今人比较认可的说法是，左宗棠进函谷关前为鼓舞士气、以壮军威，不顾他人警告，仍坚持鸣炮开道，他不知道炮弹在空中炸响会掀动云气，客观上成了降雨的催化剂。

这里不妨顺带说一说王安定。

王安定研究湘军，缘于九帅曾国荃的赏识。在他之前，一代名士王闿运运用大手笔，写成皇皇巨著《湘军志》。该书一经出版，读者争相购买，士林响起一片议论。曾国荃读后勃然大怒，指责王闿运不该将他攻下天京后杀人放火抢钱的事情有闻必录。他不惜花重金买书销毁，还暗地里准备雇人杀掉王闿运。

限量版《湘军志》已经流传开来，怎么堵后世悠悠之口？曾国荃便请"枪手"王安定作《湘军记》，由自己提供一手素材，意在盖过《湘军志》的风头。命题作文《湘军记》的水平，也就可想而知。

王安定的记载，比照左宗棠在奏折中的自述，结合起来看，应该说可以比较完整再现当时的情形了。

西征的首场考验给左宗棠来了个下马威，尽管这次的困难比起日后收复新疆根本算不了什么。

1868年

同治七年

左宗棠——56岁

长子孝威——22岁

左宗棠 家教语录

一 汝安则为之矣！

二 尔如赴会试亦可，但不必求中进士。功候太早，本无中理，且科名亦易干人忌也。

三 断不可发下第牢骚，惹人讪笑，反求诸己可也。

四 同乡下第寒士见则周之。尔父三试不第，受尽苦辛，至今常有穷途俗眼之感，尔体此意周之为是。

五 下第公车多苦寒之士，又值道途不靖，车马难雇，思之恻然。吾当三次不第时，策蹇归来，尚值清平无事之际，而饥渴窘迫、劳顿疲乏之状，至今每一忆及，如在目前。

六 惟宜相规以善，彼此期于有成。若徒谑浪笑傲，饮食征逐，但有损并无益也。

捌拾捌·与孝威

同治七年正月二十五日

屡饬尔家居奉母课弟，毋急求仕进，何竟忘之？昨接尔伯父书，言尔母腊初脚气大发，初八日后病势增剧，至十七八等日险症层出，医言“脉绝不可为矣”，尔伯父乃遣人追尔折回。至二十二三日连进参茸大剂，渐有转机，尔伯又谕令尔安心会试，勿须回也。我前接尔北上之信，即驰书王若农，请其极力阻止折回。其时未知尔母病状，并怪尔母任尔妄动，致违我教。想尔途间接到此信，必已折转。又恐尔或已到京，故作此请夏芝岑与尔阅。尔如尚在京（断不准会试），即暂住，候我信到再动身南归。

戊辰正月二十五日获鹿行营［父谕］

捌拾玖·与孝威

同治七年二月初六

初六日行抵望都，接尔前月二十八［日］来信，知尔竟抵都中安顿会试矣，不意尔竟敢违我训饬如此！前因折弁来京，曾寄一信与尔，亦料及尔伯父及王若农追尔折回之信或未接得，故姑作一函交夏三兄与尔阅。想湖南家信亦必续到。此时亦无可谕知者，惟盼尔母能康复如常，尔幸免为罪人耳。

我因捻逆渡河忧愤欲死，故匆遽率五千步队前来。当启行时，已疏陈入直，亦料逆贼过晋、豫后必入犯畿甸，晋、豫无足当之，直隶亦然，不忍不来，不敢不速也。此行必前驱杀贼，以求心之所安，利钝举非所计。尔断不准入闱赴试，天下有父履危地、母病在床，而其子犹从容就试者乎？汝安则为之矣！

初六日望都行营谕

不会试，亦不必来营，来营徒添我累，又嘱。

一场由“脚气”引发的家庭风波

写前一封信的 3 天前，左宗棠统率楚军驻扎在获鹿，3 天后，移驻正定。写后一封信的次日，已抵达保定近郊，驻军于黄家庄。从他不断变化的行迹已不难看出这一时期战事的忙乱。

一、丈夫“腹泻”，妻子“脚气”

半年来，左家内外均颇多不顺，左宗棠在外战事接连失利，夫人周诒端居家“脚气”病日益严重。

从历年书信中可以看出，周诒端患的“脚气”病，不是今天所说的“脚气病”。通常说的“脚气病”，又叫“足癣”，由真菌感染引起，俗名“香港脚”。周夫人的病，由缺乏维生素 B_1（硫胺素）引起，是一种常见的营养素缺乏症，即俗话说的“富贵病”，症状是双脚浮肿。

丈夫“腹泻”，妻子“脚气”，家人增添烦恼。

如果说，左宗棠的腹泻是其性格所致，周诒端的“脚气”则由家庭事务而来。周诒端生于富贵之家，从小有丫鬟伺候，可以说是在蜜罐里泡大的。

周诒端的病，从症状来看属“湿性脚气”，表现为心力衰竭、疲劳、气急。

如果读者还有印象，同治五年（1866 年）左家举家迁往福州，她的“脚气”病发作过一次，还停留在江西养病，中间延误了一阵行程。到福州总督署后，精心调养一段时间，恢复正常。但回湖南前夕，不幸又发作了。如此反复折腾，左宗棠只要听到“脚气”两字，大概就会本能地害头疼了。

自湖北汉口分别，举家回湖南住满快一年了。左宗棠安排家人从长沙司马桥住宅搬回湘阴柳庄，本意是让4个儿子远离长沙的喧嚣，静心读书。但没想到，湘阴边上是八百里洞庭湖，“气蒸云梦泽”，湿气比长沙更重，对患有“湿性脚气”的周夫人来说是雪上加霜。

二、儿子进京会试，母亲病危卧床

这一年里，孝威按照父亲书信中的教导，老老实实待在湘阴白水洞读书、做文章。以前他还童心未泯，会趁机遛到后山爬高戏耍，但现在他已经是22岁的青年，是3个弟弟的榜样，不能再嬉戏贪玩。父亲着手让他通过实践锻炼自己，将建湘阴县试馆的工作全都交给他处理。

心性向往自由的孝威，已到过江西、浙江、福建、北京等地，算见过大世面了。父亲还在对他规范、批评、教训，不仅限制他交友，还限制他花钱，让他难免心生抵触。二伯父左宗植受季弟左宗棠托付，也经常监督他，他稍有出格举止，二伯父就第一时间向左宗棠写信打小报告，这让孝威不得不小心翼翼，谨言慎行。

看得出来，孝威有离家自由生活一段时间的想法，而左宗棠每次写信，似乎都在暗示他，父亲靠不住，将来只能靠自己。两个原因加在一起，让孝威不顾父亲劝阻，想方设法要进京参加会试。

孝威一心想进京，尝试先征求母亲的意见。天下哪有母亲不考虑儿子前途的道理？周诒端忍着病痛的折磨，鼓励儿子进京参加会试。孝威求功名心切，当真打点行李，带上书童，悄悄出发了。

瞒着父亲进京，如果母亲周诒端身体健康，这事也就过去了。如果有幸高中，对家人未必不是一个意外惊喜。偏偏在临考前的节骨眼儿上，母亲的“脚气”病复发了，而且异乎寻常地严重，医生已经摸不到脉了。

负有监管侄子责任的左宗植生怕三弟家里有个三长两短，心急火燎地赶紧写信告诉左宗棠实情。

三、剿捻失利，削官夺爵

左宗棠接到二哥的信，气急交加。

真是祸不单行，因当时他正陷入人生第二次大低谷，这次比咸丰九年（1859 年）樊燮事件带来的压力还要大。

大致情况是同治六年十一月二十二日（1867 年 12 月 17 日），西捻军从宜川强渡黄河，由陕西进入山西。左宗棠急派刘松山、郭宝昌追剿，自己殿后。不料西捻军非但没有被镇压住，反而从山西经河南杀入直隶（大致为今河北省）。

左宗棠写这封信时，捻军游勇先头部队已于同治七年正月（1868 年 2 月）逼近卢沟桥。朝廷上下已经炸开了锅，正在金銮殿讨论怎么找剿捻总指挥官左宗棠、李鸿章与直隶总督官文的责任，是杀是剐，还是罢官？句句听来惊魂，反正没有一句好话。

朝廷讨论的结果是，不但削了左宗棠的官职，而且夺回他的“恪靖伯爵”封号，下旨“交部严加议处”，仅保留他的钦差大臣职务和带兵权。

左宗棠一下子跌到事业的谷底。

惩罚已经如此重，慈禧太后还担心他不卖力，另追加一道命令，命左宗棠“兼程前赴保定以北，妥为督剿，以赎前愆，毋再迟误”。这是要他搏命换功，将功折罪。

生平事业遭此重创，左宗棠无比羞愧，想死的心情都有了。可想而知，再听到家庭骤生变故，本就操心重的他，会焦急到何等程度！因此，他在信中严词谴责其子孝威：“尔断不准入闱赴试，天下有父履危地、母病在床，而其子犹从容就试者乎？汝安则为之矣！”父亲在战场上危在旦夕，母亲在病床上命在旦夕，你还有心思优哉游哉地不远千里参加会试，这是一个孝子能心安理得做出来的事情吗？

四、饬子不涉“不孝”之境

父亲兵败，母亲生病，儿子参加考试，这事放到今天，舆论上并没有什么不对。这是古人与今人文化观念不同造成的。

古人以“孝”为立身之本，儿子不管做多大的官，对父母都要绝对孝敬，不但“父母在，不远游，游必有方”，而且父母过世，要辞去一切官职，以平民身份穿粗布麻衣，在父母坟前搭个草棚守孝 3 年（实为满 25 个月）。父亲死后，一如既往遵守礼制，“父在，观其志，父没，观其行，三年无改于父之道，可谓孝矣”。反之，就是“不孝”。“不孝”是一种严重的罪名，不仅仅有道德责任，更要承担法律责任。犯了“不孝”罪，会受到最严厉的惩罚。

古代中国是“熟人社会”，舆论的力量大于法律，我们的先人几千年里在这种社会秩序下，家庭得以兴旺，社会得以平稳，这是中华文化的优点。但这种文化不是没弊端，它最大的问题是对个体自由造成绑架，催生“伪道德”。个性权利无从觅得，自由意志便无从谈起。

根据古人“孝顺”的规矩，如果周诒端因病去世，长子孝威不在身边，问题就严重了，孝威回来后即使不以死谢罪，终生也会内疚。社会舆论这一关，他无论如何也过不了。

左宗棠爱子心切，所以才如此大发雷霆。

左宗棠是真生气了。他写完此信，信后又添加一句，拒绝儿子来军营见面。

五、题外

这里有必要简单交代《左宗棠家书》的成书背景。

左宗棠死后，其家书散存长沙、湘阴两地，《左宗棠年谱》《左文襄公全集》都没有收集。民国九年（1920 年），其时已历辛亥革命，存于司马桥住宅（其时已改作“左宗棠祠堂”）左宗棠家书的雕版刻本在战火中部分损毁。四子孝同生前曾做过江苏布政使，晚年客居上海，他从长沙、湘阴两地收集家书原稿，再带到上海整理出版，其间也遗失了一部分。

民国初年（1912 年），孝同整理出版的原稿，成了今天研究左宗棠家书最权威的版本。民国时期，学者许啸天据此按现代文格式分出标点，胡翼云进行校对，编为《民国文存・左宗棠家书》，后来此书内容收录进《左宗棠全集・家书、诗文》，左宗棠所写家书得以流传至今。

玖拾·与孝威

| 同治七年二月二十五日

孝威知悉：

览尔二月十四日信，知尔因母病焦急，拟由天津搭轮船回去，此亦人子天性所应然。惟天津轮船断不可搭，尔但知前年闽中搭坐之安逸，不知彼系雇坐，又得黄丞照料，故能如此，若此次南旋搭坐，苦恼必不可堪，徒增吾忧。前函欲尔俟谕再行者，原以东道、西道均不可走，而轮船又断不可搭也，尔何不体之？

尔母病正月初六日复发一次（端姐与淀生信），旋复平善，暂可无它，尔不必着急。谢廖伯兄来都散馆，曾询我："子重似可令其会试。"我已诺之。廖伯名维藩，岳州人，性行肫笃，君子人也，尔可以师友之间待之。

捻逆经各军痛剿，凶焰顿衰。吾自十一日出保定后，日日冒险驰驱，仅十四日接仗一次（蠡县、清苑之间，遏其犯保定），昨廿三日接仗一次（肃宁追至蠡县，遏其犯河间也），然均未能痛杀（昨日获贼讯供，贼已知我来，颇畏之）。盖以桂亭马队尽付刘、郭，随身无马也，然必亲临前敌无疑。近十日来，昼夜骑马奔走如健儿，尚不甚惫。幕中如子儁、淀生诸人无不驰马者，亦不独我之耐劳。以局势论，蒇事当速，惟朝廷不过于督责斯可耳。此事毕，吾当乞身，断不再入宦场矣。[手此谕之。]

二月二十五日蠡县[城外]行次[书]

家事"自我反思"，国事"忍辱负重"

这封信让笔者想起孔夫子的一句话："父母之年，不可不知也。一则以喜，一则以惧。"喜的是父母长寿一年，惧的是父母又衰老一岁。古人这个孝道观念，中国人都应记在心头。但"父母在，不远游，游必有方"放到今天，则要具体分析了。作为子女，时刻挂念父母、存下心意则可，但以之作为限制自身追求、工作与生活的紧箍咒，则涉及"愚孝"。

一、以人证己，不动声色

孝威接到父亲上一封信，心恐怕已经掉进冰窖。另一方是母亲重病，一方是父亲重责，还有考场压力，一个 22 岁的青年，怎么承受得了？

左宗棠有个很好的习惯，凡是做过的事、说过的话，还会再琢磨、推敲，将心比心，从正反两个方面再想一想。这一想，他发现上封信中的话说重了。说了重话也是没办法，清朝的读书人是当时社会道德的表率，大家的眼睛都盯着，儿子带头不孝，父亲若不指责，也会跟着儿子一同遭受舆论谴责。

但会试是人生大事，周夫人的病又不是一天两天能治愈的，如果因此拖住儿子前途，多少有点说不过去。自己已经转过这个弯来了，但跟儿子怎么将话转回来呢？

左宗棠很讲究表达技巧，从孝威的归程安排说起：首先说轮船不可搭，理由是沿途没有官员照料，路经战争区，风险太大；其次告知儿子家里亲戚来信，说周夫人已过了危险期，不用再担心。这等于卸下了儿子的思想包袱。

左宗棠的意思是同意儿子参加会试了，但话不能直接说。左宗棠借来军营探望自己的岳阳籍同乡谢维藩的话转过这道弯，以消除父子间这道隔阂：你谢伯伯跟我说，孝威这个人，人品、道德、文章都是不错的，不妨让他参加这场考试。左宗棠接过这句话随即表态：你谢伯伯说的话还是有道理的，我已经答应他了。

以人证己，不动声色。事实上，左宗棠哪里是被谢维藩说服的？他这么一个有主见的人，若不是自己想通了，一百个谢维藩也说服不了他。谢维藩在这里只不过充当了左宗棠放弃“愚孝”观念的台阶。

从这里可以看出左宗棠官场处世的风格。善于自我总结反思，及时修正自己的错误观念，是左宗棠能够团结人才、成就事功的重要性格优势。刚直倔强与善于反思互为补充，让他不至于做决断时出现明显的失误。

二、以“忍辱负重”应对“掣肘扯皮”

对朝廷，左宗棠依然按照自己的策略，坚持己见。

捻军此时已在北京近郊的卢沟桥一带出没，慈禧太后方寸大乱，惊恐万状。已被削除官爵、职位，只剩事权的左宗棠天天受到她的训斥与督促。左宗棠也是个性格急躁的人，他何尝不想重整旗鼓率楚军再剿捻军。但他很清楚，剿捻局部失败，问题不在自己，而在朝廷。为什么？左宗棠对此洞若观火：紫禁城周边方圆百里内，“大臣三，总督一，巡抚三，侍郎二，将军一，如何统御？”不理顺权力关系，怎么打胜仗？

左宗棠心里清楚，自己应先做什么，再做什么。对于剿灭捻军，他确有把握，因此，并不因慈禧太后近乎失去理智的催促而改变自己的主见与坚持。用左宗棠自己的话说：“惟朝廷不过于督责斯可耳。”这句话沉敛中带有几分憨厚。

但再沉得住气的人，也可能被催得心烦意乱，尤其催人的是直接上级。慈禧太后一紧张难免慌乱，会造成瞎指挥。好在左宗棠从小在苦水中泡大，历年来遭遇各种挫折、打击，心理素质过关，不大可能乱了方寸与阵脚。

官场大佬林立，彼此掣肘，这种情形，他已经是第二次遭遇了。

咸丰三年（1853年）初，他在湖南巡抚衙门做幕僚时，献过“西渡围歼”之计，也曾遭遇“驻城统兵一中堂、三巡抚、三提督、十二总兵、城外两总督”相互扯皮的尴尬，情形与今天几乎一模一样。那时，他只是一名幕僚高参，上级的命令根本压不到他身上来，对“官大一级压死人”感触不深。现在自己头顶钦差、疆臣、伯爵一大堆头衔，朝廷体制没有丝毫变动，难免处处受限。对于常年在外带兵、做惯了一把手、习惯了屦及剑及的左宗棠，哪里受得了这种官场的周旋和虚与委蛇？他只能凭智慧规避陷阱，正道直行，不做无谓的牺牲品。

信末，饱尝官僚游戏之苦的左宗棠心有余悸地说：“此事毕，吾当乞身，断不再入宦场矣。”他竟然与儿子在信中说出这么一句负气话，可见内心承受的委屈真的快要逼近极限。

当官再难，也要人做。宦海沉浮莫测，有不虞之誉，有骤加之毁，在这样复杂的环境里还要成就一番事业，确非易事。

成功的人在成功之前，胸怀几乎是被委屈一路撑大的。

玖拾壹·与孝威

同治七年三月初一

孝威览之：

战事尚为顺利，诸将士忠奋异常，此国家深仁厚泽所致，非统帅能激厉之也。贼势剽锐殊甚，遇坚军则转瞬即不见踪迹，遇瑕军则有隙即入，亦不及招架，非长毛所能。淮军自命熟谙情形，而郭、杨十六七之战传闻异词，询其逃去之卒，颇悉其概。尔不可以此告人，恐闻者勃然，嫌隙必开矣。尔年轻学浅，无阅历，凡事以少开口、莫高兴为主，记之，记之。

各军云集，兵勇骚扰颇甚，而直省民风之凶狠尤世所罕闻。吾忧杀机方动，未能骤止也。道途劫杀之案日出日奇，尔将来南旋须候我谕，断不可大意，亦不可坐轮船。

尔如赴会试亦可，但不必求中进士。功候太早，本无中理，且科名亦易干人忌也。谢麐伯庶常天性纯笃，每言及国事艰难，辄涕泗交颐，所谓“袁安之每念王家，自然流涕也”。其人学行可为尔师。

同乡中会试寒士可暗地查明告我。［手此谕知。］

孝宽主事照可领回，此次尔亦可捐行走。

三月初一夜正定行营此是来往第三次也

左、李矛盾与战术比较

在这封信里，左宗棠向儿子透露了一个军事机密：李鸿章的淮军出了乱子，同治七年二月十六日、十七日（1868 年 3 月 9 日、10 日）部将郭松林、杨鼎勋在前线剿捻时“传闻异词”。

“传闻”是什么？“异词”有哪些？左宗棠似乎颇有顾忌，点到即止。他还提醒儿子：这件事知道就可以了，千万不能外传；话要是传出去，自己跟李鸿章就不好合作了。如此讳莫如深，使历史真相潜于水底。

今天我们要了解这段历史，只能从相关人物的史籍中寻找答案。

一、“传闻异词”查证于郭松林

淮军将领郭松林，字子美，湖南湘潭人。咸丰六年（1856 年）跟从曾国荃，因战功陆续被提升为把总、守备。咸丰十一年（1861 年）因攻打安庆有功，再升为游击，赐号“奋勇巴图鲁”。稍后又被提拔为参将。同治元年（1862 年），李鸿章组建淮勇 8000 人开赴上海，郭松林部正在上海，根据属地管理原则，归江苏巡抚李鸿章调遣。

同治五年（1866 年），剿捻前敌总指挥曾国藩因旧部已经解散，命令郭松林回湖南再新募士兵，开赴德安剿捻。郭松林一口气打下应城、云梦、皂河、杨泽；但追到臼口时中了埋伏，被打中脚部，于是请假回湖南养伤。

同治六年（1867 年），郭松林再次回到战场。

其时，曾国藩已经退居二线，以顾问身份协助学生李鸿章剿捻。李鸿章将郭松林部命名为“武毅军”。

左宗棠所说的“传闻异词”，按图索骥，只能从“武毅军”的相关史籍中寻找。

《清史稿》对“武毅军”的历史如此记述：“七年（1868 年）春，西捻犯畿辅，松林败之安平，再破之茌平。自临邑筑长围至马颊河，松林偕潘鼎新、王心安守之，败贼于海丰，追至德州，历十六昼夜，斩捕过半。”这里说的全是战绩，没有“投诚、通敌、哗变、滥杀、弃城”之类的字眼，看不出破绽。那么，杨鼎勋那边有破绽吗？

二、“传闻异词”查证于杨鼎勋

杨鼎勋，字少铭，四川华阳人。咸丰二年（1852年）应募从军，隶属湖北按察使李孟群，初战因打汉阳有功，被提升为把总。咸丰七年（1857年），调入霆军，归属提督鲍超统带。其后一路提级，历任千总、都司、游击、副将、总兵，赐号“锋勇巴图鲁”。

同治五年（1866年），杨鼎勋接朝廷命令，调赴河南剿捻，因在朱仙镇打了胜仗，被提升为“浙江提督”。

关于杨鼎勋这段时间的历史，《清史稿》这样记载：“驰援畿辅，破捻匪于安平，追至杨家村，降贼酋张志清。偕郭松林击贼浚县大邳山，又败之卫辉，阵斩贼酋王建瀛、熊八，擒悍贼何士喜、周久于龙王庙。”照样看不出任何问题。

再查《清史稿·本纪二十二·穆宗本纪二》，则如此记录：

> 二月辛巳，官军复渭源。癸未，命恭亲王节制各路统兵大臣。戊子，回匪复陷宁条梁。己丑，回匪窜伊克沙巴尔，官军击退之。褫赵长龄、陈湜职，遣戍。壬辰，陕军复宝鸡。癸巳，滇军解镇雄围。迤西回陷楚雄。乙未，豫、皖各军败张总愚（张宗禹）于東鹿。庚子，左宗棠、李鸿章等军剿贼，迭破之。

所谓“传闻异词”，在这里照样连影子都看不到。什么原因？想来是“历史宜粗不宜细”。但历史的细节与真相，就这样永远被湮没。若不是左宗棠在这里提一笔，我们压根想不到要在这里打个问号。据“询其逃去之卒，颇悉其概”一句，大约可以推测为“弃城逃跑”。笔者据其他相关人物的书信，可以确证其中一点：李鸿章此次向朝廷汇报，有夸大军功的事实。

三、曾、左、李“剿捻战术”比较

左、李因战事积怨，鸿沟日深。相互指摘的根本原因是战略侧重点不同。

比较同以钦差大臣身份督师剿捻的曾、左、李三大主帅，其战略、战术各异。战略上，曾国藩主张“以静制动”，左、李主张“以动制动”。战术上，曾国藩主张“守营以静，以壕为兵”，左、李各有不同：左宗棠主张“长围圈剿”，李鸿章主张“扼地兜剿”。

曾国藩“以静制动”，被动防守，剿捻两年，捻军越剿越大，实践证明其战略是失败的。

失败的根本原因是曾国藩因循守旧。他以前擅长的“扎硬寨、打死仗”的霸蛮办法，面对长于骑技、惯于游击的捻军，已经完全失灵。毕竟，这是一种“土气”的搞法，敌人变了，自己死守不变，难免失败。

左宗棠与李鸿章在战略上无疑都比曾国藩高明。但左、李的战术各具优势，难分高下。

左宗棠在战术上主张“长围圈剿”。这是一种“大气”的打法，方法是将敌人全部包围起来，逐步往中心地带挤压，毕其功于一役。这种战术与楚军的特点有关。楚军取胜首凭胆气，捻军骑兵优势已被车营破解，士气又输一筹，“长围圈剿”能让敌军成为瓮中之鳖。

左宗棠的“长围圈剿”战术，之前最成功的案例是同治五年（1866 年）初在广东嘉应州与太平军发起的最后一战，一举打败汪海洋 9 万余人。

但“长围圈剿”要执行到位，有两大难关需要克服：一是战线绵延千里，怎么凭有限的兵力将敌军全部包围？二是包围敌军之后，怎么顺势痛快淋漓地将其全歼，让敌军无法突围？这就需要事先全部计算清楚。

左宗棠的策略有二：一是慎战，不轻易主动出击，以免打草惊蛇；二是事先考虑各种意外，像列数学公式一样，将各种可能性全部列出来，提前找出应对办法。

左宗棠自述其战术思路是："先察险夷地势，审彼己情形，而以平时所知将士长短应之，乃能稍有把握。其中有算至十分而用之七八分已效者，有算至七八分而效过十分者。"

左宗棠这种战术的高明之处，曾国藩在左宗棠出山之初就看出来了，并概括为"细密"。曾国藩曾以钦佩的语气说左宗棠用兵"谋划之密，远出国藩与胡宫保之上"。既然知道左宗棠战术的好处在哪里，曾国藩为什么不学习呢？是因为他做不到。左宗棠的方法不但考验智商与胆量，而且需要有大量的经世致用的"实学"垫底，曾国藩的天赋与擅长面不在这儿。

"长围圈剿"不仅是繁重的体力活，更是繁杂的脑力活。是以每逢大战，左宗棠邀集幕僚、将领，通宵达旦开夜车，"每发一兵，须发为白"。

李鸿章凡事着眼灵活性，他在战术上主张"扼地兜剿"。方法是尽量避开战前的繁重与繁杂，侧重战场讨巧。也就是说，两军对阵，他尽量不跟敌军面对面、硬碰硬，而是借助地利与武器两大条件，首先将敌军诱惑或驱赶到一个易攻难守的地方，其次全部包围起来，彻底剿杀干净。

为达到这一战争目的，除需要充分借助地理优势之外，还需要强化装备，所以他充分利用外国的先进技术。淮军仿效西式"洋枪队"练兵，将小枪队全部改为洋枪队，同时，成立了"春字营"炮队。经过李鸿章的辛苦经营，到同治四年（1865年），淮军每营均配备洋枪约400支，全军洋枪共计超过2万支。

因新式武器精密，难以操作，李鸿章又专门雇了一批外籍军官进行指导，他凭借江苏富庶的财力，打造出一支中国当时最"洋气"的现代化军队。

比较而言，曾国藩的"土气"打法已然过时，而左宗棠与李鸿章的战术各有千秋，很难说到底谁高谁低。但要命的是，两人相互之间都不买账，李鸿章的"洋气"打法与左宗棠的"大气"打法，具体操作时又多有相左。谁也说不服谁，因此，他们经常在书信中争得面红耳赤，就差要见面打架了。

四、左、李之简单比较

左、李之间的差别还有哪些呢?

两人都采用西方先进武器。左宗棠并不反对新式武器，他只是反对精密武器。理由是，士兵都是粗人，武器不能太精，上战场打仗又不是搞科学研究，因此武器要以“操作简单”与“有杀伤力”为标准。毕竟，战争胜负的决定因素在人心，而不单纯依靠武器。

说简单点，左宗棠持“人才决定论”；李鸿章则反过来，主张“武器决定论”。

比较来看，李鸿章的思路并没有错，他适合建设现代化军队；左宗棠的

创建之初的淮军

观念，强调人心与士气，抓住了军事学根本，放到任何时候都不会过时。

战术不同，不相与谋。楚、淮两军遂形同水火。

但淮军的问题此时正在日益暴露。因李鸿章过于强调技术，又主要依赖地利与武器，“人心”与“士气”成为短板。淮军士兵本多来自游民，军纪松散，不可避免地出现将士大面积“痞子化”的问题，这恰恰是重纪律、重操守的左宗棠不能容忍的。

左宗棠任事刚直，眼里容不得沙子，因此，总想找机会教育李鸿章一下，当面告诉他正确的治军之道。于是，西捻军一灭，左宗棠马上举报李鸿章放跑了西捻军首领张宗禹。

关于两人的战略、战术、军纪、武器，笔者非军事专家，仅陈述部分事实，供读者参考。

但笔者认为，左宗棠论人时每有“完人洁癖”，他由批评淮军军纪扩大到否定其统帅的军事能力，这就有些过头了。淮军在军纪方面肯定存在左宗棠指出的那些问题，但战斗力还是比较强大的，毕竟剿灭捻军的第一功臣是李鸿章。如果淮军真如左宗棠说的那么不堪，“皖军多收捻余，战不足恃”，则不可能取得那么多的胜利。

抛开战略分歧、战术成败不论，就官品来说，李鸿章远远不如左宗棠。据说李鸿章身后为子孙积累了2000万两白银的遗产，信史的记载是1000万两。如此高额巨款，若没有数十年如一日的殚精竭虑与挖空心思，则难以积累下来。

玖拾贰·与孝威

同治七年三月二十八日

孝威知之：

日前接尔信，得悉一切。

尔母病宜［服］人参，尔既欲买取，吾不惜此重赀。惟须央真能辨别者同其觅购，能得一两亦足矣（祖母病时急需好参，无钱买取，吾至今以为恨，故不欲多买也）。托子儁兄致书号友挪银应用，买参之外以百金作南旋盘费，余均作下第寒士盘川（先不必说，临时亲送之），不可浪费分文，致违我教。

周瀛桥无令问，其穷苦当由自取。尔于此辈宜慎所与也。

尔捐行走，二弟领主事执照，均可于此次办之。

三月二十八日大名行营

玖拾叁·与孝威

同治七年四月十八日

孝威览之：

今日吴桥营次有平江朱孝廉承基遣人来寻朱副将德树借银，不知朱副将在陕未来也。询知湖南会榜中十四人，不知其姓名。尔所录寄试稿，首作尚可，次、三不佳，诗有稚句，不中为宜。断不可发下第牢骚，惹人讪笑，反求诸己可也。况尔已蒙恩得官，更不当与寒士争进取［乎］。

孝宽三月中旬书来，言尔母服参茸补剂渐望复元，惟足踵未愈。家中大小均吉，可无挂念。尔可不急出京，以沿途游勇、恶团到处皆是，无法无天，行旅时有戒心。如已出都，则暂于保定客店住歇旬日，见张廉访（号正轩）向其询军行进止，作信请其发递，以便营中遣人来接。军行无定，不得不如此（已信致张廉访，并得其回信照办）。切勿躁急，以贻我忧。

贼由津折窜而南，已入山东境，我军紧追，十一、十二、十三连获胜仗，我亦即率师南趋武定、东昌之间。东阻大海，南滨大河，西阻运河，现值黄、运交涨，积潦纵横，北则（刘、张、宋）各军兜剿，马队总之，机局凑拍，或可于此间了却。李、丁、英均防黄、运，我军主剿，不敢稍有诿避也。［手此谕知。］

四月十八日吴桥行次［书］

围堵捻军，清廷三度换帅

同治七年三月初十（1868年4月2日），左宗棠统率楚军尾追捻军到彰德。写完前一封信，抵达临清。写完后一封信的2天后，抵达宁津。再6天后，返回吴桥。行军令人眼花缭乱。原因是清军已被捻军牵住鼻子，陷入被动应对阶段。

一、急兵突进，捻军逼近紫禁城

同治四年（1865年），捻军被刘松山打得分成东、西两部：东捻以任柱、赖文光为首，西捻由张宗禹统领。清军内部也针对敌情做出大致分工：李鸿章负责剿灭东捻，左宗棠负责剿灭西捻。

同治六年十二月十一日（1868年1月5日），李鸿章率领淮军，通过潍县松数山、江苏赣榆、山东寿光南北洋河与弥河、扬州东北瓦窑铺几次战役，将东捻军全歼，赖文光被俘，随后被处以极刑。

李鸿章的剿捻任务如期完成，左宗棠剿灭西捻却还未成功。形势逼人，他不得不考虑加快进度。

同治七年正月初三（1868年1月27日），老湘营统领刘松山、郭宝昌率兵会合喜昌骑兵，追西捻军至直隶磁州（今河北省磁县）、巨鹿、平乡。2天后，老湘营将士从南和绕到西边截击捻军获胜，捻军被赶得北进定州，转而袭击保定。

左宗棠因急于求功，不但亲自指挥亲兵营率先作战，还对部下各将明确捻军的“首级赏格”，对生擒、阵斩张宗禹等“从优悬立赏格”，他相信重赏之下必有勇夫，“以作士气而速戎机”。

“从优悬立赏格”的效果是十分明显的，楚军部将一日追赶千里。但猛追穷寇的意外后果是驱使西捻军从保定潜行入京，于同治七年正月（1868 年 2 月）骤然出现在北京卢沟桥一带。

紫禁城内顿时陷入空前恐慌。慈禧太后又惊又怕。气急败坏之下，她将剿捻两大统帅左宗棠、李鸿章，以及配合者直隶总督官文、河南巡抚李鹤年，全部就地罢官。她又派出神机营在紫禁城外日夜严密巡防，以防捻军潜入皇宫让自己遭遇不测。

同治七年正月十七日（1868 年 2 月 10 日），左宗棠扎营山西寿阳，准备围而剿之，突然接到捻军北上的情报，他惊慌失措、忧愤欲死，只好临时改变计划，星夜挥师入京保驾。

谁知此举又犯了高射炮打麻雀的错误。抵达卢沟桥一带的原来只是一小股捻军，他们在北京城外转悠了一圈，便迅速撤出。朝廷紧急下令左宗棠率军驻扎井陉，阻止捻军西进。5 天后，左宗棠带亲兵营抵达获鹿。

左宗棠指出，令出多门，非胜军之道。清廷即时发布新的命令，直隶各省剿捻官军，归左宗棠一人统领。

二、左宗棠挂帅，捻军飘忽不定

到达潼关后，针对捻军的流动战术，左宗棠想了一个打击方案，兵分两路，在捻军所能渡河之处进行拦截。一路军队是从咸阳渡过渭水，并联系刘松山、郭宝昌、黄鼎等军队，挡住捻军奔向北山之路。另一路由临潼到达渭水，左宗棠准备封锁渭河，严防渡口，以合围之势困住捻军。

两军联动，小胜不断，但仍不能毕其功于一役。根本原因是捻军打闪电战，飙忽驰骋，避实就虚。他们选择出击的时机，往往在清军出队、收队、行军、未成列之时；打得赢就打，打不赢就跑。楚军追，捻军则一直逃，楚军停，捻军则回头挑衅、骚扰。清军战略若朝东，捻军战术每击西，清军完全陷入被动，左宗棠虽然神机妙算，但始终无法抓准捻军主力。

下面一则战例很能说明问题：同治七年二月二十七日（1868 年 3 月 20 日），老湘营分路渡河追剿，捻军骑兵埋伏在南岸等待。待众将士渡及一半，捻军突然发起猛攻。刘松山急令已渡河的部队立即排阵阻击，并亲率主力渡河，抄袭捻军后路。捻军见偷袭无效，瞬间撤退，从赵州奔赴巨鹿，让老湘营将士扑了个空。

朝廷谋求速胜，见左宗棠力有不任，权衡之下，慈禧太后加重权码，命恭亲王奕䜣统领各军，左宗棠与李鸿章同为偏师。

三、恭亲王挂帅，捻军转进山东

李鸿章这时带领淮军，自翼州移师，扎营大名，采用老师曾国藩的“以静制动”策略，试图通过扼守住怀庆，将捻军逼到太行山与黄河之间，“扼地兜剿”，守株待兔，将捻军一锅端。

此时，按左宗棠战术“长围圈剿”“以动制动”追击西捻军的清军主力，主要有三股：河南巡抚李鹤年部，楚军将领刘松山、郭宝昌两部，清军将领张曜、宋庆两部。令左宗棠无比烦恼的是，追击部队每天都在交战，每次都能够追上捻军，却始终无法彻底消灭捻军。

就在三股主力军劳心奔命追杀时，战局又发生骤变，捻军主力突然转进山东。

战场重心转移，恭亲王奕䜣无法督师亲征，朝廷改令由李鸿章统领各路部队，左宗棠则专防直隶运河。

恭亲王前面既有授命，转交指挥棒时，即责令李鸿章会同左宗棠，限一个月内彻底剿灭捻军。

四、李鸿章挂帅，捻军覆没徒骇河

经过左宗棠的一番竭力追剿，西捻军此时已近强弩之末。

李鸿章是个凡事讲究灵动机变的人，他接过权杖，开始琢磨如何将左宗棠的“长围圈剿”与自己的“扼地兜剿”战术结合起来运用。具体方法是，首先将捻军设法追赶进一个大的包围圈，其次寻找薄弱敌军，打闪电战，各个击破。

左宗棠实行“长围圈剿”一年多来，成效并不大，反倒经常被捻军牵着鼻子走。捻军实在过于灵活，让他对自己的方法已经没多大信心。但李鸿章是北方人，熟悉北方地形与气候，他看到能发挥左宗棠战术优势的绝佳时机已经来临：一是华北平原一带每逢盛夏必有暴雨，大雨带来千里沼泽，捻军骑兵将完全失去威力；二是“长围圈剿”的军事部署实力已经具备。清军追剿捻军的兵力如今已达十余万人，加上地方民团，完全有条件进行四面合围。

同治七年六月十五日（1868 年 8 月 3 日），捻军挺进宁津，刘松山率部发起攻击，捻军自相践踏，被斩杀 1000 多人。捻军余部逃到德平与乐陵交界处，刘松山与郭宝昌联手，捻军破散，7000 余人投降。这虽然仍是常规性的胜利，但大幅度消减了捻军的实力，为最后的决战做好了准备。

随着盛夏来临，一切果然如李鸿章所料，北方“阴雨弥月，河海漳运，汇为泽国，宗禹马队尺寸不能驰骋”。直隶、山东两省的地主乡绅组织民团，在交通要道上修筑堡垒、营寨，既阻住了捻军的粮道，也扰乱了他们夜间的休息。

张宗禹率部从商河、济阳奔向临邑、清平、博平。他不知道，自己正在钻进李鸿章事先布置的包围圈。其时天降大雨，徒骇河水暴涨。淮军将领刘铭传等部骤然追杀过来，张宗禹带领部将狂奔，奔到河边，无路可逃，张宗禹“穿秫凫水，不知所终”。未及逃生者，悉被斩首。西捻军至此全军覆没。

五、后续

总结一下，我们会发现一个有趣的现象：镇压太平天国、镇压捻军两大任务标志性的“形象工程”，关键时刻都没有左宗棠的份。曾国荃率湘勇负责打下天京，后续艰巨的扫尾工作，全由左宗棠承包；李鸿章率淮军前后剿灭东、西捻军，追剿的阶段性重大战斗，多数由左宗棠完成。

楚军剿捻，论军功不及淮军，主要有三个原因：一则楚军的刚强气势与胆魄，遇上飙忽飘闪的捻军，如虎搏猴，用力失准；二则北方各大军事派系林立，左宗棠的权位与影响力不够，不足以统帅各路力量，做到长袖善舞；三则左宗棠于闽浙移师，在北方既没有地方根基，也没有地方实权，纯粹是一支外来作战部队，没法调动民间与地方支持力量。

同治七年七月十日（1868 年 8 月 27 日），朝廷论功行赏，赏加李鸿章太子太保衔，官封湖广总督协办大学士；赏加左宗棠太子太保衔，剿捻历次处分全部撤销，交部按一等军功议叙。

捻军平定，同治七年八月十二日（1868 年 9 月 27 日），清廷颁下谕旨，着左宗棠入宫面圣，加恩左宗棠在紫禁城内骑马。3 天后，在中秋月圆之日，慈安、慈禧两宫太后在养心殿召见左宗棠，这是左宗棠生平第一次进皇宫面圣。

西北军事此时又成为下一阶段的主题，慈安、慈禧两位太后当面询问左宗棠平息陕甘回乱需要多长时间。

左宗棠凭经验与分析，谨慎地回答：5 年。

玖拾肆·与孝威

同治七年闰四月十四日

孝威知悉：

会榜未发以前曾两次寄信，未知何故未到。顷夏筱涛［兄］附来尔一信，系四月初二日所发，不知何以迟迟始到。前一信令尔榜后在京寓小住，候我遣人来接。嗣又寄信交平江某孝廉专足之便带去，令尔到保定后请张正轩廉访派人护送来营，或在保定小住，候我遣人来接。昨张正轩来营，据称已令首县四处探听，并无消息。想尚未出都，不知何故。现今兵勇满途，直隶民团习为劫杀，屡酿巨案，行旅时有戒心。如保定道上亦不好走，或即附妥便到天津，与夏筱涛［兄］同住，看势行事；或由水陆到连镇行营见面；或径由天津托夏筱涛［兄］搭轮船至上海，再由上海南旋亦可。

贼势已蹙，如事机凑泊，则两月内当可蒇事耳。［手此谕知。］

闰四月十四日连镇行营［字寄］

连镇在景州、吴桥之间，距天津不过二百数十里。

玖拾伍·与孝威

同治七年闰四月十四日

［尔书来，欲为姨娘捐请封典，此可不必。陶氏陋习何故效之？且二弟已议叙得官，所生贵矣，捐封何为？］

同乡下第寒士见则周之。尔父三试不第，受尽苦辛，至今常有穷途俗眼之感，尔体此意周之为是。但不知阜康号友能多汇数百金否，吴子儁假归，此间无人寄信号友也。

王师所托之濮君非所素知，不敢奏调，可婉谢之。陈芝楣少君已入营当随员，绵师如问及，可告之。

师门应尽礼，如有余自当奉致薄少，但须一律耳。周荇农信来为其少君捐官告帮，意欲二百金，可否以百金致之？我忙甚，不能复信，如晤面，可先致意。如实无余，则俟下次折便送上。

又谕

自己痛过，才会同情别人的痛

写这两封信的20多天前，朝廷已改命李鸿章总统各军，左宗棠只负责率领亲兵营就近剿捻。慈禧太后限定左、李一个月见成效。到闰四月二十四日（6月14日），即此信寄出10天后，左、李因无功而同时被交部严加议处。左宗棠陷入至暗时刻，内心压力已经接近极限。

一、清朝会试有多苦

父子间最近几封家信，主要在谈两个问题：一是孝威到底要不要争取会

清朝科举考场

试考中；二是会试后为什么要尽心尽力周济湖南籍贫困考生。

与一般家长考前竭力鼓励儿子超常发挥，争取拿高分、中头名不同，左宗棠建议儿子最好不要考中。理由有两点：一是孝威年纪太轻，学问修养还没到火候，按道理不应该考中；二是年纪轻轻就考取进士没有好处，反倒容易引来社会上的妒忌，成为继续学习的一大拖累。这算得上家长最开明的“送考词”。有了这句话，孝威进考场一点压力也没有。

左宗棠是在以退求进，考前动员时故意说宽心话吗？不是。遍观历年家书，他是真心实意这么想的。这不免让人瞠目结舌。

既然一开始就没希望儿子考上，还答应他进考场干什么呢？

让儿子多吃点苦头，经受磨难锤炼，明白人间艰苦。

湖南读书人进京参加一场会试有多苦？跟参加一次长征差不多。

湖南人进京考试，必先渡过洞庭湖。八百里洞庭风高浪急，稍有不慎，扁舟便会倾覆，使考生落个喂鱼的下场。因此，自隋朝设立科考，其后 200 余年里，没有一个湖南考生敢冒险进京参加考试。直到唐大中元年（847 年），长沙府一个不怕死的读书人，名叫刘蜕，冒险闯过洞庭湖，一举高中，成为湖南历史上第一名进士。湖南读书人受他鼓舞，从此才敢以命相赌。后世称刘蜕此举为“破天荒”。

科考 1300 余年里，到底有多少湖南籍考生葬身鱼腹？没有统计，但想来不在少数。

冒着生命危险闯过洞庭湖参加会试无疑是一场煎熬。

按清朝规定，会试 3 年一届，开春后举行，叫“春闱”。“春闱”考 3 场，每场 3 天。考生一共要写 13 篇文章，外加一篇赋。这些文章，全在考场内一个全封闭的单间内完成。考室单间长 5 尺，宽 4 尺，高 8 尺。从主考官手里领题进去前，考生需要先脱光衣裤，被搜身以防夹带。过了“安检”，每人才被允许拿 3 根蜡烛进去，监考员在房门外马上加锁，考生被关在室内答题，晚上休息、吃喝拉撒全在里面。密闭的狭窄空间内，飘荡着屎尿与墨汁混合的味道。

本已百里挑一的举人，每届参加会试的人数在1500人以上，高中进士者仅300人左右，录取率约为20%。清朝会试录取人数最多的一次在雍正八年（1730年），录取了406人；最少的一次在乾隆五十四年（1789年），仅录取了96人。

进京难，中榜难，这些困难和打击还不是最主要的。更凄惨的是，古代交通极不发达，考生食宿、车马费又要全部自理，家贫的考生被盗、因缺钱半路上饿晕饿死的情况很常见。最考验考生心脏承受力的是，落榜后回乡，他们还会遭受熟人、亲朋的白眼和冷嘲热讽。

左宗棠跟儿子回忆自己于道光十三年（1833年）、道光十五年（1835年）、道光十八年（1838年）进行了三次会试，30年后仍感到后怕。他用“受尽苦辛”“穷途俗眼”八个字进行概括。

二、吃苦激活同情心

现在左宗棠通过为朝廷办事发达了，借儿子参加会试的机会，他决定从自家拿出几千两白银，无偿帮助贫困的湖南籍考生。

读书人得到他的帮助，心中自然升起一股温暖。左宗棠为什么这么做？只有自己痛过的人，才能体会与自己有同样经历的人的难言之痛，才会激活经常打瞌睡的同情心，无私给予别人最贴心的同情与帮助。

人性的善被激发，主要靠经历，不靠道理。一个人是不是有良心、一个官员是不是有同情心，很大程度上取决于他是否体验过生活辛酸、吃没吃过苦。

反面史事可证。《晋书·惠帝纪》记载，晋朝连年动刀兵，老百姓流离失所，饿殍遍野，大臣如实报告，惠帝反问大臣，老百姓既然没有饭吃，为什么不喝肉粥呢?

末代皇帝溥仪的回忆录《我的前半生》，则更是现身说法，道出了其正常人性被蒙蔽的成长经历：

我在童年，有许多稀奇古怪的嗜好，除了玩骆驼、喂蚂蚁、养蚯蚓、看狗牛打架之外，更大的乐趣是恶作剧。早在我懂得利用敬事房打人之前，不少太监已吃过我恶作剧的苦头。有一次，大约是八九岁的时候，我对那些百依百顺的太监们忽然异想天开，要试一试他们是否真的对“圣天子”听话。我挑出一个太监，指着地上一块脏东西对他说：“你给我吃下去！”他真的趴在地上吃下去了。

有一次我玩救火用的唧筒，喷水取乐。正玩着，前面走过来了一个年老的太监，我又起了恶作剧的念头，把龙头冲着他喷去。老太监蹲在那里不敢跑开，竟给冷水激死过去。后来经过一阵抢救，才把他救活过来。

在人们多方逢迎和百般依顺的情形下，我养成了以虐待别人来取乐的恶习。师傅们谏劝过我，给我讲过仁恕之道，但是承认我的权威，给我这种权威教育的也正是他们。不管他们用了多少历史上的英主圣君的故事来教育我，说来说去我还是个“与凡人殊”的皇帝。所以他们的劝导并没有多大效力。

…………

有一次，有个会玩木偶戏的太监给我表演了一场木偶戏。我看得很开心，决心赏他一块鸡蛋糕吃。这时我的恶作剧的兴趣又来了，决定捉弄他一下。我把练功夫的铁砂袋撕开，掏出一些铁砂子，藏在蛋糕里。我的乳母看见了，就问我：“老爷子，那里头放砂子可叫人怎么吃呀？”

“我要看看他咬蛋糕是什么模样。”“那不崩了牙吗？崩了牙就吃不了东西。人不吃东西可不行啊！”

我想，这话也对，可是我不能取乐了，我说：“我要看他崩牙的模样，就看这一口吧！”乳母说：“那就换上绿豆，咬绿豆也挺逗乐的。”于是那位玩木偶的太监才免了一次灾难。

又有一次，我玩气枪，用铅弹向太监的窗户打，看着窗户纸打出一个个小洞，觉得很好玩。

若不是溥仪亲笔自述，今人不会想到，作为皇帝，成长过程中人性恶的一面竟然如此放浪、肆无忌惮！他的这种变态心理，不是从天上掉下来的，每个儿童的成长期都有，只是正常儿童通过管教被压制住了。

只有自己痛过的人，才最能感知他人的痛，从而给予他人无私的理解、同情和帮助。从左宗棠信中“尔父三试不第，受尽苦辛，至今常有穷途俗眼之感，尔体此意周之为是”可以看出，左宗棠三次进京会试遭遇的苦难是他位高权重后能同情与尊重弱者的重要原因。

玖拾陆·与孝威

同治七年闰四月十九日

孝威览之：

前由宛平递寄一书，计已得达。昨接尔由宛平递来一函，知尔尚未出都，甚为欣慰。未接尔信之前，已数夕展转床褥，不能合眼也。

直隶之大、顺、广一带与山东、河南接壤，各处民团凶悍异常，专与兵勇为仇，见则必杀，杀则必毒。杀机已开，将成浩劫，近更波及行旅。似此光景，成何世界？论者尚谓“民气可用；兵勇扰害激成事端”，将谁欺乎？据现在情形事势而论，非严禁游勇，严行军令，不足以杜百姓之口；非严治痞棍，严办团总，不足以服将士之心。若务为姑息以苟安目前，则苗、宋之祸不远矣。

淮军冗杂殊甚，其骄佚习气实冠诸军。皖军多收捻余，战不足恃，且恐为贼添伙党。东军荏弱，不任战，仅我军士马一万九千尚未至大坏耳。

朝命专顾直运，近又兼顾减防，故遂移驻连镇，而分布刘、郭于东光以北，喜桂亭马军于连镇以北，互相联络，摩厉以需。又遵旨分防减河，西接运河十余里，以大兵十数万尽注东省。而直隶仅减河有不能战之杨鼎勋一军，此外别无大枝劲旅。而运防乃减运交界之处，百六十七里处处空虚，水势逐日消竭，徒恃嚣凌杂凑之团，断不可恃也。贼不得逞于南，其北窜自在意中。我军不日当有战事，能猛打数大仗，此贼乃可歼除。否则一逾运西，大局更难支矣。刘、郭极和，喜亦极思振作，或有济乎！

下第公车多苦寒之士，又值道途不靖，车马难雇，思之恻然。吾当三次不第时，策蹇归来，尚值清平无事之际，而饥渴窘迫、劳顿疲乏之状，至今每一忆及，如在目前。儿体我意，分送五百余金，可见儿之志趣异于寻常纨绔。惟闻车价每辆七八十金，寒士何从措此巨款？或暂时留京，俟事定再作归计，亦无不可。其或归思孔亟，万难久待，儿可代为筹画，酌加馈赠。我虽一分不苟，然廉俸尚优，当以千金交儿，以五百金为孝宽领照，以百金为族中节妇请旌，以百金为尔母买高丽参，以百金寄谢廖伯（祝爽亭垲已省亲暂回卫郡，未在军中），以百金寄周荇农，以百金为儿行赀，了此私事。再以千金交儿分赠同乡寒士为归途川费，或搭轮船，或俟秋间车马价贱再作归计，均听其便。今作一信寄胡雪岩为券，请其号友汇兑（库平二千二百两），从洋款项下划还归款。尔可持此信到阜康取库平银二千两。俟银取到，再将诸事逐件料理，即雇车到天津与夏筱涛［兄］同住，请由官封寄一信来，再候我信赴营可耳。

王师处再致百金为家用，绵师处亦致百金，合已挪阜康之八百两则三千矣。[手此谕知。]

闰四月十九日连镇大营[书]

左宗棠六借外债，胡雪岩贪食朝廷

左宗棠此次捐助湖南籍贫困考生的钱从哪里来?

信中“今作一信寄胡雪岩为券，请其号友汇兑(库平二千二百两)，从洋款项下划还归款”一句，至少透露出三个信息：一是楚军的财政收支此时全交由胡雪岩打理；二是左宗棠眼下已经成功借得一笔洋款；三是左宗棠每年的“养廉银”从现在开始，也直接从借得的洋款中划拨。

左宗棠一生借过几次外债，共计多少？这里不妨系统梳理一下。

一、左宗棠六借外债

第一次借洋款发生在同治六年(1867年)农历三月，共借得关平银120万两，利息每月1分3厘。偿还期限为同治六年(1867年)农历七月至十二月。指定偿还部门主要为各大海关，其中，福建海关24万两，广东海关24万两，浙江海关42万两，江汉海关12万两，江海海关18万两。借款利息则由相应的各省承担，资金来源为各省布政使所收取的本省厘金。

第二次借洋款发生在同治六年(1867年)农历十二月，借款数为关平银100万两，利息与第一次相同。左宗棠给朝廷的奏折中申报数本来为200万两，但朝廷认为利息太高，从中央财政直接拨款 100 万两。这所借 100 万两，偿还期限从同治七年（1868 年）农历二月起，连续 10 个月，每月偿还 10 万两。偿还部门仍是上述五大海关。

第三次借洋款发生在光绪元年（1875 年）农历三月，借款数为关平银 300 万两。借款机构为英国怡和洋行与丽如洋行，前者借出 100 万两，后者借出 200 万两。利息为 1 分零 5 毫，规定偿还期限为 3 年，每半年偿付本息一次。因借款数额巨大，两大洋行不放心，由浙江海关、广东海关与江海海关三部门联合担保，每半年到期时如不能按数支付，则分别向两家银行赔偿罚金 5 万两与 10 万两。

第四次借洋款发生在光绪三年（1877 年）农历五月，借款数为关平银 500 万两，借款机构为英国汇丰银行。这次借款的直接用途为供西征军出兵新疆南路，征讨安集延。英国政府力图保住安集延，极力阻止借款；但英国汇丰银行贪图高额利息，不甘心放弃，最后以月利息 1 分 2 厘 5 毫成交。因数额超前巨大，归还期限宽限至 7 年，每半年偿还本息一次，由浙江海关、广东海关、江汉海关与江海海关四家联合承保。

第五次借洋款发生在光绪四年（1878 年）农历九月，借款数为关平银 175 万两。这次借债的目的主要是偿还前面 4 次所欠债务的本息，有点“借债还债”的意味。因为第四次借洋款时已经遭到英国官方刁难，清政府颜面尽失，极为恼怒，扬言此后不再借外债。左宗棠只好安排胡雪岩组织华商，抓紧成立一家外借公司，以使肥水不流外人田。

胡雪岩在上海如期成立乾泰公司。他以发起人的身份召集全球华商，商议成立股份公司，以 5000 两白银为一股。本来华商已经议定纸质文件，但到交钱时迟迟不出钱。原来，他们担心借钱给清政府是有去无回。但外商闻利而动，纷纷要求加入华商组织。英国汇丰银行更是出人意料，愿意将华商承诺借出的 175 万两全部承担下来，这让左宗棠既尴尬又为难。最后，还是胡雪岩出面做华商的思想工作，最终由华商与洋商各承借一半。本次利息为每月1分2厘5毫，分6年还清。这次虽然借款成功，但朝廷的不满已溢于圣旨："此次姑念左宗棠筹办各务，事在垂成，准照所议办理。嗣后无论何项急需，不得动辄息借商款，致贻后累。"

第六次借洋款发生在光绪七年（1881年）农历四月，借款数为关平银400万两。这次借款主要作为建设新疆资本之用。起因是左宗棠请德国商人福克来协助办理甘肃织呢总局，福克来听说左宗棠为缺钱发愁，他透露一个消息，德国人在中国办的泰来洋行存有巨款。左宗棠马上安排胡雪岩去谈。胡雪岩则将英国汇丰银行的总经理与德国泰来洋行的总经理约到一起来谈。两家竞争，利率不断往下掉，汇丰银行最后将年利率降到9厘7毫5丝，这样，月利率已不到8厘，为历年来最低。最后，仍由汇丰银行借出，分6年12次还清，无须海关担保。

光绪六年（1880年）农历八月，左宗棠被朝廷从哈密前敌总指挥部紧急召回北京面圣，新疆事务全部移交杨昌濬、刘锦棠，因此，这次借款合同左宗棠并没有经手。后来，借款到手后，胡雪岩扣存了十几万两；左宗棠带走46万两，用以支付带入直隶的亲兵营所欠军饷；实际留在新疆的只有330多万两。

这样盘点下来，粮道委员胡雪岩代表陕甘总督左宗棠先后6次借洋款，数额共计达1595万两白银。这些并不包括胡雪岩通过其他渠道为左宗棠筹集的资金，以及胡雪岩数目不菲的自行捐款。

没有胡雪岩及时、充足的后勤支持，左宗棠收复新疆会无限期拖延，并且极有可能沦为空议。

二、胡雪岩贪食朝廷

胡雪岩历年借款数额之高，引起朝野瞩目；利息之高，又引发朝野非议。

李鸿章跟福建巡抚丁日昌谈到这件事，嘲笑左宗棠借洋款千万去收复新疆，可谓豪举。李鸿章懂经济，他对高额利息始终抱有怀疑态度，认为不可能如此之高，最多不过7厘。接替郭嵩焘做中国驻英国公使的外交官曾纪泽也对高额利息表示怀疑。光绪五年（1879年），他刚到英国，即写回一纸调查，称英法两国的借款利息一般在3厘半到4厘。为什么中国人借款动辄一分以上？他认为一定是经办人找错借款银行了。

李鸿章与曾纪泽的质疑事实上都不无根据。熟知胡雪岩商借内情的英国人葛立德明确告诉曾纪泽的幕僚，英国银行每次借款利息实际只有8厘。这无疑爆出一个惊人的内幕：前面几次高额利息都被胡雪岩做过手脚。

有关野史及报馆记载，胡雪岩每次将利息回扣与借款银行经理对半分。光绪十一年七月二十七日（1885年9月5日）左宗棠病逝于福州，尸骨未寒，李鸿章便迅速组织人抄了胡雪岩的家。对于胡雪岩这位朝廷二品官员顶戴、赏穿黄马褂的“后勤部长”，慈禧太后并没有因顾念旧恩给予任何手下留情的表示。按正常的逻辑推断，李鸿章抄家罚没的做法，大约正代表慈禧本人的想法。

胡雪岩的商业冒险意识实在过于大胆，居然在政府的项目上赚回扣。社会舆论一时风起，加之左宗棠的政敌十年如一日不遗余力地挑毛病、找漏洞，慈禧太后不可能不产生怀疑。

胡雪岩第一次借洋款时，左宗棠对利息过高也许还并不知情。但以他的精明与细致，以其“操心危，虑患深”的性格，在后来几次借外债时不可能发现不了胡雪岩从中做了手脚。但左宗棠也有他的为难之处，商人无利不起早，自己不依靠胡雪岩借款，事情办不成。为了让借洋款工作顺利，左宗棠只能硬着头皮，帮胡雪岩在朝廷面前打圆场。以慈禧太后的精明，不可能发现不了其中的猫腻，只是碍于左宗棠的面子，她一直没有当面说破，而是在等待收拾胡雪岩的时机。

胡雪岩一生事迹，个中曲折，不是一篇文章就可以说得透彻的。他几次借洋款，挽救了左宗棠西征途中的财政危机，因维护国家领土主权而被载入史册。左、胡二人的政商关系，可谓后世楷模。但胡雪岩靠借洋款吃利息回扣，成了自己轰然垮台的催命符。其成败引人深思。

玖拾柒·与孝威

| 同治七年五月初八

孝威览之：

闰月二十日辰刻一函（由宛平转递夏三兄），计早已递到。顷周近帆［兄］至营，询及，据云似尚未接到。近帆又云，曾见尔写信寄营，亦并未到，不解其故。

前与尔信所属照办各事，非多钱不行，故作信与胡雪岩，由尔交其伙友汇银二千二百两。其同乡下第公车闻已大半南旋，或不须千两之多亦未可定。有余，即存芝岑［兄］处可也。

近帆寒士有品，此来因中第后无钱开销，已送程仪二百两。同县士人得第，以古人助喜之谊言之，亦不为多耳。

五月初八日［父字］ 连镇行营［写寄］

拯危济困，不求回报

左、李因剿捻不见功效，朝廷于6月14日任命都兴阿为钦差大臣，率队前来督剿。此信发出25天后，捻军势力逐渐衰退，慈禧太后即命左、李率军对捻军南北夹击。

孝威应了左宗棠考前动员的“送考词”，“如愿”落榜。

孝威落榜的原因有很多，母亲“脚气”病复发，父亲的问责给他造成了心理压力；文章水平尚有欠缺是事实；当然，不排除受了左宗棠信中“不中为宜”的影响——心理暗示的作用不可忽视。

作为父亲，左宗棠对儿子的爱，深沉又直白。作为剿捻的楚军统帅，没有接到儿子报平安的信，他居然接连数夜担忧失眠。舐犊之情，非比寻常。

孝威当时在北京，左宗棠在直隶连镇。连镇位于今天河北省东南部的吴桥、景县、东光县交界处，与北京距离不太远。因捻军阻隔，加上战事频繁、军行无定，左宗棠不敢接儿子来营，但也改变了原先不准孝威来营探望的命令，要他等局势稳定后，由夏筱涛陪同来营。

儿子逗留在京，左宗棠利用这一空闲机会，安排他做了一场善举。左宗棠亲自从胡雪岩的阜康钱庄里提取3000两白银，拿出1000两用于处理家事，拿出1500两让孝威去资助无钱回家的落榜贫困考生。

处理家事有两笔开支，需要孝威当即办理，其中一件事是花500两白银，为二弟孝宽领回主事执照。“主事”属清朝中央各部院中品级较低的办事官员，孝威的主事属“捐纳”，也就是花钱买的官。这在当时是一种公开的正当行为。另一件事是花100两白银，为母亲买高丽参治病。

划拨1500两白银做贫困生资助金，左宗棠始终惦记着此事。他通过一个名叫周近帆的湘阴籍考生了解到，当年湖南籍考生总数达40多人，考试后不少人已经返湘。一个考生返回湖南的路费，往年只要20两，但当年碰上战乱，车马公司发战争财，喊价80两。北京物价本来就高，出门都要用钱，考生哪里敢久待？多数考生看完榜后便离京，仅数位考生未返乡。1500两周济这些考生后也许还有节余，左宗棠便安排孝威将余钱存到楚军驻北京办事处。

周近帆冒险潜过捻军防线，到军营拜见左宗棠。他因参加本届会试一举高中，成为新科进士，心理优越感强，所以开口向左宗棠借200两白银。

中榜考生本不在左宗棠资助范围之内。但同乡既然找上门来，左宗棠对他第一印象也不错，于是以“助喜”的名义，送他200两白银。

其他湖南籍贫困生资助后续如何，今天已无从查知。但从对周近帆的资助中可以看出，左宗棠始终把握一点：既周济他人之困，又不让他人感到欠自己人情。

古人说：“善欲人见，不是真善。”意思是说，帮助别人而希望别人牵挂、惦记，这不是真正的善行。但左宗棠在这封家书里写出来，后人还是知道了，怎么解释?

只要不将做善事当作买卖、交易，收取现世回报，便是行真善。到了后世才被人知道，恰恰是真善的表现，因为不但救济了当事人，而且可以唤起后世读者的善心，为世人树立榜样。

汉末时，曹操将汉献帝迎到许昌，目的是“奉天子以令不臣”。汉献帝饥肠辘辘，能喝上热汤，吃上香米，对曹操自然感激有加，但曹操说，许昌本就是皇帝的，我不过是帮您守好了，现在还给您罢了。这么一说，汉献帝就不欠曹操人情了。

左宗棠资助贫困生和曹操对待汉献帝的手段与目的大相径庭，不具备可比性，但处理人情的技巧其实是一样的。

玖拾捌·与孝威

同治七年五月二十七日

孝威知之：

尔前信言月初可到天津，筱涛［兄］信来，又言尔望后可到，至今未见尔已否出都消息。二伯书来，亦言久未见尔寄家信，尔母深以为念，尔殆不知老母之念尔耶？

数年来，军事倥偬，未暇教尔，观尔此次之进京会试，知尔之敢于违命也。尔母腊底春初病甚危笃，尔虽有忧戚之语，而一闻母病渐痊，准尔赴试，辄复欣然。试事报罢，犹复流连，不即归省视，知尔之忍于忘亲也。尔不知读书力学，惟希世俗科目为荣，知尔之无志。于端人正士及学问优长之人不知亲近爱慕，而乐与下流不若己之人为伍，知尔之无是非。我过宁津时，无意中见两张姓（一捐中书），一高姓，均云是尔同年，在都时曾为尔代购人参者。吾观其鸦片瘾甚大，绝之。尔为母病买参乃托吸烟好友，何耶？湘潭韩姓同年曾到浙江，吾知之深矣，昨谕尔访下第寒士厚送盘费，尔乃托之此君，何耶？贺季和，汝妻兄也；黎尔民，尔姊夫也。骨肉之亲，情与理均须曲至，惟宜相规以善，彼此期于有成。若徒谑浪笑傲，饮食征逐，但有损并无益也。尔知之否？吾三十五岁始得尔，爱怜倍至，望尔为成人。尔［今］已长大，而所学所志如此，吾无望矣，一叹！

五月二十七日［父书］

父亲要“肖子”，儿子“才子气”

在上一封信中左宗棠已安排夏筱涛陪同孝威来军营，父子关系融洽。但这封信一开头，左宗棠便以责难的语气再次翻出儿子违背家教、不顾母亲病危，擅自进京会试的旧账，不禁让人大感意外。

接下来，左宗棠一口气数落出孝威三大罪状：不孝、无志、无是非。

是什么惹得左宗棠陡然翻脸，将一番舐犊深情转眼化作熊熊怒火？

一、张举人当面抽鸦片

原来事情是这样的，左宗棠带兵路过宁津时，碰上两个姓张的、一个姓高的，与孝威同年的举人。此三人知道了左宗棠资助贫困生回程路费的事，大约是想蹭点银子花，主动找上门来。

张举人是有理由找上门来的。左宗棠安排儿子花 100 两银子给妻子买高丽参，因这种高级补品在北京城不容易买到，孝威便委托这三人，所以左宗棠欠他们人情。左宗棠因此请三人吃饭。

不料这两个张姓举人也太不识相，得意忘形，居然在军营里当着左宗棠的面，吸起鸦片来。

左宗棠生平最恨人抽鸦片，楚军早立下铁纪，将士抽鸦片，轻者军棍，重则军法处置，即使不死也要脱层皮。左宗棠是将抽鸦片与人品恶劣等同起来看的。孝威结交的朋友竟是这样的，孝威居然还将给母亲买高丽参的大事托付给他们，他自己又能好到哪里去?

左宗棠一颗悬着的心，嘣的一下，从马背直接跌到地上。

二、孝威京城现“才子气”

惹左宗棠愤怒且使其痛心的事情，还不止于此。

左宗棠安排孝威资助湖南籍贫困考生 1500 两白银做路费，除了 500 两已落实到位外，剩余 1000 两要孝威亲自上门去“精准扶贫”。不料孝威嫌麻烦，又委托一个姓韩的湘潭籍同年办这个事，而此人恰好以前在浙江时到左宗棠那里求过工作，左宗棠已深知其为人办事不靠谱。委托这种人去“扶贫”，他到底将银子“扶”进别人的口袋，还是“扶”进自己的腰包，都是个未知数。

自己一番用心被儿子当成儿戏，左宗棠的炽热与真诚，再次被迎头浇上一桶冷水。

更让左宗棠伤心的是，孝威不但没有按父亲以前规范的要求谨言慎行，为亲戚朋友树立一个好榜样，反趁此次会试，与妻兄贺季和、姐夫黎尔民在北京逗留，每天花天酒地，“才子气”十足。

这哪里还是什么“佳子弟”，完全是纨绔子弟的样子啊！左宗棠第一次感到有点绝望了。

这么多年来，他还从来没有如此灰心丧气过。孝威是“家督”，是自己未来全部希望的寄托，正因为教育好他如此重要，从孝威6岁那年左宗棠给他写第一封家信起，16年来，左宗棠将内心滚烫炽热的爱化作一个个斟酌再三的文字，谆谆教导，盼他“好好学习，天天向上”。

这些年来，他对教好儿子始终充满信心。他相信，自己就是榜样，而榜样的力量是无穷的。而事实却将全部的美好与梦想、希望与寄托，一瞬间击得粉碎！

谁能安抚父亲那如同雪山崩塌一样的痛楚内心？

三、一位普通的父亲

在遗憾、理解与同情之余，今天再看这件事，我们不禁要问：善于反思的左宗棠是否想过，这一切真的有那么严重吗？造成儿子“不肖”的根源又在哪里？

毕竟孝威不过是一个22岁的青年，无论在长沙还是湘阴，他从小到大按照父亲的教导，被母亲与二伯父左宗植严格管束，每天除了读书、练书法、做文章外，很少做别的事，缺少实践锻炼，动手能力不怎么强。

孝威第一次来到人生地不熟的北京，他到哪里去买到高丽参？只好委托江湖上的朋友。这类朋友读书不能做伴，但跑腿打听消息，还真是百事通、万金油，不找他们找谁？

年轻人平日在湖南乡下读书压抑久了，第一次来到繁华的都城北京，都会有放纵一回的本能冲动。风流一夜，吃喝玩乐，也是人之常情。当时的读书人似乎也流行这种风气，早年陶澍的女婿胡林翼第一次到秦淮河畔，沉湎于声色犬马，陶澍就给予充分理解，选择睁一只眼闭一只眼。而左宗棠当年进京时能够专心赶考，实在是对游乐一无兴趣，二无经济条件。

更关键的是，孝威作为陕甘总督的儿子，他有条件消费，让他还像父亲当年那样苦，也不现实。尤其是孝威手头不差钱，而自己又有花钱的冲动。

孝威极度压抑带来的极度释放，恰恰与左宗棠多年来的严管有不小的干系。

左宗棠此时依然不知道，好孩子都是表扬出来的。年轻人是白纸一张，你将他说成什么样，他就会按照你的描绘长成你说的那样。

回看这么多年，左宗棠在教育儿子方面，固然有许多真知灼见，但在教育方式上，他确实是个再普通不过的家长。他有着天下父母共通的过于关爱儿子的心理：自己走过的弯路，不希望儿子再走；自己犯过的错误，不希望儿子再犯。他不知道，青少年都是在不断犯错误又不断改正错误的跌跌撞撞中成长起来的。父母可以帮孩子长高，却无法代替孩子成熟，精神成长必须依靠孩子独立完成，再高明的父母也没办法越俎代庖。管得过多，要求过严，很可能适得其反。

玖拾玖·与孝威

| 同治七年十一月二十二日

孝威览之：

前得孝宽信，知已忝附府学，此乃父当年所未得者，颇为慰意。尔须教其立志向上，学作好人，为勋、阳先导为要。丰孙学读书，能诵唐诗数十首，闻之甚喜，可教其写数字寄与爷爷看。尔母病已复元，畏风寒是老人常态。惟我若（不）去关陇，则难再见，思之恻然。

关中入冬已觉寒气逼人，陇则更甚。今岁河水早结，已遣寿卿由茅津过河入晋，再由晋兜剿而西。现报行过平阳，将抵汾郡矣。榆林一带则豫军由河曲、保德入，昨又请饬宋庆径赴宁武、朔平，为归绥作后劲。盖前此两疏请严防归绥，庙堂诸公不甚留意，昨闻贼从草地（阿拉善境）窥包头（距归化城不远），乃着急也。回逆闻大军入关，一面请抚，一面移巢，尚非了局。诸将闻我入关，都来见，意必携巨款而来，不知乃垂橐入关也。四百万之请，旨允而部议亦亟着意，然近时疆吏其关怀大局者实不数覯，恐尽成画饼矣。

湖南于我处事事作难，亦只好听之。克庵颇有发挥，亦实出不得已耳。

杨大年须属其来，廖伯不调，爽亭则固在幕中。吴子儁目疾已愈否？脾泄作肝风治，颇有效，精神则日见衰减矣。

家中诸事，尔可照我谕一一料量，不多及。

十一月廿二日夜［父字］

拉李鸿章部下为西征军看门

半年之内，左宗棠没给孝威写信，可见伤心之深。半年过后，愤怒已经消释，绝望情绪也被时间冲淡。加上孝威的儿子左念谦（丰孙）也开始读书写字，左宗棠慈爱之心被激发，鸿雁传书的天伦之乐也让他转移了注意力。加之周诒端的“脚气”病最近又治愈了，家庭经过上轮倾覆性的大风暴过后又恢复了欣欣常态。

身为陕甘总督，左宗棠的职事又进入下一个主题：平定回民军起义。

一、初入陕西，严重缺饷

刚剿捻时，楚军的规模是 19000 人，眼下已达 3 万人。显然，除了新募之勇，还招纳了一些投降的捻军。

剿捻之初，左宗棠向朝廷提出“先捻后回，先秦后陇”战略，实践再次证明其战略的正确性。下一步，楚军的任务是从陕西向甘肃挺进，与回民军展开作战。

西向行军，离家愈远。左宗棠预感到此生与妻子再难有见面机会了，内心像牵了一根线，隐隐生痛。大丈夫为国而顾不了家，从此也只能在梦中与妻子长叙离别想念之情了。而陕甘军事与地方治理仍是一团乱麻，左宗棠总结为八大困难。这些难题，等着左宗棠一一破解。

同治七年八月十九日（1868 年 10 月 4 日），左宗棠离京。这时，刘松山部已抵达洛阳休整。左宗棠的亲兵各营取道景州，先抵彰德，22 天后抵达西安。

左宗棠率楚军跨入陕西境地，地方将领纷纷前来拜见，向左帅要军饷。

陕甘两省急需军饷救济，但户部拨给楚军的海关洋税，要到当年十二月才能起解。左宗棠奏请由粮道委员胡雪岩先向洋商借款，由各省偿还。他从山西、四川两省的盐税中各提 20 万两白银应急。

朝廷已经批准湖南、江西、浙江、福建、广东等五省赞助“协饷”，共计 400 万两，但地方督抚纷纷拖延，写在纸面上的银票多数可能会变成空头支票。因此，左宗棠在家书中感叹：“四百万之请，旨允而部议亦亟着意，然

楚军火枪队

近时疆吏其关怀大局者实不数觏，恐尽成画饼矣。”他预感到朝廷答应支持的400万两军饷会全部落空。

二、湖南亏空，兵源匮乏

另一个未碰到过的不利情况是，楚军的兵没有东征时好招了。

造成此现象是楚军为了补充新鲜血液，近年来隔三岔五回湖南招募士兵，每次招上万人，招的都是青壮劳动力，这让湖南地方政府意见很大。毕竟，西征已经完全比不得骆秉章主政时期的东征了，那时湖南是前线，湖南当然要举全省之力，内清四境，外援五省。湖南地方官员认为湖南成了大后方，以中国之大，西北出了大事，凭什么一直要湖南既出钱又出人？毕竟，湖南地方劳动力被掏空了不说，楚军打了胜仗，也不算作湖南地方官的功劳。

时任湖南巡抚的刘崐同治六年正月（1867年2月）上任。刘崐，云南景东人，字韫斋，道光二十一年（1841年）中进士，擅长书法，为官理政暗藏锋芒。他一改前任巡抚配合楚军若干规定的做法，实行“非对抗，不配合”。

左宗棠清楚，楚军已不是湖南的地方军队，而是代表国家的军队，自己还在设法挖家乡墙脚，说不过去，因此，对于刘崐的态度也就听之任之。左宗棠何尝不想刘崐集中人力、物力将家乡湖南建设好？

要平定陕甘回民军起义，没有军事实力不行。湖南招不足兵力，怎么借用外来军事资源？

左宗棠瞄准了李鸿章的淮军。

三、借力淮军，守住山西

左宗棠决定挖来军纪严、操行好的淮军，作为平定陕甘独当一面的力量。

同治七年九月二十四日（1868 年 11 月 8 日），左宗棠向朝廷报告，陕甘要和平，关键在山西。叛军从陕西逃出，最终必集结在省境线。如果山西防守薄弱，叛军纷纷逃逸，伺机返回作乱，则陕甘永无宁日。因此，平回的关键在于统一陕西、山西思想，两省联动，分开防剿，即“欲一秦晋之心，又宜分防剿而并任”。

朝廷这次没有犹豫，立即采纳了他的建议。

那么，谁来防守山西省境的战略要道呢？左宗棠向朝廷推荐李鸿章。

左、李素来不和，朝廷知道。左宗棠也清楚，如果直接写信与李鸿章商量，这事在想法阶段就黄了。

左宗棠运用策略，先找到李鸿章的老部下袁保恒沟通。袁保恒是淮军大将袁三甲之子，其父已经病死，他自己很有一番建功立业的想法，苦于没有机会一展身手。左宗棠找上门来，他求之不得、积极配合，自愿从淮军旧部中挑选精兵强将，组成一支军队，作为游击队（游剿之师）入驻山西归化县，做楚军的挡箭牌。

淮军游击队军饷从哪里来？左宗棠向朝廷建议，由李鸿章负责发放。朝廷没有事先征求李鸿章的意见，当即拍板同意。

四、李鸿章的尴尬

待李鸿章得知这个消息，木已成舟，他这时就是一百个不情愿，也得同意了。协助左宗棠平定陕甘之事，他已经躲不开，倒也不怎么反感。他不认为这全是为左宗棠做人情，毕竟，眼下捻军已被剿灭，淮军与4年前打下天京的湘军一样，面临着大部分被解散的危机。若部分淮军跟楚军去平定西北，刚好可以给他们找一条出路。

只是，李鸿章答应选拔淮军精锐相助，但并没有提到士兵吃饭、穿衣、发军饷的事仍要自己承担。李鸿章一生最怕人家问他要银子，眼下他正在为李氏家族积聚财产。

同治七年（1868年），朝廷已将李鸿章调为湖广总督兼署湖北巡抚，年底还颁发了以钦差大臣身份督办贵州苗乱军务的新任命书，他清楚，从此“左北李南”，两人以后很难扯到一块了。

左宗棠这样做，有逼李鸿章为西征出力的意思。照清朝官场的逻辑，为谁服务，谁就负责找钱。淮军游击队的军饷，应直接由山西巡抚负责，或者由左宗棠直接承担。但在讲究派系的清朝官场，山西巡抚怎么可能出钱支持淮军这样一支外省军队？左宗棠也无力承担，只好拉李鸿章做一回挡箭牌，让他为自己守住山西大门。事前左宗棠已经斟酌过了：于公，李鸿章没有理由拒绝；于私，李鸿章没法开口拒绝。有了这个把握，他才去向朝廷开口。

果然，李鸿章思虑再三，除了答应搞好后勤服务外，已经没有别的办法。

1869年
同治八年

左宗棠——57岁

长子孝威——23岁

左宗棠 家教语录

一 尔等须加意谨慎，时时存一覆巢之想，存一籍没之想，庶受祸不至太酷耳。

二 兄弟天亲，本无间隔，家人之离起于妇子。外面和好，中无实意，吾观世俗人多由此而衰替也。

三 然子弟欲其成人，总要从寒苦艰难中做起，多蕴酿一代多延久一代也。

四 留点福泽与儿孙，留点榜样在人世耳。

五 其自奉也至薄，其待人也必厚。

六 起坐听其自由，不可太加拘束。

七 吾家积世寒素，吾骤致大名，美已尽矣。须常时蕴酿元气，再重之积累，庶可多延时日也。

八 恐变士为商，人心习尚日就凌夷，所益小而所损者实大，吾不以筹饷故为吾湘阶之厉也。

壹零零·与孝威

同治八年二月初四

字谕孝威知悉：

接尔等来信，知家中一切粗安，至慰远想。惟入关以后，兵事饷事一手经理，日少暇晷，亦不及分心家事，屡欲作家信，提笔辄止。尔等如知陕西无恙，即尔父无恙也。

司农之直枢垣者有意与我为难，去腊已直疏其奸，语颇痛切。比奉谕旨速议，犹不认过，而圣意已觉其支饰。现具疏请别立西征饷名，以免侵占陕饷、攫取甘饷之疑，未知能蒙鉴谅否也。

兵事甚顺，前檄刘寿卿军门全军由山西永宁过河赴绥德州，相机进剿。旬有余日，纵横扫荡，延绥一带肃清，归绥无警，足慰圣意。而回逆屡经剿败，仍一面乞抚，一面肆掠。克庵中丞颇以将就了事为意。将来后患殆不可思议。我已会衔入告主剿，一面提兵前进。初二日抵咸阳，晤商克庵［中丞］，定策后即进乾州，分营赴云台之百里镇，再进邠州。身当前敌，兵事当有几分把握。惟西北用兵，粮与运较饷尤难，与东南迥异。一切极费周章，不能作一爽快之举。我内无奥援，外多宿怨，颠越即在意中。惟各行其实，不恤其他，可对君父，可对祖先，毕竟胜常人一筹。尔等须加意谨慎，时时存一覆巢之想，存一籍没之想，庶受祸不至太酷耳。

尔母病体渐愈，须好服侍。孝宽性分太低，急宜自安钝朴，勿存非分之想。勋、同须发愤读书，勿沾染世俗习气，吾愿足矣。余无他言。［手此谕知。］

敬庵、宗树名条已交若农代捐矣。

已巳二月初四日咸阳行营［书］

本着天良办事，不惧个人毁誉

同治八年（1869年）农历二月初四的这封信是个转折。此后，左宗棠的家书不再多是些“短信体”“微博式”，而是篇幅变长，接近一篇文章。一则儿子已经23岁，可以与之深入交流；二则左宗棠年事渐高、经验渐丰，从侧重军事战争开始转向政治运筹，时间逐渐充裕，思考深度增加了。

一、入“政治场”，孤身独支

政治争夺的焦点是利益分配，高官无法避开政治旋涡。曾国藩将官场称作“繁剧之地”，即事务繁杂、争夺剧烈的场地，可谓神准。左宗棠作为从体制外冒出来的一股新生力量，官居总督，手握钦符，由民间士子变身为朝廷中坚，无可避免地会打破原有的军事秩序、政治格局，随之触动官场利益。

回顾左宗棠的入仕之路，本来就是一条破局之路。咸丰五年（1855 年），他以幕僚身份带头扳倒湖广总督杨霈，即满汉利益格局的一次大调整；同治元年（1862 年）补授浙江巡抚，凭军事才能取代王有龄做上浙江巡抚，是汉官利益的再分配。这两次相对平稳，因为前者有湘官集团做幕后支撑，后者借太平军之手完成。但此次他空降到陕甘，情况与当年已完全不同。

同盟官员十分重要，早在出山前，胡林翼曾告诫他，要防止“气类孤而事不成”。左宗棠听从其建议，并一直铭记于心。现在他单枪匹马地以总督身份振兴两省，拿军队与政府开刀，大刀阔斧地“刮骨疗毒”，不仅现有的政府机构被他重新调整，原有的政府官员也遭遇大幅度的人事调整。

陕甘总督任上的事并不好做。清朝封疆大吏虽号令一方，但左宗棠非科班出身，官场内没有“进士同年”的官员朋友可以倚依，而地方官员也多是新面孔。何况，不少同僚并不认同他的改革办法，使他“上卡下躲，非常忐忑”。信中“司农之直枢垣者有意与我为难”一句，就反映出左宗棠改革调整之艰。

司农，即户部长官，清朝称户部尚书为“大司农”。户部相当于今天的民政部、财政部，兼具部分农业部职能。枢垣，即军机处，是清朝中后期的中枢权力机关。司农掌握钱袋子，枢垣指挥枪杆子，两者都握着朝廷的命根子。左宗棠遭遇这两个部门高官的故意刁难，恐怕不是可以通过武力可以解决的，而只能依靠政治智慧。

引发刁难的原因是朝廷批准的400万两西征军饷，虽然各省的支援大多是空头支票，但总会有几个省送来。小钱铜臭味招引苍蝇，大钱孔方眼招惹老虎。左宗棠自己不贪，哪里容得下别人染指？当然会舍命守护，要将它一分一毫全用于军事。有同僚想将它挪进私人腰包，这就必然引发激烈冲突，反映进朝廷，便表现为经过文字包装的所谓“政见分歧”。

左宗棠遭遇司农、枢垣存心“卡脖子”，他的办法是据理力争，揭开别人藏着的小尾巴，以引起朝廷警醒，争取慈禧太后的支持。

这样做固然有效，因为慈禧太后逐渐看出隐情，最终倒向左宗棠这边。但官场人士最恨的，一是被人挡了官路，二是被人挡了财路。左宗棠新到陕甘，便又得罪了一批官员。

左宗棠很清楚，自己在官场已经得罪过不少人。他是一个考虑事情过深过细的人，正因为看得清楚，特别需要安全感，所以在与同僚掰手腕之前，他会精打细算，将各种风险控制到最低，才冒险赌一把。

控制风险的保护伞在哪里呢？作为封疆大吏，左宗棠的后台或靠山，勉强说有，那也只能是慈禧太后。都说“伴君如伴虎”，在慈禧太后手下做事，自然要分外小心。

二、外多宿怨，内无奥援

左宗棠已经清楚，慈禧太后是一个对权力异常敏感、可以瞬间翻脸不认同党的人。之前发生的一件事，就是活生生的教训。

恭亲王奕䜣曾为慈禧太后发动辛酉政变效力，两人结成政治联盟。但在同治四年（1865 年），慈禧太后将反对党杀干净后，她将目光落到身边，开始留心不听话的人。她感到奕䜣有意想将自己架空，怒火中烧，找了个借口，以皇帝的名义自拟了一封错别字连篇的诏书，痛加挞伐恭亲王：

> 恭亲王从议政以来，妄自尊大，诸多狂敖（傲），以（倚）仗爵高权重，目无君上，看（视）朕冲龄，诸多挟致（制），往往谙（暗）始（使）离间，不可细问。每日召见，趾高气扬，言语之间，许（诸）多取巧，满口胡谈乱道，嗣（似）此情形，以后何以能办国事？

就是这么一篇“虽无实据，事出有因”、要看懂基本靠猜的伪圣旨，居然将恭亲王奕䜣一撸到底，轻轻松松剥夺了他的议政王权利。

奕䜣骤然受此惊吓，数十年缓不过神来，从此老老实实甘心跑龙套。

慈禧太后靠不住，自己的同僚或上级呢？也都是靠不稳的山。

细数一下，慈禧太后的“后党”，核心班子成员有奕䜣、桂良、沈兆霖、宝鋆、曹毓瑛、文祥、李棠阶、李鸿藻、胡家玉、汪元方、沈桂芬。这些大员，左宗棠一个都没有结交。奕䜣对左宗棠既无多少支持，也没有什么反对；文祥倒是经常为左宗棠在朝廷内说上几句好话，但也仅限于此，不能对其期望太多。

地方督抚就更不好说了。曾国藩因“国事、兵略”与自己政见不合，同治三年（1864 年）为互保而演双簧，假装已经彻底闹翻。两人顶多只敢在奏折里相互吹捧一下，或者在起用刘松山这样的事情上支持一下，点到即止。李鸿章呢？他的合作是表面的，其支持也就是相互利用，真实的情况是两人逐渐成为政敌。

上面无靠山，外面无援助，内部呢？也势单力孤。能够完全信赖之人也比较有限，无非就是刘典、杨昌濬、蒋益澧几人。但官场动荡，他们的沉浮也由不得自己。同治五年（1866 年），蒋益澧被左宗棠举荐做了广东巡抚，楚军军饷从此一分不落。但一年后，蒋益澧又被总督瑞麟弹劾罢官，广东援饷又成画饼，还是靠不稳。

左宗棠为培养支持力量，进入陕西前，已保举刘典。作为以心换心的朋友，两人论私交胜过亲兄弟。但刘典也跟他有分歧，这次他主张安抚回民军，通过招降分化、平定回民军。而左宗棠明确主张“以剿求抚”，只有先将回民军主力打垮，打得他们不敢、不能、不想再起事了，再去招降、安抚。好在刘典信服左宗棠，二话没说，搁置己见，按左宗棠的要求办。要没有刘典在背后支撑，左宗棠在陕西恐怕很难坐稳。

内心盘算清楚这些，左宗棠额上汗水津津。

三、守住底线，顺从良心

意识到自己孤身悬于西北的左宗棠，越来越清楚地认识到，9 年前，自己以独立于湘勇的旗号办成楚军，这种从主流闯出一条山路的“另类”做法，注定会有今天的困局。

9 年来，左宗棠本着自己内心认定的公平、正义，另起炉灶，架空了原有军政机构。但这批得罪过的人都是暂时隐身的绊脚石，关键时候会突然冒出来。要平定西北，到处都得求人，他不得不沮丧地感叹：“内无奥援，外多宿怨，颠越即在意中。”

为什么眼下有如此悲观之叹？

左宗棠的军事事务仍相对顺利。写这封信之前，他指挥刘厚基、成定康在陕西榆林、绥德两地清剿董福祥，战事已经取得关键胜利。同治八年正月二十三日（1869 年 3 月 5 日），左宗棠向朝廷汇报的《榆林、绥德土匪一律肃清片》中对此有详细记述。

董福祥，宁夏固原人，同治三年（1864 年）组织汉民民团反清。这次被楚军赶跑后，在陕北被刘松山击败，投降朝廷，其部属被改编为“董字三营”。此人后来成为西征军的一员勇将，跟从刘松山、刘锦棠，平定陕西、甘肃、西宁（今属青海省），因军功被升为提督。

因眼下政治较量比军事斗争复杂，左宗棠做了豁出去的准备。既然谁也靠不住，唯一靠得住的就是自己的良心、认定的正义与坚持。国家的问题堆在那里，必须有人解决。既然办正事也要得罪人，那就干脆得罪到底，大不了自己满门抄斩、全家抄家、身败名裂，多年积累毁于一旦。如果顾虑重重、患得患失、缩手缩脚，就什么都做不了，良心反倒难安。

顺着良心的指引，左宗棠已经没有时间计较个人得失、考虑个人利害了。他的心理底线是“可对君父，可对祖先，毕竟胜常人一筹”。

57 岁大男人隐秘的内心起伏，就这样不遮掩地放到 23 岁的青年面前。读完这封信，孝威的心脏恐怕不只是咯噔一下，而是怦怦狂跳了。

壹零壹·与孝威

同治八年四月二十四日

孝威知悉：

三月廿六日书到，具知一切。

四姊命运蹇薄，早已虑之。今竟如此，殊为悲切。元伯出继之子如能读书，可望成立，亦足慰怀。庆生上年即有癫痫之疾，是否以此毕命，来缄未详，何也？佑生夭折亦在意中（**有无子嗣**）。尔外家家运不好，我曾与尔母言之。尔舅父母辈均本分人，惟义理不甚明晓，家运不济亦由于此。

吾愿尔兄弟读书做人，宜常守我训。兄弟天亲，本无间隔，家人之离起于妇子。外面和好，中无实意，吾观世俗人多由此而衰替也。我一介寒儒，忝窃方镇，功名事业兼而有之，岂不能增置田产以为子孙之计？然子弟欲其成人，总要从寒苦艰难中做起，多蕴酿一代多延久一代也。西事艰阻万分，人人望而却步，我独一力承当，亦是欲受尽苦楚，留点福泽与儿孙，留点榜样在人世耳。尔为家督，须率诸弟及弟妇加意刻省，菲衣薄食，早作夜思，各勤职业。樽节有余，除奉母外润赡宗党，再有余则济穷乏孤苦。其自奉也至薄，其待人也必厚。兄弟之间情文交至，妯娌承风，毫无乖异，庶几能支门户矣。时时存一倾覆之想，或可保全；时时存一败裂之想，或免颠越。断不可恃乃父，乃父亦无可恃也。

陕回就抚，而仍包藏祸心。其头目皆市狯贱种，其党伙皆悍鸷凶人。方议抚时，竟敢纠党四出，掠我定边，扰我延川、延长，南及秦安、秦州。吾知其不可抚也，则决计剿之。董志原回巢即古彭原地，介居环庆、泾原、邠、宁之间，为秦陇要膂。贼自五年窃踞以来，陕西边方日益多事，至此乃能复之。其时高军变于宜君之杨店，刘军变于绥德州。正当追剿吃紧之时，肘腋变生，未能横冲侧击，夷其种类，此则耿耿于怀未能自释者。幸果军之变五日旋定（**陈斩千余，讯决者百数十人，元凶均磔诛刳心祭果臣**），绥德之变十日旋定。寿卿平日威信甚著，叛军闻其东来，自缚匪徒诣营归款，是皆出于意计之外，非朝廷威福之盛何以臻此？此数十日中，办哥老会匪，办叛卒，办回逆，抚汉民，筹耕垦，兴屯政，刻不暇给，又值饷事艰阻之会，抢攘跋疐，大概可知。俟粮运办齐，乃进驻泾州耳。

办回之法，已尽于前年分别剿抚告示中。大抵回民入居中土，自三代以来即有之，传记中“疆以戎索”及“骊戎、陆浑之戎”、“徐戎”皆是也。欲举其种而灭之，无此理，亦无此事。前年四字告示中“帝曰汉回，皆吾民也”两句，回逆读之亦为感泣，可见人心之同。且令中外回民均晓然于官司并无专剿回民之意，亦知覆载甚宏，必不协以谋我。将来锄其桀黠，策其善良，便可百年无事。若专逞兵威，则迫逐陕回而之甘，迫逐甘回而之口外，迫逐口外而之土耳基等祖国，究竟止戈何时？无论平、庆、泾、凉一带纵横数千里，黄沙白骨，路绝人踪，无可裹之粮，无可因之粮，万难偏师直入也。而剿之一法，徒主用奇，足以取威，不足以示信。武乡之讨孟获，深纳攻心之策，七擒而七纵之，非不知一刀两断之为爽快也。故吾于诸回求抚之禀，直揭其诈，而明告以用兵之不容已，并未略涉含糊。于是回民知前之抚本出至诚，后之剿乃其自取，而其终仍归于抚局（现又有来求抚者，仍不可信），我乃察其诚伪而分别抚之可耳。

军兴既久，哥老会匪东南各省遍地皆然。吾于金盘岭练军时即严定立斩之条，盖虑其必有今日。自闽浙转战而来，旧勇物故，假归者多，时须换补，而匪徒即伏匿其间。比上年转战直东各省，游勇麇聚连镇、吴桥之间，潜相勾煽，而此风转炽。凯旋后，驻军西关，察亲兵一营即有数百入会者。密谕巡捕稽察，得其姓名，忽一日，传齐勒令首悔，斩阻挠者一人。两日半缴出匪凭二百余起，其先自私毁者无数。吾于次日祭旗誓师，令首悔者均饮血酒，未入会者亦同饮。事毕各归原伍，许以不死。帐之前后侍立者如故，守更者如故，夜间被酒酣卧若无事者，众心大安。今且助拿哥会，不复有所顾忌。简绍雍到时，吾与之午饭，笑言此来哥匪不少，属其察出训诫，以吾法治之。其夜拿一大头目（同简来，未入伍）吴三友（广东补用参将，湖广指拿之匪首），讯毕斩枭，人皆惊服。后又获数犯，斩者、释者各如其情。渐有假归复来弁勇自请改悔者，仍取保结收伍。看来吾军无虞，各军仿行，皆能如法。惟果臣于哥匪头丁玉龙、邬宏胜有欲杀之意，而犹豫不决，遂罹其害，所谓“当断不断，反受其乱”也。上年初返陕西时，察出丁太洋短勇丁一百四十余名，即奏请正法，其时尚未接尔信，简绍雍云云也。

军情日久懈生，非振作不可。然必能得其平，人心帖服，适然不惊，否则必激成异变。斩一卒而一营无代诉其冤者，斩一营官而各营弁勇无代称其冤者，则杀不为滥，否则必有隐患，亦干阴谴。吾平生不肯作快心之事，以人命为儿戏。因尔信来屡问及军事，故略示一二，俾尔有所知。

魏铭老实无用，既好作语言，则尤不可容。接到尔二弟所录寄艾生信稿，下札催其速归。伊到鄂必又造谣，已致若农勿理会矣（伊已托病告假出居乾州，又赴省城就医。我已于其长支二百余两外，属局借给医药之资，属其治好回营，盖不料其托病等艾生回信也。用间至此，亦殊奇特。古云“小人难防”，正以其愚而诈，良然。）。曾栴生为人，艾生信中颇详，才尚可用，尚须历练，克庵竟入人言，当司道大加申斥，则过矣。手此谕知，可送与二伯看，忙中不多寄家信也。

四月廿四日乾州营次

智破哥老会

上封信左宗棠还在说初入陕西“内忧外苦”，官场矛盾随时可能让自己倾覆，让孝威看得胆战心惊。这封信中，他不动声色地说出了另一个爆炸性的消息：楚军内部出了“黑社会”！

一、楚军哥老会从何而来

从信中可以看出，到咸丰十年（1860年）左宗棠创办楚军时，哥老会在湖南已经十分猖獗。左宗棠在长沙金盘岭练军，为了防备哥老会会员混入其中，他立下“一经发现，当即斩首”的军纪。由此可以推断，左宗棠离任闽浙总督前，第一批楚军里并没有哥老会会员。

楚军内部大规模出现哥老会会员，是在第二拨大规模招募新兵时。左宗棠接任陕甘总督西征，楚军原班人马只带了3000人，其余全由刘典等从湖南新募，这一下让哥老会钻到空子，乘虚而入。

哥老会的鼎盛时期，出现在同治三年（1864年）湘勇解散之时。原因是湘勇属团练，不享有退伍人员、复员兵应当享有的国家福利。这些人多年征战，一朝退伍，无法安心生产，于是重新啸聚，与太平军溃散人员伙同起来，以哥老会为旗帜，组建秘密会党，以打家劫舍为生。

湘勇中产生的哥老会，之前以曾国荃的“吉字营”居多，而以鲍超的“霆军”为最。“霆军”本是湘勇的一支王牌部队，曾、鲍平定太平天国时放纵士兵在取胜后烧杀抢掠，为哥老会的壮大埋下了伏笔。

同治三年（1864 年）湘勇解散后，将士自发回到哥老会大本营，办会开山堂，俨然地下军营。

哥老会打起楚军军营的主意，通过招募新兵混入军营，到军营里发展新会员。短短两年，楚军质变。

二、三招智破哥老会

左宗棠此信所述交锋，是指第一次与哥老会过招吗？应该不是。

眼下楚军中的哥老会已经公开暴露，不正面交锋不行。但正如水豆腐掺进细渣子，处理起来相当棘手。左宗棠琢磨对策，他想到凭智慧拿下哥老会，方法依靠三个字：明、宽、信。

“明”就是公开。哥老会是“地下”党，在暗处。如果暗地捉拿，不说难以分辨，也容易滋生谣言，清白的军人一旦受诬陷牵连，则人人自危，军心震动，极有可能激起哗变。左宗棠先下手为强，以突然宣布紧急集合的方式，当众拿出哥老会的名单宣读，将阻挠者一人当场杀了，以示警戒。这就穿了哥老会的帮，将会员从暗处拉到明处，让地下活动无法继续。

“宽”就是宽容。左宗棠只让龙头老大一人站到台上做检讨，当众宣布解散哥老会。不管其他人是否入会，都一起喝血酒宣誓。他们只要宣誓脱离旧党，从此一心入楚军，事情就算了结。这看似和稀泥，其实高明。亲兵都成了会员，如果追查过细，会员人数有可能超过非会员，即使不酿成哗变，开除他们也会大伤元气。

读者也许还会有疑问：左宗棠初出山那会儿，每到战前就开除人，打完仗还要继续开除人，凡是能力平庸、品行不端者，全部清除出队伍；如今又如此大度宽容，岂不自相矛盾?

其中一个原因是，事实上，以“义”相聚的哥老会会员，多是有血性、有忠心的战斗人才，他们的本事往往过硬，之所以加入哥老会，是因为朝廷的军人退伍保障制度缺失，并不是他们天生就想做坏人。比如，黄兴后来组建华兴会，也是依赖湘潭哥老会会长马福益，就是证明。

巧妙处理存有二心的将士，前例有曹操。官渡之战胜利后，曹操将部下私通袁绍的书信当众一把火烧了。曹操给出的说法是，官渡之战以弱胜强，打得十分艰难，普通人都有脚踏两只船的心理，看谁赢就倒向谁。连我曹操本人都中途动摇过，何况将士？为个人安危生出二心，这是人性普遍的弱点，不是某个人具体的缺点。统帅只能利用人性的弱点，不能拿人性当作拦路石，自己跟自己过不去。

“信”就是信任。左宗棠此次“智破哥老会”，其中，最高明的一步就是凭虎居狼窝的勇气，不但没动亲兵营，而且连帐前帐后侍守者、守更者都没换。到了晚上，就像白天什么也没发生过似的，照旧与这些刚脱离哥老会组织的士兵喝酒谈天，尽兴后躺在他们中间酣睡。这是极度信任，但也极为冒险。只要其中有一人心生嫌隙，左宗棠必遭血光之灾。以左宗棠“惕厉”的性格，敢于如此大度信任，感化作用是显然的，于是“众心大安”。

处理此类棘手的事情，一般统帅最容易犯的错误就是，一开始在背后暗地查处；等到酿成哗变，又严厉追查，严格进行政治审查。如此一番，人人自危，渣子固然是剔除了，但水豆腐也被糟蹋得不成样子了。

壹零贰·与孝威等

同治八年十二月十六日

孝威兄弟同览:

连接尔等来信，知眷集平安，尔母病体尚能如常，甚慰我意。

新添两孙，大者命曰念恂，小者命曰念恕，丰孙即易曰念谦可也。恂呼毅孙，以八月师进灵武，大申马逆之讨，除隐慝，决大疑，卒动天鉴也。恕呼恩孙，以十一月驻节平凉，洗冤泽物，宣扬朝廷仁泽，民以为恩也。此吾诒之縠也。

丰孙摹本字甚秀劲可爱，闻其喜读书，天性亦厚，尤为欢慰。但年齿尚小，每日工课断不可多，能念两百字只念一百字，能写百字只令写五十字。起坐听其自由，不可太加拘束。饮食宜淡泊，衣冠宜朴洁，久久自然成一读书子弟，便是过望。

吾家积世寒素，吾骤致大名，美已尽矣。须常时蕴酿元气，再重之积累，庶可多延时日也。

先生品既端，即是难得。勋、同性分本不高，难于开晓，不能怪先生不善教诱也。最怕是轻儇刻薄之流，一经延致，便令子弟不成好样也。慎之。

大舅广东有信来否？光景何如？尔民在江西专想做官。三姐有信来，有“典尽押绝”之说。吾以四百两汇寄，尚未接其回信，将来看外孙能成人否。四姐苦命，在家有二姐同住，尚不寂寞，尔曹可敬事之如兄。

今岁湖南水灾过重，灾异叠见，吾捐廉万两助赈，并不入奏。回思道光二十八九年，柳庄散米散药情景如昨，彼时吾以寒生为此，人以为义可也；至今时位至总督，握钦符，养廉岁得二万两，区区之赈，为德于乡亦何足云？有道及此者，谨谢之，慎勿如世俗求叙，至要至要。吾尝言士人居乡里，能救一命即一功德，以其无活人之权也。若居然高官厚禄，则所托命者奚止数万、数百万，数千万？纵能时存活人之心，时作活人之事，尚未知所活几何，其求活未能、欲救不得者皆罪过也，况敢以之为功乎？

自入关陇以来，首以赈抚为急，总不欲令吾目中见一饿毙之人，吾耳中闻一饿毙之事。陇之苦况与浙江严州光景相似，而荒瘠过之，人民百不存一矣。狼最多。至于匪盗之害吾民者，必捕获尽法惩处，行吾心之所安，求不为儿孙造孽而已。尔曹试以此存之心胸间，纵常居乡里，亦足称善人也。

禁种罂粟为此间第一义。长发、捻、回之劫皆此毒酿成。今付《四字谕》一本与尔曹阅。

尔言延哥光景艰难，欲为其买田作久远计，于义甚当。吾非忘之也，特以延哥、和哥性质均非可处乐之人，愚而多财，将益其过，故每吝之，冀其从艰苦长些志气耳，兹竟无望矣。延、和有子，近并不知其光景何似，拟各予以千金之产（和为我甥，岂可歧视），俾有饭吃，有衣穿，以完吾素愿。此项可从吾养廉项下划给，当致书若农观察拨交尔曹。

今年未寄银归，不知家中光景何如。二伯处每年二百两必应致送，以为甘旨之奉，可向若农处请之。此等琐屑事，我实无闲工夫着想也。

战事均顺，惟十一月初九日简绍雍以深入致败，绍雍中炮阵亡，营官姚连升、谭正明同殉，以致机局忽滞。诸军正逼金积堡，后路转运复梗，现正力图疏通道路。所幸诸军尚能稳扎，后路援贼又经打败，或无他虞耳。

甘肃吏事、兵事均不可问，整理最难。以前署督庸妄太甚，而枢廷袒之也。近见我推心置腹，诸凡顾全，始感服，而枢廷之意始转。

金积堡马逆化隆以新教煽惑回民，西宁、河州、口外各回民均依皈之，潜谋雄长回部，诸回部奉为宗主。马化隆夜郎自大，封授伪官，自称大总戎，称官兵为敌人。频年陕、甘各回扰攘不宁，均此逆为祟也。穆将军三年前办此不了，遂以抚局羁縻之，并劾主剿之都将军以误国。其实中外无不知马化隆之终为异患也。该逆所居之金积堡当灵州秦、汉两渠间（即唐之灵武），地险城坚，贸易通西北及北五省、蒙古各部落，擅茶马盐之利，富可敌国。庙堂以兵事方殷，以度外置之。阿拉善亲王因受其毒害诉于朝，并言穆用其银数万，求赏还。穆又自陈每年得马化隆粮数千石，其实纳贿亦不少。阿拉善王上书于我，痛詈穆将军。穆曾奏马化隆实是良回，隐以我为激变也。此公人亦老实，特为其谋主所弄，遂尔颠倒错乱如此。与旗员闹口舌是吃亏事，与前任争是非非厚道事。然事关君国，兼涉中外，不能将就了局，且索性干去而已。

我近来腹泄仍如常，每日或一二次、三四次、五六七八次不等。脾阳虚极，肾气耗竭，心血用尽，面目尚如旧，而健忘特甚。只盼陇事早了，当急求退休，断不能肩此重任。本拟接督篆即缴钦符，有言无钦符饷事更难应手，不得已仍拥此虚器，非我志也。

腊月十六夜平凉大营

壹零叁·与孝威等

| 同治八年十二月十七日

票盐事，此间多以为请。盐务为腥秽之场，最易惑人视听。请颁部票，将来必又成根窝，曾侯与马穀山所以不决者此耳。天下有尽利无弊之事，尚待人献策者乎？吾湘自盐法更章，人多以此为利薮，士君子亦乐为之。恐变士为商，人心习尚日就凌夷，所益小而所损者实大，吾不以筹饷故为吾湘阶之厉也。极知芸阶、朴堂诸君，为陇谋甚工，为我之心独切，然我为大局计，为吾湘久远计，不乐为此也。

淀生已入都引见。曾岚生肯任事，少阅历，视事太易，信人太轻，时在身边尚可寡悔耳。时局方艰，人才日绌，吾之忧也。

黄子恒如肯来陇，当疏调之，恐其不耐苦耳，试询之。

正封信间，适奉颁到年赏。叩领之余，以银钱两枚赏丰孙，两枚分赏毅孙、恩孙，荣君赐，志家庆也。丰孙学字甚知用心，吾深赏之，可传谕嘉奖。

腊月十七日辰刻又书

立家规，不许后代从商

此时，楚军平定陕甘变乱已进入白热化阶段，左宗棠遭遇了入陕甘以来最为沉重的军事与舆论压力。此信寄出5天后，回民军袭击定边。不久，左宗棠楚军班底的老湘营统领刘松山在吴忠堡中炮身亡，朝野震惊。不少大臣建议由李鸿章挂帅，代替左宗棠指挥。

一、家教渐变，从“遵古制”到“尚自由”

同治八年十一月一日（1869 年 12 月 3 日），左宗棠从泾州进驻平凉，从陕甘代理总督穆图善手中接过陕甘总督印，正式行使陕甘总督之职。这时左家又添喜，孝威与孝宽之妻各生下一个白胖小子，加上已会读书识字的左念谦（丰孙），左宗棠已是三个孙儿的爷爷。左宗棠教导儿子怎么培养孩子，他定下三条规矩：

第一，每日功课断不可多，能念两百字，只念一百字，能写百字，只令写五十字；

第二，起坐听其自由，不可太加拘束；

第三，饮食宜淡泊，衣冠宜朴洁。

左宗棠在其子孝威 6 岁那年立下六条家教：

第一，早眠早起；

第二，读书要眼到，一笔一画莫看错；口到，一字莫含糊；心到，一字莫放过；

第三，写字要端身正坐，要悬大腕，大指节要凸起，五指均要用劲，要爱惜笔墨纸；

第四，温书要多，遍数想解；

第五，读生书要细心听解；

第六，走路、吃饭、穿衣、说话，均要学好样。

比照读之，两者的根本不同是：左宗棠教育儿子以“古制”严规，教育孙儿以“自由”为尚。左宗棠家教为何前后有这样的变化？

主要有两个原因。一则左宗棠发现儿童教育严不如宽。孝威从小被限制自由严加管束，结果成年后对外界诱惑抵制力差。孝威进京会试，我行我素，使左宗棠深感绝望。与其这样，不如让他从小自由不受拘束，提高抵制诱惑的免疫力。二则爷孙“隔代亲”。父亲总希望儿子像自己，弄得父子间多仇怨，但对孙儿则不会有这个要求。

二、宽容已过锻炼期的亲人

一个人年纪大了，会对天伦之乐生出一种本能的渴望，左宗棠也不例外。军国大事堆积如山，他每天忙到很晚，躺到床上仍想家人。不想还没事，一想，反倒又放心不下。

这并非多虑，现实生活中有许多“反面教材”。

左宗棠的岳父周系舆生前做过户部侍郎，算是富贵人家，但周系舆死后，周家家境每况愈下。左宗棠的大舅子周汝充年轻时本是个积极上进的青年，与左宗棠常常书信交流生活和学问，谁知科场不顺，随后便破罐子破摔。周汝充为躲避世俗议论，干脆花钱在广东买了个地方官头衔，闲居无事，坐吃山空，每年专等妹妹周诒端拿钱救济。一想起这件事，左宗棠心里便有说不出的酸楚。

左宗棠的三女婿黎尔民，情况也不妙。楚军创办时，黎尔民入了军营，因吊儿郎当、不学无术，常挨左宗棠的批评。后来，黎尔民跑到江西去求官，在给家人写的信中，打肿脸充胖子，假装自己很风光。黎尔民实在混不下去了，只好卖家当。左孝琳无奈，只好向娘家求助，哭诉丈夫“典尽押绝”，希望父亲救济。左宗棠虽然生气，但仍给黎尔民寄去 400 两银子。这真是一个令他尴尬的局面：周汝充“啃”姐夫，黎尔民“啃”岳父。这还不算，还有更多亲戚朋友排队等着自己去救济。

想到这里，左宗棠气得不行。亲戚怎么都混成这样？就是从小家教不严造成的。

左宗棠很清醒自己怎么才有今天的：严守家规，勤奋自强。左家先祖从南宋起迁到湘阴，家教甚严，积善累德 500 多年，打好了底子；而自己碰上时代机遇，并适时抓住。机遇不常有，但一个人不可没有本事。有一技之长，不至于挨饿；一旦机遇降临，便可望出人头地。

依靠祖宗500余年的积德，左家从贫寒之家变成富贵人家，但问题也由此而来：骤然发迹，子孙成长环境发生变化。富贵环境对子孙成长也有不利之处。

怎么办？将积累清零，让子孙后代从头开始。因此，左宗棠在信中说："吾家积世寒素，吾骤致大名，美已尽矣。须常时蕴酿元气，再重之积累，庶可多延时日也。"怎么将历年积累清零？最简单直接的办法是大笔捐款做慈善。

时年湖南又遭遇特大水灾，左宗棠拿出一万两养廉银捐上。这件事他也不上报朝廷，避免有"以善邀功"的嫌疑。

对于早年丧父、孤苦伶仃的长侄左世延，以及总不争气且自身毛病一堆的外甥和哥，左宗棠也宽容待之，送他们1000两白银。毕竟，两人已经成家立业，都有老婆孩子需要养活。

自己的4个儿子呢？则依然守着每年200两的银子，清心寡淡地过日子。

儿子们靠着父亲给的一点基本生活费养家，常年在拮据中度日，愁眉苦脸。无计可施之际，一个不期而降的发财机会扑面而来。

三、不反对商人读书，不支持士人经商

伴随着当时政策的适度调整，湖南兴起一条发财的新门路：贩卖食盐。

盐、铁是特殊商品，清朝早中期食盐市场实行"纲盐"制度，严禁私人买卖。"纲盐"制度弊端巨大，导致食盐价格畸高，贪腐滋生，地下私贩私卖猖獗，老百姓怨声载道。道光六年（1826年），两江总督陶澍发起盐政改革，首次改"纲盐"为"票盐"，将食盐推向市场，即实行"国有民营"：只要手持政府发放的盐票，都可以参与食盐自由买卖。市场化消解掉了垄断的痼疾，食盐市场变得阳光健康、欣欣向荣。这一政策后来又几经反复，左宗棠写这

封信时，朝廷已经恢复“票盐”制度，只要有本钱、有关系，谁都可以贩盐。

食盐暴利，扬州盐商暴发者多。湖南食盐市场刚刚放开，左宗棠的家人及亲戚都跃跃欲试。他们想利用左宗棠的声望、关系、资源，去湖南打通关系，弄几张盐票。

对大权在握的左宗棠来说，为家人多弄一些盐票只是举手之劳，但他严词拒绝了。理由是，左家后代的主业是学习文化、弘扬道义，商人的主业是流通经济、赚钱富己；这两个职业桥归桥，路归路。士人变商人，弊多利少。因为士人专注的是“义”，关心的是社会公共事务与社会公共利益；变身为商人，则“义”与“利”搅和，一不留心就会失去士人的风骨与气节。

左宗棠的这个观点有问题吗？我们今天会问：商学院、工学院培养出来的人才，不做商人干什么？

古代私塾没有商学院，当代工商学校培养的人才，本来就是预备商人。而传统意义上的读书人，指士人。左宗棠只是不赞成士人经商，并不反对商人读书。因此，他说：“然我为大局计，为吾湘久远计，不乐为此也。”

为什么左宗棠专门跟儿子写信说这件事？他担心儿子们艳羡有钱人家，也纷纷改行做商人。左宗棠告诫儿子要稳得住心，不要从商。

在左宗棠看来，每个人术业有专攻，儿子能做个称职的士人已经十分不容易，哪里还有多余的精力去做个“冒牌商人”？何况“变士为商，人心习尚”。如果读书人的心思不在天下大义、社会和国家正义，却透过钱眼去看待天下万事万物，最后因得了一点利益而损失了不能用金钱衡量的道德与正义，那才叫因小失大。

1870年
同治九年

左宗棠——58岁

长子孝威——24岁

次子孝宽——23岁

三子孝勋——17岁

四子孝同——13岁

左宗棠家教语录

一 于尔母言行仪范当略有所窥。暇时盍录为行述，传示后世，俾吾家子孙有所取法，亦“杯棬遗泽”之思也。

二 尔母生平仁厚，好施予，此意尤当体之。吾意省城难民尚多，或于出殡之日散给钱文，亦胜饭僧十倍。

三 孝子不俭其亲丧事，典礼攸关，自不可过于省约。然用费亦宜计算，不可铺张门面，忘却义理。

四 人情世故皆须体贴，多一分体贴即多一分阅历，居家做官均是一般。

壹零肆·与孝威孝宽

| 同治九年三月初八

威、宽知悉：

胡学文请领胡美山、胡海南赏恤银两，今将原领寄归，饬由家中发给。胡美山从征最久，现在孀妇贫苦无依，应于我廉项下加给银三十两，交其妻亲手领去，以示格外矜恤之意。

庚午三月初八日平凉大营

壹零伍·与威宽勋同

| 同治九年三月十二日

威、宽、勋、同知悉：

二月二十五日信到，尔等长为无母之人矣。以尔母贤明慧淑，不及中寿而殒。由寒士妻荣至一品，不为不幸。然终身不知安闲享受之乐，常履忧患，福命不薄，郁悴偏多，此可哀也。执笔为墓铭，不敢过实，然心滋伤矣。尔等迟出，于母德未能详知，近年稍有知识，于尔母言行仪范当略有所窥。暇时盍录为行述，传示后世，俾吾家子孙有所取法，亦“杯棬遗泽”之思也。志铭写就，遣巡捕粟游击龙山赍归。明日成行，须四月中旬后乃到，先录一通，付儿等阅之。

葬地既不能猝得，城外寺院又不可停，暂奄家堂亦可。如为日稍久，或于屋后蔬圃中为窨室亦可，以地空旷无意外之虞也。二伯意欲存金刚院，亦省城丧事常例。既难民杂处，不免嚣杂污秽，即可不必议及。况尔母于外祖母没时曾有“不忍遽死其亲”之说，则暂时奄柩中堂尤所宜也。古不择地而葬，而大夫三月，士逾月，已垂之训典倘亦有不忍其亲之意欤？史坡为吾父母藏魄之所，初拟与二伯两房序葬其西。二伯既以今年三煞在此，未可启土为冢，自当别卜吉壤。柳庄土薄水浅，在处皆蚁，人家栋柱无数年不易者，即现在住屋亦然。尔母生时常谓：“柳庄田园皆适意，惟乡庄无闻人，多白蚁，未可长子孙，他年须别寻乐土。”余亦以为然。从前谋买山避乱，每往来东大山一带，见其山势逶迤磅礴（指县东北六七十里，若柳庄、左墩则县东南三四十里，别是一枝山也），自平江连云山来（白水洞、梓木洞山脉均自此来），枝脚纷起，大有佳处，惜未略从容寻玩。若于此数十单间觅一安妥之地，较为得之（水至同涵口始合流归湖，即汨水也）。将来营葬时，即为我作一生圹，以慰同穴之意可也。此意亦曾为尔母说过，彼时尔兄弟甫生，姊姊亦小，不知大、二姊尚能记忆否耳。

葬期亦必选择，不可冲犯，但取无凶煞者用之。如不能决，则卜诸母灵亦可。阴阳家言亦不能尽谓其无，但不必过于拘泥。

军中不可持私服。吾此时尚未能成服，须待他时补之。讣则断不发，即家中散讣亦宜斟酌，盖亲友应吊者不待讣，其待讣而吊者亦可不散也。曾见人家有先不散讣，俟吊时同谢帖散者。如须散讣，即可照此办理。

丧事之用鼓吹，盖为祭奠设也（**亦取达于幽阴之义**）。俗例以此为闹热，殊为非礼。有为设而不作之说者，亦只合生者居丧之礼，而于享荐亡者之意未合。吾以为临葬时，先日启攒，次日家奠，次日祖饯，均用鼓吹，但不以之送迎宾客。非祭奠不用乐，似为得之。

俗例，丧事以题主为重。实则以显者临之，加朱主上，最为失礼，且贱其亲也，可不遵行。古人书主，即择子弟能书者对灵书之。以现在事理言之，丁叟侄、少云壻皆善书者，请其书主为宜。成主之礼宜行，贺主则不必也。出殡仪仗护从可照品级，非第荣其亲，礼不可废。《会典》当考究，有不能备者亦不必拘。丧礼谨严，古人以此为专门之学。世衰礼废，全不讲习。《礼》曰："居丧未葬读丧礼。"尔等宜于苫凷中加意讲求，庶免留遗恨，免为罪人。《切问斋文钞》、《经世文编》、望溪先生《丧礼或问》，均可于《礼经》外读之，数种皆家中所有也。

作冢以三合土和研极熟为好，可避蚁患、树根之患，棺外两旁两头均宜筑之。惟棺底不宜用三合［土］，以其含水也；棺上亦不宜，以其绝天气也。

唐以后，丧事多饭僧，虽士大夫亦不知其非。吾家以积世寒儒，故从无饭僧作佛事者。惟古人饭僧以资冥福，亦非无理。尔母生平仁厚，好施予，此意尤当体之。吾意省城难民尚多，或于出殡之日散给钱文，亦胜饭僧十倍。闻有名册在官，尤易预算。届时当请李仲云商量办法（**不必令其到门，亦不必先使闻知**）。至城中乞丐亦当布施及之，但以钱不以饭菜，庶期简便均匀，省无益之费用。俵给穷民，亦资尔母冥福。此事约须数百千，不必惜也。

二伯年高，近复多病，所有诸事与壬、丁商之，即可得主意。如有疑难决，再请二伯训示，不必以琐事絮聒为要。

地师难觅高者。尔言长沙王君与尔旧识，吾不能知。既请其看地，又不求上吉风水，自可易得。惟吾意既在东大山，自须觅彼间土著人带其同往，一也。须派人挑火食，扛竹兜，带盘缠，在彼盘桓相度，方期有所获，二也。不可迫促从事，既以大事相托，当时加体念。至要，至要。

尔言山场要宽大，又要就近买少许墓田，恐难凑巧。吾意总以卜吉得地为主，山场宽狭、有无墓田可买，均不必打算。惟立契时，须将公私分际、前后交涉各要件仔细检点，乃可成交，免日后唇舌。又买地须彼此情愿，断不可稍涉勉强，稍用势力欺压。此事亦有定数，非人力所能强致。若须用心机，稍近欺压，便非好事，亦断非好地也。

孝子不俭其亲丧事，典礼攸关，自不可过于省约。然用费亦宜计算，不可铺张门面，忘却义理。人言家中光景如此，不能故作寒乞相，此等话亦当留心。理所当用，稍多无碍；所不当用，即一文亦不可用。专讲体面，不讲道理，吾所耻也。

二伯信来云：孝威当母病亟时，曾割臂肉求以疗母。此等处亦见尔天性真挚。但老父力疾督师于外，哀而至毁，独不虑伤阙考心耶？勋、同天分均不高，威、宽宜教督学好。丧葬最重，威、宽宜慎襄大事，庶足慰母，亦令我稍释忧怀。至属，至属。先此谕知。

三月十二夜平凉营次

千里孤坟，遥祭发妻

写这封信的前一月，左宗棠奏请朝廷对老湘营原统领刘松山从优议恤，同时，荐举其侄刘锦棠接任。前线军事、舆论危机好容易才化解，左宗棠又接到了夫人去世的噩耗。

一、忆昔日，湖北夏口话永别

同治九年二月初二（1870 年 3 月 3 日），左宗棠的发妻周诒端因年老体弱，加以“脚气”病发作，匆匆离开人世。一个贤明慧淑的女人，在 58 岁死去，对家庭来说是一种不幸。

左宗棠夫妻，结婚那年同是 20 岁，之后在湘潭、湘阴、长沙三地辗转，聚少离多。咸丰十年（1860 年）六月，左宗棠离家创办楚军，夫妻长期分别，仅于同治五年（1866 年）下半年在福州团聚了半年。相见那一刻，周诒端抱着丈夫，喜极而泣。

分别 6 年来，信上读到的几乎都是丈夫打大仗、打猛仗的消息，周诒端在高兴的同时也为他提心吊胆。

同治六年（1867 年）初，左宗棠北上剿捻，率军营先进入湖北。周诒端回湖南，从福建福州的总督署出发，经海路坐轮船绕道至湖北夏口，夫妻俩在船上团聚，二哥左宗植也特意从长沙赶去会面聚谈。大家都明白，这次再分别，对夫妻、兄弟而言，很可能就是永别。

二、“善生病”，其中有因果

周诒端有大家闺秀风范，相夫教子一丝不苟，胡林翼曾称赞她是“闺中圣人”。但周夫人毕生有个特点：善生病，她的后半生几乎天天在与疾病打交道。追溯起来，除了因为她出身富贵之家，天生体质过于娇弱外，也与左宗棠在第一次会试期间出现的一场意外遭遇有关系。

道光十二年（1832 年）冬，左宗棠乘船经洞庭湖北上，参加道光十三年（1833 年）春的京城会试。出门没多久，同行之人传回噩耗称左宗棠中途犯了急病，已经客死异乡，被抛尸荒野。周诒端信以为真，整天愁容不展，夜夜望北哭泣，期待奇迹出现。半年后，奇迹果真出现，左宗棠带着落榜的消息平安归来。虽然只是虚惊一场，但后果相当严重：周诒端因忧虑半年，从此得了肝病。

生活无小事，人间有因果。今天去看，这个谣言竟然是造成左宗棠家族接连悲剧的多米诺骨牌的第一张牌。

夫人仙逝，左宗棠心如刀割，但身为军事统帅，肩负国家安危，他只能强忍悲痛。他不但无法回家，无法在盖棺前看夫人最后一眼、为她主祭，而且就连在军营里为夫人穿丧服示哀都做不到，他只能节哀顺变，通过书信安排儿子操办丧礼。

三、善散财，才有真“冥福”

葬礼属大事。《礼记·曲礼下》：“居丧，未葬，读丧礼；既葬，读祭礼。”具体礼事，古制有十分繁复的规定，包括请总管、设账房、找杠房、刻棺木、找棚铺、租赁桌椅、找茶房、请吹鼓手、找白货铺、订扎彩、找裁衣店、订酒席、租白轿和马车、报丧，等等。

左宗棠在信中为儿子立下办理丧事的标准：“孝子不俭其亲丧事，典礼攸关，自不可过于省约。”但是否可以放开手脚大操大办？也不可以。“然用费亦宜计算，不可铺张门面，忘却义理。”总的原则是“理所当用，稍多无碍；所不当用，即一文亦不可用”。

左宗棠清楚，丧事名义上是给死者办，事实上是为了显荣活人，因此，他不赞成请和尚超度。因为真正的善人，灵魂早已升上天堂，用不着超度；与其将钱浪费在敲敲打打的和尚身上，不如给长沙城里沿途的乞丐、难民一路发几百两银子，也不必惋惜救济穷人花了多少钱，因为那才是真正为死者祈得“冥福”。

关于安葬之事，左宗棠列了三点具体要求：第一，墓地选择要慎重；第二，丧事不扰乱治安，而应福泽贫民；第三，购买墓地必须买卖双方平等、自愿。

古人视“葬”为“藏”，即给肉体找到一个永久的藏身之所。既然是永久存放地，所以墓穴要考虑防白蚁、水，上接天气，下通地气。关于购买墓地，左宗棠特别强调，要明确合同条款。在成交前双方要看得清清楚楚，谈得明明白白，交易得坦坦荡荡，过程中双方不能有丝毫勉强，更不容许稍稍有哪怕一丁点儿借势力欺压卖主的情况发生。因为卖者内心只要稍有不平，就会找机会索讨，这样的墓地风水再好，也会埋下一场“无期官司”，对后人非福。

四、千里孤坟，无处话凄凉

在周诒端病重期间，孝威曾擅自进京会试。回家后孝威心有愧疚，他瞒着家人从自己胳膊上割下一块肉，将肉烧成灰，兑水给母亲服用。这个奇怪的举动，缘于古人相信子女割肉烧灰可以治疗双亲百病。这没有任何科学根据，很可能是古代某个无聊老人编出来的谎话，但民间居然普遍相信，后世孝顺的子女多有仿效。

左宗植将孝威“割臂医母”一事写信告诉左宗棠。左宗棠被儒家“孝道”的教条给框住了，明知儿子这件事做得愚蠢而且过分，但仍然说“此等处亦见尔天性真挚”。他作为儒学信徒，不敢违背儒教。但以左宗棠的理性与聪明，未必看不穿这个谎言的愚昧与儿子自伤自残的严重后果，因此，他十分委婉地告诫孝威：你担忧母亲伤心到自毁身体，固然是孝，但你想过没有，你还有个老父亲在外劳苦奔波，难道你就不考虑一下你伤了自己身体，老父亲会为你的举动更加感到伤心啊！

夫妻间常称对方为另一半，这缘于中国人“天人合一”的整体宇宙观，将夫妻看作一个整体。左宗棠对妻子一生感情至深，他安排儿子们在妻子墓边上给自己留下一个墓穴，并写下情文并茂的《亡妻周夫人墓志铭》，开头 4 句是：

珍禽双飞失其俪，绕树悲鸣凄以厉。
人不如鸟翔空际，侧身南望徒佗傺。

此文感情之真挚深沉，大约只有北宋文豪苏轼的《江城子·乙卯正月二十日夜记梦》可以相比："十年生死两茫茫，不思量，自难忘。千里孤坟，无处话凄凉。"

壹零陆·与孝威

同治九年三月十二日

孝威知悉：

今夜一函并墓志稿寄来。兹复遣粟龙山回湘省视，顺赍墓志，以邮筒中不便函寄也。粟龙山由勇丁保至参将，自咸丰十年随我军中，未曾告假，求归甚切，故以此差借之。所欲言者，均于邮递函中详之矣。

久不作楷，昨书墓铭殊不惬意，可倩好手钩勒上石，以掩其丑。

三月十二夜四鼓书

壹零柒·与孝威

同治九年六月十六日

孝威知之：

接尔信，知尔母暂厝史坡祖茔之右，一切均妥，我心稍慰。

玉池山一带前后数十里，惟刘怀清最熟，不知尚在家否，前闻已赴潮州巡检任。如尚在家，可以托其带地生往彼觅地。铜含口，记吾家老辈曾有卜葬于彼者，谱中有其地图，可试寻之（记同含口为汨水合流处，山脉到头结穴，或有佳处）。此亦不必过泥，能于此一带数十里间觅得，均乐邱耳。

墓志重写付来。又刻本须（添改首一行及签面）一通，可照式刻之，并将二伯祭文刻入。此外，或有祭文及挽联佳者亦可附刻。尔能将尔母言行作一行状，以详母德而传家范，则亦刻之，可先寄我看也。

六月十六日

壹零捌·与孝威等

同治九年七月初二

孝威等阅悉：

得家信，知尔母已于四月底暂厝史坡（墓志已另写，交黄副将席珍带归，计到在此信之后）。

较之后圃自妥。将来卜葬玉池山一带可免绕道，吾心亦慰。

玉池山一带数十里山脉均来自平江，在湘阴县东数十百里，逆湘水而上。此一带山势稍厚，枝脚亦多，得地较易。但得平稳夷旷之区，可避五患，即佳壤也，不必深求（**愈求精愈致误，必然之理，倒是葬坟要紧**）。将来亦不必丰碑大冢，致遭异患。吾前过北邙，仅见白杨数树，碑碣俱无。渡渭而北，见陵墓尤多，陪葬大冢亦复累累在目。然皆禾黍高低、牛羊践履而已。千百年陵谷变迁，圣贤仙佛均不可复问，几见体魄之长存乎？刘怀清自闽回，闻尚在家，渠于玉池一带地址尚熟，可为访地向导。买地即买墓田数亩，作一墓庐，以备岁时展墓休憩地亦可，否则俟之异日。

墓志刻本可于长沙照式刻，即以寄亲友。前属尔等记尔母言行以作家范，非为尔母表彰计，盖以尔母言动有法度，治家有条理，教儿女慈而能严，待仆媪明而有恩，颇非流俗所及，意欲吾家守此弗替也。盍试为之。

丧礼、祭礼当于此时讲明切究（**堪舆书讲峦头者亦须理会，惟讲理气者太谬，不宜看**）。以世衰礼废，丧祭尤要。能判数年学礼，亦免马牛襟裾之诮，即此是孝，亦即此是学也。

得湘中书，似年景尚可望熟。在尔信之后，或畅晴后气象不同耶？既得族中信，年饥较二十八年为甚。借谷四百石俵给之，尔意甚善。但不知吾前所积之备荒谷现复如何，仁凤团亦有积谷，数年不加闻问，殊为念之，下次信来可详以告我。

少云是否决计北行？大姊回小淹否？三姊有信来否？四姊无子，早夭，尔大舅欲为立继，听之；如不立继，亦可也。二姊极有尔母遗风，家事均须禀之而行。诸妇善事二姊，不可令二姊烦恼。至要，至要。

西事尚好，我自当尽心力所能到者办之，已详致二伯信中。未封口，看毕即呈览。

谢孝酬劳，均礼意所不废。各衙门可于大门外稽颡申谢，投素柬号房为是。中丞、方伯至府县各官我当函谢，但军中少书启朋友，须自为之，不能速耳。

若农观察信来，寄银已不少矣。用去若干，存余若干，盍详以告我？吾恐家中已有官气矣。

尔母墓志及太常师神道刻本均付一本与阅。

营屯甚好，军士以南农法行之此间，甚有效。以此悟地气之厚，古法之可行也。

七月初二日平凉大营

壹零玖·与孝威孝宽

同治九年闰七月十六日

孝威、孝宽览悉:

接尔等两次信，知尔母归葬有期，深为慰意。

吾生平于风水、选择两事不甚信，然不谓其无是理，只是人家气运所致。当其将盛，自能遇着好地好日；当其将衰，自遇着凶地凶辰。此中自关天事，非人所及。至人予为其亲谋，总必求心之安而后止，固不可以亲之体魄为求荣市利计，然亦何忍以亲之体魄置诸凶砂恶水中也。所卜地既称安善，尔等以为安善即安善矣。尔母之灵永妥于斯，将来亦即永憩于斯。三合土可筑周围，至棺底、棺盖可不必筑，总要筑得结实。三合以日久结成一片，不通天地之气，中含阴水，易朽坏也。此是尔等事，吾不必为尔等区画，亦姑言其理而已。

墓铭字字道实，可为家范。想已刻好，可拓廿套寄来，此间要者多也。尔信以汤子惠谓不必入土，或即留嵌祠壁亦可。将来吾百岁后不能不立庙，此志即嵌庙廊。惟须另刻贞石，埋之墓前三尺为合。

葬之深浅，地师必自有说。然稍深以不及泉为度，过浅不可。古人云:“葬之言藏，欲人弗得见也。”葬过浅，难保后此无浅露之虞。墓前不宜多列贵官体式，惟华表不可少，亦不宜高，出土四尺可也。墓田十余亩足矣，不可多，异日子孙难保无争竞之事。

尔等所说狮子屋场庄田价亦非昂，吾意不欲买田宅为子孙计，可辞之。吾自少至壮，见亲友作官回乡便有富贵气，致子孙无甚长进，心不谓然，此非所以爱子孙也。今岁廉项，兰州书院费膏火千数百两，乡试每名八两，会试每名四十两，将及万两，而一切交际尚不在内。明春拟筹备万两为吾湘阴赈荒之用，故不能私置田产耳。备荒谷本不宜即以买田，见买之四百石即留为族邻备荒用，但宜择经管任之，须稍筹经费加给经管。仁风团亦宜分给，以全义举，此吾当寒士时与尔母惨淡经营者也。

尔母每念外家家业中落，尔姨母景况甚苦，虽未向我说过帮贴一字，而意中恒不自释，尔等须体此意，时思所以润之。

孝宽能当家甚好，昔人当家三年而学益进（**记是陆文安公语**），所谓“是亦为政”，即此是学也。人情世故皆须体贴，多一分体贴即多一分阅历，居家做官均是一般。孝威亦宜留意，勿以此为不足学也。

沈守吉田因尔信要西安碑帖，请以《十三经》全部寄归。又近来所写《徐太常师碑》颇觉有笔力，今付来二十张，可好藏之。如需送人，可写信来再寄，但不能多耳。

西事败坏至极，吾以一身承其敝，任其难，万无退避之理，尽其心力所能到者为之。近时颇多不谅者，然直道自在人心，听之而已。抄各疏稿寄尔等阅之。若所事粗有头绪，吾可乞身则乞身归耳。夏秋间天津夷案几至纷纭，吾所复总署信稿颇不谬，都人士亦有称之者。恐将来不免有东南之行，然衰老颓唐，无可用矣。

曾栴生少阅历而好自专，刘克庵劾之亦太过。今两君俱归，不知何以为怀耳。

湘中哥匪无人料理。恐竟致猖獗，侧身南望，徒切焦烦。

威所生子本拟命之念慈，字曰劬孙。接来信，二伯已命之矣，亦一奇也。

字帖箱托沈吉田觅便寄家（闻交刘副将玉田带归）。又送二伯父母皮桶四件，亦附寄归，但不知何时可到。

闰月十六夜

壹壹零·与孝威孝宽等

同治九年十二月十三日

孝威、孝宽等阅悉：

尔母大葬之期想未改择。土色何如？以尔母之淑慎慈俭，必可得一平善之地以安体魄，且吾他年迁神之所也，急欲闻其大略，以慰远念。

墓铭刻手甚佳，可多拓数百本送人。此间索者甚多，须便时寄百本为要。序铭俱称心，而言字亦合法，惟盖篆颇欠苍劲耳。傅君当厚酬之。汤子惠吾亦识之，其人贫而介，亦可厚赠。老友戴正心近况何如？二伯处每年二百不可缺。明年七十大寿，亦须送百金也。数项约须四百金，可向王若农处取，由廉项拨。

金积于十一月十六日已复，办法详正折及密片中，如经理得宜，西陲百年无事也，非频年纵横血战何以得此？此举最难最险，患不在贼而在时局，事后思之，且悸且愤。吾移督关陇，有代为忧者，有快心者，有料其必了此事者，有怪其迟久无功者，吾概不以介意。天下事总要人干，国家不可无陕甘，陕甘不可无总督。一介书生，数年任兼圻，岂可避难就易哉！尔母深知我心，从不以世俗语相聒。惜其不及见也，可为文告之。

河州贼早有就抚之意，西宁贼已识兵威，崔、禹等逆亦决计乞抚，闻索逆亦然，此皆不烦招致者。然抚难于剿，吾且以分别剿抚处之，一两年必可结局。惟吾衰已甚，未免日暮途长之感，明春当力辞重任耳。

尔舅母、姨母处光景何如？恐不可无点缀，尔等当酌致之。左邨贫苦之家总当分润，仍是由亲及疏为是。大姊光景何如？尔民江西有信来否？下次信可详告我。

腊月十三夜

墓地、墓志铭及其他

同治九年（1870 年），左宗棠家的一件大事就是为周诒端选择一块合适的墓地。

古人选墓地讲究风水。左宗棠凭舆地学起家，对地质、地形、地貌自有见解。但风水与舆地不同，它在舆地科学可以论证的基础上，进一步升级，将之变为玄学。左宗棠凡事穷根究际，对玄虚的风水观念半信半疑。

一、左宗棠采信“峦头派”

左宗棠年轻时爱读杂书，对风水有过研究。他取实用主义态度，要孝威采信风水学的“峦头派”，放弃“理气派”。

左宗棠比较两派之后，教导孝威：“堪舆书讲峦头者亦须理会，惟讲理气者太谬，不宜看。”根据“峦头派”理论，左宗棠安排儿子去湘阴玉池山一带考察选址。因为为妻子选定的墓址也将是自己的葬身之地，所以他特别慎重。为了规避子孙分割遗产发生纠纷，他连墓田都做了严格限制，规定在10余亩，不能多，不能少。多了，子孙会争利；少了，养不活守墓人。

二、墓志铭之东西方比较

除了墓地外，左宗棠考虑最多的是给妻子写一篇墓志铭。

墓志铭由“志”和“铭”两部分组成。“志”多用散文撰写，叙述死者的姓名、籍贯、生平事略；“铭”用韵文概括“志”的全文，并对死者致以悼念、安慰、褒扬。墓志铭刻在石上，立于坟前，以作为永久纪念。

墓志铭是对个人毕生的盖棺论定，它承载了铁笔直断的评判功能，作用已远远超出了纯粹的纪念之意。正所谓“孔子作《春秋》，乱臣贼子惧”。历史记载虽是过去之事，但可以激励活人，警戒坏人，能规范人心恶念，引导人们崇善，因此有着强大的现实功能。诗人北岛说：“卑鄙是卑鄙者的通行证，高尚是高尚者的墓志铭。”墓志铭名义上赞誉死者，实际上是留给后人看的。

在这一点上，西方与中国的观念完全不同。西方人也有墓志铭，但他们的目的纯粹是纪念死者，因此更像一个人的文字遗照或微电影。比如，美国著名影星玛丽莲·梦露，她的墓志铭就一行字：37，22，35，R.I.P。什么意思呢？前面3个数字分别是梦露胸围、腰围和臀围的英寸数。一代艳星只想要后人记住她的好身材。中国女性如果这么写，就要被人骂作有伤风化。

美国政治人物的墓志铭与中国人也大异其趣。比如，第三任总统杰斐逊自写的墓志铭就一句话：“美国《独立宣言》起草人、弗吉尼亚宗教自由法令作者和弗吉尼亚大学之父。”而中国古代政治人物去世，墓志铭往往列一堆头衔，记下的全是政治身份标签。

三、写给妻子的墓志铭

左宗棠写的《亡妻周夫人墓志铭》，生动立体，可感可泣，催人泪下。此文在当时文化界引起轰动，朋友们争相来函索要。他安排孝威拓印了几百本，送给索要的朋友。

索要者到底是纯粹出于倾慕左宗棠文笔、仰慕周夫人情操，还是只为溜须拍马、趁机讨好，或者两者兼而有之，只有他们自己知道了。

晚清社会道德已经开始滑坡，索要《亡妻周夫人墓志铭》拓本的读书人，不排除有文化界的“伪君子”。但他们内心至少还在追求善良，并且保持着向善向上的力量。也正是这种力量，勉强维系着当时社会的道德底线。

周诒端一生，确有值得书写之处。她除了“善生病”（左宗棠语）这一缺点外，其他方面集中了中国传统女性的诸多优点。左宗棠在墓志铭中评价妻子“由穷苦而充裕，患难而安荣，虽贤知鲜不移其志”，应该说，写得很客观。

1872年

同治十一年

左宗棠 —— 60 岁

长子孝威 —— 26 岁

次子孝宽 —— 25 岁

三子孝勋 —— 19 岁

四子孝同 —— 15 岁

家教语录

一 养口体不如养心志。

二 贫寒家儿忽染脑满肠肥习气，令人笑骂，惹我恼恨。

三 儿志在读书，吾所深喜，然程子以玩物丧志为嗜书不知要者戒，亦所当知。

四 君臣朋友之间，居心宜直，用情宜厚。

五 读书行己，刻求精进，兄弟相为师友，勿比匪人，吾之愿也。

六 “勤俭忠厚”四字时常在意，家门其有望乎！

七 活一日，办一日事，尽一日心而已。

八 俾知愚而多财之义，晓然于不以多财贻子孙为父母爱子之心其可也。

九 恤无告及他义举应用之费，我所不惜，尔自斟酌可也。

十 士君子立身行己，出而任事，但求无愧此心，不负所学。名之传不传，声称之美不美，何足计较？

十一 丰孙工课只宜有恒，不必急切。体质嫩弱，不可峻督。

十二 子弟不好读书，只想作官；不明义理，只想富贵，可叹耳。

十三 吾总以世泽之兴隆要多出勤耕苦读子弟，家祚之昌盛总在忠孝节义，他不足贵也。

壹壹壹·与孝威

同治十一年二月十一日

尔今日计可行抵静宁矣。今日鄂台递到孝宽书及与尔书，付尔一阅。

家中加盖后栋已觉劳费，见又改作轿厅，合买地基及工料等费，又须六百余两。孝宽竟不禀命，妄自举动，托言尔伯父所命。无论旧屋改作非宜，且当此西事未宁、廉项将竭之时，兴此可已不已之工，但求观美，不顾事理，殊非我意料所及。据称欲为我作六十生辰，似亦古人洗腆之义，但不知孝宽果能一日仰承亲训，默体亲心否。养口体不如养心志，况数千里外张筵受祝，亦忆及黄沙远塞、长征未归之苦况否。贫寒家儿忽染脑满肠肥习气，令人笑骂，惹我恼恨。计尔到家，工已就矣。成事不说，可出此谕与尔诸弟共读之。今年满甲之日，不准宴客开筵，亲好中有来祝者照常款以酒面，不准下帖，至要，至要。御书四字可恭悬住宅中间，轿厅则不宜也。

孝宽费去之钱约二千有余两，亲友中分送各项及今岁家用合计总在三千数百，上年廉余恐将罄矣。到陕局，可问沈观察开一细数来。戴敬堂意竟在将园土屋宇向卖（亦是见孝宽高兴起屋，疑有余财耳），今年势有不可能，可婉告之（我不买无人肯买，亦是实话，或立契后无现银，认其利息亦可），半送半卖尤不可也。不肯换佃，尽可让他，每年以应收地租钱送之可矣。买府城隍收租地基原无不可，去银近三百两，已过屋价之半，于事尚无不合。

童太守极意照料，归后可往谢之。我不能以私意作函。傅念山信寄去，所刻《三坟记》惜太圆，少生趣耳。《华岳碑》或仍候章伯和来钩泐，可告吉田。

河州已缴马二千数百，枪矛三千数百，仍未歇手。各处扰运之贼均已收回（得归巢者不过数百而已），看来抚局已有八分，惟后此搜薙尚费工夫耳。

前送去化州橘皮，乃前巡捕阎兆桂现署化州于署中老树摘取寄将者，于咳痰之病最宜，可宝之。

壬申二月十一日

筹办六十大寿，儿子修宅置地

左宗棠平定陕甘变乱又迎来重要的一战。同治十一年二月初一（1872 年 3 月 9 日），左宗棠统辖下的川军悍将徐占彪抵达肃州，与回民军首领马文禄展开交战。

孝威到甘肃平凉后，被父亲安排在幕府，与一班政治秘书、机要秘书一起办公，为西征军起草奏折。左宗棠有意锻炼儿子，安排他住在普通营帐。西北气候干燥、生冷，早晚温差大，从小到大生活在温暖湿润的湘江边的孝威一时不能适应，感染了风寒，引发咳嗽旧病。

左宗棠通过书信教育儿子，发现收效甚微，便把儿子带到军营，着意对儿子亲自教导，锻炼他的实践能力。谁知孝威写奏折有“才子气”，下笔有点飘，文笔亦欠火候，态度也有点敷衍。左宗棠看后批评他，说了几句重话，孝威羞怒攻心，“哇”地吐血了。

这一年下来，父子相处并不和谐。但该锻炼的都锻炼了，该长的见识也差不多长了。家里还有一摊子事在等着处理，左宗棠便安排儿子回湖南。这封信就写于孝威刚起程回乡的那几天。

孝威在军营的这一年里，孝宽成了事实上的“家督”，负责家中的大小事务。

孝宽其人如何？左宗棠早年批评他“外蠢内傲”，可见孝宽属于“敦厚朴实”型，符合父亲对“敦厚长者型”子弟的要求。

家里没有父亲与兄长的监督，25 岁的孝宽第一次有了当家做主的感觉，他琢磨着得做点事。

做什么好呢？同治十一年十月初七（1872 年 11 月 7 日）是左宗棠的六十大寿。孝宽决定在老家筹备父亲的六十大寿庆典。于是他瞒着父亲，一次花掉近 2000 两白银，将长沙司马桥住宅改头换面，从内到外新修一番。

2000两白银相当于左宗棠10年寄回的生活费，孝宽出手阔绰得有点惊人。

对这件事情，左宗棠还真不好怎么表态。哪里有儿子主动讨好父亲，还被父亲批评的道理?

但左宗棠看出了其中的问题：这分明是儿子打着为自己祝寿的旗号想大摆筵席，趁机显摆一次，胡吃海喝一通。花父亲的钱为父亲祝寿，说不上孝顺。何况，“养口体不如养心志”，一旦形成大手大脚的习惯，败家还不是旦夕之间的事情?再说，左邻右舍的日子都不好过，看到自家挥金如土，邻居难保不会找上门来求助。

果然，孝宽这边才弄出响动，邻居戴敬堂立即登门求助。他要将自家的房产与花园一并卖给左家，要价在500～600两银子。他知道，这事跟孝宽谈作不得数，就亲笔写信寄给左宗棠。

戴敬堂属于家道中落的读书人，守着房子，瘪着肚子，终归非长久之计，只是苦于找不到买家。他几次想向左家开口，但从平时的饮食穿戴来看，左家人的日子看起来比自己好不了多少，话到嘴边又咽下了。而此时，孝宽一出手就花掉了2000两白银，戴老爷子眼睛都看直了，真人不露富，财主就在眼前，不卖给他卖给谁?

“敦厚朴实”的孝宽，为什么花起钱来毫不节制?大约也是被左宗棠“逼”出来的。近20年来，孝宽每次读父亲的来信，除了挨批评，就是一面被教要努力读书，一面被提醒家里不积遗产。孝宽当时已经25岁了，他想抓住一点什么，他自作主张装修房子，是想将父亲的钱卷进去。孝宽不傻，父亲百年后，这些全是遗产。

孝宽也知道，这事做得说不得，只要事先跟父亲一漏口风就黄了。但没有长辈的批准，这件事情又办不得。怎么办?打擦边球，请示二伯父左宗植。左宗植毕竟隔了一层，他能说什么呢，无非说自己没意见，左宗棠同意他就同意。孝宽便以二伯父同意了为由，先斩后奏。父亲想追责，也找不到“硬伤”，因为孝宽已经请示过二伯父，没有违背家教。

戴敬堂如今掺和进来，事情就不好办了。

湖南长沙左公祠内御碑亭（祠堂已毁于 1938 年的一场火灾）

左宗棠年轻时受过穷，知道读书人都自尊心强，不到万不得已，不会卖家产。戴老爷子卖意坚决，连拒绝的话都提前说了：左家不买，别人都不敢买。这也是大实话。左宗棠声名正如日中天，谁敢到左府门前来圈地呢？

让左宗棠纠结的是，自己并没有买房子的打算。儿子往自家鼻子上插根葱，你再说没钱，谁信呢？要想不得罪邻居，就只好答应买下来。

左公祠内兵器架

邻里之间低头不见抬头见，好事要做就做到底。左宗棠特别叮嘱孝威，戴敬堂老人无论说什么价都依他，因为左家并不差钱，不能赚他的钱。

左宗棠同意买房，也不是纯粹卖邻居的面子，他临时冒出一个想法：将长沙司马桥住宅做自己退休后的归宿，百年后将此屋作为自己的祠堂。

眼下，房子差不多装修好了，孝威带着咳血病也快回到了长沙。

左宗棠牵挂孝威于心，安排任广东高州府化州（今广东省茂名市化州县）知州的阎兆桂从州衙署中的几棵橘子树上摘了一袋橘子，去肉晒成干橘皮后给儿子寄去。

橘皮即陈皮，是一味化痰良药。自制这么普通的药材，倒不是左宗棠小气，买不起好药，而是他懂得中医，不看牌子看实效。

左宗棠以为这袋陈皮就可以治好儿子孝威的病，而完全没有意识到，孝威的病已经严重到根本不是一袋橘皮就能治好的了。

壹壹贰·与孝威

同治十一年二月二十七日

孝威览之：

此时计已行近龙驹砦矣。到樊城时，能就转运委员之便，径抵鄂局最妥。汉水未涨之先舟行较便，约旬日即可到鄂。途中宜细心检点，勿疏忽，勿催程，多服药，是为至要。

家中诸事我均吩咐，尔可照办。诸弟宜令其谨恪守旧，苦心读书，毋使我忧虑。少云复信未封口，仲云一信并付，阅后交去。

此间抚局已有八九分，西宁、肃州亦然（马占鳌、马悟真已来献良马二、健骡二、差马五十、介麋二，缴马三千余，叉子枪约缴至二千，矛杆五六千），看来玉门以内本年当可肃清，惟零匪游勇恐一时尚难妥贴，然大局亦无棘手之处。我今年决作归计，不敢求安，所忧精力衰颓，终致贻误耳。

二月二十七日

经营“湖茶”大手笔

同治十一年（1872 年）正月，回民军首领马占鳌派部下抵达安定向楚军献马，表示愿意投降，接受楚军约束。左宗棠下令将投降的回民军全部放回，但令他们缴出马匹和武器，以免重蹈金积堡（今宁夏回族自治区吴忠市利通区金积镇）覆辙。这就是此信中说的“马占鳌、马悟真已来献良马二、健骡二、差马五十、介麋二，缴马三千余，叉子枪约缴至二千，矛杆五六千”。

陕甘战事进入扫尾阶段，趁此空隙，左宗棠拟订甘肃省茶务章程，以扫清历任积弊，发展陕甘经济。

一、战火烧断“茶马古道”

陕甘茶务，依托茶马古道。这是一条以马帮为主要交通工具的民间国际商贸通道，兴于唐宋，盛于明清，是中国茶商“以茶换马”的主道，也是“丝绸之路”的一条主干线。

“以茶换马”的主要原因在于，湖南、江西一带属山区，交通运力主要靠马，当地却不产马；甘肃的回族、蒙古族，以肉食为生，肠胃的油脂只能靠茶叶消化，一天不喝茶身体会难受，三天不喝茶会生病，长期不喝会有生命危险，而当地又不产茶。

一条茶马古道，满足了南北两地百姓互通的需求。

清朝立国之后，茶务在乾隆年间被整顿，由西宁司、庄浪厅、甘肃省城之皋兰县经理。甘肃茶务经营仿食盐经营，采用“茶引”制度。

甘肃共设茶引 28996 道，每引正茶 100 斤。凭借权力垄断“茶引”的商人，每年需向国家缴纳正课税 86900 两白银，杂课税 41900 两白银。

咸丰元年（1851 年）太平军兴，湖南首当其冲成为主战场，茶马古道横遭破坏，茶商也被打跑，茶马交易一度中断。

清朝茶务，著名的有甘肃湖茶、四川边茶，待左宗棠初定陕甘，此时囤积压货已达 10 余年之久。

二、左宗棠结缘安化茶

左宗棠与湖茶结下不解之缘，可以追溯到道光二十三年（1843 年）。那一年，他用在安化小淹陶家教书所得的 900 两白银，在湘阴柳家冲买下 70 亩田地，建成柳庄。

那是一段值得留恋的日子。从湘潭桂在堂迁回湘阴柳庄，左宗棠的心情无比畅快，他“日巡行陇亩，自号‘湘上农人’”，每天亲自参与耕种。那些日子，他亲身实践科学种田，写成《朴存阁农书》，发明“区田法”，推广后解决了附近农民吃不饱饭的问题。

左宗棠教书所在地安化小淹，是山西、陕西茶商的聚集之地，每年都有大批茶贩往来。左宗棠留心观察，安化茶叶以小淹为圆心，周围百里内的茶叶最好，产量也最多。

道光二十六年（1846 年），34 岁的左宗棠从小淹运回茶苗，在柳庄自辟茶园栽种，开创了湘阴县培育茶叶产业的先河。四子左孝同的说法可以印证：“府君于柳庄艺茶、种树，期尽地利。湘阴产茶，实府君为之倡。”

左宗棠在《丙午上贺蔗农先生书》中自述：“宗棠自耕之田，略以古农法之便于今者行之甚良。茶园所入，今岁差可了清国课。逐渐增加，于人事不无裨益，倘更桑竹之利成，其可以存廉耻而广惠爱者大矣！”意思是左宗棠按自己发明的“区田法”种水稻，比起古代农书上的种田方法，产量要高。而他单凭种茶的收入就可以交清国家的农业税，他还计划栽桑树养蚕抽丝，种竹子编农具送人。

那段日子，他不但沉迷于学习古代种茶技术，还亲自下地劳动。

咸丰元年（1851 年），太平天国运动爆发，左宗棠乐于躬耕田园，不问世事，闲居在湘阴柳庄，精心料理他的茶园。当时 39 岁的他，在给长沙的朋友贺瑗的信中这样描写耕种农家的趣味：

> 山中小笋、新茶，风味正复不恶，安得同心数辈来吾柳庄一聚语乎？……兄东作甚忙，日与佣人缘陇亩。秧苗初茁，田水琮琤，时鸟变声，草新土润，别有一段乐意。出山之想，又因此抛却矣！

每天感受大自然的蓬勃生机，他以此为人间至乐，不但不想出山办事，甚至想邀三五好友到柳庄来陪他喝茶、聊学问。

湖南安化茶区当年流行的《茶歌》，被家家户户传唱，堪比如今的流行歌曲，左宗棠平时往来两地，也听会了。他自采茶叶时，也会自得其乐地哼唱：

> 二月花朝初开天，双双对对整茶园。
> 哥施肥来妹淤土，谷雨多摘“白毛尖”。
>
> 三月清明茶发芽，姐妹双双采细茶。
> 双手采茶鸡啄米，来来往往蝶穿花。
>
> 谷雨采茶上山坡，男男女女在一起。
> 心想和妹来讲话，筛子关门眼睛多。
>
> 布谷声声叫得慌，农家四月两头忙。
> 插得秧来茶已老，采得茶来麦又黄。

在安化的这段生活见闻，多年后左宗棠仍记忆犹新。左宗棠在与陕西布政使谭钟麟的通信中如此回忆：“至新芽初出，如谷雨前摘者，即小淹亦难得。每斤黑茶，至贱亦非二三百文不可得也。”

在左宗棠的印象里，当时湖南流行两句茶谚。一句是：“安化山里不作田，三个月茶阳春吃一年。”意思是安化山多田少，稻谷不丰，但有“采不尽的茶，剥不尽的麻”，每户茶农单凭卖茶叶，就可以管全家一年的温饱。另一句是：“宁买安化草，不买新化好。”意思是新化的真茶，还比不上安化的草好卖。这句话见于《安化县志》，可见其时安化茶的品牌效应。

安化好茶叶不够卖，当地农户便掺杂假茶叶。当年，安化茶分上、中、下三品，上、中两品不能做手脚，茶农便拿下品茶做文章，多以柳树叶、茅草、栗树叶冒充，真茶叶不过十分之一二。左宗棠早年亲见，将这些都记于文章中。

三、新设“南柜”，独秀西北

陕甘的茶马古道中断后，南北两地的茶、马积压，浪费严重，官员尝试恢复。

同治四年（1865 年），陕甘总督杨岳斌尝试恢复茶马贸易，计划在陕西设立官茶总分店，并撤销各省、局设立的茶叶税务关卡，以吸引茶商，遗憾的是没有落地执行。

同治五年（1866 年），左宗棠调任陕甘总督，前面 5 年忙于剿捻、定回，根本无暇顾及。同治十一年二月二十七日（1872 年 4 月 4 日），写这封家信时，他已从繁忙的军务中抽身出来，对茶务进行大刀阔斧的改革。

一是将国家垄断经营的“茶引”，改为自由竞争市场的“茶票”。历史旧账一刀切断，“行一引之茶即纳一引之课，从前积引不准代销，庶免移新掩旧之弊”。

二是清理杂课税，豁免以前茶商因战争而欠下的税款。过去每引有捐助、养廉、充公、官杂 4 项杂课，纳银 1 两 4 钱。新政之后，“正课百余万两且归无着，更何可征收杂课以累新商。与其徒留杂课之名，致妨正课，曷若蠲除陈课之累，以救新课”。

三是清理已经不能承引的商人，尤其是手握大量茶引但资本已经微薄的晋商，大力培育陕西泾阳各县“力能承引之商”，吸引他们去陕西先开官茶总店“试办新引”；同时增设南柜。

左宗棠办“茶务新政”之前，朝廷曾在甘肃设有东柜与西柜。东柜由山西与陕西商人承办，故他们又被称为“东商”；西柜则由回族商人承办，其中以陕西籍回族商人居多，故他们又被称为“西商”。左宗棠新增设南柜，目的是招揽南方的商人，其中绝大部分是湖南人，人称“南商”。

征得朝廷同意后，左宗棠充分开放自由市场，让商人间展开竞争，“新商与旧商各领各票，各不相涉”。这一规定让新增设的南商迅速壮大，后来居上，形成了“东商仅十之三，南商十之七”的局面。

此时南柜的茶叶，除部分来自四川，大部分来自湖南长沙府安化县。湖茶经湘江入长江，运到湖北襄阳，再通过陆路运到陕西泾阳，在泾阳统一加工，压制成块，称作“砖茶”，再销往陕西、甘肃、青海、新宁、西藏及内蒙古，其中部分销往俄罗斯。

为了调动南商的积极性，左宗棠对南柜制定了优惠政策：一引配正茶 80 斤、副茶 25 斤，只收 3 两白银的正税，不收杂税；由湖南运茶到甘肃的厘税，“酌抽二成，其余八成以各省在积欠甘省协调项下分年划扣”。

“茶务新政”之后，全国市场统一规定，每票配茶 50 引，包装后正茶为 4000 斤，每包 100 斤，分成 40 包，另加副茶 1000 斤，每包 25 斤，为弥补正茶损耗之用。

当时贩茶运往陕甘的正课税，每票缴纳 243 两 6 钱。如果进一步销往新疆，到哈密关卡时需增缴 20 两。运到新疆茶店销售，又得缴纳票税 80 两，厘金 20 两，也就是说，新疆茶商每票需缴纳正课税 363 两 6 钱。

四、“改引为票”，奠基 60 年

左宗棠增设南柜的创新之举，不但活跃了大西北的茶马市场，而且直接带动了湖南茶叶产业的升级换代。

吴觉农在《湖南茶业报告书》中记载，南柜设立后，湖南茶业极盛时年产量达 100 万担之多，仅长沙府安化一县，包括东坪、桥口、黄沙坪、西州等地 80 余所茶庄，年产茶近 80 万箱。其中，“红茶销俄者约占 70%，英、美仅占 30%，由香港销英、美之红茶约增至 40%，余 60% 仍由恰克图销于俄国”。

饶有趣味的是，在安化“湖茶”的带动下，湖南俨然成为全国的“茶叶大省”，甚至连百里之外的平江，茶叶产业都跟着蓬蓬勃勃发展起来了。《平江县志》记载：“红茶大盛，商民运以出洋，岁不下数十万金。泉流地上，凡山谷间，向种红薯之处，悉以种茶。”

显然，“湖茶”空前大繁荣，得益于左宗棠“改引为票”制度的成功。

其成功程度如何？有数据为证：左宗棠改革之前，甘肃省政府每年只能发出 2000 多引，到同治十二年（1873 年）“改引为票”正式推行后，第一年便发出 835 票。每票 50 引，总数达 4 万多引，骤然间增长了近 20 倍，当年甘肃省茶税便达 233400 两之多。

左宗棠为鼓励“湖茶”在西北发展，向朝廷保举湖南籍道员朱昌琳为南柜领袖，并亲自出马担任陕甘茶马使。左宗棠的养廉银也从茶叶税中提取，每引收 4 钱 3 分 6 厘。历年下来，陕甘茶马使养廉银居然积聚了 38 万两之巨。他一文不动，全封存于府库。

光绪二年（1876 年），左宗棠移营甘肃酒泉，将钱粮一手托付给陕西巡抚刘典。左宗棠订立规约：38 万两茶马使养廉银不能挪作西征军费，只能留给下任总督，备作西北急需之用。刘典依言保管下来，全部捐作政府公益基金。今天的兰州黄河铁桥（现名“中山桥”），就是用左宗棠这笔捐款修建的，用度还不到一半就建成了。大西北其后历年平安无事，继任都不能随便动用这笔巨款，余款直到民国初年才用完。

左宗棠在陕甘施行的“茶务新政”，后世评价如何？

1942 年的《边政公论》期刊中，一篇名为《历代茶叶边贸史》的文章这样如实评价：“左氏之制施行以来，以挽回咸同年间西北茶销停滞全局，亦即奠定 60 年来西北边销之基地也。”

壹壹叁·与孝威

同治十一年三月初十

孝威知悉：

三月初十日接孝宽二月初八日寄尔信，惊悉丁侄于二月初六日病故；侄妇于夫病亟时刲臂以进，旋绝粒三日，恐亦不起，可敬可伤。丁侄端重能文，吾家之秀，不幸早死。尔伯父衰老多病，何以堪此？计尔得信时必已抵鄂，归后当多方宽慰，以解老人忧怀。然此等伤心事亦恐无法解释，奈何，奈何！

孝宽云今岁事故颇多，周孟翔亦于二月朔逝去。尔外家日就衰替，仅此子能支门户，亦复不禄，殊为可伤。

少云全家是否住省？孝宽云家中大小均已搬回。想修造业已毕事，此后断不准再有擅便之事。

此间抚局已定，关内可冀渐次肃清。得尔二月二十八夜长安书，知行程顺适，可即向龙驹进发，约此月底必可到鄂，稍慰远念。

涤侯无疾而终，真是大福（**赠太傅，谥文正，饰终之典极为优渥，所谓礼亦宜之也**）。惟两江替人殊非易易，时局未稳，而当时贤能殊不多觏，颇为忧之。

大婚既定九月（**文山殿撰之女，正位中宫**），亲政当亦不远。但祝圣政日新，英杰辈起，为天下福。

文卿自是当时之彦，所询秦事已告之。戴敬堂老而憨，不可失其欢，非但世谊应厚，即待平人亦不可不留心也。

西安所买各种书籍，数千金何足惜？惟博览为难，且亦无益，以悦目不能悦心耳。儿志在读书，吾所深喜，然程子以玩物丧志为嗜书不知要者戒，亦所当知。

《华山碑》宜改刻。章伯和平复后即求赴华庙监工，已遣之去矣。《三忠祠碑》已觅刻手，所拓《砚铭》甚佳，当令吉田邀其同伯和前赴华阴，或俟《三忠碑》蒇事再去可也。

王孝风老不戒得，本所深悉，然其以赆仪百两为薄，此不足论。瞿良份已畀荆紫关局差，并危易两分薪水给之，亦足成其廉矣。

护行马队归时当各赏二两（**或稍加**）。到家后宜速寄信慰我为要。

宽、勋、同均览。

河回献良马，神骏异常，如见唐人画马，名曰平戎骏、靖戎骏。吾老不能骑，暇时当画题〔诏〕

〔诒〕子孙耳。徐占彪已抵肃州，陕回马长顺、兰回马朋均降，似肃城可得。崔、禹等均乞抚甚虔。冯杰卿尚未去西宁。

三月初十日

发生在1872年的那些伤心事

寄这封信时，孝威已出甘肃，到达陕西省丹凤县城龙驹寨。左宗棠对儿子的归程，做了周密的安排，连汉水涨潮的季节因素都考虑进去了，与同治五年（1866年）接家人去福州时的谨慎稳妥如出一辙。

尽管已经安排得如此周到了，但他还不放心，要儿子途中细心检点，不要遗漏东西；不要因粗心得罪身边人；船如果开得慢，也不要催；记得每天都按时吃药。如此婆婆妈妈，既当父亲又当母亲，孝威看到后一定会感动。

对儿子来说，在他健康顺意的时候，左宗棠不见得是个好父亲，但在他无助与需要帮助的时候，左宗棠绝对是个好父亲。

近七八年来左宗棠始终警惕的“富贵怕见开花”，此时不幸应验。他60岁这年，左家发生了一系列变故。

一、亲人多故，国家多忧

首先是妻子周诒端的侄子周孟翔于这年的二月初一突然去世，其次是二哥左宗植的儿子左丁叟于二月初六因病早逝。周孟翔一死，岳父周系舆的后人丧失了一根顶梁柱，家族面临从中落到衰亡的颓运；左丁叟一死，对左宗植则是莫大的打击。

与左宗棠渊源最深的朋友曾国藩，这一年也去世了。曾国藩病逝于同治十一年二月初四（1872 年 3 月 12 日）。因写信只是告诉孝威这个消息，左宗棠并没有展开议论，他简单说了句“涤侯无疾而终，真是大福”，算是表态。“善终是福”，是那个时代官场同僚间的通用语气。古人视官声、名节重于生命，从保全个人官声、名节来说，曾国藩死得确实正是时候。

同治九年（1870 年），曾国藩受命处理天津教案，判决处死 18 名涉事民众、充军流放 25 人、赔偿法国 46 万两白银。此判决触犯众怒，国人多有指责。朝野上下议论蜂起，曾国藩后悔不已，“外惭清议，内疚神明”，晚节几近不保。死在这个节骨眼上，左宗棠认为他死得其时。

曾国藩一死，两江总督需要换新接任。左宗棠将全国的官员在心里逐一盘点，结论是，能够胜任的官员，难得其人。他开始为国家的前途担忧。

他的担忧还有一个原因。同治皇帝这一年的九月要结婚，按照古制，皇帝结婚后即代表已成人，需要亲政，慈禧太后将结束“垂帘听政”。回想咸丰十一年（1861 年）慈禧太后发动辛酉政变，以肃顺为首的 8 位顾命大臣失败，在左宗棠心中仍留有阴影。他曾给曾国藩去信，以一句“神所凭依，将在德矣；鼎之轻重，似可问焉”，投石问路。眼下新旧交接，最高权力中心转移，福祸难料，左宗棠内心再起波澜。

既然无法左右朝政大局，自己也就只能望天打卦，在心里面祈祷一下。因此，他在信中私下跟儿子说：“但祝圣政日新，英杰辈起，为天下福。”这句话透露出他对慈禧太后近年来的专权与多变也略有不满，并隐隐嗅出国家政局再次动荡的味道。

作为同治皇帝载淳的生母，慈禧太后是否会与儿子争夺国家权力？左宗棠隐隐有一种担忧。后来的事实印证，他的担心并非多余。

同治十二年（1873 年）正月，同治皇帝亲政。亲政后，同治皇帝围绕重修圆明园一事与慈禧太后发生激烈冲突。两年后，即同治十三年十二月初五（1875 年 1 月 12 日），同治皇帝逝于养心殿。有人说他死于天花，有人说他死于梅毒。

二、生活才是最好的老师

孝威这年已是 26 岁的青年，到了左宗棠说的“人事渐杂”的阶段，加之在军营里锻炼了一年，父亲跟他交流的这些朝政消息他已能听懂。看来，经历军营锻炼后，孝威是真心打算下狠功夫读书了，回程走到西安，他列了一大堆购书计划，并给父亲寄去书单。

孝威想的也许是，多年来，父亲不是一直鼓励自己多读不为功名的有用“杂书”吗？现在开始也不迟。但左宗棠看了他列的书单后并不满意，他认为儿子买的都是些娱乐消遣类的书籍。所以，他一面表扬儿子：终于看到你主动要读书了，做父亲的高兴得很。一面又指出问题：你要当心，玩物可以丧志，玩书也可以丧志。读书如果不能独立思考，得出自己的见解，不能指导自己解决现实问题，那么书读得再多也没有用，你千万不要成为这样的读书人。

挫折与经历促人成熟。左宗棠家族内外姻亲的生死变故、朝野上下复杂的人事关系、军旅生活的见闻与体验，让孝威震动了。

孝威深刻认识到：生活是最好的老师，这些比父亲书信里的谈话要直接得多、深刻得多，也有效得多。

壹壹肆·与孝威

同治十一年四月初四

孝威知之：

得沈吉田书，知尔三月初八已抵荆紫关，计顺流出樊城，下鄂渚，无须多日。鄂至长沙只须北风数日，此时当已抵家。咳嗽全愈，仍当多服滋阴补肺之剂。尔体气虚弱，吾每忧之，须时以亲忧为念。凡可以爱其身者，无不慎益加慎，庶免数千里老人牵挂耳。

前闻丁侄恶耗，当即作书，并将润儿信寄尔，由若农处转递，计已接到。二伯年老值此，心绪哀切不问可知。病势恐因此有增无减，如需药品可分奉之，我处当再觅寄。

河湟种人均求抚甚切，现仍搜剿马械，未准松劲。陕回悉数求抚，惟安插劳费不可胜计。计秋杪冬初玉关以内大致当可肃清。徐占彪续获胜仗，肃回马四带伤回城，亦欲求抚。而七年不出关之成禄（乌鲁木齐提督）始终畏怯，奉旨频催，则以粮运不继卸过关内镇道；欲急劾去，又恐里边护持（然终不能不据实直陈），或并以关外事宜一并责成办理，则亦非此时所能兼顾也。

我近日病症如故，精神委顿，心绪不定，断不能久肩巨任。致二伯处信即亲送去。此间缺安化陈皮（纯茶梗更好），可请大姊觅数百斤由鄂台转寄。家中小菜、烘鱼，腊肉亦须附寄为要。

四月初四

满汉相争，扳倒提督成禄

写这封信时，陕甘乱局基本平定。左宗棠的目光开始转向辽阔的新疆。

欲筹边疆，先理人事。在经营新疆的现任官吏中，有一个人让左宗棠颇感掣肘，即乌鲁木齐提督成禄。

左宗棠在信中与左孝威谈起成禄，只有寥寥数语：“而七年不出关之成禄始终畏怯，奉旨频催，则以粮运不继卸过关内镇道；欲急劾去，又恐里边护持，或并以关外事宜一并责成办理，则亦非此时所能兼顾也。”

家信中这看似平淡的几句话，其背后隐藏着一场刀光剑影的复杂的官场斗争。

一、甘肃出了 200 多条人命案

左宗棠决心在政治上扳倒成禄，起于同治九年（1870 年）十一月成禄的一份奏折。

清朝规定，地方官员，只有从二品以上的督抚才有权直接给朝廷上报奏折。提督为一省绿营兵的最高长官，秩从一品，虽然品级比督抚高，但因属武官，仍需受总督或巡抚节制，无权直接上报奏折。也就是说，作为乌鲁木齐提督，成禄的奏折需由陕甘总督左宗棠代递。

成禄在这份奏折中报告了一件事：1870 年 6 月，高台县治下的西乡瓦坝，有贡生马吉贞，生员李载宽、赵席珍，平民傅咏开、胡正邦等，借抗拒为朝廷纳粮为名，煽动地方民众聚集闹事，成禄及时发现动乱苗头，派军队前往镇压，当场打死闹事民众 200 余人，其余数百人纷纷逃逸。成禄将主犯李载宽等 4 人捉拿归案，已全部就地正法，地方骚乱得以平息。在镇压过程中，把总仲瑞林、周得胜，外委王有年殉职，成禄请求朝廷追赠他们，并发给抚恤金。

人命关天，牵涉 200 多条人命的大案，岂是儿戏？不经调查确凿，不能定案。左宗棠收到奏报后批示：西路军消息阻隔，道路不通，没办法查实，其他地方也没有报告这件事，不敢随便认定属实。（“西路梗阻，声息不通，无从访察，未据他方禀告，不敢附和。”）遂将原稿退回。

左宗棠果断拒绝为成禄邀功领赏，自有全面考虑。他已经部署人员前往案发地调查。但成禄违规绕过左宗棠，擅自将奏折直接寄给吏部，并由此上报朝廷。慈禧太后看过奏折后，表扬成禄镇压动乱及时，对追认烈士一事予以批准。

但乌鲁木齐提督绕过陕甘总督越级汇报，在程序上总归不对。朝廷却不以为意，将批示以抄件形式寄左宗棠一份，以示知悉。

左宗棠沉不住气了。

二、多管直下，成禄被判“死缓”

左宗棠早已不满成禄的为人，开始对他的劣迹全盘摸底。

同治九年闰十月十九日（1870 年 12 月 11 日），从接到成禄的奏报开始，左宗棠便派人进行调查，逐步掌握了案件全部过程及相关证据。

左宗棠决定出手。他先上一道《成禄办理西路军务情形片》，揭露成禄前份奏折混淆是非。左宗棠所言真实情况，与成禄奏报陈述完全相反。

案件起因是，成禄在朝廷规定的征粮之外，额外摊派各种苛捐杂税，累计高达 30 万两白银。西乡瓦坝民众交纳不起，便聚集起来，去政府门前上访，请求减免额外摊派税费。成禄平日骄纵惯了，不分是非，强行给全部访民戴上一顶“聚众滋事”的帽子，派出军队镇压，当场打死无辜民众 200 余人。

根据这一事实，成禄非但不是为国效力，而是仗势欺人，使堂堂朝廷军队沦落为军阀性质的“黑社会”组织。

左宗棠举报成禄还有两大新罪状：任乌鲁木齐提督以来，私吞军粮以豢养奴仆，有小妾 30 余人；贪生怕死，找各种理由拒绝出玉门关剿敌。

左宗棠义正词严地指出，对于身负 200 多条无辜人命的成禄，朝廷应追责问罪。他向慈禧太后建议，剥夺成禄乌鲁木齐提督、钦差大臣总统西路军务官职，以正视听、平民愤。

但成禄是满洲镶蓝旗人，受到朝廷明显偏袒。为了平衡成禄、左宗棠两人的矛盾，慈禧太后仍任命成禄做乌鲁木齐提督，但将驻地移至肃州；过去乱摊派的事则既往不咎，只是不准他再对民众敲诈勒索。

这一举动让左宗棠想起了咸丰九年（1859 年）在湖南巡抚衙门做幕僚时交恶的永州镇总兵樊燮。时隔 13 年，情形何其相似！樊燮当时只是满洲总督官文姨太太的弟弟，一个背靠满洲官员的汉人；成禄却是正儿八经的满洲八旗大员，背靠最高权力者慈禧太后，要扳倒他难度更大。

不同的是，此时的左宗棠，再也不是当年那个看到贪污腐败分子就用拳脚打人的师爷，而是已富有官场斗争经验、老成持重且力压一方的总督了。

左宗棠的办法是，暂不与慈禧太后口舌申辩，而是继续派人深入调查成禄为非作歹的事实。因为他清楚，只有掌握铁的证据，通过策略，才能一步步将成禄逼向绝境。

同治十一年四月三十日（1872 年 6 月 5 日），通过详细调查，掌握全部证据后，左宗棠再上《成禄出关难期振作片》，指出成禄存在的三大问题。

一是朝廷谕旨命令成禄出关，但他拖延至今，仍未出关。根据地方官员调查的事实分析，他至今还没有出关的打算。这是公然违抗朝廷军令。

二是根据朝廷军队的配置，成禄一军共有 12 营，但实际人数不足 6 营。为扰人视听，前段时间，成禄由高台县派发两营去肃州，沿途拉运车规模 200 余辆，但车上一半载的是妇女与儿童，实属虚张声势、充人数。他还偷偷在高台豢养了一个戏班，每天以喝酒看戏为乐，将荒远边塞当成“安乐行窝”。

三是成禄一军在甘肃四处截留省粮，在正规征粮之外又摊派各种苛捐杂税。最近一次，成禄一军截留驻守关外的景廉军军饷 10 万两。

慈禧太后对左宗棠如此触目惊心的检举，仍无动于衷。公开的理由是，这只是左总督调查后的一面之词。真实原因是，慈禧太后还想庇护成禄。

左宗棠是凡事不干则已，一干便要一竿子插到底的人。见一次举报无效，他决定左右开弓，既查历史老账，又追现在新账，双线并进。

他安排下属从头继续调查高台县血案。

关键时刻，高台县教谕雷启甲、民人胡生春站出来做证，证实同治四年（1865年）至同治九年（1870年）成禄任乌鲁木齐提督期间，共搜刮民财30万两白银；访民聚集高台县衙门只为减免苛捐杂税，并非“寻衅滋事”，200余名无辜百姓却被成禄颠倒是非全部屠杀。

手握铁证，不是鱼死，就是网破。左宗棠再次选择豁出去。

同治十一年十二月（1873年1月），左宗棠据上述调查，再上一道奏折：臣已查得成禄丑闻桩桩属实，如果不举报给朝廷，作为臣属，还有何颜面立于世？请皇上交六部九卿议处，讨论乌鲁木齐提督成禄应治何罪，以雪沉冤，而彰公道！

为了坚示决心，他以年老体衰为借口，请朝廷收回自己钦差大臣的任命，并另派贤能来接任陕甘总督。他这么做的用意很明确：新疆有成禄无左宗棠，有左宗棠无成禄！

慈禧太后读完这份奏折，终于感觉到了威胁。左季高公忠体国，固然让她放心；但此人刚直凛然，从来不顾派系，又让她头疼。

再不重视这个问题恐怕是不行了。权衡之后，慈禧太后颁旨挽留：左宗棠不可骤然间心生退志！西北事务，全靠左大臣苦心经营布置才有今天。朝廷正依赖左大臣保卫国家，怎可骤然间萌生退志！但考虑到左大臣工作负担过重，准赏假一月，安心调理。休假这一个月内，河州、肃州的军情，仍请左大臣随时奏报，让朝廷放心。

左宗棠说到做到，一月内只忙地方政务，不问军事。但慈禧太后对成禄之事，仍将信将疑。关键原因在于，左宗棠是汉人，不是满人。慈禧太后知道，不查个水落石出，左宗棠不会放手。她被迫加大查处力度，派出满洲镶黄旗官员穆图善再去收集证据。穆图善的调查结果与左宗棠一致，慈禧太后这下没话说了。

同治十二年正月二十一日（1873年2月18日），朝廷下令将成禄革职，派专员捉拿成禄归京。

此令貌似惩罚，实则在包庇。慈禧太后想借撤职将成禄调离甘肃，安放到皇城根下，先保住他项上人头，过几个月再换个地方将他外放。

关键时候，御史吴可读站出来，又参了成禄一本。

吴可读在《陈乌鲁木齐提督成禄罪状疏》中称："成禄罪有可斩者十，不可缓者五……请朝廷先斩成禄之头悬挂闹市以谢甘肃百姓，再斩臣头悬挂于成氏之门以谢成禄。"

吴可读用的是明折，举报信刚呈递上去，朝野上下全知道了。迫于舆论压力，慈禧太后不得不再次让步，判成禄"斩监候"（死缓）。这是仅次于"斩立决"（死刑）的重刑。

吴可读敢于如此仗义执言，触犯了慈禧太后。她心生恼怒，这边才处罚了成禄，那边便顺手给吴可读一个"降三级调用"的处分。

三、争夺的实质，背后的本质

左宗棠扳倒成禄的这场政治斗争，表面上看，是能官与庸官、清官与贪官的政治较量，实际上是汉臣集团与满臣集团政治上的进一步争夺，是左宗棠继在湖南巡抚衙门做幕僚时以骆秉章的名义联合曾国藩、胡林翼等扳倒湖广总督杨霈之后的又一大权力斗争，是汉族地方督抚与慈禧太后之间直接的政治较量。

扳倒成禄，让左宗棠与慈禧太后的用人矛盾逐渐升级。慈禧太后被迫违心听从左宗棠的建议，一则左宗棠忠贞不贰，完全可以信任；二则西征仍只能依赖于左宗棠，舍他则无人。

成禄与杨霈，事实上都是满汉权力斗争的牺牲品。没有慈禧太后的纵容，借成禄 10 个胆子，他也不敢视 200 余民众的项上人头如草芥。

慈禧太后利用成禄做乌鲁木齐提督，初衷有二：一是分解左宗棠的军政大权，二是监督左宗棠的动向与意图。这也是朝廷以往应对湘军统帅的一贯思路。曾国藩当年的监督人是湖广总督官文。慈禧太后任用成禄，也有循当年策略之意，没想到这次失灵了。左宗棠要办成大事，哪里容得下被分权？何况，成禄明明只是一个军分区司令，却又不归自己管，表面上装相帮忙，实际却在背后扰民，一省的军政、民财，哪经得起这几千人的军队折腾？左宗棠必须从朝廷手中争得完全的用人权与事权，否则大西北经营不下去。

相较而言，左宗棠扳倒成禄所具备的政治勇气与所运用的政治智慧，比扳倒樊燮时更为从容、娴熟。

通过这次事件同样可以看出，左宗棠与曾国藩在处理同类事情上是截然不同的两种风格。曾国藩的策略是“虚满实汉”：咸丰三年（1853 年）将满族士官塔齐布从湖南巡抚衙门挖过来，做湘勇的陆军提督；咸丰五年（1855 年）遭遇满汉官员权力之争，他巧妙地将满洲官员官文抬到前面做摆设，每次写奏折，必将首功归于手无寸功的官文，背后则不动声色地壮大湘官集团；及同治三年（1864 年）攻陷天京（今江苏省南京市），曾国藩仍处心积虑，将远在战场千里之外的湖广总督官文写成战功第一名，让官文白白捡了个伯爵的封赏，让在前线流血苦战的曾国荃事后愤怒不已。左宗棠则不喜欢名与实分离，他要名与实合一，台面上的东西全部端出来，光明正大地硬碰硬。

曾国藩属于以阴制阳，以柔克刚；左宗棠则是以阳驭阴，以刚克刚。传统的官员，多偏好采用曾国藩式的策略。但民众内心真正期盼的，还是左宗棠式的策略。

比较而言，曾国藩式的策略让自己憋屈，且事后埋下隐患；左宗棠式的策略光明磊落，但过程难度高、风险大。

壹壹伍·与孝威

同治十一年四月十四日

孝威览：

鄂台寄到三月十七日信，知已安抵鄂中，计月底可抵家矣。途间因受风寒，复患腰痛、咳嗽，甚为挂念。外感无甚紧要，然频患感冒，究由体质不佳，且多服表剂，亦耗元气。到家后可安息调养，务令元气渐充，荣卫渐实，不为客感所侵，以慰我念。

曾侯之丧，吾甚悲之。不但时局可虑，且交游情谊亦难恝然也。已致赙四百金，挽联云："知人之明，谋国之忠，自愧不如元辅；同心若金，攻错若石，相期无负平生。"盖亦道实语。见何小宋代恳恩恤一疏，于侯心事颇道得着，阐发不遗余力，知劼刚亦能言父实际，可谓无忝矣。君臣朋友之间，居心宜直，用情宜厚。从前彼此争论，每拜疏后即录稿咨送，可谓锄去陵谷，绝无城府。至兹感伤不暇之时，乃复负气耶？"知人之明，谋国之忠"两语亦久见章奏，非始毁今誉，儿当知吾心也。丧过湘干时，尔宜赴吊以敬父执，牲醴肴馔自不可少，更能作诔哀之，申吾不尽之意，尤是道理。明杨武陵与黄石斋先生不协，石斋先生劾其夺情，本持正论。后谪戍黔中，行过汪渚，惧其家报复，微服而行。武陵之子长苍（山松）闻之，亟往起居，怡然致敬，呈诗云："乃者吾翁真拜赐，异时夫子直非沽。奭犹有意疑公旦，奚郤由来举解狐"（**后两韵不复记忆，《沅湘耆旧集》中可取视之**），此可谓知敬其父以及父之执者。吾与侯所争者国事兵略，非争权竞势比，同时纤儒妄生揣拟之词，何直一哂耶？

丁叟之事，家运不幸。吾悲其堪成大器，遽早夭折，非仅平常骨肉忧戚之比，暇或为文存之耳。

轮船复奏已抄寄，想已得览，可见任事之难。

少云一信寄去。

四月十四日

掀开“曾、左失和”的纱幕

这封信主要是为安排儿子左孝威前去给曾国藩吊孝而写。左宗棠人在甘肃，连妻子的葬礼都无法主持，曾国藩的葬礼，当然更没有时间亲自参加。

但这是一个敏感且略带尴尬的差事。同治三年六月（1864年7月），左宗棠自向朝廷举报湘勇“吉字营”放走了幼天王洪天贵福，“曾、左交恶”便已成为人尽皆知的事实。其后8年，两人虽私下仍有间接往来，但公开场合不见书信。无论官场还是文化界，多数认定两人已势成水火，不可能再有交集。

外人的议论说到底全凭表象。真实情况到底如何？当事人最清楚。左宗棠此举，打破了人们之前的猜测与无端谣传。

一、早年“失和”的前因后果

曾、左二人刚出山时，彼此相互举荐过。左宗棠在咸丰二年（1852年）头脑里冒出第一个办团练的想法后，就向时任湖南巡抚的张亮基举荐邀曾国藩来办理；曾国藩则在咸丰十年（1860年）邀左宗棠去安徽宿松大营，避开了樊燮之祸，并积极向朝廷举荐左宗棠可自领一军。

左宗棠在湖南巡抚衙门主政的8年，曾多次有恩于曾国藩。举其大端有：咸丰三年（1853年），曾国藩受鲍起豹、陶恩培多方刁难，差点内部火并，多亏左宗棠从中把控调解，才没有给湘勇造成大的伤害；咸丰四年（1854年），曾国藩在靖港跳水自杀，左宗棠将他及时骂醒，并接过军事布防，避免了人亡事息的悲剧；咸丰六年（1856年）到咸丰八年（1858年），湘勇在江西遭遇断粮、断饷，全靠左宗棠通过湖南东征局送去的295万两白银，避免了数万军队饿困甚至哗变的危机。

清 · 佚名《平定太平天国战图》其一《克复岳州图》

曾国藩对左宗棠的帮助铭感于心。1854 年，湘勇收复岳州（今湖南省岳阳市），曾国藩在保举名单里将左宗棠的名字放到前面，向朝廷保举左宗棠为知府，并要求朝廷赐给蓝顶花翎。

左宗棠获知后勃然变色，写信给刘蓉，毫不隐讳地批评曾国藩：仗在岳州打，我在长沙。岳州与长沙相隔 300 多里，战场胜利我没有一点儿汗马之劳，之前也没有参加任何战前军事会议，混在保举名单中，这让我何以自处，让曾国藩何以服人？方苞说，男子汉大丈夫，升迁自然要有堂堂正正的升官之道，何必要靠那些弄虚作假、浑水摸鱼的小动作？我认为方苞这话说得极对。涤生兄“以蓝顶尊武侯而夺其纶巾，以花翎尊武侯而褫其羽扇”，既不合诸葛亮本人的意愿，也让我这个以“当代诸葛亮”自称的人徒惹世人讪笑。如果他不是对我怀有深仇大恨，断然不会这么做。曾涤生为人质朴厚道，这种事情绝对做不出来。为什么还是发生了呢？我猜是胡林翼怂恿，罗泽南跟刘蓉密谋出来的。我劝你们三人赶紧与涤生兄商量，将无故加在“诸葛亮”头上的蓝顶花翎去掉。否则的话，我将披发入山、誓不复出！

无功不受赏，左宗棠在这里并不是惺惺作态，他最后真的拒绝接受朝廷赏赐的同知衔。这看起来很不合情理，但确实是他真君子的气派。曾国藩为人正派，对左宗棠这种说到做到的正人君子，内心自然满是敬佩。

二、出山后“失和”的幕后真相

咸丰十年（1860年）八月，经朝廷授权，左宗棠在长沙金盆岭练成楚军，朝廷当时的想法是，左宗棠入川，署四川总督。而曾国藩力邀左宗棠加盟，胡林翼拿江西、四川两地对比，晓以利害，左宗棠决定名义上加盟，挺进江西。这事从表面上看，曾国藩有恩于左宗棠，细究之下，二人属相互帮衬，谁也不欠谁人情。因为楚军出山之后，左宗棠给曾国藩的实质性帮助更大。

其后一年，左宗棠凭楚军的强大实力守住江西、保住安庆，尤其是在咸丰十一年三月十二日（1861年4月21日）的乐平一战中，以5000人胜10万太平军，打通湘勇的救命粮道，让身陷祁门绝境的曾国藩得以大难不死。曾国藩感激左宗棠的救命之功，其后竭力保举他担任浙江巡抚，客观地说，两人此时完全是互相帮助、彼此成全。

但曾国藩的军事战略短板，这时也暴露无遗。将两江总督府驻扎在祁门本是他一个人拍脑袋并霸蛮坚持下来的。其战略失误连学生李鸿章都看出来了：徽州一旦失守，祁门顿成前线，祁门属盆地，是敌人可以一锅端的驻军死地，作为前敌总指挥部尤其不适宜，李鸿章建议改驻东流。曾国藩碍于面子，置之不理。结果不到一年，李元度守徽州果然失败，导致曾国藩差点儿困死于祁门，死里逃生后迁移东流。

曾国藩习惯“扎硬寨、打死仗”，左宗棠对他的笨拙有种说不出的着急，但大多数时候也只是哀其不聪、怒其不明。

如何与诸多方面不如自己，但又有恩有情于自己的朋友相处？在这封信里，左宗棠说出了自己为人处世的一个很重要的原则：“君臣朋友之间，居心宜直，用情宜厚。”意思是说，与朋友交往，用心要正直，对方有缺点必须指出来；但用情要深厚，指责朋友的缺点与错误时不能影响到他们的情谊。这是一种“受人滴水之恩，必当涌泉相报”的做法。从后来之事可以看出，两人确实是平等互助的朋友。左宗棠用“交游情谊”一词来概括，可谓客观。

这封家信中最能解释同治三年（1864 年）举报一事属唱双簧的一句是：“从前彼此争论，每拜疏后即录稿咨送，可谓锄去陵谷，绝无城府。至兹感伤不暇之时，乃复负气耶？”据此可以推断，左宗棠的举报信提前寄给了曾国藩一份，否则“每拜疏后即录稿咨送”就说不通。为什么后世没有流传下来？很可能曾国藩读后当即就销毁了。

虽然公开“交恶”，但两人私下其实一直并未断开联系。同治四年（1865 年），两江总督曾国藩探寻改革两淮盐政之方，一时没有主见，想起两淮盐政改革始于前两江总督陶澍，而作为陶澍的亲家，左宗棠将陶澍家的宾朋书信与臣工奏稿全部看过，称得上是这方面的权威专家，曾国藩当即去信闽浙总督府，向左宗棠虚心请教。

左宗棠没有回信。拒绝回信很大程度上是因为左宗棠比曾国藩看得明白，如果此时两人私下过从甚密，慈禧太后一旦查得，就会对自己严加防范。当时湘勇正面临裁军，左宗棠则早早公开表了态：楚军属于国家，不会学湘勇裁撤。若书信跟曾国藩往来近了，难保朝廷不会将楚军当湘勇一样裁掉，左宗棠在政治方向的判断上可是从来不差的。

曾、左二人之间之所以减少书信来往，另有一个原因，即公文往来已经将此意表达。

书信往来渐无，还有一个原因，曾国藩、左宗棠之间确实有互竞高下的心理。回想咸丰八年（1858年）七月，曾国藩复出，他第一件事就是跑到长沙拜访左宗棠，要左宗棠用篆书为自己书写一副对联："敬胜怠，义胜欲；知其雄，守其雌。"曾国藩试图借对联表心迹，用意很明确：第一，左宗棠是雄，自己是雌；第二，这话出自他自己之口，便成了"伟大的谦虚"。左宗棠何等聪敏之人，当即领会他的用意，为表明前段时间写信寄去湘乡批评他，不是图争个雌雄高下，便换赠一联："集众思，广忠益；宽小过，总大纲。"这里是引用诸葛亮的话提醒曾国藩：欲成大事，不能刚愎自用，要团结人；要立大功，不能临事畏逃，要忠心正直；要带好部队，须宽容部下小错小误；要凝聚八方人才，须战略上立准方向。

在左宗棠看来，这是比"黄老药方"更有效的灵丹妙药。曾国藩之前正是因为没有做到这12个字，所以既得罪了江西官场，又交恶地方乡绅，还惹恼了咸丰皇帝，弄得自己在江西待不下去。

在左宗棠看来，凡是困难，都可以通过智慧找到最恰当的解决办法，主帅之所以发生失误与错误，是因为自己智力不够或方法错误。有了困难，逃避不是办法，"黄老药方"也只是借口，正确的办法应是在反思自己与思考解决方法上下功夫，方法找对了，困难便可迎刃而解。

这12个字不但达到了纠正曾国藩之前所犯错误的目的，也跳出了二人之间浅薄的高下之争的窠臼。论正心诚意、胸怀眼光，左宗棠此时明显高出曾国藩一筹。

三、曾、左之交：同心若金，攻错若石

曾国藩在这一年去世，双簧没有必要再唱下去了。怎么掀开笼罩在二人

之间的这层虚掩的纱幕呢？

左宗棠想到用一副情真意切的挽联以释世疑：

谋国之忠，知人之明，自愧不如元辅；
同心若金，攻错若石，相期无负平生。

左宗棠此时大概已经想到了，后世会有人了解他们二人之间的是非恩怨，但哪里会知道私下里到底有多少弯弯道道呢？也许人们还会反过来怀疑，他对曾国藩的态度转变何以如此之大？所以他在这里试图要儿子先为自己解释一句：我的观点从始至终没有变过。用“谋国之忠，知人之明”这八个字来褒奖曾国藩，在历年来给朝廷的奏折中他也多次提过，并不是在曾国藩死后才突发奇想冒出来的。

俗话说，吊死问生，无非人情。左宗棠安排孝威带上父亲书写的挽联，以及在长沙准备的猪、羊礼品，外加 400 两白银前去吊孝，并要儿子作一篇祭文追悼，这已是朋友之间比较隆重的礼节了。

曾国藩的家教此时起了作用，曾纪泽根据父亲的遗训，丧事只收礼品，不收分文礼金，孝威带去的 400 两白银被退了回来。

事实上，两家后人之间完全不存在过节，这一点，从后来两家的关系可以看出来。比如，曾国藩的满女曾纪芬与满女婿聂缉规后来求助左宗棠并得到接济、赏识和提拔。

但眼下孝威对父辈之间的恩怨，确实还不太清楚。孝威之前在家信中陆续读过父亲对曾国藩的一些评价，印象中，总体评价似乎不高。他当然也知道父亲举报曾伯父放走幼天王之事，但不解内中曲折原委，所以担心自己到了曾家后会遭遇白眼与唾骂。

为了打消儿子的顾虑，也为了让后世更清楚其中的内情，左宗棠在信中将自己与曾国藩的关系，类比成明末政见不同的大臣杨嗣昌（武陵人）与黄道周（号石斋）。

四、最后的纱幕

左宗棠这里意在将曾国藩比作杨嗣昌，将自己比作黄道周。

以杨嗣昌、黄道周类比，左宗棠一定是经过深思熟虑的。晚清内忧外患，随时可能被颠覆，与晚明确实极为相似。

但颇有趣味的是，杨嗣昌、黄道周的官职，与曾国藩、左宗棠比较，则调了个位置：左宗棠后来官至东阁大学士，与杨嗣昌一样；黄道周获武英殿大学士，又与曾国藩一样。杨嗣昌是“行动派”起家，黄道周是“学院派”起家，这点与曾国藩、左宗棠比较，也反过来了。最根本的不同是：杨嗣昌、黄道周“不和”，不免大明灭亡；曾国藩、左宗棠“不和”，带来同光中兴。

左宗棠年轻时曾自题挽联，预言一生“为樵为渔，访鹿友山中，订鸥盟海上，消磨锦绣心肠，逍遥半世”，推测自己可能成为著书立说的隐士。这个想法并没有实现。如果清王朝在光绪初年放弃对外主战，也许左宗棠晚年会如愿以偿。

历史有时会有惊人的重复，但不会完全相同与重叠。左宗棠与曾国藩是在特定历史时期同时偶然出现的。左宗棠天资奇高，在太平时代更有可能完成考中进士的夙愿，做个科班“学院派”；曾国藩守拙尚勤，中人之资，更接近“行动派”。但遭遇乱世，一切都戏剧性地颠倒了。左宗棠因读“实学”，耽误了八股之途，沉寂底层，却因祸得福，锻炼出一流的办事能力；曾国藩苦读理学，凭运气加关系骤然入仕，又因欠缺办事才能，在官场内摸爬滚打，反而锻炼出一流的情商。如果生在太平盛世，将颠倒的再颠倒回来，则两人极有可能同归于平庸：曾国藩的智慧应对不了复杂的理工技术活，左宗棠的性格与气质也做不了长袖善舞的词工文臣。历史往往是阴差阳错造就的。

曾国藩、左宗棠同时出现的偶然中的必然性同样表现在：如果中国不是人情社会，凭运筹关系、人情不能出人头地，则曾国藩出不来；如果不是身处乱世，让办事能力有了施展平台，则左宗棠终生都将被埋没。

这是早年科场与官场一路绿灯的杨嗣昌、黄道周的关系中所没有的，或者说是与之完全相反的。

人不能两次踏入同一条河流，完全相同的历史人物也不可能再次出现。

壹壹陆·与威宽勋同

同治十一年五月十二日

威、宽、勋、同知之：

得威书，知四月朔已抵家，慰甚。腰痛、咳嗽已全愈否？格外葆慎，勿贻吾忧也。

二伯病状，前得宽书已知大概，恐心疾不可愈矣。中年哀乐多端，足损怀抱，况老年多病，何以堪此？尔辈但常省视，凡可博老人欢者极力为之，或有时渐忘忧戚，亦未可知耳。

家中土木之工计已完竣。宽书来，极知谬误，吾亦不深责。尔辈须时以老父为念，勿以庸妄时撄父怒。读书行己，刻求精进，兄弟相为师友，勿比匪人，吾之愿也。尔母三年终矣，此三年中家中一切能如尔母在时否？庶母已老，家事一切不必操劳，儿妇诸宜照管，“勤俭忠厚”四字时常在意，家门其有望乎！

此间雨水应节，禾苗大好，可期丰稔。民气渐苏，贼情无变，七月可进兰垣。吾腹泄如常，幸尚耐若，活一日，办一日事，尽一日心而已。

五月十二夜安定大营

壹壹柒·与孝威

同治十一年五月十七日

前函未发，复接四月十七日书，具悉家中光景。二伯忧伤成疾，何能猝愈？应备一切，应早料理。癸哥在浙，有信归否？官可不作，子职不可不尽也。

九伯、十伯、楷叔近来可免饥困，聊慰我意，每月馈食可缓。然吾每见世俗骨肉，一经异居便如路人，各私其妻子，视服内兄弟子侄毫不介意，心窃以为不可。尔曹但能时常在意，庶毋伤天性，可以教家，可以保世也。

二舅决意移居县城，当有以周之，毋失其欢。尔母兄弟仅存一矣。孟翔未婚之妇如果过门守贞，则前二百金尚不足，当益以三百金，一赡贞女，一为二舅甘旨之奉。或为经营生计置一恒产，月取其息，归之贞妇可耳（**此节暂勿出口，望门守节必视其本人立志如何，此大难事也**）。

少云、大姊偕居福源巷，小淹是否尚留人住？诸孙读书有进，吾闻之喜。但须令其勿囿于科名之学，多读正书为要。

皓臣交查许德顺子已正法之许斌南一节，已请张介卿查明付来。刘自申系彭将清和之外侄，常往来营中，专带银信，从未荒唐。许德顺得此可赡其余年。皓臣询明后，尔可告知我，庶免记挂。恩房师有信与尔，以其子相托，却不言欲何官职。兹将其信付阅，尔可写信复之。

另禀廉项五千，既已拟作各项急需之费，可取用之。吾初意拟作归时饮宴之资，乐吾余年，如二疏云云者。现又积有数月，除提兰州书院膏火并恤廉吏外尚多余剩，此项即交尔用无不可者。惟须谆告宽、勋、同，俾知愚而多财之义，晓然于不以多财贻子孙为父母爱子之心其可也。

关陇春夏甘霖叠降，麦豆可望丰收，群言十数年来未有之祥。河回缴马三千余匹，散给贫农，助其力作开垦（除倒毙及发驿外，实散民间者不过千数百匹，而垦荒甚得其力），较上年为多，民忘其亡，路无饿殍。河回遍立长生牌位，此诚心勤民之效（亦贪天之功）。端六日雷震固原礼拜寺，火球入寺，延烧数时，附近居民无一伤者，汉、回共诧为奇。附以告尔。

五月十七日

防止兄弟“割胞断亲”、子孙“愚而多财”

此时又发生了两件大事：一是内阁学士宋晋建议朝廷停办福州船政局，慈禧太后征询意见，被左宗棠、沈葆桢、李鸿章相继上奏驳回；二是河州回民军首领马占鳌申请投降，接受安抚，左宗棠同意。

一、以儒学唤醒“亲亲之爱”

自左宗棠的妻子周诒端同治九年（1870年）病故，左家进入了多事之秋，亲人相继亡故，悲伤的事情接二连三。同治十一年（1872年），左宗棠的二哥左宗植又病入膏肓。

左宗植生于嘉庆九年（1804年），去世这一年刚满68岁。左宗棠前段时间还在安排儿子孝威为二伯父筹备七十大寿。长沙府的习俗是“男做进，女做满”。但接到孝宽的信后，他知道二哥为其子丁叟的早逝无法释怀，伤心致病，看来这个寿恐怕祝不成了。左宗棠又安排儿子们近期多陪二伯父聊天，哄他开心些。一个星期后再接到孝威的信，详细了解了二哥的生活起居，精通医学的左宗棠马上预感到二哥恐怕不是伤心致病那么简单，便要儿子们赶快通知左宗植在浙江做官的儿子左癸叟，早早预备丧事，免得临时手忙脚乱。

左宗棠的判断是准确的，信寄出不到一个月，左宗植便撒手人寰。

同辈人相继死去，儿辈悉数成家立业，孙辈迅速成长，家庭成员日多，社会关系益广，复杂程度增加。而自己客居边塞，无法对子孙耳提面命，该怎么树立家风，教化后人？

左宗棠继续通过书信教导。

左宗棠认为，同胞兄弟是同一个娘肚子里出来的，流着相同的血，喝一口缸里的水、吃一口锅里的饭长大的，相亲相爱是天性。为什么许多同胞兄弟一旦成家独立，不但血亲屡被割断，就连亲情也荡然无存？原因有二：一是争夺家产，各谋私利；二是妻子吹枕边风，离间血亲。

要防止兄弟间割胞断亲，关键靠儒家的“亲亲之爱”。

二、立“贞女”以维系家族和睦

左宗棠打算在外家人中树立一个正面典型，作为家族妇女的榜样，此人是已故外甥周孟翔尚未过门的媳妇。

古代婚礼分为 6 个阶段，称为“六礼”，依次为：纳采、问名、纳吉、纳征、请期、亲迎。只要双方家庭同意，约为婚姻，便不能再反悔，相当于今人已经领了结婚证。古人没有“离婚自由”，男人可以“休妻”，女人却不能“休夫”。所以，只要男方家庭不宣布退婚，就等同事实婚姻；而男方家庭宣布退婚，又会被视作女方家庭的耻辱。也就是说，一旦定下婚约，女人毕生的生死福祸，便全部拴在了男人身上。所以，周孟翔虽然死了，但他的未婚妻必须端着灵牌，举行名义上的婚姻仪式，且终生不许再嫁。

古人为此类女人的行为发明了一个专有名词，叫“守贞”。守贞的女人无上光荣，死后可以立贞节牌坊。这名义上是表彰这些死去的女人，实际上是做给后世妇女看的，告诫她们要严守三从四德，嫁鸡随鸡，嫁狗随狗，遵守妇道，牺牲自己，成全家人，以维系家族永久的和睦与长久的兴盛。

这种以完全牺牲妇女基本个人权利为代价的儒家礼制，确实可以大幅度减少家族内兄弟的矛盾。但这对周孟翔的未婚妻来说，实在过于残忍。

左宗棠为了以儒家礼制教育儿媳妇，预备拿 300 两银子作为周孟翔未婚妻的“冥婚”礼金，还计划为她买一个商铺，让这个小脚女人靠收取利息过日子。这种严重牺牲女性权利、违反人性的做法，左宗棠也意识到有问题，所以他提醒孝威，这只是自己目前的想法，先别告诉对方，因为嫁到权贵人家守活寡是件老大难的事情，必须对方有做“贞女”的志向，他才敢做决定。

古人鼓励女人守活寡的用意是避免乱性，保持血统纯正。为达到此目的，用名誉诱惑女人牺牲一切，回报是死后可以将名字刻在碑上。

左宗棠跟儿子商量的这个想法，明显是个馊主意。

比较来看，曾国藩也有 5 个女儿，其中两个女儿被浪荡女婿活活折磨致死，手握重兵的曾国藩也不敢逾越儒家礼制一步，将女儿接回娘家来保护，如今看来这已是迂腐。左宗棠在这方面同样有点迂腐。

三、教导后人追求“贤而有财”

孝宽瞒着父亲，花去2000两白银修房子，经父亲责问后，马上写了一封检讨书。左宗棠是个很看重个人态度的人，既然儿子已经深刻认错，他也就不再深入追究了。

他开始意识到，子女们都长大了，成家立业需要用钱，自己常年捐款，家里用度却紧巴巴的，而他又过于严格，以至于儿子们口头不说，心里一肚子意见，这样长期下去，也不是个办法。所以，这次他寄回5000两白银，由孝威主持家里的人情往来，让他当一回名副其实的“家督”。

左宗棠原本打算将这笔钱用作退休养老金。官场风险大，举报成禄一事此时还没结案，自己有可能在这件事上遭殃。现在既然先将这笔钱作家用，左宗棠又担心儿子们养成大手大脚的习惯，他便立下“贤而少财”的家规，以防“愚而多财”。

左宗棠本人是从社会底层一步一步奋斗上来的，他清楚在社会竞争中胜出要靠人品与能力，而不是金钱与权力。“贤而少财”的人，也总有“贤而多财”的时候；“愚而多财”的人不过是空守着一堆金银财宝，有能力的人会将你竞争下去，贪财好利之人会来忽悠你，最后你只落得人财两空。

左宗棠的财富观秉持“中庸”之道：财多固然是个负担，但家用缺财也不行，怎么办？“贤而有财”最好。

左宗棠这一家教理念，是受到了林则徐的启发。林则徐说：“子孙若如我，留钱做什么？贤而多财，则损其志。子孙不如我，留钱做什么？愚而多财，益增其过。”这一理念是左宗棠给每个儿子的遗产定在5000两白银的依据，既发不了财，也饿不死，正适合作为奋斗基金。

楚军军营此时驻扎在甘肃安定（今甘肃省定西市安定区）。此地位于甘肃中部，北靠重镇兰州，南临古都西安，是中原通向西北的交通要道、古“丝绸之路”的必经之地。他开始考虑如何通过商业手段，让古“丝绸之路”重新焕发生机与活力。

不为家人积财，但得为国家理财。

壹壹捌·与威宽勋同

同治十一年六月十四日

威、宽、勋、同知悉：

五月十二日书至，二伯竟至不起，哀痛何言！老年多病，又适值丁弟之变，积忧迫灼，遂至于此。鄂渚一别六年，毕生无复见面之日，同气之缘尽矣。癸兄尚权定海否？既有讣去，归期必速。惟官场交代例有轇轕，不审遂能脱然否，当致书中丞，恳其早与放归也。癸兄未归之先，所有一切事宜尔等自应妥为料理。二伯在日曾言他年陪葬史坡，将来自当迁神于此。丁弟为二伯所爱，亦可祔葬，惟不知有隙地可否容。吊、葬各期自须俟癸兄到家酌定。墓志我当任之。丧礼近已废缺，尔曹当将期丧礼制悉心考究，择其宜今而不戾于古者行之，不可随俗自便，外于名教。壬兄正当大事，可以此示之。此最要紧。至于世俗所谓仪节文物，务为观美而不可效者尤当留意。尔等家奠，文当自撰呈览。吾此时昼夜治军书无暇执笔，又频年衰病侵寻，怕闻伤心事，怕说伤心话，暂不能为，或入居省署后乃为之。二伯遗集曾自编次，旋以不甚惬意停刊，尔曹可录副寄来，但不可以元本远寄，恐途中损失，翻成恨事也。

曾文正之丧已归湘中，致赙不受，劼刚以遗命为言，礼也。

家中工作想已停业。戴敬翁前说如何下落？老儒贫苦可怜，总当厚以待之，敬以出之。少云、大姊均移居福源巷，两女婚期定否？得隽孙兄弟来书，并呈院试文稿，尚有通顺语。而禀启不知式，词义亦粗疏，字画欠佳。恐是见闻寡陋，志不向上之故，当饬其尊师取友，潜心读书为要。

大舅遗榇已回湘否？二舅之移居县城，光景可想。姨母光景何如？尔母族凋零日甚，使尔母在，牵挂如何！尔辈当时以为念。叔慈家事可代谋否？季和尚未见来，夏经笙处有信到家否？婚事如何说？芝岑能主婚否？周桂坞书来诉苦，已有函复之矣。

河州事已大定，西宁尚须临之以兵，肃城尚须济师猛攻乃下。今岁大稔，士民均言数十年未有，残黎大有生气。五穗之麦，双角之豆，祥征叠出，国家景运休明于兹可见。我腹泄如常，幸精神以勤服补剂尚可支持耳。

六月十四日安定大营

甘肃军事顺利，船政突起风波

这封信内容庞杂，涉及人事相当广，核心内容是谈左宗植的丧事如何操办。

左丁叟去世后，左宗植还有两个儿子，左壬叟、左癸叟。壬叟已经回家主持父丧，癸叟还在浙江舟山定海做官，回家守孝需要请假。癸叟的顶头上司，是左宗棠一手栽培出来的浙江巡抚杨昌濬，于是左宗棠专门给杨昌濬写了一封信，请他给癸叟批假。

一、甘肃民事，“天降祥瑞”传善意

楚军战事近来十分顺利，河州已经平定，只剩西宁、肃州两块硬骨头了。

左宗棠工作完全上手，一边忙打仗，一边忙建设，初见成效。这年，甘肃有地方官报告见有麦子一根茎结出五穗，有豆角一瓣结出双角。

按照古代迷信的说法，这是吉祥之兆，是盛世才有的“天降祥瑞”。其实，甘肃地方那么大，只要用心去找，每年都会有这种特例。地方官明显在曲意逢迎，溜须拍马。

左宗棠虽以“王道”治民，但也愿意看到因自己辛苦经营而使甘肃人民过上幸福生活，也就完全相信了此说法。以左宗棠的谨慎与理性，心里未必不知这是一个善意的谎言。

二、搬出“预言”，平息船政风波

就在西北军事顺利的时候，朝廷内有人给左宗棠当头浇了一瓢凉水，此人是内阁学士宋晋。

同治五年（1866年），左宗棠在闽浙总督任上曾做成一件大事，筹备成立了福州船政局。在调任陕甘总督前，他举荐江西巡抚沈葆桢专任船政大臣，全盘负责一切事务。

当时的闽浙总督吴棠，名如其人，眼中“无左宗棠”，反对船政，四处设卡。左宗棠向朝廷据理力争，逼迫朝廷将吴棠调离，使沈葆桢得以一路顺利开工。

但福州船政局办到今天，问题又来了。根据左宗棠的规划，福州船政局以5年为限，承诺造出16艘大轮船，花费不超过300万两白银。如今5年期限将到，一核算，花费已经高达315万两白银，而建成下水的轮船才9艘。

宋晋据此提出质疑：国家内忧外患，到处都要用钱，船政局消耗大，是个填不满的窟窿，砸进去再多钱也不见声响。何况，已经造好的船虽然灵敏，但与欧洲的船只相比，不在一个档次，用它来抵抗海上侵略，毫无胜算。与其继续让这样一个劳民伤财的工程进行下去，不如现在就停工，以节省人力、物力、财力。

朝廷认为宋晋的意见不无道理，决定拿出来讨论。

作为福州船政局的创始人，左宗棠被朝廷召集进京，与李鸿章、沈葆桢一道，核心讨论两大问题：一是福州船政局是否应该立即裁撤；二是如果一时半会儿裁撤不掉，应该如何既能节省开支，又能造出海战制胜的优质船。

左宗棠知道后，倍感焦虑。他当然不会同意裁撤船政局，但再办下去，争议会越来越多。思虑再三，他给朝廷这样汇报。

福州船政局花费之所以超过原计划，主要是因为具体操办时工料涨价，船的马力增加，而不是真的浪费了；万事开头难，兴建船厂时，添置机器物料、工人的人工费，比原来预计的高出一倍，所以才会超标。至于宋晋说的“中船”不如“西船”，完全不是事实。我们的轮船“万年清”号从福州开到天津，沿途中国人与外国人同时围观，一致认为从来没有看到过这么威武的大船，可见凭它保卫中国的海防，不能说毫无把握。

更重要的成果是，通过 5 年的积累，船政局已经培养了 140 多名精通法文与英文的中国学生。他们全面学习天文、算学、图画、管轮、驾驶，学得好的已经学到欧洲的七八成，差的也有五六成了。其中，好的占 2/3，差的不到 1/3。这些学生天赋聪慧，才智超过了欧洲人，他们的成绩已经好到让欧美人开始羡慕嫉妒恨了。等这一代学生成长起来，中国人就不必劳烦欧洲老师，可以自己人教自己人了，中国的海防希望从此就有了可以托付的年轻人。现在正处在打基础的阶段，成效要等将来才能看见，怎么能说是钱砸进去听不见声响呢？

左宗棠最后得出结论：我最初创办福州船政局就是为了抵御外侮，寻求中国的自强之道。西方人的技术远远超过我们，事实摆在那里，这一点不能不承认。我们学习西方人的技术，不一定马上就能超越，但如果不学习西方，则永远没有跟上的希望，又谈何超越？是为“隳军实而长寇仇，殊为失算”。再说，如果现在半路叫停，那么已经花掉的 300 万两白银还追得回来吗？不能。向外国人交的 30 万两定金与跟他们合同上签订的工资，能扣下不给吗？不能。所以说，造船不是浪费，停工才是最大的浪费。朝廷如果还记得的话，我在创办船政局时呈递的奏折里就有言在先：成立船政局是史无前例的非常之举，这种大事，最容易中途引发诽谤与议论，导致功败垂成；一旦走到这个阶段，最需要坚定的就是信心。今天叫停的声音，不过是我当年的预言成真了，不值得大惊小怪。幸好朝廷早已洞悉了这一切，提前做了估计，有了心理准备，所以今天还能咨询微臣的意见。我还是那句老话，我愿意用生命捍卫船政局继续办下去。

左宗棠的这道奏折，说的话全都在理，而最有力量的一句还是回放初办时的“预言”。既然反对的声音左宗棠之前早已料及，那些反对意见便没有了说服力。这一举动扭转了朝廷的看法，坚定了继续操办船政局的决心。

自同治五年（1866 年）11 月起，福州船政局的常年经费由福建省海关月拨5万两白银，养船经费则由福建省税厘局提供。经过这番争论，朝廷已经知道何去何从，投入反而加码。自同治十二年（1873年）起，总理衙门批准另从福建省茶税项下每月增拨2万两白银。

后来的发展基本符合左宗棠的预计。福州船政局正式造船在同治八年（1869年），以铁厂开工为标志，到同治十三年（1874年）二月，共造轮船15艘，只比原计划少了一艘。5年期满，根据左宗棠签订的合同，德克碑、日意格及法籍工匠数十人照原合同规定，全部从船厂撤出，厂务和技术由船政学堂培养出来的中国学生接管，驾驶也全由中国人自己操作。

福州船政局创办成效到底如何？到光绪二十年（1894年）中日甲午海战前，福州船政局共造出大轮船34艘，成为当时远东最大的造船厂。

壹壹玖·与威宽勋同

同治十一年十月二十七日

威、宽、勋、同知悉：

久不寄家书，亦军务倥偬，无暇作字也。

西宁连获胜仗，立解贼围。陕回败残之余，人数尚万余，能战者不过千余、两千而止。现仍北窜甘郡肃州，已发兵截剿，力遏其逃窜出关，未知能一网打尽否。

俄罗斯乘我内患未平，代复伊犁。朝廷所遣带兵大员均无实心办事之意，早被俄人识破，此事又须从新布置。我以衰朽之躯，不能生出玉门。惟不将关内肃清，筹布出关大略，遽抽身退休，此心何以自处？拟于关内肃清，先时告休，以待能者。近日腹泄稍已，惟老态日增，断难久胜负荷，恐误朝廷重寄耳。

癸叟闻十月内始可言归（**吴桐云信**）。壬叟不知世故，只要天性不薄，尚可望其成人。吾家世泽恐难久长，心为之悲。

族中有建总祠、修族谱之议，不远数千里遣日升等持书来商，盖不知我早忘内顾也。两事均不可少，惟一时并举，经费万难，或先建总祠，再议修谱，何如？建总祠须择地买田乃可永久，以每年祭祀、岁修，均可从祠田计算，有祠无田，经费何出（**既是合族公事，应照丁起费，我处及光培、日升捐资则固不待言也**）。此事须族中明白人从长计议，而明白人颇不易得。吾儿可就近商略，寄信告知，俟此事告成，再议修谱可耳。

湖南议刻《楚军纪事本末》一书，有信来属抄奏稿、文札，我有书复之，阅后递去，并录稿留家中为要。我平生颇以近名为耻，不求表襮，《楚军纪事本末》一书可不挂名其间。至关系湖南各大件，有张、骆、曾章奏具在，不必虑其掩抑。此时吾湘极盛，实则衰机已伏。诸公不以去奢去泰诫其乡人为少留地步计，乃以止谤为桑梓谋此，我所不解也。

恤无告及他义举应用之费，我所不惜，尔自斟酌可也。余三伯之季子来，当饬其还，以四十金作路费。日升父子及某三人来，畀以五十四两作路费外，以十两给日升子新盛（**此子似能作田**），均不准逗留。

丰孙寄呈字甚端秀可爱，赏以尼山砚及湖笔、徽墨、摆包外，一砚留赐诸孙能读者。可饬丰孙写谢禀来，看其有文理否。陶氏孙女出嫁，应与奁资。二外孙入邑庠，可赏以笔墨。近得阁帖数本（**明肃王刻，此间版尚存**），有便再寄归分赏也。少云处不及复信。

十月二十七夜

花甲之年：向前看，向后看

写这封信时，左宗棠正在西北推行“茶务新政”，同时调遣楚军老湘营统领刘锦棠率部进入西宁。平定陕甘变乱开始进入后半段。

一、“腹泻”致衰，打算放弃收复新疆

同治十一年（1872年）的下半年，左宗棠平定西北回民军进入收官阶段。军事稍息，经济跟进，从他这段时间给朝廷上报的三道奏折中可以明显看出来。

第一道写于同治十一年六月二十五日（1872年7月30日），主要请示朝廷批准他收复河州城池之后，让陕西回民与汉族人民交叉定居，重新编审户口。

第二道写于同治十一年九月十七日（1872年10月8日）。因连年军事战争，阿拉善等产盐地的蒙古商人食盐滞销，欠了国家133000多两白银，已无力偿还，面临彻底破产的局面。怎样做才能让地方商业复苏？左宗棠请示朝廷同意将这笔欠账一笔勾销。因为他们不是有意拖欠，而是还不起；战争阻断了商人的生意，责任主要在于朝廷。

第三道写于同治十一年十月十五日（1872年11月15日），主要为甘肃茶商请示朝廷免收所欠的国家税收40多万两白银。理由同第二道奏折所述，指出战争导致茶砖多焚于战火，茶商落荒而逃，商委（地方税务局）根本收不上来一分钱，如果不勾销旧账，就没人再做茶叶生意了。

左宗棠开始将主要精力投入陕甘建设中去，因为西宁连获胜仗，此时回

军能战者不超过 2000 人，可望毕其功于一役。

关内初定，新疆第一次进入左宗棠的规划视野。

此时，沙俄已经侵占了伊犁。左宗棠认为，有必要跟沙俄当面索回伊犁。但伊犁将军李云麟按兵不动，左宗棠对此不无失望。

左宗棠在官场内取法家手段，历年来，对与自己政见不合者，要么将对方纳入自己旗下，要么赶走对方，将其边缘化。这种做法不但得罪人，而且特别辛苦。操心过重，致使他多年的腹泻未能见好，如今已年满花甲，精力衰退开始显现出来。他凭感觉推断，自己的身体不允许他出玉门关，因此，只能全力将关内问题先解决。至于收复新疆，或许只能留待年富力强的后来人了。

冒出这一想法，他内心不禁黯然。如果真是这样，那么左宗棠的军事生涯即将终结。

二、积极行善，低调隐名

左宗棠自觉来日无多，他便开始着手做三件事。

第一件事：建祠堂，修族谱。

祠堂是古人用来供奉和祭祀祖先的地方。除此之外，祠堂还兼有三大用处：其一，以此地让族长行使族权，凡族人违反族规，必须到祠堂受教育和处理，甚至被驱逐出宗祠；其二，用作家族的社交场所，同族之人在这里交流情感、分享人生经验；其三，在宗祠内附设学校，族人子弟可以在这里学习文化知识。因此，祠堂建筑一般都比民宅规模大。

族谱是记载父系家族或宗族世系和重要人物的著作，最早用来记载古代帝王诸侯世系和事迹。先秦时有《周官》《世本》，秦汉以后，出现了《帝王年谱》《潜夫论・志氏姓》《风俗通・姓氏篇》等著作。魏晋南北朝时，门阀制度盛行，族谱成了世族之间婚姻和仕宦的主要依据，迅速发展起来。隋唐五代后，私人修谱之风开始盛行。

湘阴左氏自南宋从江西迁入湖南，积累500多年，才出了左宗棠这样一位声名显赫的人物，左宗棠建祠堂、修族谱，不但义理正当，而且势在必行。

第二件事：恤“无告者”。“无告者”指有疾苦而无处诉说的人，相当于今天我们说的老弱病残、鳏寡孤独，是社会上绝对的弱势群体。左宗棠以“王道”治民，“王道”政治最重要的一点，就是保护社会弱势群体。左宗棠安排儿子去办这件事，并定下标准，不用担心花多少钱，但也需要临事斟酌。比如，自己一年的收入才4万两白银，如果需要花费10万两白银，那么需要发动社会进行募捐，不能一激动就将家产全都捐了，将自己也弄成“无告者”。帮助他人，关键是要有心，但要做好也需要有智慧、用对方法。

第三件事：关心孙辈教育。左孝威的儿子左念谦开始启蒙读书了。小孙儿按要求写了几幅字寄到甘肃，其字体“端秀”，风格接近爷爷，让左宗棠心里乐开了花。左宗棠当即赏给他一些小玩意儿，尼山砚、湖笔、徽墨、摆包。他还想看看长孙的文笔如何，要他再单独写一封感谢信来。

长女左孝瑜当时39岁，要做外婆了。左孝瑜的两个儿子都已考上了县学，做了秀才。左宗棠赏给两个外孙几本明肃王刻的阁帖。这些奖品虽不值几个钱，但关键在精神鼓励。左宗棠担心儿孙辈从小养成大手大脚的习惯，坚决不用物质鼓励。

左宗棠取得的事业成就，此时已经引起了湖南文化界的高度关注。吴南屏、郭意城、罗研生、曹镜初四人找上门来，商议为左宗棠刻一部《楚军纪事本末》。

左宗棠出人意料地低调婉言回绝。理由在这封信中也透露出来：楚军的事迹，不但有自己历年来写给朝廷的奏折记录，还有张亮基、骆秉章、曾国藩三人的奏折记录，后世要了解看原作就可以。最为关键的是，湖南人近20年来通过办军事，人才勃兴，做上总督、巡抚者不胜其数，根据《易经》“阴阳平衡”之理，极盛之时，“实则衰机已伏”，湖南人已经生出一种挥霍无度的奢靡之风，长出一种不可一世的虚骄之气，此时如果为百年湖南考虑，非但不应该出这么一本书来助长湖南人的骄奢淫逸之风，反而应该带着一种忧患意识进行警告、提醒。左宗棠认为，如果单单因为有人不了解楚军而导致传言四起，就想通过这样一本书来止谤，无异于扬汤止沸、抱薪救火。

壹贰零·与威宽勋同

同治十一年十一月二十二日

威、宽、勋、同知之：

久不寄家书，适兵事纷纭，无暇执笔作此。又频患风寒，筋络时搐掣作痛，兴会不佳也。尔等所寄各函次第得览。所欲示知者，偶有记忆，条列于后：

西宁，古鄯善地。东北大峡、小峡，群山对峙，联亘八十余里，湟水出其中，汉所称湟中者也。正北威远堡，汉、番杂错，即晚唐所称沙陀。西南通巴燕戎、循化（撕）[撒]拉回、番，以达河州，通西藏。西通青海。地险民悍，明以前仅羁縻勿绝而已。国朝设青海办事大臣驻此，控制蒙古、番、回。庆、光中，番、回渐作不靖，林文忠、琦静庵、沈朗亭诸公督陕甘时，时有用兵之事，均未得手。迨同治初元陕回构祸，各处蜂起响应。西宁办事大臣玉通为回所制，不得已乃以循化回绅马桂源署循化厅、署西宁府，我从前所以有"西宁名存实亡"之奏也。玉通死后，豫师嗣事，驻营平番，距西宁三原数十里，总兵黄武贤驻营威远堡。陕回白、禹、崔纠其残党万余，占据大、小南川。马桂源兄弟上禀请驱逐陕回，盖明知平番、威远之不能军也。我坚持剿抚兼施定见，先令悉缴马械，听安插。冯杰卿办理数月，若辈阳奉阴违，缴马械各千余，然均非佳者。催令呈缴，则托言留防陕回。令其先造马械数目册籍呈赍，俟陕回事毕再按籍呈缴。一面令何提督作霖率马步入营由碾伯进，刘毅斋总之。比官军进大硖，则马桂源兄弟阴约陕回同抗官军，据险以待。西宁官民恨马桂源之诈，乘其出城，纠约陕回，遂闭城固拒不纳，马桂源无可如何。自八月杪至十月杪六十余日，官军血战五十余次，皆获胜仗。遂扫除八十余里蚁穴，径薄西宁。难民数万喜极而涕，不自料其复见天日。现在陕回、土回及马桂源兄弟皆告哀乞抚，共凶狡素著者万无抚理，仍当分别办理。大约贼党渐解，贼势已孤，抚易而剿亦易，不过稍延时日，可收全功。惟仍当慎以图之。至河湟自古为荒服，未能与中土同风并治。此次踏实办去，竟于至险之中克获至顺，为汉唐以来未有之奇，实非朝廷景运方隆、将士用命不易臻此。战状已详两疏及各片中，饬周瑞清、柳葆元抄稿寄归，令尔等得略悉梗概。尔等安居数千里外，何知西边远塞征战之苦哉！

吴南屏、郭意城、罗研（孙）[生]、曹镜初前有书来，欲辑《楚军纪事本末》为一书，意在表章余烈，用心周至，陈义甚高，实可佩慰。惟我所虑者，吾湘于咸丰初年首倡忠义，至今二十余载，流风未沫，诸英杰乘时树绩，各有所成，为自来未有盛事。此时正宜韬光匿采，加以蕴酿，冀后时俊民辈出，以护我梓桑，为国干辅。不宜更事铺张，来谗慝之口而坏老辈朴愿之风也。

至当时战迹事实，各行省章奏具在，新修方略国故昭彰，纵有堙没，亦断不能划削事实，并其人而去之者。陶士行得罪当时权贵，至身后惨遭诬谤，子孙冤累衰弱，数世不振。数千年后征文考献，尚有为其昭雪者。至史宬体例，不录各家议论、本人逸事，而惟取章奏为据依。譬犹画真家，但审形模部位，而神采意态不具，生气索然，移之他人，则亦未有宛肖者，以是胜于私家记载野史爱憎可矣。士君子立身行己，出而任事，但求无愧此心，不负所学。名之传不传，声称之美不美，何足计较？“吁嗟没世名，寂寞身后事”，古人盖见及矣。尔母在日曾言我“不喜华士，日后恐无人作佳传”，我笑答云“自有我在，求在我不求之人也”。前书及复吴、罗、郭、曹诸先生书已交差弁便带回湘。尔等见诸老及吾湘能读书者语及，则详告之可也。

丁果臣先生两次书来，并寄示《秩老易学》《篁村遗事》，意欲索三百金为刻书之资。此老志节甚高，读书有得，不尚声称，不求荣利，实亦当时所仅见。到老穷窘可念，当划廉银畀之。阅王壬秋所为《篁村传》，叙次尚不失实。惟但据丁氏见闻著论，未睹大局，将胡文忠说得极庸，李忠武说得太愎，颇于理欠安。即起篁村问之，亦必有蹙然于中者。又云“三河以后，冲锋陷阵之事颇少”，尤觉失实。后此金陵、浙江、闽粤诸大捷及北剿捻、西剿回，如李忠武所部之整齐精锐、视死如归者岂少也哉！徇一家一时私言，乱天下古今视听，文士笔端，往往有此。吾所以不主《楚军纪事本末》者亦以此。

吾族自南宋以来迁湘，历数百年来未建总祠，本是缺典。新谱修后又三十年，亦宜续加纂辑。族众书来问我，答以身方在军，正国尔忘家之际，孝威等在长沙，可就近商之，需费则于我乎取。惟建祠不宜廓大，须先筹祭田，岁修之费，乃期经久。修谱须明体例，求精实，族众举公正者为首事，主笔则各房分任，择其笔下明白者掌稿可也。日升等三人徒步而来，共给五十两遣归。此两事交尔与癸叟办。

尔外家衰替日甚，汝光舅丧其二子，暮景颓唐，念之心恻。尔姨母无复佳况，大舅母亦然，时当周恤，以慰尔母之意，能为代谋长久更佳。

余三伯不能教子，诸子中闻其季尚可。秋间来甘觅其兄贡南，而贡南不知所往，给以五十两令归。恐其家亦难复振，或尚不如从前耐穷，可叹也。

叔慈处光景想略好，孝威与媳妇处此事甚得。我意季和到后尚能相安，听之。

我年逾六十，积劳之后，衰态日增。腹泄自吸饮河水稍减，然常患水泄，日或数遍，盖地气高寒，亦有以致之。腰脚则酸疼麻木，筋络不舒，心血耗散，时患健忘，断不能生出玉门矣，惟西陲之事不能不预筹大概。关内关外用兵虽有次第，然谋篇布局须一气为之。以大局论，关内肃清，总督应移驻肃州，调度军食以规乌鲁木齐。乌鲁克复，总督应进驻巴里坤以规伊犁。使我如四十许时，尚可为国宣劳，一了此局，今老矣，无能为矣。不久当拜疏陈明病状，乞朝廷速觅替人。如一时不得其人，或先择可者作帮办；或留衰躯在此作帮办，俟布置周妥，任用得人，乃放令归，亦无不可。此时不求退，则恐误国事，急于求退，不顾后患，于义有所不可，于心亦有难安也。尔等试一思之。

孝宽修屋之费用去若干？威前书来并不言及，自是为宽留地步，恐益触我怒。以我境地如此，浪费数百两亦可置之不论，况做屋尚非浪费乎。惟孝宽不能仰体我心，任意动作，与世俗子弟见解一般，我所不喜，且更有虑也。孝威可将用去实数开单寄来。孝宽近日志趣有无长进？勋、同近日能发愤读书否？勋婚事可于期服后办理，同可迟一年。

戴敬堂人固无取，然介慎不预外事，老且益笃，尚不失前数十年秀才风味。又祖父旧徒存者无几，必欲将房屋售我，言我不受则别无人买亦是实话。孝威归时，我曾吩咐俟冬间筹画。此后未接尔等信，不知如何办理。顷复得敬堂信，又申前说，并诉近状之苦。却用外县官封寄来，似是疑尔辈不为寄信者，其憨可念。尔辈可设法买其房屋，勿短所索之价，亦了一桩心愿。

徐寿蘅书求为其父母作寿文，已倩子维代作寄来，孝威可写好送去。俞臣太翁本祖父旧徒，人素谨饬，应送寿轴。且伊家待慧姑甚厚，亦欲稍慰慧姑也。

孝威所拟二伯父哀词，以古文哀祭多用韵者，不知古文哀祭用韵施之友戚皆然，惟骨肉则不可用韵，所谓“至亲无文”也。韩寄十二郎、熙甫志父母墓皆散行不韵，此可类推，楚词哀些岂宜用之兄弟乎？

入居节署后所作《澄清阁诗》，一时和者百数十人，多佳者。建忠义祠，祀明肃王幕客之同殉者（节署本肃府旧址。明季闯贼破兰州，肃世子识鋐被执，寻殉，幕客二百余人均赴虐焰。其遗骸两大冢在署后，二百余年无过问者，杨厚庵时标兵饥叛，戕幕客、勇丁、将弁百余人，皆毅魄也，亦合祀焉）。修烈妃庙，肃王妃三人，嫔二人，宫女百余人。皆因历任游观之所更为之，烈妃庙即先日延绿亭（其遗阡即在庙前），忠义祠即先日环碧山庄也。所费不过千数百金，而忠魂烈魄与山河不朽。落成，或以文记之，或题联句，今录以示尔。

十一月二十二夜

壹贰壹·与威宽勋同

同治十一年十一月二十三日

前信封定待发，复忘两事补示之。

恤无告堂，省城义举也。我但知有此举而不知其详，孝威可询知仲云兄，此项每年经入之费若干？经出不敷若干？堂中章程云何？何人经理？我应捐若干？逐一告我，以便斟酌。如所需无多，孝威自当酌量应付。若捐数过多，必须我处告知若农拨兑，并行驻陕局陕藩划廉填还也。

徐鼐卿先生为邑中老宿。吾少时听尔祖父说："先生古文诗与半帆先生齐名，人品敦挚过之。"即知景慕。而迄未见先生诗文只字，兹其后裔求为作序，万不可辞。孝威须将其活字本寄来，始便着笔。

《华山碑》伯和拓三百本寄兰，尚不敷分送。闻已拓两百本，带交孝威乌金、蝉翼各一分。此间新刻《饮和池记》，刻手不甚佳。入冬早冻，不能拓，俟明春寄归可平。玉岑都中来书，彼间索周夫人墓铭者甚多，孝威会试时可带去分送。

揆席及两江尚未放人，似留以有待。我意乞休之疏须于年内拜发，惟距亲政之期不远，似又涉痕迹耳。

丰孙工课只宜有恒，不必急切。体质嫩弱，不可峻督。陶氏孙女过门后光景想必相安，隽孙辈近日读书何似？尔辈来信，于应详之事当详以告我。我近日健忘益甚，尔辈来信简略，更无从记忆也。

十一月二十三辰续谕

花甲之年论"良心"与"抱负"

前面读惯了左宗棠的"短信"，突然读到长信，感觉有点特别。左宗棠不是没能力将一肚子学问写出来，而是一直没有时间写。现在西北暂无战事，得以从繁冗中抽身出来，他第一次用家信的形式写出了一篇融学术、现实与生活为一体的好文章。

一、《楚军纪事本末》流产详因

在第一封长信开头，左宗棠信手将西宁的历史沿革、地理风物、制度变迁一一写下来，读后可以发现，左宗棠平定西北，不是像一般军事家那样单凭武力取胜，而是以政治家的眼光，谋求万世的和平与发展。一个手握实权的人能有这种历史眼光与人文胸襟，确实是当地民众之福，是国家民族之幸。

左宗棠“操心危，虑患深”的特点，这时又表现出来了。《楚军纪事本末》一书，湖南那边追得紧，左宗棠还在反复考虑写还是不写。

文化人做事，习惯拿历史上的同类人物做比较。左宗棠在权衡做判断时，想起了亲家陶澍的祖先陶侃，从他的故事里得到启发。

陶侃，字士行，生于三国东吴永安二年（259年），浔阳人。陶侃出身寒微，凭个人奋斗，官至侍中、太尉、荆江二州刺史、都督八州诸军事，后封长沙郡公、柴桑侯，食邑四千户。

左宗棠对陶侃的家世及后世进行深入探究，找出一条因果链：“陶士行得罪当时权贵，至身后惨遭诬谤，子孙冤累衰弱，数世不振。数千年后征文考献，尚有为其昭雪者。”意思是说，陶侃当官时曾得罪过不少权贵，累及后人，左宗棠现在以此警醒自己。

陶侃其人在官场处事如何？一则故事很能说明。东晋咸和五年（330年），江州刺史刘胤被后将军郭默杀死，执政的王导认为，郭默骁勇难制，若处罚他恐生不测，不如顺水推舟任命他为江州刺史。陶侃认为其中必定有诈，要率兵征讨郭默。郭默怕陶侃，派使者送来美女、绢丝，并写了一封密信呈送陶侃，意图暗中收买他。陶侃不但没被收买，反而派使者上表朝廷，陈述郭默的罪状，并当面质问王导：“郭默杀死了刺史，你就提拔他做刺史，如果他杀害了宰相，你岂不是要提拔他当宰相？”王导羞愧难当，收回任命。

但陶侃的话问得这么直接，将王导与郭默全得罪了。

这件事的不利影响在后世逐渐扩散开来。陶侃的曾孙陶渊明，本来在江西彭泽做县令，大概是陶侃得罪的人太多，他们的后人就拿陶渊明出气，在陶渊明面前摆架子、设绊子，弄得陶渊明待不下去，被迫隐居田园，成为隐逸诗人。

从左宗棠这封家信中还可以看出，此时文化界研究湘勇、楚军渐成热门，不但有正史，而且盛传野史。对此，左宗棠是怎么看的呢？他这么一个将名节看得比生命还重要的人，不是不想出版写自己的书，而是担心同时代的人乱写。

就在他权衡犹豫之际，刚好发生了一件事，更加坚定了左宗棠不出书的想法。

王闿运最近出了本《篁村传》，里面写到了湘军两大军事首领胡林翼与李续宾。左宗棠认真读完，发现王闿运将胡林翼写得太无能，将李续宾又说得太专横，两者都有所失实。尤其是写李续宾，湘勇解散后，他再次崛起，参加剿灭捻军、回民军，王闿运却有意无意避开了对这段事实的描写，导致史实残缺。左宗棠为什么这么肯定书中所写与史实不符？因为他不但是直接当事人，而且是幕后操控者，对胡林翼、李续宾的事情，当然比王闿运清楚得多。读完王闿运的大作，左宗棠有点儿后怕了：自己眼皮底下发生的事都可以被编辑加工，那些自己没有亲历、亲见的事，还不是听凭人家想怎么写就怎么写？

左宗棠忧虑起来。他自己就是个大文化人，十分清楚，军事家战斗一生，无论当时多么壮烈辉煌，也如风过水面、鸟飞天空，过后无迹无痕，要传世就得靠文人手中的一支笔。江山也要文人写，事功全靠文人记。没有文人的一支笔，事功一代而终。但他更忧虑的是，一旦被写歪了、写坏了，则比不写更糟糕。“徇一家一时私言，乱天下古今视听，文士笔端，往往有此。”笔墨官司怎么打？自己站出来反驳，不但不利于澄清事实，反而越搅越浑，成为一笔糊涂账。何况，同时代人写同时代人，是非、恩怨，情感、关系纵横交错，哪里能做到真正的客观公正？与其这样，不如让后人来写，全面性也许会打点折扣，但公正、客观尚有保证。

说到这里，笔者的心也紧了。笔者采用的史料，也都是当事人的叙述、记录，今天研究左宗棠，无法回到100多年前，也没有任何历史现场观感，只能据史料进行分析、判断。野史固然可信可不信，但即使采信史实，就可以保证绝对真实吗？也不一定。凭生活经验我们可以知道，任何当事人回忆过去，都会有遗漏、取舍、倾向。最难把握的，是历史当事人的语境里经常出现言在此而意在彼、正话反说、皮里阳秋的情况，这些全得靠研究者自己判断与把握。任何作者，都只能无限接近真实，却无法保证绝对真实。

凡人做事都有动机和目的，事实上左宗棠也求名。只是他把眼光放得长远，现世名既然难得，即使得了也容易遭人忌，那就图后世名。这是他研究无数历史人物之后的智慧选择。他的想法是，一个人在世时只要立身行正，即使被诬写、埋汰都没关系，千年后还可以翻案，不用着急。

二、花甲自道动力："无愧此心，不负所学"

支撑左宗棠吃尽人间苦头的动机是让内心安稳。平定西北，于国于民都有好处，自己又完全有能力去做，为什么不做呢？虽然自己已经功成名就，做了无直接的名利好处，但可以"无愧此心，不负所学"。

这就是传统的儒家士大夫情怀。"士不可以不弘毅，任重而道远。"内安良心，外得成就感，左宗棠心地坦然。

从信中的语气来看，左宗棠此时还没有最后下定收复新疆的决心。原因很简单，一则自己的腹泻还没治好。他尝试改喝井水为喝河水，腹泻病倒是好了，但又得了水泻病，真是按下葫芦浮起瓢。这个衰病之身还能支撑多久？他心里没有底。二则自己已年满60岁了，花甲之年，普通老人有的腰酸脚麻、脸浮腿肿、健忘误事的毛病，他一样也没落下。岁月不饶人，他也无可奈何。

更要命的是，左宗棠的记忆力首次出现衰退，这封信就是证明。他写完信待封口，再通读一遍，想起忘了五六件事，不得不在凌晨补记。他特意嘱咐儿子们，下次来信多写点，事情写详细点，以免自己看后不记得。

“风云帐下奇儿在，鼓角灯前老泪多。”左宗棠的心全落在办事上，遭遇精力跟不上能力的情况，他有点焦虑，甚至可以说有点悲观。他干脆说出了“假如我再年轻 20 岁，一定可以帮国家将新疆收回来”（“使我如四十许时，尚可为国宣劳，一了此局”）这样壮志未酬的感叹，如今读来让人唏嘘。

虽然左宗棠还没有坚定亲自率军收复新疆的决心，但计划还是提前做好了：将西征军大帅营驻扎在肃州，先打下乌鲁木齐，再打下巴里坤，最后剑指伊犁。他规划的此“三大战役”，分看为三，合看为一，中间无停顿，一气呵成。他后来也是按照此时的想法打的。

壹贰贰·与孝威

同治十一年十一月二十四日

孝威知悉：

日昨一书，由若农转寄，想可接到。曹镜初有信荐宋同年来，勉录置文案处。陇非仕国，薪水至菲，而来者日多，不知老子婆娑此间原非得已，只俟局势了妥，可图数十百年之安，即乞身归里，不能久作居停也。

处分家事，语具前函，中尚有漏者。二伯父窀穸之所已定否？癸兄九月信来，尚未确定归期，尔可将此事本末询明告我。写家信宜详密，不可疏略，切切。

致镜初一函，可即递去。

十一月二十四日兰州

任劳，但不任怨

写这封信时，西宁战役已经打响，左宗棠在总领军事全局的同时，分出精力弹劾乌鲁木齐提督成禄，以厘清人事，为将来收复新疆埋好伏笔。

这封信虽短，但信息量极大。

此信缘起于想参与写作《楚军纪事本末》一书的曹镜初。虽然出书一事被左宗棠婉言拒绝，但他们交情没断。原来，曹镜初有求于左宗棠，前些日子他推荐一位宋姓“同年”来甘肃做官。大约“宋同年”才干很一般，左宗棠碍于情面，勉强留用，放在手下做文案工作。想来曹镜初自己也有到陕甘谋求官职的想法，所以先推荐老同学来投石问路。

左宗棠隐约猜到了曹镜初此举背后的用意，便用委婉的口气给他回了一封信。但朋友间通信，有些事情不方便说得太明白，怕伤人自尊。所有不方便直接说的话，他在给儿子的这封信里写出来，要孝威负责转告。湖南老乡想来甘肃做官，左宗棠不以为然，信中便跟儿子发了一句牢骚："不知老子婆娑此间原非得已。"

这句话多少有些出人意料。"婆娑"一词有两层含义。按汉语翻译，指"盘旋舞动的样子"；按梵语音译，属佛教专用语，意为"堪忍"，原指"释迦牟尼看众生安于十恶，堪于忍受诸多苦恼而不肯出离"。左宗棠明佛理，他在这里想表达的是，他在陕甘做官也是在忍耐。

忍耐什么呢?

回想 5 年前调离闽浙，总督陕甘，并非他自愿，而是朝廷找不出第二个人来平定陕甘动乱。左宗棠本意是想做闽浙总督。一则浙江、福建的土地是自己一寸一寸打下来的，坐镇闽浙踏实；二则东南土地富庶，更适合施展才干。何况，左宗棠属于典型的南方人。按阴阳五行说法，南方土地、气候属火；北方土地、气候属土。火能生土，土能灭火。左宗棠的身体严重不适应北方的环境，以致常年腹泻。

同治六年（1867 年）初，慈禧太后承诺他，一旦西北平定，不难再调他回来。左宗棠一直牢记着这句话。现在捻、回如期平定，到了兑现承诺的时候，朝廷却没有任何动静。

更加搅动人心的是，曾国藩去世后，两江总督起用何人，引起了有能力觊觎者的相继垂涎。左宗棠当然也想去，但朝廷只字不提。他只能不断地以请假、退休报告，来暗示、提醒朝廷，该考虑一下自己了。但朝廷装聋作哑，好像完全没理解他的暗示。

左宗棠见朝廷如此态度，心里不免积压了一点看法。

曹镜初当然不知道这些内情，想来甘肃做官的湖南老乡们也多不知情，他们的想法直接而简单，即想通过左宗棠的关系来甘肃当官，赚钱养家。左宗棠用人固然“内举不避亲，外举不避仇”，关键看个人能力，但甘肃气候不适合南方人长期定居，更要命的是，西北官员的薪水低得可怜，他由此又借“陇非仕国，薪水至菲”来劝老乡们赶紧打消此念头。

在人事升迁上，左宗棠继续运用“乞休”策略，请求朝廷放自己回家。其真实意图，一则扳倒成禄已进入关键时期，自己是在以退为进，倒逼朝廷，为收复新疆扫清人事障碍；二则为个人前途做好两手准备，即使继续停留在陕甘任上，也要让朝廷为自己预留两江总督的位置，将来有机会再就任。

明白了这封信中的委婉曲折，就容易理解为什么光绪七年（1881 年）左宗棠以东阁大学士、二等恪靖侯官爵入值军机处时，仍可以不避权贵，公开得罪军机处那些尸位素餐的同僚。因为他有退路。

壹贰叁·与威宽勋同

同治十一年十二月二十四日

威、宽、勋、同览：

所寄禀函均到。前侯名贵回湘交一函，并尼山砚与丰孙，想已收到。丰孙读书写字随便而已，只要有恒，无须峻督也。

西宁大致可冀肃清。肃州已加马步队二十前往助攻，并发后膛大炮，想可克矣。甘、凉一带间有游匪零骑，自易料理。我昨上乞休疏内原请仍留此间以备咨访，意盖在此。屡有京信说，西事报捷后当有恩命。吾意使相两江，非我所堪。临时辞逊，未能如愿，不若先时自陈为得也，数月后必可一律澄清。关陇事幸而后济，亦非始愿所到。器忌盈满，功名亦忌太盛，不独衰朽余生不堪负荷已也。关外无劲军健将已（**严劾乌鲁木齐提督成禄矣**），又事权不一，为时太久，必启戎心，故有须预为调度之说。然若不于乞休疏中陈及，又似揽事。如蒙垂询，当毕其愚耳。

湖南诸老友有《楚军纪事本末》之议，意在表章，实则赘说；且令同时之人多议论，不如其已。南屏年伯性情敦挚，又善为古文，有书复之。尔等须时常亲敬，见父执当以所事诸父者事之，于心亦安也。

二伯葬事已定局否？童太守大畲向无交情，惟闻其作官甚好。兹既散讣，当以祭幛伴函送去。江幼陶以道员羁都中，周荇农为其作书，请为保举，幼陶亦有两书奉恳，我不敢应，此固非可请托者也，以四百金寄之。胡文忠堂弟棐翼求假数百金捐知府，则不应也。子弟不好读书，只想作官；不明义理，只想富贵，可叹耳。

族间建总祠、修谱之议，如可行亦宜图之。实则支祠已建，谱修未久，暂缓兴办亦未尝不可。吾总以世泽之兴隆要多出勤耕苦读子弟，家祚之昌盛总在忠孝节义，他不足贵也。遇有相知世旧，可与共勉之。

仲肃书来，欲以两子来陇，此不相宜。此间非仕国，且我不久即当离此，何必远道相从。季和已奏补宁朔，或能安静下去耳。

二伯遗集已属杨庆伯校订作序。此间刻手太劣，只好寄回开雕。

腹泄之疾饮河水少减，惟腰脮酸痛，健忘异常，此实衰老本病。曾服人参两许，气略旺耳。

孝威书来言咳嗽、腰痛已全愈。季和言得家信云并未曾全愈，殊为忧之，现尚服药否？节饮食，简思虑，读书自乐延年，娱我足矣。

小除前夕兰州节署

《遁庵先生集》甫已由鄂台递到。文诗根柢深厚，非近代所有，徐当撰序以广其传。惟原本用活字版，殊嫌拙陋。而杂取当时俗人叙记，尤不雅观。将来必须出资别为校刊，乃堪行远耳。

功进心退，预先避祸

同治十一年（1872年）底，随着西宁平乱一战收官，平定陕甘回民军计日程功。西北战事不同于配合曾国藩平定太平天国，也异于联合李鸿章剿捻，而完全凭左宗棠一己之力平息。

人因事显，一时间左宗棠成为明星官员，朝廷内外纷纷关注他。

如此功臣，朝廷总得有所表示。

一、明争两江，暗筹新疆

怎么表示呢？朝廷的态度很有意思，圣旨秘而不宣，只通过军机公函多次暗示左宗棠朝廷有赏。到底赏什么？却不说透。这种吊胃口的做法，表示朝廷对左宗棠的人事安排还在犹豫，或者中枢权力的争夺仍然激烈。左宗棠更有意思，他也不跟朝廷打哑谜，直接说："做两江总督就算了，我年纪大了，吃不消。"

当时中国有18个行省，共设有八大总督，以直隶总督与两江总督最为尊贵，前者是"权把子"，后者是"钱袋子"。问题是，朝廷从头到尾并没有说要调任左宗棠做两江总督呀！经他这么一捅破，可谓此地无银三百两了。左宗棠也知道有点唐突，解释说：我怕朝廷任命我做两江总督，所以先自我申明，以免临时推辞来不及。

这件貌似“朝廷打哑谜，左宗棠讲相声”的事情，前者装神秘，后者表憨厚，其实谁都不傻。

按朝廷本来的承诺，左宗棠平定回民军后，应该继续回去做闽浙总督。但自左宗棠离任后，闽浙总督几度换人，沈葆桢办船政已经成形，左宗棠回去又能干什么呢？显然继续当闽浙总督已无可能。左宗棠以表憨厚的方式，直接向朝廷道出了自己的目标，事实上也是对朝廷的小气做法有些不满。自己如果还不捅破，军机处继续从北京源源不断来信，今天说奖励，明天说鼓励，后天改激励，自己就会一直被朝廷悠忽着牵住鼻子，真不知要等到什么时候。

左宗棠的真实想法是想做两江总督。江南气候不但适宜自己的体质，而且年老体衰的他需要一个身份标签。两江总督陶澍做过，曾国藩做过，左宗棠也有点跟他俩比较的意思。何况，道光十八年（1838 年）第三次会试后，他曾专门绕道南京，去两江总督府拜访过陶澍，内心未必没有一种情结。

但眼下有能力竞争的官员都紧盯这个职位。大家都想上，凭什么你上？稍有差池，便有御史弹劾。左宗棠刚平定陕甘，风头正劲，他才不去做被枪打的出头鸟。按《易经》的哲学，凡事有“阴阳平衡”，阳极则阴衰，阴极则阳弱，因此左宗棠在家信中说，“器忌盈满，功名亦忌太盛”。

他现在不过是为将来做两江总督做好铺垫，事实上暗地里已经做好了西征新疆的打算。但行年六十，衰老已现，同僚万一以他年迈无能为由，阻止大军继续西进，怎么堵天下悠悠之口？左宗棠以退为进，请求朝廷解除其公职，只做西征军顾问。但明眼人都看得出来，此时全国还没有可以取代左宗棠的第二人。

左宗棠的目光已投向新疆，他清楚，这里地域广袤，有条件建立与中央王朝分庭抗礼的军政府，如果自己态度过于积极，朝廷未必不担心他生出“不臣”之心，所以要适时地“功进心退”。

这种智慧与清醒的做法，既是左宗棠的为官之道，也是避祸之法。

二、不被人嫉，低调避祸

湖南几位想写《楚军纪事本末》的老朋友上次听了孝威的转告后，摸不透左宗棠的真实想法了，以为他这是“伟大的谦虚”，仍然坚持写书的想法，并向左宗棠解释说写书旨在表扬。

左宗棠见自己上封信里掏心窝的真话没人信，有点不耐烦了，这次很干脆地回绝：楚军经历的事实，全在自己与张亮基、骆秉章、曾国藩的奏折里，再出一本书来表扬，是多此一举。

左宗棠的潜台词很清楚，老乡们也不过脑子想想，现在出这么一本书，是什么意思呢？证明我左宗棠有多么厉害？真正厉害的人，别人心里都有本账，用不着自己站出来说。何况，“穷困潦倒之时不被人欺，飞黄腾达之日不被人嫉”，现在自己已经飞黄腾达，应力避遭人嫉妒，如果还不识时务邀集文人学者吹喇叭、抬轿子，明白人则会嗤笑，妒忌你的人则会想方设法将你搞垮台。

既要长年直面军事压力，又要摆平内外各种关系，左宗棠难免感到有点疲劳。正因为官场周旋不容易，所以左宗棠才不希望儿子匆促步入。他给儿子们定下为人处世的八字标准——“勤耕苦读，忠孝节义”，希望他们做有才干、对社会有积极贡献的人，不要只想着当官。

但当时社会，读书人家做官已成风气。如今，胡林翼的堂弟胡枼翼又找上门来，求左宗棠借几百两银子，让他买个知府来过过瘾。亲戚朋友买官成风，一心只想官帽子可以带来荣耀，全不想官职背后的责任与担当，左宗棠心里气恼，便将胡棐翼当反面教材："子弟不好读书，只想作官；不明义理，只想富贵，可叹耳。"

作为过来人，左宗棠明白做官的艰辛，不希望亲人走自己的老路。但外行看热闹，心态完全不同，这也是官场从来不乏追逐者的一大原因。

1873年
同治十二年

左宗棠——61岁

长子孝威——27岁

次子孝宽——26岁

三子孝勋——20岁

四子孝同——16岁

左宗棠 家教语录

一 保养之方，以节思虑、慎起居为最要，饮食寒暑又其次也。读书静坐，养气凝神，延年却病，无过此者。

二 古人教子必有义方，以鄙吝为务者仅足供子孙浪费而已。吾之不以廉俸多寄尔曹者，未为无见。

三 尔曹能谨慎持家，不至困饿。若任意花销，以豪华为体面；恣情流荡，以沉溺为欢娱，则吾多积金，尔曹但多积过，所损不已大哉！

四 工课只在有恒，断不宜贪多。

五 至于养病之诀，总在清心寡欲，慎起居，节饮食，省酬应，除烦恼数端，是在尔自己善为保爱，不在药饵。

六 中和之品见功不速，勿因病势小有加减遽图改易。

壹贰肆·与孝威

同治十二年二月初一

孝威知悉：

前闻尔上年八、九月病状，至十月以后始渐就痊可，心常悬悬。未知腊月初旬后复又何如？尔不以病状及所服药方实告我，虽是欲纾我忧，然我不得尔病状真实光景，翻多忧疑，并所云“渐就痊可”亦未能信。此后可将实在光景告知，切要，切要。

柳葆元告假回湘，曾附去燕窝、肉桂、阿胶、田州山漆数种，计到家当在二月中，此间别无佳药可寄。吐血亦是常有之症，大约由热燥得者易治，由气分虚者次之，至禀赋不足，由阴虚得此者，非自己加意保养不能复元。保养之方，以节思虑、慎起居为最要，饮食寒暑又其次也。读书静坐，养气凝神，延年却病，无过此者。体我爱尔之心以自爱，吾忧其少解乎。家务细琐可交孝宽料理，尔不必管。世俗酬应择要者亲去，余亦交孝宽代之可也。

叔慈之子体气欠佳，乃母望其生儿欲就湖北馆地，情状可怜。我意伊母既是如此，湖北馆地亦可不去，还是由家中寄银为是（**每年与百余金可也**）。季和已补宁朔，出奏尚未接部复，大约可先赴署任耳。二舅已移居县城，八十金足敷家用否（**少兰表弟何如**）？大舅家事直无从说起，只看其少子能否成立。尔母在日每以此为念，却不肯私地顾惜。然吾每一念及，辄不能释然也（**终吾之世，尽力顾之，以慰尔母，报尔外大母其可也**）。

族间欲建祠、修谱，前有信告尔，尚未接尔复信，可筹画以闻。

西事顺利，诸见章奏，慎以图之，当得百年之安。朝廷欲俟此间肃清，调两江补协办，上腊告病开缺一疏所以不得不上也。旋奉温旨，准假一月，而未允开缺之请（**亦实在无人可放**），自不便再渎，且俟关内十分定妥，再申前请。现奉谕，两江已简放李雨亭宗羲，正月初六日降旨。盖知我不能去江南也。大约此间事定，秋冬必可乞休。

尔病纵全愈，进京似可稍缓耳。

待二伯葬事已了，丁叟自已附葬。

古人教子必有义方，以鄙吝为务者仅足供子孙浪费而已。吾之不以廉俸多寄尔曹者，未为无见。尔曹能谨慎持家，不至困饿。若任意花销，以豪华为体面；恣情流荡，以沉溺为欢娱，则吾多积金，尔曹但多积过，所损不已大哉！

戴敬翁以屋向（买）［卖］，吾已诺之。丁果翁要三百金刻书，吾心许之。尔信来总未提及，何耶？

住屋修成，实费若干？勋、同婚事如何定议？丰孙体气何如？下次书来详之。

癸酉二月朔兰州节署

规避“父亲积钱，儿子积过”陷阱

写这封信前4天，西宁回民军首领崔伟、禹得彦、毕大才已经就抚，左宗棠将2万余回众送往平凉、秦安、清水等地安插就绪。

一、总督两江，埋好伏笔

前番，左宗棠以“此地无银三百两”的方式告知朝廷，自己不想做两江总督。窗户纸已经捅破，朝廷无处闪避其辞，只好顺势做出人事调整计划：等左宗棠交接陕甘事务完毕，即授予他从一品协办大学士头衔，调任两江总督。

事情发展到这一步，就更有意思了。左宗棠其实是无法马上赴任的，朝廷上下也都知道。毕竟，严峻的新疆问题就摆在眼前，容不得丝毫闪失。但朝廷必须摆出这么一种姿态，以示尊重能臣；否则，过不了舆论这一关，而且会让办事者寒心，亦难以率领百官。

主动权现在把握到左宗棠手中。怎么处理？请假拖延。原本就去不了嘛！左宗棠这样来回一折腾，并不是一个无用的动作，而是一个用心很深的策略：先在官场里造成自己现在就是两江总督第一候选人的舆论，为将来就任打下基础。朝廷会意，及时改命李宗羲做两江总督，任命书于同治十二年正月初六（1873年2月3日）颁发。

这是目前情势下，左宗棠与慈禧太后都希望看到并能安心接受的最好结果。

二、“古人教子，必有义方”

同治十二年（1873年）是左宗棠的一个丰收年，陕甘回民军首领投降，肃州克复，朝廷授其为陕甘总督协办大学士，赏加一等轻车都尉世职，他登上了人生的又一个巅峰。信中，他用一句“西事顺利”来概括，平淡之中蕴含雄奇。

福祸相倚。这一年，《易经》的“平衡法则”在家庭中再现：儿子孝威开始咯血。

近代中国卫生条件落后，人有个三病两痛很常见，比如曾国藩，后世称他是“药罐子”，长年累月靠药物调理以维持身体。中医着眼治本，疗效缓慢，人的病到底是轻是重，一时半会儿也看不出来。左宗棠原以为儿子得的是常见病，并未给予足够的重视。并且，孝威为了不让父亲分心，也瞒着病情不报。

世上没有不透风的墙，左宗棠从亲戚的来信中辗转得知儿子的病，“咯噔”一下，心里没底了。他感到问题有点儿严重，开始担惊受怕，但仍往好的方面想。

孝威瞒着咯血的事实，还有一个目的，想再次进京会试。俗话说：“知子莫若父。”父子血脉相通，基因遗传，加上看着儿子一路长大，左宗棠对儿子的心事能猜出个八九不离十。因上次有孝威在母病期间会试的不愉快经历，这次左宗棠则明确不同意。

左宗棠建议儿子不要进京的真实意图，除了怕儿子病情加重，更主要的是担心一点，儿子进京后免不了又呼朋结伴、胡吃海喝，会试不中，反染一身坏习气；留在湘阴读书，至少可以修养心性、增长知识，不至于被一帮社会朋友带坏。

从信中的语气来看，左宗棠对目前的教育效果是称心的，对自己的教育方法也还是满意的。他自称：“古人教子，必有义方。”“吾之不以廉俸多寄尔曹者，未为无见。”这是将自己与古代的能臣贤人做比较，声称自己有先见之明。

三、父亲不积钱，儿子少积过

在这里，左宗棠说出了一个很重要的家庭教育观点：只给儿子们提供日常的生活费，如果平时注意节约开支，则不至于饿肚子；如果大把大把地寄钱回家，则儿子们会养成花钱大手大脚的习惯，拼爹炫富，本事没长，排场日长，父亲存钱越多，儿子积过越大。

左宗棠这个家教观念还是非常有道理的。俗话说：“穷养儿，富养女。”又说：“自古雄才多磨难，从来纨绔少伟男。”青少年多是在艰苦的环境中锤炼成长起来的。

父母都有望子成龙的心态，事实上，成功主要依赖三点：性格执着、习惯良好、才干超群。做好了这三点，其他都是枝节。一个人后天遭遇的挫折与失败，其实都可以从早期家教失误中找到原因。贫寒与朴素，可以磨砺心志，激励进取心，在困苦中磨炼、改造，可以养成好习惯，这些都可以让人终身受益。左宗棠明白这些道理，也在践行这些道理。

千金难买少时贫。这也解释了那些家族基因并不优秀、家庭条件并不优越的寒门子弟，为什么一进入社会，反而比大多数含着金汤匙出生的人更具竞争优势。

壹贰伍·与孝威

同治十二年四月二十五日

孝威知悉：

三月二十日得尔二月十三日书，知二姊已于二月十三日长逝。此女生半岁，患急惊风症，误服补剂成废。生年四十，与病始终，实为可痛。拟作墓碣，祔葬母冢之右，俾其魂魄有依。每一执笔，辄悲不自胜，尚未得为也。

女子在室，则兄弟服期，勋儿婚期自当于明春服满办理。夏芝岑既署粮道（夏宅送女来湘），则赴浙完婚之议亦可毋庸也。

前闻尔上年咯血咳嗽旧病复发，时以为忧。而尔每次信来，总未说及。魂梦作恶，日夜惘惘，惟睹尔亲笔信到乃稍慰也。顷得尔三月二十三日信，知三月初五、初七、初九等日复发吐血旧病，初九日尤剧，后虽暂止，而服药总不见效，拟即停药，专一调养静摄，冀可复元。

吾思尔体气素薄，一由禀赋，一由药饵所误。尔幼小时事自未能记忆，姑详言之。禀赋强弱多由母气，尔母向系虚寒之体，因服阳分补剂素多，始稍健适。不记何年，因适患外感，未及表散，而所煎补剂已熟，遂亦服之。自此表邪未解，为补剂所拦截，渐患重舌等燥症。我时在小淹馆中，收有土人参数石（彼地所谓土人参乃《本草》南沙参也），炼胶数大盂（日食一大匙，开水调服），甚觉平和。归遣尔母，试亦取服，诸燥症乃除。后迁柳庄，遂妊尔。尔初生时，头上两旁有骨隆起如角，不知其为病，而骨格声音尚强，惟亦时见燥症。延医诊视，多用清凉之品，亦能相投。周猷四先生谓头骨隆起是肝经有热，当由母气所致，用平肝散之剂（曾服过龙胆草），试服相安，头骨亦稍平也。岁半时，因生疥，多服凉药，致于脾家有损。三四岁时，患倦怠嗜卧，索食虽多，而完谷不化，几成慢脾症。猷四先生亟用温补峻剂（耆术而加以高丽参，附片），乃渐渐平复。咸丰十年，吾在宿松，闻尔忽患咯血之疾，匆遽驰归，见尔在门外候我，则大慰。未十日，因练军事日日忙迫，未及察尔病状及所服何方，然记大抵清补一门耳。此后尔之体气疾病吾不能详矣。大约尔病一由肝急，一由脾虚，此两者则的然无疑。人之禀赋，母气为多。尔母一生虚羸善病，肝燥之症乃由表症未解遽服补剂而起。后此妊尔，肝气亦急。尔小时遇有拂意事，每气急似不能言，唇带青色，啼哭无回声，尔母屡为我言及，恐伤尔也。即上年在安定营中，偶因拟稿未合，我遽诃责，旋发咯血之病；又适因营帐未密，为风寒所袭，遂患咳嗽。此次病源，亦是平素肝急脾虚遇感辄发所致也。

阅尔所陈前后所服方药，耆、术、附、桂则过峻，地黄、寸冬又偏于阴寒，故均不相宜耳。吾意肝急是先天之病，脾虚是后天之病。此时治法以补肺气为主，肺气旺则肝可平，金能制木之义也。肝平则脾不受克，而土渐盛，可以生金，而肝亦旺。清肺补肺以人参、沙参为要，人参能补肺阳，沙参能滋肺阴，中和之品，不热不凉，于咳嗽、腹泄之病无妨碍。兹专差送药，尔可验收（人参一枝是上品，次者亦可用，另单给阅）。至安化之土人参（可托少云采办）即南沙参一种（状如党参），力薄，非采新鲜大者熬炼成胶不可（铜锅用白沙井水熬，只须滴水成珠）。每服一大匙，用开水调化，和人参蒸水兑服。每次人参一钱，蒸水用南沙参胶一大匙，兑开水服之。不必见奇效，而自有益无损。一俟病势痊可，再服补肝扶脾之剂，久久当可复元（药味宜和平，当归辛温，白芍性敛，不宜用）。尔接此信，可与明者熟商之。杂投药剂不能治病，转以添病。专讲调摄不服药，亦恐元气日久虚竭，更不能支也。调养以节思虑为第一要义。忧郁伤肝，思虑伤脾，均与尔所患有碍，切记切记。雪梨多食最能顺肺，惟生食易致腹泄。盖肺与大肠相表里也。若取大梨去核捣汁熬胶，滴水成珠。每日一匙，开水调化服之，亦能补肺而不犯泄，可试服之。阅尔所服药方，偏阳偏阴，时凉时补，总由未知病源、未得治法之故，心为悬系不已。病在肝脾，宜先治肺，生脉散有寸冬在内，尔咳嗽系由风寒所致，是标病，非本病，故不宜之。五味虽所宜服，然专是肺气虚则宜，若杂有别病则不宜也。至人参则是补肺珍品，断须服之。记尔归时曾拣一枝带去，是否服过？何不告知？兹寄一枝重一两一钱六分，乃系上等。或兑南沙参胶服，或作独参汤服，听尔自酌，如杂入别药服之，恐不见效。燕窝清补，不至发泄，宜常服之，乃有效验。

家事一切可概交孝宽经理，尔专心静摄可也。另谕孝宽一纸交其阅看，此后孝宽每月寄我一信，尔但于信面写数字，由王若农递来可也。

丰孙破题甚明白，字亦端秀，工课只在有恒，断不宜贪多。伊体气甚弱，不任峻督也。

四月二十五日

壹贰陆·与孝威

同治十二年四月二十八日

孝威知之：

二十六日专亲兵龙南贵、唐国光回湘，赍持药物，省视尔病。甫行半日后，复接到王玉岑世兄信，并送来肉桂（净八两三钱）及白术两匣（连匣二十两）。看来两种均系地道珍品，复专戈什哈驰追龙、唐两亲兵，一并交其带归。此两件，尔将来必须服食之品，可留以待用也。

玉岑所寄张介卿信付阅。

四月二十八日

壹贰柒·与孝威

同治十二年五月二十二日

孝威知悉：

接孝宽禀及柳葆元附上一禀，具言尔病服高君方尚无不合。昨又接若农观察信，知张令回湘曾见尔，晤谈半时许，精神尚好，惟声音如故，现服大参，尚觉相安，心中稍慰。前遣亲兵龙南贵、唐国光送上上参一枝、次等参二两及阿胶等件。去后一日，适王玉岑寄我顶上肉桂一枝、於术连匣重二十两，又飞马前去赶上，交龙南贵带回。旋得沈吉田信，知该亲兵五月十一日始到西安，次日觅骡送荆紫关，搭船到樊城、汉口回湘，计六月中旬始可到，迟延可恨！昨袁筱坞又送我参两枝，重一两二钱一分，云其祖母所寄。又此间尚存参支，检其稍佳者，一并交差官刘见荣、侯名贵送回。此四枝虽稍逊于上次寄回者，然亦难得之至矣。儿既能服大参，则此品必可见效，故又差两官送回。至肉桂一枝，虽系交趾所产，然恐非尔病所宜。桂能动血，且亦不如上次寄回者之妙，如不可用，留之家中可耳。尔病由肝急脾虚所致，我前信已详之。前书所说安化土人参熬胶与人参兑服，定可疗治。至于养病之诀，总在清心寡欲，慎起居，节饮食，省酬应，除烦恼数端，是在尔自己善为保爱，不在药饵。我之爱惜尔，以爱民不嗜杀为要，不在祈祷。

西事只肃州孤城尚稽克复。然锁围四合，飞走绝迹，贼已粮乏援绝，饿毙颇多，计在此两月内可了，再将关外布置妥贴，可归矣。并谕宽、勋、同同阅。

五月二十二夜

一副名联的由来

信中，左宗棠关切儿子病情，一句“我之爱惜尔，以爱民不嗜杀为要，不在祈祷”，可见他在思想上以“善心”为念，却又并不执着于佛理。

左宗棠一生颇有佛缘，这从他晚年题于福建福州涌泉寺观音殿的一副对联中可以看出来：“结来香火因缘，先后廿年，持节重游闽越地；同是大千世界，海天一览，置身如在普陀山。”此联最能看出他融佛入儒、儒佛一味的观念。

左宗棠另一副影响力更大的对联，近年因李嘉诚传出，又被时人争相传诵。

一、左宗棠名联的来龙去脉

2013 年，香港企业家李嘉诚一副悬挂于办公室的对联曝光。原文是：“发上等愿，结中等缘，享下等福；择高处立，寻平处住，向宽处行。”

这副对联到底是怎么来的？

有媒体说，这是左宗棠晚年任两江总督时题于江苏无锡梅园诵豳堂的一副对联；也有人说，这是由钱塘人沈兆霖代左宗棠书写的。两种说法其实都不准确。

此联最早公之于世，由左宗棠撰录于陕西省三原县城隍庙大殿。原文是：“存上等心，结中等缘，享下等福；在高处立，着平处坐，向阔处行。”

书写的由头是左宗棠应三原县官员、富绅邀请，在城隍庙前发起捐助。

同治九年（1870 年）春夏之交，左宗棠第一次到达三原县，稍作停留，又一路挥师西进，此联应当是在这段时期书写的。左宗棠这次还专程去到泾阳，拜谒举人恩师徐法绩。因徐师早已故去，左宗棠为他购买墓地、撰文立碑。

说由沈兆霖代题，也非空穴来风。沈兆霖书写的对联版本是："发上等愿，结中等缘，享下等福；择高处立，就平处坐，向宽处行。"此联是左宗棠创作的最初版本。

为什么左宗棠的对联最先却由沈兆霖书写？据史实推论，大约是两人通信时，左宗棠录用了这首得意之作，沈兆霖见之喜欢，便自题作为座右铭，挂于书房。这种做法也符合左宗棠的个性，他 9 岁那年作了好文章，便要"奇文共欣赏，疑义相与析"。

但今人又说李嘉诚所挂对联是由沈兆霖最初题于江苏无锡梅园诵豳堂的，这就完全是杜撰了。《清史稿》记载："同治元年，命兆霖署陕甘总督，亲督兵自碾伯进击撤回，屡败之，撤回乞降。七月，师还，次平番二道岭沟，雨雹，山水骤发，兆霖及从行兵役并没。水退，得兆霖尸，犹端坐舆中。布政使恩麟以闻，上深惜之，赐恤，赠太子太保，谥文忠。"

显然，同治元年（1862 年），沈兆霖在陕甘总督任上便因公殉职，而江苏无锡梅园建于 1912 年，两者相距整整半个世纪。

江苏无锡梅园最初由民族工商业者荣宗敬、荣德生兄弟在清末进士徐殿一的小桃园旧址上兴建，园内植梅数千株，占地 81 亩。诵豳堂则是 1915 年由荣德生从无锡胡埭一秦氏住宅移建梅园内，到 1916 年落成。这时距沈兆霖去世已经 54 年。

事实上，沈兆霖最初只是题左宗棠此联于其"静香斋"书房，供自己私赏。李嘉诚办公室悬挂的对联也不是沈兆霖的那副，而是由清代书画家、篆刻家吴熙载所写。

吴熙载本人则在同治九年（1870 年）去世，这时左宗棠肩负陕甘，声名盛极天下。吴熙载除了激赏喜爱此联，还有一大原因是，书写左宗棠对联能为自己加重名气。龚自珍有句话说，"科以人重科亦重，人以科传人可知"，传播名人，能给自己加分。

只是，吴熙载将"就平处坐"写成了"寻平处住"，又是什么道理？想来当因个人审美趣味而改动。同类事例并非没有，毛泽东书写杜甫的《登岳阳楼》，将原诗“老病有孤舟”改成“老去有孤舟”。

诵豳堂背后有深厚的文化渊源。“豳”是古地名，在今陕西省彬州市、旬邑县一带。《诗经·国风》中有一篇《豳风》，内容是描写农家生活，辛勤耕作的情景，属于中国最早的山水田园风格的诗。左宗棠对“豳”字有偏爱，他题西安湖南会馆有一联：“惟楚有材，于豳斯馆。”

至于三原县城隍庙的历史，追溯起来也颇悠久。它是为纪念唐朝卫国景武公李靖而修筑，建于明洪武八年（1375 年）。李靖是雍州三原（今陕西省三原县东北）人，家乡人建庙纪念他也是天经地义。三原县将他供奉起来，年深日久，以为神灵。到左宗棠到来时，当地对其神化已经十分明显。同为儒将的左宗棠，以军事成名，自然引李靖为千古知己，挥毫泼墨理所当然。

那么，“发上等愿，结中等缘，享下等福；择高处立，就平处坐，向宽处行”一联，最初到底作于何时何地？

查找相关史籍、文卷，均不见记载。可以确证的是，沈兆霖题此联是在咸丰二年（1852 年）。此联当作于咸丰二年（1852 年）之前。若从辞意、气势上推断，大约由左宗棠于道光二十三年（1843 年）到咸丰二年（1852 年）间作于柳庄。

现今多数读者最想知道的，应该还是这副对联到底有何深意，能够给到自己哪些启发。

笔者不揣浅陋，姑作一解。

二、处世六字心经：上、中、下，高、平、宽

回头再来看左宗棠题于陕西省三原县城隍庙大殿的原联：“存上等心，结中等缘，享下等福；在高处立，着平处坐，向阔处行。”

“存上等心”，就是时刻心存善念。古人认为，人在一刹那间（七十五分之一秒）会产生84000个念头，来不及思考的第一个念头最真实，属善念，后面多伴有杂念、邪念，所以动心起念最重要。与人为善，就是要牢记初念。

“结中等缘”，就是不虚妄、不奢求。以平常心对待生活中遇到的每个人，以平常心处理生活中遭遇的每件事。佛学有个观念，叫“日日是好日”。不刻意攀附、制造缘分；不故意回避、消灭缘分；该来的来，该去的去，便是如意状态。正所谓“春有百花秋有月，夏有凉风冬有雪。若无闲事挂心头，便是人间好时节”。

“享下等福”，就是不自私、不贪心。不刻意追求福报，福报自然跟随。五代时期的契此和尚（俗称“布袋和尚”）有一首偈语：“手捏青苗种福田，低头便见水中天。六根清净方成稻，退步原来是向前。”在人人追求幸福的拥挤道路上，适时让步与退后则海阔天空，离福报反倒更近。

“在高处立”，就是立意要大、眼界要高。茫茫宇宙，浩瀚星空，学也无涯，知也无涯。人生的烦恼，往往是知识不够、识见不够造成的。人生如深海勇航，只有打牢学问的根基，在实践中反复磨砺、锤炼自己的识见，才能具有高远的眼界，提早看清前方，不被浪噬，不遭暗礁。站到一定的高度看问题，世事一目了然，不会有高山障眼，不至于被浓雾迷眼。

“着平处坐”，就是为人友善、办事踏实、待人平等。人在什么时候需要坐下来？吃饭、聊天、休息等相对悠闲之时。为人平时走得正、行得稳，坦荡磊落，便不会积怨，不会与人结仇，不会有人起害人之心，趁你最放松的时刻下手，让你如坐荆棘、如悬危地、人仰马翻、摔下悬崖。

“向阔处行”，就是自助、助人。只有始终与大多数人站在一起，同患难、共进退，路才会越走越宽。人多的地方，是别人需要你的地方；帮助更多的人，从佛理上说是大乘境界，从儒学的角度来说是“泛爱众，而亲仁”。如果关起门来自娱自乐、自享自受，便是“自了汉”，即使个人成功，也是误入窄门，没有什么社会价值。

细看此联独特的地方，“上、中、下”是方位，“高、平、阔”是度量。以方位与度量的技术思维来思考人生的道理，在晚清，也只有学农学、舆地技术出身的左宗棠写得出来，八股诗文学不可能培养出这种思维方法。此联的高明之处在于，真正做到了“极高明而道中庸”，用技术理性使笼统的“道”条理分明，又不见理工的呆滞与古板。为人处世的大小道理，悉数囊括其中，也最能见出左宗棠的本心。

一联三版，各得其所，也是奇迹。至于当下流行最广的一联，还是“发上等愿，结中等缘，享下等福；择高处立，就平处坐，向宽处行”。这不仅是李嘉诚的名人传播效应所致，更关键的是此联的内涵源于儒家哲学，可以用来指导人生。毕竟，佛理只是方外之语，超脱世外。佛理在现实生活中的应用，更多表现在个人自律、自觉方面。

信中，左宗棠教儿子养病之诀在于“清心寡欲，慎起居，节饮食，省酬应，除烦恼数端，是在尔自己善为保爱，不在药饵”，也正是这副对联中的佛理在生活中的应用。

壹贰捌·与孝威

同治十二年六月十六日

孝威览之:

得尔五月十二书,知病状之详,服药尚顺,是好消息。惟宜守方,不可图急效也。前交亲兵(唐)[龙]南贵赍回药物,后又遣差官刘见荣、侯名贵赍送药物,想六月内均可次第接到。内多珍品,从容服饵,当见效也。

孝宽十八日信到,已另函复谕之。

家事一切尔可毋须操心。外面酬应毋须干涉,只一意静摄为要。久病缠延,最忌杂投医药。前书所说病源、治法大约不差。中和之品见功不速,勿因病势小有加减遽图改易。前次闻因误服麻黄,几致沈顿,此可为鉴。

西事都好,毋须挂念。

丰孙读书,只要有恒,不须峻督,切切。

六月十六日兰州节署

壹贰玖·与孝威

同治十二年闰六月二十一日

威儿知悉:

日间两次函谕均由若农递寄,当可次第接阅。尔病转痔,当是转机,但不宜轻服清凉之品、峻烈之品,参、术、生熟黄耆乃所需也。舫仙假归数月,今托寄大参一枚(重一两五钱),即舫赠我者。并托其在长沙人家购觅,必可得佳者。蒋之纯廉访前赠於潜白术两匣,双都护前赠关东鹿茸全架,一并附寄,尔可斟酌服食。医道精微,不可轻于尝试,此数品亦既试服无碍,当可无疑,惟不宜骤加分量耳。手此申谕知之。

闰月二十一日兰州[书寄]

舐犊深情与丧子反思

这一时期，左宗棠向朝廷奏请西征军将领金顺应推迟 2 个月出玉门关，其理由是，这样大局更为稳妥。后一封信写后不到一个月，左宗棠见肃州仍久攻不下，遂率领亲兵营从兰州出发，前往肃州前线督战。

一、孝威便血病亡

从同治十二年四月二十八日（1873 年 5 月 24 日）到同治十二年闰六月二十一日（1873 年 8 月 13 日），短短 3 个月内，左宗棠给儿子孝威连写了 4 封信。

从亲人信中得知孝威咯血之后，左宗棠“魂梦作恶，日夜惘惘”，从中嗅出了一丝不祥的预兆。待孝威来信证实，他再不当小病等闲视之，使出全副力气，与死神争夺儿子。

同治十二年四月二十六日（5 月 22 日），针对儿子“肝急脾虚”，他自配药方，专派亲兵龙南贵、唐国光快马加鞭，送回湖南。两人出发不到半天，左宗棠座师的儿子王玉岑送来肉桂 8 两 3 钱、白术 20 两。左宗棠再派一名亲兵带药去追龙南贵、唐国光二人，交付两人一并带归。

孝威的病况在军营中传开，引起大家的关切。同治十二年五月二十一日（6 月 15 日），部下袁筱坞送给左宗棠 1 两 2 钱 1 分重的两棵人参，这是袁筱坞专门让祖母从老家寄来的，可以说是“家藏珍品”。左宗棠又从自己常备的药品箱里挑选两棵上好人参，交予差官刘见荣、侯名贵送回湖南。

但信息阻隔，这段时间发生了一次意外。在服用父亲派送的药物之前，孝威自作主张服用过几次麻黄。麻黄常用于外感风寒，因药方不对，孝威差点儿因此送命，吓得他赶紧停药。

其后，还有部下送来人参、白术、关东鹿茸，左宗棠再次寄回，并委托朋友舫仙在长沙周边买上等好参。

查相关医药书籍，引起咯血的原因不外乎两点：一是呼吸系统疾病，如肺结核、支气管扩张、支气管炎、肺脓肿等，炎症导致支气管黏膜或病灶毛细血管渗透性增高，或黏膜下血管壁溃破，引起出血；二是循环系统疾病，如风湿性心脏病、高血压性心脏病、肺动脉高压、主动脉瘤、肺梗死及肺动静脉瘘。

孝威的病，左宗棠配的药方到底是什么？现在已经找不到了。但看他派送的肉桂、白术，主要起调理作用。查相关医药书籍可知，肉桂的作用是“补元阳，暖脾胃，除积冷，通血脉”。白术的作用是“补中燥湿，止渴生津，最益脾精，大养胃气，降浊阴而进饮食，善止呕吐，升清阳而消水谷，能医泄利”。

但孝威的咯血病，此时已转化成痔疮，也就是便血。这到底是什么原因，非笔者这个医学外行可以臆测。但分分秒秒在悬心中度日的左宗棠，倒认为这是病情好转的迹象。这也许是出于爱子心切，但明显他过于乐观了。

一个让人不情愿接受的事实是，读完这封信后，孝威今生再也听不到父亲的牵挂、嘱托、批评。

我们不得不在无比遗憾中追问：孝威之死的原因到底是什么？

二、批评教育之失

从因果逻辑中找，直接源于周诒端体质过弱，加上服药失误，遗传给了孝威一副并不算健康的身子骨。

从社会原因中找，源于清朝医疗技术落后。左宗棠为儿子自治自疗，花去比看医生高数百倍的代价。当时名医稀缺，而江湖郎中多骗子。古代顶尖医生的治愈率大致能达到七八成，差医生的治愈率只有三成左右，很多人在60岁前就病死了。

类似孝威这样英年早逝的情况，在当时是相当普遍的，只是作为左宗棠的长子，专门说起，才显得格外醒目。

孝威病死，从家庭中找原因，左宗棠作为父亲，不是没有责任。他明知长子体弱，很难达到自己的要求，但仍以批评为主，而不懂得委婉教育。

如果说性格决定命运，那么左宗棠凭刚直的性格事业大成，但也因性格刚直承受了丧失长子的代价。这也是因果。左宗棠凡事直来直去，放到家庭中，这也是比较严重的缺点。

左宗棠毕生可贵的一点是会自我反思。他意识到自己的严格有一定负面作用，所以多次叮嘱孝威，教育丰孙左念谦不可“峻督”，要听其自由。只是当左宗棠弄明白这个道理时，已经付出了惨重代价。

平心而论，从咸丰二年（1852 年）第一封家书起，到同治十二年（1873 年）给孝威的最后一封家书止，21 年来，左宗棠教育儿子的理念并没有错。他错在教育方式。左宗棠一直没明白一个道理：童年与少年心性未定，血气未稳，你将他夸成什么样，他就会长成什么样；反之，你将他骂成什么样，他就真的会长成你骂的那样。

眼下他对孙辈的教育，无论观念还是方法，已让人普遍能接受了。这里当然也有祖孙“隔代亲”的原因。当然，父子关系确实是很难处理好的关系，否则孟子也不会倡导“易子而教”。尤其是在儒家“肖子”观念的束缚下，儒学信徒左宗棠不可能思想穿越，提前进入 21 世纪。

1875年

光 绪 元 年

左宗棠 ——— 63 岁

次子孝宽 —— 28 岁

三子孝勋 —— 22 岁

四子孝同 —— 18 岁

左宗棠 家教语录

㊀ 功课不可太多，只要有恒无间，能读一百字，只读五六十字便好。

㊁ 山不生草，自非吉地。将来我欲合葬，尤须另择为是。

壹叁零·与宽勋同

光绪元年四月初七

宽、勋、同知悉：

接同儿信，知刘克庵已在八石坳觅得穴地，当令立契成交。惟山向今年不能安葬，又请克翁另择，未知克翁许为久留否，续又觅得佳处否。我意如八石坳（记是刘怀清祖住处）地可安葬，而今年山向不开，即留待明年举行葬事亦无不可。前言任家冲有地可葬，而山价太贵，我已允重价购之（王若农信来，已付银千两），不知此次曾否请克翁看过。葬事实难妥速，我远在数千里外，不能遥揣；即在家，亦不能选地择日，不过是事请人指示耳。尔等现在茫然无措，亦无足怪。只是将此事放在心上，求可以安乃兄之体魄，不可草率了事就是。余详前谕，不多及。

［四月七日书］

今年乡试，尔等是否入场，我亦听之，但不要关节，切切。

现奏甘肃分闱届时举办，应作监临。此邦人文当可望起色。

丰孙字好，近时已否开笔学作文章？恂、恕、慈读性何如？功课不可太多，只要有恒无间，能读一百字，只读五六十字便好。

壹叁壹·与宽勋同

光绪元年四月十七日

何大伯子贞之丧，其家并未致讣，不知家中曾否致吊。四十年文字之交未可疏略，尔等可代作我唁，并送赙银百两，亲诣致奠。吴南屏年伯处久拟作唁函，旋以事冗未及为，尔亦宜先致赙银二十两，曾侯夫人丧亦有讣至，容由此间再寄唁信。并谕。

乙亥四月十七日

壹叁贰·与宽勋同

光绪元年四月二十六日

三月二十四日曾写家信由鄂台转递，即言克庵中丞已为尔兄相定八尺坳地，而陈吟舫［兄］力云时日不利，则缓至来年营葬亦可。想尔等接得此谕，当有定见。葬事以看地为难，选日亦未可草草。克翁所言蒋力夫得有秘传之说，不知究竟何如，凶煞恐非可制伏也。诹吉迟一年，事所常有，不可过于着急。尔母葬地既不相安，自宜改葬。三合土无离棺之理，不解棕衣何以朽碎。山不生草，自非吉地。将来我欲合葬，尤须另择为是。二姊自尚未祔葬，可趁此时早将尔母葬定再说。得地既如此之难，我意但求平冈干净处所可免水蚁者营葬即是，不必讲堪舆也，已有信求克翁［中丞］代为谋之。伯和所刻墓志甚好。葬期未定，毋庸迫促。

修城之捐改为移建书院，冒侯意以为然。而主僧西枝又肯从仲云之请定局，甚为妙事。将来我力有余，尚当添助膏火耳。

现奉谕旨督办新疆军务，应预筹出关驻节。衰病余生，何能担荷重任？惟密谕“英、俄有暗约扰我西路之说，英由印度窥滇之腾越，俄窥喀什噶尔，使我首尾不能相顾”云云。现值俄使由湖北、陕西前来，到兰接见后，由凉、甘、安、肃赴哈密，由哈密归国。所遣两使名为游历，实则窥我虚实。此时西事无可恃之人，我断无推卸之理，不得不一力承当。我既不能即赋归来，尔等久留湘中亦无是理，大约俟尔兄葬事毕再商议定局可耳。

新政诸凡详慎，悉当人心，薄海臣民之福。惟人才尚不如前，是为可虑。即如陕甘一席，私中推择亦少惬心之人，何论十八省疆圻重寄也！一叹。

甘肃分闱已定，数千百年旷举，足慰士心。兰山书院肄业者多至四五百人，各郡县亦多闻风兴起，或者自此人文日盛亦未可知。手此告尔等。

四月二十六夜［三更书于］兰州节署

治理不宜冒进，读书贵在实践

孝威病亡之后，左宗棠有将近两年没有留下家书。什么原因？一则，左宗棠深陷丧子悲痛，久久难以释怀；二则，《左宗棠全集》的“家书卷”部分系第四子左孝同晚年收集整理，遭遇辛亥革命，改朝换代，兄弟四散天涯，其间可能有部分家书遗失了。

一、短于文治，刘典休假回乡

写这封信时，时间已到了光绪元年（1875年）。这年，次子孝宽28岁，季子孝勋22岁，四子孝同18岁，用今天的标准来看，三个儿子都已成年。

给父亲写的信由小儿子孝同执笔，让人感到蹊跷。孝威去世后，次子孝宽成为“家督”，这封信理应由他来写。孝同执笔，可能有三个原因：孝宽做文章的能力有限；孝宽以前被父亲骂怕了，提笔有心理障碍；孝同在三兄弟中文笔最佳。

第一封信专门商量孝威的墓地。古人最看重人生的两件大事：一曰养生，二曰送死。给死去的儿子找一块吉地，也是人之常情。左宗棠委托陕西巡抚刘典帮忙相地，最后看中湖南湘阴八石坳的一块地。

刘典身为陕西巡抚，一省军政大事都忙不过来，哪来的时间为左宗棠忙家务事？

原来，此时他已经请假回湖南宁乡了。说得好听点是请假，事实上是辞职。

是刘典能力不行吗？在陕西巡抚任上，他干得还是很出色的。《清史稿》记述他：“治善后，集流亡，举屯牧，恤艰厄，革差徭。又以其时浚郑白旧渠，关中渐喁喁望治矣。”也就是说，刘典在陕西善后建设中不但安顿流民，奖励生产，抚恤弱势群体，取消苛捐杂税，还派军队重新疏通了郑伯渠，关中一带渐见升平气象。

刘典是左宗棠赏识的“廉干”官员。也许是过于清廉，反而变得刚愎与道学，缺乏宽容，他希望所有的将士与自己一样清廉。

陕西平定后，地方财政拮据，刘典实行“精兵简政、减饷缩编”政策，规定楚军及地方绿营一律按原定饷银的70%发放。他急于建设一个富强的陕西，却恰逢地方财政紧张，拿不出足够的钱，于是他致力于开源节流，这个思路并没有错。但“节流”这种事急不得，前期思想工作尤其重要。刘典强行降薪，惹恼了出生入死的众将士，一时间“士卒不无怨望”。军队人心涣散，队伍越来越不好带。后来，刘典众叛亲离，借机向朝廷请了探亲假。

此举可见他有些“书呆子气”，也表现出他长于“武功”而短于“文治”。他曾在家乡宁乡创办云山书院，自题一联：

为将十年，每思禁暴安良，愧无格致正诚本领；
读书万卷，须知明体达用，不外君臣弟友常经。

对联内容了无新意。说刘典的成功主要靠执行左宗棠的战略构想，他是个一流的“执行家”，大致不差。

二、重视实践，左宗棠教孙“实行”

左宗棠如今已经完全不信风水。他认为，棺材安放地下，只要遗体不被水淹，不被蚂蚁咬，随便葬在哪里都可以，“不必讲堪舆也”。这或许是从孝威为母亲周诒端选墓地选出来的经验。

3年前，孝威给母亲周诒端选的墓地并没选好，如今出现三大问题：一是所葬之山不生草；二是墓穴内的三合土离棺；三是附葬的棕衣5年后离奇朽碎。

左宗棠一开始就对风水半信半疑。在这件事上，他意识到孝威上了风水先生的当。

左宗棠不迷信，但他相信“运势”：家运顺，自然能碰上好地，所以，不要刻意选地，一切顺其自然。

若说选父母墓地关联后人前途，也不是全无道理。用实学的观点来看，为父母选墓地，反映出一个人的眼光，考验一个人的办事能力。墓地都选不好，说明眼光有问题，能力也很难高到哪里去。

结合孝威来看，他的书本知识不错，但社会经验明显缺乏。风水先生贪图左家钱财，从土地中赚取高额差价，故意拿一块光秃秃的坏地来忽悠他，考验他能不能看得出来。孝威居然上当了，这说明他确实是“书呆子”。上过风水先生当的人，生活中的其他事情难免也会上当。他病急乱投医，乱服药，从个人判断力方面来看，也是由于社会经验明显不足。

左宗棠这段时间经过自我反思，也意识到以前对儿子们要求太严格了：规定太多，束缚太死，导致儿子们阳奉阴违。所以这一年乡试，他破例允许3个儿子同时参加，唯一的要求就是不能打着父亲的招牌，找官员疏通关系，混个举人。

对丰、恂、恕、慈四个孙儿，他也一改从前教子的严格要求，尽量以一种慈爱之心，遵从他们自由的天性。如他在信中嘱咐儿子教育丰孙时说：“功课不可太多，只要有恒无间，能读一百字，只读五六十字便好。”

左宗棠的教育理念从来就很清晰：学习书本知识固然重要，但更重要的还是从小锻炼动手实践能力。

关于如何学以致用，左宗棠专门写下一副对联，作为子孙后代的指南：

纵读数千卷奇书，无实行不为识字；
要守六百年家法，有善策还是耕田。

左宗棠所率清军驻扎兰州时使用的火炮

左宗棠率领的清军屯扎在兰州

1876年

光绪二年

左宗棠——64岁

次子孝宽——29岁

三子孝勋——23岁

四子孝同——19岁

左宗棠家教语录

一 我廉金不以肥家，有余辄随手散去，尔辈宜早自为谋。

二 读书只要明理，不必望以科名。

三 子孙贤达，不在科名有无迟早，况科名有无迟早亦有分定，不在文字也。

四 苦读能伤气，久坐能伤血。

五 小时拘束太严，大来纵肆，反多不可收拾；或渐近憨呆，不晓世事，皆必有之患。

六 两袖清风，无以为养，安能留余粟分赡子孙？

七 一家全染官署习气，望其异日茹粗食淡，断有难能。

八 以百年待尽之身怀百年未尽之虑，一如村老野夫，亦可谓无聊极致矣。

壹叁叁·与孝宽

光绪二年五月初六

谕孝宽悉:

勋、同来省,随我赴酒泉,勋厚同敏,均可爱也。适以省试伊迩,告归长沙,端午后就道。请处分家事,兹条示于后。

邑中书院改建未得,余不欲持异议,亦不欲取回原寄廉银。冒侯去任,存项可呈缴县中,为育婴普济经费,聊尽我心。

尔兄墓地修筑竣事。前晤刘克庵,亦说平稳。惟须薄置墓田数亩,丙舍数间,为上冢憩息之所。志铭即嵌墙壁。

母茔形势佳否,吾难悬揣。惟闻山童土敝,定非佳壤,不足安尔母体魄,且吾百年后亦必得一栖神之所。堪舆家言断不可信,而水蚁宜避,虽达观者不得无动于中。刘克翁言八尺坳地好可葬,上年曾为买定。又曾子原亦颇言其佳,似故茔宜改,当卜斯丘。吾与勋、同言之矣,如八尺坳(当即板石坳,刘怀清老屋距此不远)可以建茔,当即谋迁葬,不须别图。合葬亦行古之道,吾意于板石坳可葬,则尔母迁安于右,二姊袝右之右(下二尺可矣);吾百岁后窆于左,尔生母袝左之左(下一尺),庶地下团聚不异人间,子孙岁时祭扫亦便也。如定此为新茔,只须请刘元圃、曾子原两君同诣山定穴,不须再求地师;只须诹吉造坟,不论元运,较之寻常卜葬为易。尔兄在日虽坚属不可改葬,惊尔母体魄。此次改卜由我,尔兄弟可无疑也。

吾积世寒素,近乃称巨室。虽屡申儆不可沾染世宦积习,而家用日增,已有不能樽节之势。我廉金不以肥家,有余辄随手散去,尔辈宜早自为谋。大约廉余拟作五分,以一为爵田,余作四分均给尔辈,已与勋、同言之,每分不得过五千两也。爵田以授宗子袭爵者,凡公用均于此取之。

念恕所呈请安帖子字画端正,吾甚喜之。可饬其照常读书,以求长进。饬勋、同过兰时检箧匣中物赐之。吾本无珍异之物,且赐孙亦不在珍异耳。

诸孙读书,只要有恒无间,不必加以迫促。读书只要明理,不必望以科名。子孙贤达,不在科名有无迟早,况科名有无迟早亦有分定,不在文字也。不过望子孙读书,不得不讲科名。是佳子弟,能得科名固门闾之庆;子弟不佳,纵得科名亦增耻辱耳。

吾平生志在务本,耕读而外别无所尚。三试礼部,既无意仕进,时值危乱,乃以戎幕起家。厥后以不求闻达之人,上动天鉴,建节锡封,忝窃非分。嗣复以乙科入阁,在家世为未有之殊荣,在国家为特见之旷典,此岂天下拟议所能到?此生梦想所能期?子孙能学吾之耕读为业,务本为怀,吾心慰矣。若必谓功名事业高官显爵无忝乃祖,此岂可期必之事,亦岂数见之事哉?或且以科名为门户计,为利禄计,则并耕读务本之素志而忘之,是谓不肖矣!

勋、同请归赴试,吾以秀才应举亦本分事,勉诺之,料尔在家亦必预乡试。世俗之见方以子弟应试为有志上进,吾何必故持异论。但不可借此广交游、[务]征逐、通关节为要,数者吾所憎也。恪遵功令,勿涉浮嚣,庶免耻辱。

丰孙读书如常,课程不必求多,亦不必过于拘束,陶氏诸孙亦然。以体质非佳,苦读能伤气,久坐能伤血。小时拘束太严,大来纵肆,反多不可收拾;或渐近憨呆,不晓世事,皆必有之患。此条切要,可与少云、大姊详言之。

勋、同来言,坚以举家度陇就近侍奉为是,吾断谓不可。吾年已衰暮,久怀归志,特以西事大有关系,遽尔抽身,于心未尽,于义未可。然衰颓日甚,岂能久据要津?西事稍定,当即归矣。挈家累数千里,水陆兼程到陇,不数月或年许仍须整归装,劳费万状,是岂不可以已?陇地苦寒,水土不宜,气候大异,诸孙幼小,虑非所堪。吾方头白临边,岂遑分心内顾!自任疆圻,所有养廉均随手散去,计陕西所存不过二万余两(合今岁言之)。若眷属西来,盘费用度所耗不资。正恐归休以后两袖清风,无以为养,安能留余粟分赡子孙?且一家全染官署习气,望其异日茹粗食淡,断有难能。而衰朽龙钟,更何堪以家累萦心也?是尔曹晨昏侍奉徒有其名,而吾以百年待尽之身怀百年未尽之虑,一如村老野夫,亦可谓无聊极致矣。尔曹思之。

丁叟、壬叟先后夭谢,两妇皆名家女,共抚一子,极为可念。李老姨晚景至此,赡养难丰。吾意欲分致薄少与之。尔兄弟可共计议禀知,以了此愿。外家萧条,二舅欠数百两债,闻尚未清偿,息耗日增,家计日窘。吾意欲为早清夙债,俾得从容。夏经笙处拟由鄂台函致六百两,以供太夫人甘旨。莼农现在兰州,甚能治事,暂不急也。宗族中应赒恤者,除常年义谷外,随宜给予。先近枝,后远族,分其缓急轻重可矣。此后爵田有成,则归爵田支销耳。

西事诸见章奏,大约绸缪之,固可规久远,非一时所能,亦非一手一足之烈。勋、同在此,略有所窥,可详问之,吾不复赘也。

丙子五月初六日酒泉营次[书]

壹叁肆·与宽勋同

| 光绪二年七月初九日

得王若农书，知勋、同于六月初二日抵鄂，适遇凉风暂至，即于初四日挂帆还湘，殊为慰意，计六月中旬可到长沙矣。家中大小想均平安。

宽今岁下场，亦不望中，但文字清顺不犯条例即可矣。勋、同榜后即与宽共商母茔改葬一切，八尺坳既定，则择期营葬，不必又访别处耳。

陶氏诸孙赴乡试者今年当可望中。惟科名有命，得与不得不尽在文章，亦毋须望之过切耳。

黎尔民竟捐道员，以后生计当日益窘迫。做官原无好处，况贵而无位、高而无民之道员耶。

出塞之师已悉抵阜康（六月初七），粮可支四月，军火均足。贼悉锐保古牧地，不出所料。如安集延亦来抗拒，则数恶伏后便当瓦解矣。六月兴师，又正炎伞高张之候，师人无物故者，且勇气弥厉，是可喜耳。

袁彬告归，令张荣代之。此仆诸尚妥协，已遣其归。都中寄代买兼毫笔八十枝［到］，令其带归，分赐念谦兄弟各二十枝。塞上无佳品可寄也。［手此谕知。］

七月初九日酒泉营次

教子以“中庸”，教孙以“自由”

光绪二年四月初三（1876年4月26日），左宗棠统率西征军从兰州出发，抵达肃州，将前敌总指挥部设置于此，收复新疆的战役正式拉开序幕。这封信写于左宗棠抵达肃州后一个月零三天，战事部署已经初定时，他在百忙之中抽出空来教子齐家。

这封信单独写给孝宽，原因是孝勋、孝同兄弟已经到了甘肃酒泉军营。

孝宽本来也应该去，但作为家督，他要守住长沙、湘阴两地家业，并处理亲朋、邻里之间的日常人情往来，故不能抽身前往。

孝宽居家，左家一大摊子事，处理起来需要先征询父亲意见。左宗棠遂对照来信，逐一回答。

第一桩事，湘阴县文化界人士筹划改建一家书院，正发动地方富贵人家捐款。左宗棠收到募捐信后，第一时间捐款。不料发起人过于鲁莽仓促，等钱募齐了，动工后才发现，原有的房屋结构导致根本无法改建，只好将捐款原数退回。左宗棠不要退款，写信通知募捐人：收回就不必了，将钱全部转移到湘阴县育婴堂，作为救济贫困人家的“奶粉钱”，即育婴普济经费。

第二桩事，根据刘典的现场考察，已确定将孝威安葬在湘阴县八尺坳。但其母周诒端迁坟一事，这次儿子们又提了出来。左宗棠同意改迁，是因为此地“山童土敝”，也就是说，山上的草与树像儿童的头顶一样，稀稀拉拉，没有多少，土质则全是砂砾、劣石。

周诒端的坟地是孝威选的。孝威上了风水先生的当，兄弟几个醒悟过来后，曾议论是否改迁，孝威当时坚决反对，理由是改葬需破土，必然惊动母亲地下魂魄，为子于心不安。这个理由，说白了就是捍卫自己的面子。如今孝威已死，孝宽仍不敢做主违背大哥的决定，从这里隐约可以看出孝威是个倔脾气。左宗棠写这封信，安排孝宽尽快改迁，并特别申明这是父亲的意见，意思是父亲的决定权大于长子，孝宽不必再有什么担心和顾虑。可见，左宗棠对孝威的做法也不认同。

儿子陆续成人，自己如今西征新疆，置身不毛之地，百年已可预期。考虑到自己的健康状况，左宗棠开始安排后事。他根据儒家的中庸观念，既不刻意安贫，也不存心藏富，而是拿出 25000 两白银，切分作 5 份。兄弟四人各得 5000 两白银（其中，孝威的那一份由其妻子贺氏接管），另 5000 两白银用来买爵田。用今天的眼光来看，这是中产阶级的生活标准。此时左宗棠的身份是一等恪靖伯，按此数买下的爵田当不下 200 亩，在湖南丘陵地带，有这样田产的已属于大地主。

3 个儿子还在考举人，岁月荏苒，4 个孙儿马上面临考秀才了。左宗棠怎么对待?

左宗棠自道光十八年（1838 年）宣布罢考进士后，便对科举一直排斥，孝威在世时与父亲观念分歧，以致屡被教训。当时，面对家中一大拨“科考后备队”，左宗棠知道，个人终究敌不过传统的强大惯性，他开始妥协了，说：“世俗之见方以子弟应试为有志上进，吾何必故持异论。”

虽然答应儿孙们走主流科举路，但他还是约法三章：不准借科考之机拉帮结派、炫富攀比、搞关系走后门（广交游、务征逐、通关节）。

左宗棠顺水推舟，改换“自由”观念来引导孙辈，原因是通过管教 4 个儿子的实践，他明白了一个道理：孩子从小管得太严，表面上看起来老老实实的，长大后反倒调皮捣蛋，且犯起事来惊心动魄，再想矫正连机会都没有。因此，他在信中说：“小时拘束太严，大来纵肆，反多不可收拾；或渐近憨呆，不晓世事，皆必有之患。”

左宗棠由忧儿孙又扩大到忧外孙。长女孝瑜真是个“能干婆”，处处将父亲当作偶像，以前望夫成龙，现在望子成龙。她模仿父亲当年的做法，严格要求儿子们。左宗棠通过家人书信，对此早有耳闻。现在自己的教育方法改变了，长女还在重走自己的老路，这事怎么得了！所以通过这封信，他也特意叮嘱孝宽务必转告孝瑜夫妇俩，对孩子应该要改行“自由教育”，因为父亲的老办法已经行不通啦。

1877年
光绪三年

左宗棠——65岁

次子孝宽——30岁

三子孝勋——24岁

四子孝同——20岁

左宗棠家教语录

一 吾老矣，军事羁身，去家万里，儿曹成败非能预知，亦实不暇管教，尔等成人与否亦不在意，只好听之。

二 吾所望于儿孙者，耕田识字，无忝门风，不欲其俊达多能，亦不望其能文章取科第。

三 小时听惯好话，看惯好榜样，长大或尚留得几分寒素书生气象。

壹叁伍·与孝勋孝同

光绪三年五月初四

谕勋、同知之：

前接孝宽禀，知孝勋夫妇有赴浙祝寿之说。嗣接若农观察来信，知已由鄂搭坐轮船赴宁，不久仍可同归，殊为悬系。数千里夫妇同行，途间许多不便。又搭坐轮船航海，无可倚信亲丁护送，何能放心。汝辈安坐家中，但知轮船迅便，不知近日轮船失事之案层见叠出，甚可耽心。祝寿非紧要典礼，不必夫妇同行。数千里航海宁亲，尤非稳便。事前并不禀告老父，候示遵行，又与礼大有不合。勋性柔暗，宜其不明道理，宽亦听之，何也？此信到湘，计勋已回家，嗣后不准任意妄行，并传谕三媳妇知之。

宽信云三月底来肃，并言过鄂时再由鄂台寄信。现已四十余日，未接只字，或三月底尚未动身耶？抑沿途阻滞耶？

同在家潜心读书为要，今岁未延师训课，尤宜检束自勉，不可放肆废学。吾老矣，军事羁身，去家万里，儿曹成败非能预知，亦实不暇管教，尔等成人与否亦不在意，只好听之。丰孙辈当渐有知晓，尔等能以身作则，庶耳濡目染，日有长进，不至流入纨绔恶少一派，否则相习成风，不知所底矣。吾所望于儿孙者，耕田识字，无忝门风，不欲其俊达多能，亦不望其能文章取科第。小时听惯好话，看惯好榜样，长大或尚留得几分寒素书生气象，否则积代勤苦读书世泽日渐销亡，鲜克由礼，将由恶终矣。

二舅信来，似光景甚窘，望吾寄赠，却不言及多少。汝母骨肉之亲，现只剩他一人，我必当尽情尽礼，以副汝母之意，且俟宽儿到肃再说。

此间战事极为顺利，惟饷源早涸，而悬师绝域，转馈更艰，思之寝食俱废。折稿饬抄寄尔等一阅。

丁丑五月初四夜肃州

“护子”过深，责之必切

写这封信前，左宗棠正在向朝廷申请筹借洋款。将后勤保障落定后，他下令刘锦棠统领2万老湘营将士，作为西征军的开路先锋部队，向古城集结，发起收复新疆的首场战役。

光绪三年五月初四（1877年6月14日）晚上写这封信时，左宗棠又动怒了。恼怒的原因是小儿子孝勋瞒着父亲，带着媳妇跑到浙江，为人祝寿去了。据上下文推测，寿星公可能是孝勋的岳父。

祝寿属人情往来，是个可大可小的事。按当时的交通条件及战后秩序，远行千里为人祝寿，是个繁难且充满风险的事情。孝勋实际上是想借祝寿的名义，带媳妇风光旅游一回，左宗棠心中有数。他倒不是担心儿子花费了钱，对于该花的钱，左宗棠从不小气。他只是认为，近来海上事故频发，坐船极不安全，生怕孝勋有个三长两短。

左宗棠本能地想将家人、朋友全部置于自己的羽翼下，给予绝对安全的保护。一旦发现儿子想脱离自己的翼护，他就会处于焦虑之中。这封信的火气，很大程度基于此。

批评儿子也需要拿出具体理由。左宗棠给出的理由是“事前并不禀告老父，候示遵行，又与礼大有不合”。话是没错，可问题是，如果出发前先跟父亲打报告，孝勋还能成行吗？明知会挨批评，但采用先斩后奏的方式至少可以满足自己一回独立生活的愿望。

回想孝威、孝宽分别都有过先斩后奏的做法：同治七年（1868年），长子孝威瞒着父亲，进京会试；同治十一年（1872年），次子孝宽瞒着父亲，将长沙司马桥住宅重新装修一遍。

3个儿子虽都曾“违礼出格”，但这都发生在他们成家立业之后，今天看来，这些事也没什么不对。由此可以看出，儿子们较强的独立意识颇像左宗棠本人。这也难怪，青春年少，谁不想独立做一番事来证明自己，找点存在感？这是叛逆期必经的阶段，作为家长应该理解。

但左宗棠却不这样认为，他仍想时刻关心儿子，既当爹又当妈，严格将儿子们置于自己的保护之下。

“护子”过深，责之必切。我们不禁要感叹，爱之深有时也会变成“伤害”。

孝威病死后，左宗棠反思过，发现自己的教育观念有问题，决定以“自由”取代“严格”，要求儿子们按这个标准教育孙辈。但当真正的“自由”到来，他又无法容忍，“论人太尽”的缺点再次显现出来。

这次他本是在批评孝勋，但说着说着，又将孝宽也一起批评了。“勋性柔暗，宜其不明道理，宽亦听之，何也？”弟弟不懂事，还说得过去，孝宽你作为哥哥，放任弟弟去，怎么解释？

可问题是，孝勋都成家了，他要带媳妇去祝寿，孝宽管得着吗？

以丰孙左念谦为首，4 个孙儿也陆续读书了。左宗棠因为还在气头上，所以教育儿子们如何管好孙辈时用了一句非常刺耳的话：“不至流入纨绔恶少一派。”他还是控制不住自己刚激的天性。好在这封信只是给两个儿子看的，如果孙儿看到，自信心难免会受到打击。

左宗棠带兵打仗出身，见惯了战场杀戮，出手、出口都比较重，这也可以理解。他治国理政有个思路：“除弊即是兴利，弊除则利生。”将这一思维转移到教育上来，就是杜绝孩子沾染恶习，没有恶习，便现良品。该理论也不是没有道理。但治国理政，法制无私无情；教育孩子，贵在以情动人，将心比心。治国理政需要批判与改革，教育孩子需要鼓励与赞扬。可见，两者不能混为一谈，更不能完全照搬。

但左宗棠此信中的一些家教内容，仍然十分可取。比如，他在信中说：“吾所望于儿孙者，耕田识字，无忝门风，不欲其俊达多能，亦不望其能文章取科第。小时听惯好话，看惯好榜样，长大或尚留得几分寒素书生气象。”此观点很有道理。若真能按照着他所说的这些去做，即使后代天资有高低，也定不至于出现“败家子”。

左宗棠其实已经比较清楚“自由教育”的正确性与重要性，但眼下运用起来还是有点蹩脚，殊为不易。

1878年
光绪四年

左宗棠——66岁

次子孝宽——31岁

三子孝勋——25岁

四子孝同——21岁

左宗棠 家教语录

一 我不信风水之说，然必择地营葬，本是至理。

二 若以多费为荣其兄嫂，此世俗之见，于礼为谬。

三 经常之制，与其奢，毋宁俭也；与其易，毋宁戚也。

四 惟优贡得否则未可必，亦不必分心于此，吾不以科名望尔曹也。

五 人事应酬随宜点缀，太俭不可，过丰又难为继，当共酌之。

六 近日亲族心艳荣利，在我固难恝然，在彼究有何益？

壹叁陆·与孝勋孝同

| 光绪四年二月三十日

谕勋、同：

尔嫂积忧成疾，竟以不起，可胜悲痛。惟念生而忧，不如死之速，我亦无用其悲。只尔嫂淑慎，能得姑欢，抚育诸孙尚未成立，兹忽早死，实家门不幸，心中未能释然。

宽在营侍我未归，尔兄弟在家料理丧事，当极求妥慎。谦、恂、慈年尚幼稚，早失怙恃，极可怜念。尔兄弟及诸妇当体兄嫂意，抚之如子，冀将来成立，以解我忧。谦年稍大，尔生母尚能照料。恂、慈交诸妇抚育，饮食衣服起居一切视如所生一般，亦不必过于娇养，致生毛病。诸孙之贤不肖，则尔兄弟夫妇之贤不肖也，尚慎之哉！

合葬非古，而古人即多遵行者。同穴之义，人情天理之至也。惟天鹅池兄茔佳否，未能悬揣，合葬之先须启土验视。葬期固宜慎择，即启土验视日时亦宜诹取干净，未可草率。验视而吉，固即营葬。倘见有水蚁之患，则尔兄尚宜改葬，岂可迁就。我不信风水之说，然必择地营葬，本是至理。贪吉谋吉固不可，非避水蚁凶恶又可乎哉？孝子孝妇宜得葬所，此理之常要，亦不可不慎。大约启土验视时日距合葬之期迟速均非所宜，先一二日其可也。嫂柩可先窨存本山（宜雇人看守），俟葬期定，则启土验视，吉则合葬，否则一并改迁。尔兄弟自察酌之。圹志写就寄归，可倩人镌之，葬时可并尔兄志铭入土。

南疆底定，恩晋二等侯。拟于日内拜疏固辞。荣宠日增，门庭多故，非所望也。

余均饬宽转谕。

戊寅二月三十日［父字］

不信风水，信“天理人情”

光绪四年二月初九（1878 年 3 月 12 日），朝廷封左宗棠为二等恪靖侯。4 年前，朝廷已授予他东阁大学士，即名义上的宰相。举人左宗棠至此实现了封侯拜相，做成“今亮”，其年 66 岁。

光绪四年（1878 年），孝威病逝已过 5 年，其妻贺氏因失去丈夫依靠，积忧成疾，遂于该年撒手人寰。

贺氏是左宗棠在城南书院时老师贺熙龄的女儿，称得上名门闺秀。她患病的原因不是身体不好，也不是精神有问题，而是古代婚姻制度造成的。

儒家定下“三从四德”的清规戒律，要求女人一生，在家从父，出嫁从夫，夫死从子，不但没有结婚自由，而且没有离婚自由。孝威一死，贺氏只能守寡。一个诗书家庭走出来的女人，失去了男人这根顶梁柱，拉扯着念谦、念恂、念慈三个孩子，按儒家的说法，她的天已经塌了。

长媳丧夫，左宗棠一方面很悲痛，毕竟这是家门不幸，但同时又希望她早死，因为与其活着遭受痛苦，不如死了摆脱痛苦（“惟念生而忧，不如死之速”）。这个观念不免让今人瞠目结舌。家门的面子重过女人的生命，这哪里还有人权？但古人 2000 多年来从没有觉得不对，这应看作儒家文化的一大缺陷。

贺氏一死，孝威遗留下的 3 个儿子如何管教，成了左宗棠挂念的大事。他可能因此想起了自己兄弟的遭遇：大哥左宗棫于道光三年（1823 年）英年早逝，所遗独子左世延因没有父亲，这些年来借东家、寄西家，颠沛流离，让左宗棠不胜其慨。

为了防止孝威的 3 个儿子发生同样的遭遇，左宗棠提早做了安排：长孙

清军在伊犁河畔与叛军展开激战

念谦由妾室张茹抚养，念恂、念慈则交给三个儿子抚养。为防止三个儿子敷衍塞责，左宗棠有言在先：既不能娇生惯养，也不能弃之不顾，教得好坏全是他们的责任。

在贺氏的葬地选址上，家人出现分歧。孝宽三兄弟倾向于让贺氏与孝威分葬。左宗棠主张贺氏与孝威合葬，墓地选在湘阴八尺坳天鹅池，理由是，虽然夫妇合葬不是古制规定，但古人多采用夫妇合葬，不算越礼。

这里再次谈到墓地风水。

自同治九年（1870年）以来，左宗棠先后安排了妻子与长子的葬礼，其间多次与儿子、朋友相选墓地，现在已经完全不信风水之说。既然不信风水，随便找一块墓地便是，为什么还要在信中如此费尽周折，连墓地与下葬仪式都做出如此精心的安排？左宗棠的用意，不为风水，而为死者尊严。

人生于天地之间，最终又化归土地，这是自然规律。不管棺材如何结实、密封，尸骨终将朽化，只是时间问题，这是常识。挑选墓地乃是因为同代人及子孙辈在世时，亲人地下尸骨犹存，对他们是一种心理安慰，对死者则是一种尊严。左宗棠所谓“孝子孝妇宜得葬所，此理之常要，亦不可不慎”，即是如意。

近 9 个月来，左宗棠只写了这一封家书，因为他的主要精力投入收复新疆的工作中了。北疆已经收复，南疆志在必得，他毕生的事业正在走向又一个巅峰。光绪三年（1877 年）农历十二月，朝廷赐封左宗棠“二等恪靖侯”。他少年时代立下的做“今亮”的志向，已经实现。

光阴流转，物是人非。如果是在湘阴与家人共同分享这份千古荣耀，他也许会聊发一回少年狂，纵酒高歌，高谈阔论。但在家人相继离世、家门连遭不幸的时候，接到这份莫大的荣耀，他的反应十分淡然。家信中一句“荣宠日增，门庭多故，非所望也”，道尽其中百般滋味。

壹叁柒·与孝勋孝同

光绪四年六月十四日

字谕勋、同阅悉：

尔大嫂出殡暂厝日期均已得知，一切典礼有加，费用过耗，知尔等深念亡兄久逝，诸孤幼小，不得不从厚以求其心之所安。又以与兄异母，悠悠之口最易指摘生端，宁从其厚，俾免借口。故虽多有所费，不得复吝，我亦能为尔等原之。惟心所谓非者究不可隐，姑为尔曹一言。

丧葬从先祖，不使有加焉。经常之制，与其奢，毋宁俭也；与其易，毋宁戚也。然三鼎五鼎先后各殊，葬以大夫，祭以士，权宜亦异，过犹不及，均之谬也。尔亡兄生前差足与上士等，则嫂之丧只可从其夫，不得逾越；况吾又健在，以古制言之，则不成丧也，所有典礼以薄为是。尔曹推爱兄之念以及其嫂，按五品命妇之礼行之犹无不可。若以多费为荣其兄嫂，此世俗之见，于礼为谬。吾本寒生，骤致通显，四十年前艰苦窘迫之状今犹往来胸中。汝祖、汝祖母病剧时，求珍药不得，购东洋参、高丽参数钱，蒸勺许以进。丧葬一切竭诚经理，不过二百数十两。而所举之债直至壬辰乡闱获隽乃克还款。今汝兄嫂医药丧葬之费不翅十倍过之，尔曹以为如此庶几理得而心安，自我视之，则昔时不得十一以奉吾亲者，今什倍以贻吾子若妇，于心何以为安？徒怛痛耳。自今以后均得从俭，不得援照尔兄嫂往事为例。此纸可装订成册，以示后人。

南疆底定，以事功论，原周秦汉唐所创见。盖此次师行顺迅，扫荡周万数千里，克名城百数十计，为时则未满两载也。而决机制胜全在"缓进急战"四字，细看事前各疏可知大概。至其本原，则仁义节制颇有合于古者之用兵。理主于常而效见为奇，盖自度陇以来未有改也。贼以其暴，我以其仁；贼以其诈，我以其诚，不以多杀为功，而以妄杀为戒。故回部安而贼党携，中国服而外夷畏耳。实则我行我法，无奇功之可言，在诸将士劳苦功高。朝廷论功行赏，礼亦宜之。至于锡封晋爵，则在我实有悚息难安之隐。其详已具复仲云书中，细阅数过，加封送去可也。

老亲戚家宜赠廉余以尽情谊，余三伯处可即划致湘平（即用长沙市平可耳）五（伯）[佰]两，交妥人送去为要。

天中前一日[父书]

壹叁捌·与孝勋孝同

光绪四年十月初一

谕孝宽等知悉：

得九月十四日宽自兰州所发禀，并寄到勋、同长沙家信，知宽启行回湘。牟彪回营，知连日为雨所阻，十七日乃克成行，抵家当在十一月上旬矣。勋、同信来，家中一切安吉，甚慰。

李国贤住宅材料均无可就用，算只买得地基。本拟从新改造，亦无须就其材料，惟不知是府城隍地基否耳。吾意将来改造正屋，须与住宅同向，其大门可改朝西向贡院围墙也，尔等以为何如？两宅既连，中间大路可改，惟须递呈存案，已与宽说过矣。所有造屋布置结构须请芝（苓）［岑］指点为是。

孝宽去后，我病亦渐愈。数日内又患腹泄，现又复常。老年衰病侵寻，无足介意。

西事尚顺。饷折已奉批回照准，明年夏秋尚可敷衍，过此则无以为计矣。关内外年景均佳，夏禾平平，秋稼则过十分，均言近数十年来未有也。

少云家想均安好，五外孙可望进学，隽孙补廪否？孝同补廪，房费不必计较，举优亦可。惟优贡得否则未可必，亦不必分心于此，吾不以科名望尔曹也。孙辈想均好。尔生母病愈，甚用为慰。余三表伯处五百金已送去否？刘蕴斋中丞信，孝宽回家后同礼物送去。

十月朔日

一步一环，促成新疆设省

写这封信，是因为孝宽从甘肃兰州军营起程回湖南了。

北疆此时早复，南疆八城已归，新疆大局已定，左宗棠信中以一句“西事尚顺”概括。

这时烦劳他的不再是军事，而是军饷，包括通过生产建设来复苏经济，安定边疆军民。

8.7 万西征楚军的锅里到底还有多少米？此信有最真实的一手资料：“饷折已奉批回照

准，明年夏秋尚可敷衍，过此则无以为计矣。关内外年景均佳，夏禾平平，秋稼则过十分，均言近数十年来未有也。”也就是说，当地边民的生产、生活已经通过屯田与开垦基本得到解决，最大的麻烦是军费只可支撑一年，花完存饷，不知道将士再到哪里领饷银。

一、撤销四地采运局，展示新疆自我“造血”能力

左宗棠“操心危，虑患深”，凡事考虑得深远，在规划新疆百年无事方面表现得最为明显。早在光绪三年六月十六日（1877 年 7 月 26 日），在给朝廷上奏的密折中，他就第一次提出在新疆“设行省，改郡县”的战略规划。理由是，新疆地不可弃，兵不可停，需要消耗大量物资。现在西征军“饷匮兵饥”，各兄弟省份常年支持“协饷”，已不胜其累。新疆南八城地多肥沃富饶，只要开发得当，军食完全可以“就地取资”。所以，为久远计，现在不能只抓军事，而应该提前配合政治、经济、文化来通盘考虑。综合权衡，最好的办法是将新疆从陕甘行省中独立出来，“设行省，改郡县”。

新疆建省，是中国历史上的一件大事。建议刚提出来，就引起朝廷上下的震动。

光绪三年七月初二（1877 年 8 月 10 日），军机处专员递来朝廷圣旨，批示新疆建省“不为无见”。朝廷虽然还没有立即同意，但已经充分肯定了左宗棠想法的前瞻性。

光绪四年正月初七（1878 年 2 月 8 日），左宗棠再上《新疆应否改设行省开置郡县请敕会议折》。这次已不再谈宏观规划，而是具体方法。因事关重大，自知不是一个人就可以说了算的，左宗棠便提请朝廷组织一次全国高层领导研讨会，商议如何具体操作这件大事。

左宗棠告知朝廷这样一个亲见的事实，新疆南八城土地富饶，与江苏、

浙江、福建的资源优势相差无几，米粮、布匹、银钱及军民所需日用百货的价格，也与内陆省份差不多。为了表示新疆完全可以自给自足，左宗棠已下令将古城、巴里坤、哈密、安西四地的采运局停运。以前，这四地的物资全部需要内陆省份通过骡车、骆驼运输接济。左宗棠此举意在以行动让朝廷相信，新疆完全可以自己“造血”。

为了进一步增强政治说服力，左宗棠搬出清高宗乾隆皇帝来，指出“拓地节饷”是他的战略，自己不过是在沿用本朝先帝的思路。

虽然左宗棠的言论有史有据、无懈可击，但朝廷还在犹豫，倒不是认为他说得不对，也不是担心他试图拥兵自重、威胁朝廷。

不担心的原因有三个：一是左宗棠多年来的忠心有信誉保证；二是他与朝廷沟通技巧到位，可以让朝野完全打消顾虑；三是他年事已高，西征军军饷尚赖内陆支撑，不可能勾结英俄自立为西北王，将枪口调转向朝廷。

朝廷的顾虑是，新疆第一重镇伊犁当时还被沙俄占据。一方面，形势变迁，能否交还，固无把握；另一方面，假如一直不交还，中国军事如何布置？即使交还，又如何防守？对此还没有应对方案。此时若匆促设省，万一英、俄同时打进来，引发国际战争，新疆失去陕西、甘肃后方支援，则丢得更快。

左宗棠明白，如果不收回伊犁，那么“设行省，改郡县”纯属空想。他开始埋头研究怎样集中利用有限的人力、物力，尽快收复伊犁。

这种事没有模板可依，也没有前例可鉴。左宗棠的办法是，从历史中找启示。

二、担保三年内巩固新疆，落实协饷 500 万两白银

左宗棠将新疆历史从头到尾细致地梳理了一遍。结论是：汉朝张骞打通西域之路，方向对了，但方法有失，主要是“不能得月氏要领”；汉武帝以举

国之力打下西域，动作太大，用力过猛，“卒有轮台之悔”；本朝开拓新疆，始于乾隆皇帝。他吸取历史经验，调动凉州、西安、热河的八旗兵，延安、绥德、宁夏、兴安、汉中、西宁、固原、肃州、河州、安西等地的绿营兵，驻守新疆南北两路，军饷就地解决。本地各城官员的养廉银，从京口、杭州两地军队的俸饷、口粮以及甘肃等地所减草料中扣除补缺，每年划拨1078400两白银。内地支边，谋长治久安，不失为一种高明的策略。

左宗棠在军事做法方面仿效乾隆皇帝，将西征军驻扎于南北两路；在军饷供给方面则自我创新，采用自筹办法，具体叫“清丈办法”。即按田亩收税，实行“什一税制”，每亩按收成的1/10收缴税银以养活军队。

贫瘠的甘肃此时成了收复新疆的一大拖累。左宗棠的描述是：“甘肃地处边陲，土旷人稀，瘠苦甲于天下。”也就是说，甘肃是全中国自然资源与条件最差的省份。即使在太平时节，钱粮征收数量也极其有限。当时甘肃所需的饷银同新疆一样，即200多万两白银。问题是，甘肃虽然已经平定，但仍无法“造血”自养。两地加起来每年需500多万两白银，这无疑是一个巨大的数字，作为陕甘总督，筹备起来十分伤脑筋。

走投无路之际，左宗棠想到跟朝廷摊牌，交出一笔底账。西征军出师以来，累计已经欠下800多万两白银。自己左支右绌，总算陆续清厘，到光绪四年（1878年）盘账，只欠100多万两白银。但最近陕西巡抚刘典从自己手里借去4万两白银，后路粮台道员王加敏又从汉商那里借去40万两白银，驻陕西军需局陕安道沈应奎又借票号银20万两白银，再加上西征军最近遣散一批士兵所补发的饷银，加起来又欠了200多万两白银。没有钱办不了事，现在急等胡雪岩从英国银行借钱来补缺。即使这批银子全部到位，也只够填补欠账的窟窿。

朝廷对左宗棠的欠账与求助没有表态。因为急不来，再说，国库里也挤不出这笔钱。但慈禧太后对左宗棠安排胡雪岩去外国银行借款却很有意见，明确批示：下不为例。无论急到什么程度，都不能借商款，以免带来后患。

左宗棠看朝廷并不体察自己办事的实际难处，仍站在皇室尊严的角度唱高调，凭空给自己戴一顶“政治紧箍咒”，心中不免感到委屈。

他用出最后一招，“将在外，君命有所不受”。左宗棠继续向慈禧太后申辩诉苦：朝廷这一最高指示，我怎么敢不遵守，只是如果靠我自己“腾挪辗转”就能两头兼顾，我怎么会让胡雪岩去借商人的钱来侮辱皇太后、皇上的尊严？各省现在拖欠陕甘协饷达 400 余万两白银，我年年催、年年要，他们也被我问疲了，“因烦生厌”，听到我左宗棠的名字就害头疼，不愿理会我，这也是人之常情。眼下，这笔账没有朝廷出面便讨不回来。我建议皇上召集军机大臣、六部九卿官员开一次讨论会，督促各省将欠的钱尽快还我。另外，朝廷还应考虑从中央财政拨款，加拨数十万两白银，一共凑足 500 万两白银，我才好办事。有了这 500 万两白银，我敢保证，以三年为限，新疆一定可以经营成中国百年永固的边防。三年后新疆顺利进入平稳发展新常态，每年协饷可以降到 300 余万两白银。形势变好，负担减轻，前途是光明的。

说到这里，左宗棠又按诸葛亮谈感情、博同情的办法，这样表达心迹：我一个快 70 岁的老头子，白发临边，“神识衰钝”，遇到这种大难事，真的难以应付，即使事前提早预防了各种意外，问题还是防不胜防的，我心中不胜惶恐。虽然如此，但我“有生之日，皆报国之年”，不敢不据实汇报，请皇太后、皇上训示施行。

这种摆事实、讲道理、谈感情的方法果然奏效。左宗棠务实的算法，让朝廷有了底；他直来直去、情真意切的话，也让朝廷放心。慈禧太后最终听从左宗棠的建议，按照上述方案，主持召开朝廷最高军政工作会议，先将 500 万两白银筹足送来。

左宗棠就这样一步一环，不但解决了军饷短缺的危机，还让朝野上下逐渐达成在新疆“设行省，改郡县”的共识。光绪十年九月三十日（1884 年 11 月 17 日），清政府颁发上谕，宣布新疆建省。新疆首任巡抚，由左宗棠一手栽培并举荐的老湘营统领刘锦棠担任。

壹叁玖·与宽勋同

光绪四年十二月十九日

字谕宽、勋、同知悉：

接宽鄂中来信，并寄呈勋、同信，知家中大小均吉，甚以为慰。宽溯江渡湖，到家不过旬日，当已有信来，所欲告尔曹者条列于左：

尔嫂合葬事，屡谕知照行。哥哥葬处是否相安？刘元圃曾否看过？将来合葬，只要无水蚁便可下窆。倘有异患，必当改择佳壤，乃为理得心安。丰孙辈幼小无知，此尔等事也。

尔等四分，各以五千金为度。暂时合置产业，将来分炊再议。除爵田留畀承袭之家外，再置墓田四房均分，以资贴补家用，此一定之局。

人事应酬随宜点缀，太俭不可，过丰又难为继，当共酌之。吾同堂兄弟无一能自立者，实为可叹。从堂尚好，再从及缌服亦与同堂无异，此外则均族众耳。族众贫苦患难残废者，无论何人，皆宜随时酌给钱米寒衣，无俾冻饿。至吾五服之内必更有加，愈近则愈宜厚也。九、十两伯老而多病，除常年应得外，每年酒肉寒衣不可不供也。吾每念及，心滋戚焉，尔曹体之。

吾归计早决，但西事未了，不敢恝然。归后本以居乡为佳，惜无住宅，又乏仁里，故不能定计。司马桥李氏屋可通为本宅前进，方向一式。惟头门宜改向西，中空一夹道。由头门进夹道，由夹道转进前栋正屋大门。大门以内，中为大厅；厅左为夹室，储书籍；厅右为吾会客之所。旁为住屋，前植花木，后为厨，足供栖止。夏不热，冬不寒，明窗净几，起居自适足矣。吾百年后，即为吾祠堂，可省修建之费也。

亲党中殊乏佳况，各家子弟佳者颇难得，会臣尚是外家之隽耳。陶氏诸孙应可期其成立，但以帖括限之则所成尚小。黎氏孙性质闻尚可造，不知肯向学否。尔民捐升道员，自趋窘境，将来恐无收束，吾意宜以千金为其买屋收租息，为三姊奁余私蓄，聊资补贴。如岁入息银能积存不用，则专款划存，听其自作生计可耳。朱氏外甥不能自立，吾意本以千金畀之。二伯在日，又提百金畀其后母杨氏，非吾意也。仍须加足千金，免其日后失所，能令其子自行经理为妥。尔辈不能久远照顾，且虑日后轇轕。世延负债甚多，前谕勋、同，允其代为清还。曾接回信：世延不肯回乡，是否仍移居长沙城中，尚无定见。自后勋、同亦无来信，未知毕竟如何。究之此事，亦只能行其心之所安而已，下次信函可详以告我。周莲丞七秩寿礼已寄百金。伊家事难言清楚，所盼瀛樵外放佳缺耳，可叹。二伯早逝，甘旨之奉本可无需再致。从前因若农函询应否再送，我答以未宜遽行停止。鄂台挂名一干，并行裁撤，惟廖采章尚留，因若农意未可却也。西园、昭贻、仁山辈明年二月归应乡试，会臣亦然。丙山一病几殆，幸医药获效，旋即痊可。近日亲族心艳荣利，在我固难恝然，在彼究有何益？余三伯处五百金同信拟自带面交，是否交到？并不禀复，何耶？其家光景究竟何若？

家刻各种可拓寄阅。《孝经》可否重摹上石？近日陕士传刻颇多，检出寄回藏之。

复陈一疏，得总署信，极为许可，饷事当无异议。能于三年内将甘肃、新疆事局定妥，不但国势强固，国计亦纾矣。届时悬车，于义有合，于必斯安耳。

杨石泉腊八日到兰，尔等所寄三木箱当可续到。克庵定于明正起程回籍，序文附阅。

腊月十九日

家族内外事，尽力依然难圆满

孝宽在兰州军营历练半年多之后，回到长沙。

左宗棠今年66岁，此时已经计划好退休后的事情。他准备“三年内将甘肃、新疆事局定妥”，预计光绪七年（1881年）回老家湖南。后来，现实与他的这一设想果然基本一致，足见他虑事之密、之准。

作为军事家，左宗棠一生最大的长处是什么？曾国藩认为是善于“审机、审势”，也就是说，左宗棠擅长制定战略、规划战术。作为战略家，他如有望远镜在手，凡事看得极远、极深；作为战术家，他又如有显微镜在手，点点滴滴都看得极细、极透。

一、家内事，践行“中庸”之道

这封信集中笔力在安排处理家族后事，可分为内事与外事。内事包括4个儿子的家庭事务，外事包括女儿、族人、亲戚的事情。

早在5年前，左宗棠已经明确告诉儿子们，每人可从他这里得到五千两白银的“现金遗产”，更多的就别指望了。今天他重申这个决定。至于二等恪靖侯的爵田，需由继承爵位的一个儿子来继承，按惯例应是孝宽，他是庶子中的长子。但左宗棠最终选定由嫡长孙左念谦（丰孙）承袭，这是遵循“立嫡”的儒家古训，事实上也是对孝威的弥补。选嫡定长，名正言顺，也可免了儿辈怨言、孙辈纠纷，与左宗棠期盼家族百年长远的愿望相符。

左宗棠又安排给自己买了几十亩墓田，收入归儿子四房均分。这点钱用来养家糊口，过中产的日子，不会觉得紧张；但要过上富贵的生活，恐怕不够，顶多只能作奋斗的本钱。担心儿子们对自己还存有求资助的希望，左宗棠最后加一句：“此一定之局。”这是进一步重申，这件事今天就一锤子敲定了，你们不能再有任何其他非分之想。

左宗棠对儿辈遗产及后世安排的方法论是“中庸”之道：“人事应酬随宜点缀，太俭不可，过丰又难为继，当共酌之。”意思是说，逢年过节走亲戚，礼物太薄拿不出手，太重又负担不起，到底送多少？家人商量着办。

二、家外事，秉承善心为怀

对于家外亲党事情，左宗棠如今放宽了范围，只要是与左家能扯上亲戚、血缘关系，经证实确实没有生活能力的，一律实行人道主义帮助。如果是左家五服之内的亲戚，则接济还要加码，不但要保证他们不挨饿受冻，而且要尽量让他们过上小康日子。血缘越亲，帮助力度要越大。逢年过节给他们家送酒肉，寒冬腊月给他们送保暖衣服。

左宗棠年轻时给家人、亲戚立下了“佳子弟”标准：聪明、善学习、人格高，品德好，如忠厚长者。以这个标准来看，现实不尽如人意。如今“亲党中殊乏佳况，各家子弟佳者颇难得”，只有岳父家后人周会臣大致算得上“佳子弟”，其他都不行。

后人不争气怎么办？无法提高标准、严格要求的，只能以善心为怀、宽容、泛爱，因人、因家而异给予他们适当的帮助。

长女孝瑜所生的几个子女，天资大约是不错的，左宗棠还抱有一定的期望，上次写信就特意嘱咐她，要用“自由”去规范引导，督促外孙们不放松。孝瑜显然会错了父意，读到信后马上要儿子们去练习“帖括”，也就是默写古文，做填空题。左宗棠听说后又不满意，认为背诵只是基本功，不能培养识见，反而限制了几个外孙的独立思考能力，尽管能读出个名堂，但格局不大，即使有所成，也嫌太小。

对于三女儿左孝琳的丈夫黎尔民，左宗棠如今已经不抱任何希望了。黎尔民最早跟从左宗棠在楚军里带兵打仗，因能力不行又被安排搞后勤，这些年挨骂最多，但也没能争气。如今年龄大了，做侯门女婿有压力，不好意思再在岳父手下讨生活，便跑到江西买了个道员做。买这种虚衔装门面，没有2000 两银子拿不下来。黎尔民每天无所事事，坐吃山空，跟左宗棠的大舅子周汝充如一个模子刻出来的。三女儿今生只能跟定这个臭小子了，做岳父的还能怎样？不看僧面看佛面，左宗棠只好拿出 1000 两银子，替他在长沙买了一栋大房子，再将房子租出去，让孝琳带着孩子靠这点租金过日子。至于黎尔民的个人前程，对不住，做岳父的只能帮到这里了。

在左宗棠姑妈的后人中，还有一个让他牵挂的朱姓外甥，也就是和哥，他最早跟左宗棠入楚军营，不但不能带兵打仗，反而染上了严重的鸦片瘾，害得左宗棠不得不将他关禁闭，罚他回老家反省，手段用尽，仍不管用。如今和哥年纪也老大不小了，仍不能自立，有流离失所之虞。左宗棠只好也拿出

1000 两银子接济，又怕和哥拿了这笔钱继续去买鸦片抽，只好把钱交到他儿子手中保管。

最让左宗棠记挂的，还是大哥左宗棫的儿子世延。世延天资平平，又从小丧父，不但没混出个人样来，还游手好闲，欠了一屁股债。左宗棠决定尽三叔之责，全力帮他。信中，“世延负债甚多，前谕勋、同，允其代为清还”，即出于这种心理。

左宗棠安排世延不要定居长沙，因为城市生活费高，还是住在湘阴乡下更合适。但世延住惯了城里，不愿意回乡下。孝勋只好如实给父亲回信：“世延不肯回乡。”孝勋与孝同对世延此举明显有很大的意见，毕竟与他不是亲兄弟，但他花的又是自家的银子，因此干脆冷落他，对他不闻不问。作为世延三叔的左宗棠就不这么想了，反而责怪两个儿子怎么可以对堂兄如此冷漠。

左宗棠恨不能将所有的亲人都保护到，事实上，人各有心，心异如面，这只能是一厢情愿。

三、实践儒学，知其不可而为之

左宗棠也看到了家族出问题的根本所在：“近日亲族心艳荣利，在我固难恝然，在彼究有何益？”家人、亲戚一门心思想着去赚钱，也不去想要那么多钱干什么，这样做到底有什么用处？左宗棠的意思是，人对钱财的欲望是个无底洞，钱财够维持中等生活就可以了，关键是要有精神生活、文化追求。可问题是，贪图荣华、心谋私利，不只是清朝人才有，欲望本是人类奋斗的动力，当然，也是导致社会诸多弊病的根源。

按照左宗棠的看法，人应该勤劳而不贪婪，生活尚俭，以“义理”悦心，有精神和文化追求，但这种境界是人的超越性，而不是人的本性，普通人若不加以规范引导，往往只会以本性行事，既懒惰又贪婪。

对于自己多年欣赏并尊敬其人品的余三伯，左宗棠这次也安排儿子拿出500金去接济，并要孝同带信带银，亲自面交。孝同并没有按要求办，可能他对父亲四下资助亲戚的做法并不是发自内心地认同，毕竟他们家庭内部也有一大摊子事等着办，侯门之家也没有多少余粮，更何况，父亲又不是“湖南省免费午餐慈善协会”会长，自家忙得苦哈哈，还去关心东家饥西家寒，似乎也没有这个道理。

此信开头，父亲与3个儿子已经发生分歧，此非第一桩。“尔嫂合葬事，屡谕知照行。”左宗棠安排长媳贺氏与孝威合葬一事，儿子们还没有执行，是因为面子问题，还是经济与劳力问题？大约两者皆有。

儒家学说倡导的为人处世之道，真正能按照要求做到的，也只有左宗棠这种儒学信徒了，可见其难度较大。

1879年

光绪五年

左宗棠——67岁

次子孝宽——32岁

三子孝勋——26岁

四子孝同——22岁

左宗棠家教语录

一 诸孙中之有痰者服宋制半夏相宜，日服一粒自效。

二 凡我五服之内兄弟贫苦者，生前之酒肉药饵，身后之衣衾棺木，均应由我分给。

三 但望其子孙之贤，能承老人欢耳。

四 我本无心念家，惟人生须有结局，不能不早为之所。

五 郭仁先已归，或不复长沙，亦殊可叹。尔等见面当恭谨如常，但不可多言，徒取憎恶。

六 不宜漠视老父如路人，惹人斥骂耳。

七 在督署住家，要照住家规模，不可沾染官场气习、少爷排场，一切简约为主。

壹肆零·与宽勋同

光绪五年正月人日

谕宽、勋、同悉：

前缄由鄂台转寄，想已递到。宽到家后尚无信来，不知何故。

克庵于石泉腊八抵兰次日交卸，病状如常。自十二日起喘嗽益剧，痰涌气急，汗出不止。十五日巳刻口占遗疏，呼何雨畦代写，寄我转进，并寄遗嘱与其子若弟，酉刻遂殁。我于除日前代递遗疏，并于折内详陈战绩，乞优恤予谥。计奉旨当在正月杪、二月初矣。

克翁刚明耐苦，廉公有威，世所罕见。至其亲老从戎，出处迟速之间，一衷诸是，非同时自命贤豪者所可几也。疏中“志存忠孝，义合经权”两语并无溢美。石翁在长沙时，闻有人议其刻薄寡恩者。度陇细察，实不为过，来函亦详之。今抄其遗嘱寄尔曹阅。至其身后一切费用，及灵輀还里后，由鄂台致赙及为太夫人建百岁坊费用共六千两，均由我廉项划给，不动公款，恐累克翁清德。闻耗以来，中怀怛痛，而欲哭无泪，亦见吾衰之甚矣。

莼农顷得家信，已丁父忧。作书唁之，致百金为赙。我从前颇有分赠数百两之说。莼农过长沙时，孝同可亲奉四百两为奠，切嘱，切嘱。

丰孙性近疲缓，可传谕自省，勿加峻督。诸孙中之有痰者服宋制半夏相宜，日服一粒自效。近更购有戈制半夏，以之施治亦有验，如需用，可寄信来。

前寄三板箱，杨石翁已转递到。诸品均佳，盐姜尤妙。惟虾卤瓜一种惜非家制，我不尚也。诸儿妇知我所嗜，制以奉进，亦见孝意。且能留此家风，不忝先姑，尤可嘉也。

勋科试文颇好，但少精采，同作尚佳。乡试榜发，应束装西行，迟则苦寒难受，徒贻我忧耳。

己卯正月人日

双面刘典：廉公有威，刻薄寡恩

左宗棠这一生事业上最得力的助手是刘典，他虽是寿终正寝，但对左宗棠来说，还是太快、太突然。

光绪五年十二月初九（1880 年 1 月 20 日），刘典因哮喘与咳嗽加剧，自知难以挺过这关，便带着陕西巡抚的官印，来到甘肃兰州向陕甘总督左宗棠交卸。无官一身轻，刘典交卸完当天病就好了。

但不过 3 天，他的哮喘与咳嗽复发，浓痰卡着脖子，呼吸艰难，面红耳赤，大汗如豆。

到十二月十五日（1 月 26 日），刘典自知生命垂危，急唤幕僚何雨畦代自己写下遗折，并给儿子与弟弟各写下遗书，交付对自己有知遇、提拔之恩的左宗棠。上报朝廷的遗折，委托左宗棠向朝廷转寄。

交代完这些后事，当天下午六七点钟，刘典与世长辞。

接到噩耗，左宗棠内心崩塌。一生中关系最近的亲密战友先自己离世，这也提醒他，他们这一代人即将告别历史舞台。

看自己也年迈力衰、身体虚弱，左宗棠欲哭无泪。

一、两次缘分，左宗棠识拔刘典

将刘典一生择要梳理一下可以发现，他从军、做官，源于与左宗棠的两次缘分。

刘典，长沙府宁乡县人（今长沙市宁乡市），此人的性格特点，用湖南话说就是“一根筋，认死理”。刘典早年考秀才不按格式写，字数超额，导致落榜；作为县学生，碰上国家动荡，他干脆放弃科考，学习朋友罗泽南在家乡办团练，逐渐办出成绩，因战功升级为长沙府宁乡县训导，相当于今天宁乡教委主任。

刘典与左宗棠的第一次缘分，结于城南书院。左宗棠大刘典6岁，是学长，两人通过校内朋友圈认识。

左宗棠欣赏内心正直且有实际办事能力的人，并不管这个人性格有什么缺点。两人闲时，在湘阴与宁乡之间互通书信，逐渐结下深厚情谊。

两人的第二次缘分，结于咸丰十年（1860年）7月。当时，左宗棠奉朝廷之命创办楚军，急需招募人才，在征得湖南巡抚骆秉章同意后，顺势将刘典从宁乡县训导改调为楚军营务副总领。

左宗棠选用刘典，看中了他三大优点。一是“品端守正，熟习营务，堪资赞画”，也就是人品好、业务精，能独当一面。二是“其为人刚明耐苦，廉干而有志节，可保其断不负国，断不厉民”，也就是吃得了苦、霸得了蛮、不怕死、耐得住烦。三是“其用兵最长于审察地势，临阵必身先士卒，以倡勇敢之气”，也就是有勇有谋。

刘典性格上的缺点呢？左宗棠也不是没看到：“然性稍褊急，有所见必直达其是，亦以此常见件于人。”即性格有点偏激，说话、做事直来直去，即使得罪人也不管。

左宗棠根据刘典“性褊心直”的性格特点，任命他做楚军主力敢死队主将。果然不出所料，刘典到江西后的第一战，即“夜率所部劫杀，数获奇捷”。

同治元年（1862年）左宗棠做上浙江巡抚后，向朝廷保举刘典做浙江按察使，相当于主管浙江全省公、检、法机关的副省长。

同治五年（1866年），左宗棠改任陕甘总督，刘典作为左宗棠嫡系亲信，同时调任甘肃按察使。朝廷授予刘典“正三品卿”衔，辅佐左宗棠军事。

同治七年（1868年），朝廷任命他代理陕西巡抚，这时起他可以直接向朝廷递奏折。

刘典因自己办事能力强，便完全看不惯办事能力欠缺的领导。加之他爱憎分明，凡事直来直去，不会将想法藏着掖着，导致他在陕西巡抚任上多次向朝廷提出对曾国藩的批评意见。

刘典与曾国藩早年打过交道。刘典出山之初，骆秉章曾将他推荐给曾国藩，却未被起用，原因就在于其性格。他的性格到底哪里不好？曾国藩说不上来，总之是个性太强。

刘典入楚军后，对曾国藩时有怨言。

他第一次对曾国藩产生严重不满，发生在同治元年（1862年）。

二、“税改”失策，刘典死守粮道

同治元年（1862年）3月，两江总督曾国藩为了缓解军饷危机，奏请朝廷批准他在广东全省收取厘金，以接济江苏、浙江、安徽三省。

之前，朝廷规定，广东给江苏、江西、浙江三省每月要划拨20万两白银作为“协饷”，单是给浙江一省，每月就划拨10万两白银。

厘金最早由张亮基、左宗棠商议后创办。咸丰二年（1852年），湖南成立厘金局，集饷效果明显。到咸丰十年（1860年），广东巡抚耆龄仿照湖南做法，在韶关设卡办厘金局，一年下来，收税达50余万两白银。同年，广东布政使周起滨在肇庆府设卡办厘金局，一年收税也超过40万两白银。

曾国藩得知广东省的情况后，大胆设想，如果将厘金局进一步办进广东各县，全省每年应该可以收取300万两白银，困扰自己的军饷难题必迎刃而解。

他开始写信找两广总督劳崇光谈设想，并承诺只要允许自己在广东各县设厘金局，则不但广东给两江地区每月20万两白银的“协饷”可从厘金中抵除，给浙江的10万两白银也可以依循此例。

浙江“协饷”本是左宗棠治下的事，曾国藩怎么能越俎代庖替他允诺？原来，曾国藩当时除了担任两江总督，还兼以钦差大臣的身份督办浙江军务。

劳崇光当即爽快同意。曾国藩心花怒放，等拿到朝廷批文，立即将结果告知左宗棠。

左宗棠接信后大为吃惊，连喊糟糕。他当即回信，全盘否定了曾国藩这一军饷税收改革制度，理由有两个：第一，在广东全省强行设局收税，对商民无异于掠夺，且不一定能收得上来；第二，以自己对两广总督劳崇光的了解，他一定会从中搞小动作，设法做假账敷衍塞责，事后既无从查证，更无法弥补，今后不但收不足厘金，连“协饷”弄不好都会打水漂。

曾国藩当时充满自信，仍按自己的设想紧锣密鼓地进行计划。

同治元年（1862年）8月，广东省厘金局正式开张。3个月后，广东省给曾国藩共运来20万两白银，称这是收缴的全部税金。曾国藩接到后当即傻了眼。他想起左宗棠的预言，才明白这次税收改革将自己改得掉进陷阱里了。

怎么办？他只好打落牙齿往肚子里吞。拿着这少得可怜的一点银子，尽量统筹兼顾，给江苏、安徽两省共12万两白银，浙江一省8万两白银。

客观地说，曾国藩以“厘税”取代“协饷”，其用心是好的，只是不具备可操作性。但办事最重要的就是要具备可操作性。曾国藩上了当，固然可以不作声，左宗棠则不行。他想发声却又无法越权行事，只好跟着曾国藩忍气吞声。

当时楚军一万余人，每月发饷银10万两，一年发120万两。区区8万两税收充军饷，实在是杯水车薪。

楚军最看重纪律，左宗棠严立规矩、严守规则，但紧急关头也讲究灵活性。咸丰十一年（1861年），左宗棠在江西征战，他向江西巡抚毓科索饷不得，被迫将浮梁地区上交国库的3000两漕折银夺过来买米，又将接济湘勇营的3000两军饷一并“笑纳”。

按清朝规制，军队拦截国库银是杀头之罪。但毓科有错在先，左宗棠算定他不敢据实上报。果然，毓科忍气吞声，另调一拨银两送交朝廷，这事也就敷衍过去了。左宗棠事后不无忏悔，自责“夺饥者之食以疗我饥，仁者不为”。

左宗棠受命巡抚浙江，笼罩一省，李定太的衢州兵、李元度的平江勇新划归楚军，饷银需求增加了一倍。僧多粥少，曾国藩只能“螺蛳壳里做道场”。此时他已经想到，如果事先跟左宗棠商议，就不会有今天的结果。他带着满心歉意，答应几年内一定弥补。

但没想到，就连这句暖心的承诺也无法兑现。劳崇光既然敢抢在前头光明正大地给曾国藩开空头支票，当然有心继续放他的鸽子。曾国藩只好继续对左宗棠表示歉意。

更有意思的还在后头。同治二年（1863 年）5 月，左宗棠做上闽浙总督，曾国藩松了口气。他认为，福建未遭战火，在经济上可以援助浙江，楚军没必要再指望广东了。他也不与左宗棠商量，当即下令将江西三地厘金收回。

左宗棠这下更加郁闷了，因为福建并没有曾国藩想象的那么给力，一省官员从上到下发国难财，腐败成风，不但无力援浙，而且自身难保。

曾国藩税收改革的成效如何？

从同治元年（1862 年）8 月广东厘金局开张，到同治三年（1864 年）9 月停止征税，广东共寄来白银 120 万两，曾国藩分给楚军 22 万两。如果按税改前原定协饷，广东应送楚军白银 330 万两。

左宗棠为顾全大局，共同承担责任，吞下了曾国藩种下的苦果。

这让曾国藩觉得自己亏欠左宗棠太多，虽不是存心为难，但也是好心办坏事，因而久久不能释怀。同治二年（1863 年）6 月，曾国藩通过给沈葆桢写信委婉地向左宗棠致歉：“深惧无以对阁下暨左、晏、黄诸公。”

就在曾国藩规划搞税收改革前后，他设在祁门的前敌总指挥部被太平军重重包围，粮尽兵困，逼得他写下遗书准备自杀。多亏刘典率楚军精锐在江西鄱阳、浮梁、景德镇一带冒死为曾国藩保护粮道，才守住了湘勇营最后一点救命粮。

曾国藩被救活了，楚军其后却断饷了。刘典知道了税收改革实情，内心的不平可以想见。

这就不难理解，为什么同治九年（1870年）曾国藩处理“天津教案”不当时，刘典会上书请求朝廷将曾国藩夺职问罪了。回想出山前曾国藩对自己的冷落与嘲笑，他更是义愤填膺，以致在奏折中对曾国藩的批评过于峻刻，被左宗棠批评其太过了。

三、乱世“豪杰”刘典的是与非

刘典一生的轨迹，随左宗棠起伏升沉。

左宗棠这封家信中评价他：“克翁刚明耐苦，廉公有威，世所罕见。至其亲老从戎，出处迟速之间，一衷诸是，非同时自命贤豪者所可几也。疏中‘志存忠孝，义合经权’两语并无溢美。”

左宗棠评价刘典属“豪杰”一类人物，凭超人的吃苦耐劳精神与勇猛精进的胆识而飞黄腾达。然而，他的学问根底停留在古典儒学，只有践行，并无创新，若生在和平年代，他很可能终生平庸。

刘典的性格气质过于粗犷，其造成的负面影响，左宗棠也有客观记述：“石翁在长沙时，闻有人议其刻薄寡恩者。度陇细察，实不为过。”刘典身居高位后气度不阔、格局有限，不得不说是一种由性格带来的缺失。

但也正是像他这样缺点明显的人，受知遇之恩被提拔后，才会如此卖力，将一生都交给国家与朋友，自己死后连个供朝廷派人去慰问的房子都没有。

客观地说，刘典的清廉，在很大程度上是其性格缺点造就的。比较而言，左宗棠的清廉，则是其文化、胸襟和气度修养促成的。

壹肆壹·与宽勋同

光绪五年正月二十九日

字谕宽、勋、同知之：

上腊十九日一函由鄂台转寄，计尚未到。顷接勋、同十一月廿三日来禀，得知家中安吉，宽已到家，我心稍慰。

刘克庵病逝，已将身后一切应办事宜与杨石泉筹商定妥，只候代递遗疏接奉批回，再议散讣受吊、护丧回里诸事。属若农划廉五千两解交其家，并附一千两交诸弟，为太夫人百岁建坊之用，记前函已详之矣。

人树亲翁谢世，莼农在兰，闻讣丁降服忧，已致赙百两。拟饬同儿夫妇再由家致奠敬四百两，以尽侄婿之谊。又吴子俊在都物故，身后萧然，已托朱茗孙理卿智寄银三百两，由何伯源之世兄维朴径交其夫人收受。应由家中再致银三百两交何伯源寄去，庶可到其夫人之手，缘子俊弟［子备］不足恃之故。又蒋之纯方伯之丧，我应具吊。因待其世兄奔丧西来散讣开吊，再议委官致祭。不料其世兄久不到秦，而西安僚属已派员同其幼孙护丧南归矣。尔辈可补致奠仪百两，一达此意。计人树、子俊、之纯三处奠项共需八百两，已请若农［观察］寄家，在于存廉划抵。到后可即分致勿漏。老年朋旧凋零，曷胜悲感，况值边关萧寂，尤难为怀也。

世延负债甚多，前谕同儿向其询明实数，代为清理。同自禀复一次后迄无一字题及，殊不可解，岂竟置之不顾耶？

昨见方氏侄女婿功渭来信，言满姑已于前年病故，其家计已被次兄荡尽，无以为生。因送李老姨回长沙之便，仲云兄托杨石翁携之西来，为糊口计。见尚未来肃。二伯于庶出之女不甚留心，癸叟母子亦膜视不理。方氏婿于我处向不通候，故其近状无由得知，且俟其来见再说。仕宦而但知积金遗子孙，不过供不肖之浪荡，并其同气亦受其累，可胜慨叹。吾曾向尔辈言，李老姨晚景可怜，当以尔生母意时加顾恤，岂竟忘之耶？

模十伯穷愁以死，二十缗办丧葬，未免太薄。凡我五服之内兄弟贫苦者，生前之酒肉药饵，身后之衣衾棺木，均应由我分给。否则路人视之，于心何忍？至亲亲之杀，虽有权衡，却以从厚为是。丁叟媳妇之丧，同以百缗应之；十伯之丧，以二十缗应之可乎，尔辈思之。

余三伯处五百金已受，谢信亦到，我心慰甚。但望其子孙之贤，能承老人欢耳。

李国贤屋地直三四丈，横可十余丈，正好照前谕改造，正屋与本宅同向，大门改朝西向，可画图来。

谭文卿中丞信告，于戥子桥买宅一区，与本宅及少云新宅均相距不远，似与文正祠亦甚近，岂即二伯从前所住之屋耶？

岳麓人形山地已安生基，穴中白砂不碍否？源圃细看以为何如？大嫂与尔兄合葬已定期否？此次信来何不详之？

黎尔民近状何如？尔辈拟如何安置？并问。

正月二十九日［书］

与“循吏”结亲家，教育感化“太平官”

光绪五年（1879年）是个多事之秋，左宗棠的亲人、朋友接连去世，且有四五人之多，除陕西巡抚刘典、福建巡抚徐宗干（字树人）因老病死亡，其他几位差不多皆因贫穷、疾困、医药落后而中寿夭折。这封家书可以让读者从侧面看出当时中国人的寿数。

古代中国没有计划生育，一对夫妻生三五个甚至十来个孩子是常事，但总人口始终徘徊不前，其主要原因是贫穷、疾困、医药落后，导致夭亡者众多。

一、左宗棠批评徐宗干“老而妄”，却与他结成亲家

这封信涉及的亲戚、人事关系非常繁杂，这里不展开谈，普通读者不必弄得很清，确实有兴趣的研究者，可以对照看原文。

信中有一句话值得细品："人树亲翁谢世，莼农在兰，闻讣丁降服忧，已致赙百两。拟饬同儿夫妇再由家致奠敬四百两，以尽侄婿之谊。"这句话信息量颇大，值得深入探究。

人树亲翁即徐宗干，其人官至福建巡抚。我们如果还有印象，同治四年三月十三日（1865 年 4 月 8 日），左宗棠写给孝威的信曾专门谈起他。把两封信对照来看，能发现不少隐含信息。

同治四年（1865 年），闽浙总督左宗棠因太平军阻隔，在任命书下发一年半后，才第一次踏进福建省的土地。初入新地，先摸官场底。摸清实情后，左宗棠十分恼怒，以一句"闽事败坏已极"概括。

左宗棠恼怒的主要原因来自 4 个方面：军政不修、武事不竞、民风不正、吏治日偷。也就是说，福建省从上到下，从官方到民间，一概败坏。

对福建省的官员，左宗棠尤其失望。原话是："中丞老而妄，方伯庸而专，均非从前意想所到。"意思是说，巡抚年老无能却架子大，还自以为无所不能；市级"一把手"才干平庸却专权独裁，将权力死命捂在口袋里，就是不办事。

真是无巧不成书，左宗棠在写这封信的 14 年前丢下的那句"中臣老而妄"，批评的就是福建巡抚徐宗干。

左宗棠当年在家信里发完牢骚，还特意叮嘱孝威："此等议论切勿出口，徒招人怨。"自己当时初来乍到，在福建省根基尚未立稳，左宗棠十分注意舆论，不愿得罪整个福建官场，以免给自己办事带来阻力。

前后联系起来看，就不免让人奇怪：左宗棠平生刚直，怎么也和起了稀泥？更出乎所有人意料的是，他和徐宗干还结成了亲家！

左宗棠的侄子娶了徐宗干的女儿。左宗棠既然对徐宗干不满意，为什么又答应结亲？

基于现实考虑。

左宗棠用人的惯常方法是，对于自己不认可的官员，弹劾下去，替换上新手来接任。既然如此，如何犯得着跟"老而妄"的徐氏攀亲结故，结成事业伙伴？这里有必要将徐宗干的背景做个简单交代。

二、“循吏”徐宗干简史

徐宗干是江苏南通人，嘉庆二十四年（1819年）中进士。

尽管在左宗棠眼中，徐宗干为官水平很一般，但好歹也是靠自己的本事从底层一步一步做上来的。

徐宗干从山东曲阜知县做起，历泰安知县、济宁知州、福建龙漳汀道、福建台湾道、福建按察使、浙江布政使，升迁至福建巡抚。其人事迹，《清史列传·卷四十九》有专门记载。

客观评价，徐宗干是个按部就班的官员。这类官员，属于官场中的大多数，要说好，肯定谈不上，但要说到底有多差，也有不少比他更差的。

这类“中庸型官员”，不为人先，不是殿后，好事轮不上他，坏事也难得找到他。当时官场内戏称徐宗干是“循吏”，也就是因循守旧、循规蹈矩的“击鼓传花”式官员。

三、为官有术，教育感化“太平官”

对于这类“击鼓传花”式的官员，左宗棠并不主张开除。虽然对其不满，但真要参他一本，从政治上扳倒他，从组织上剔除他，未免太过。

要改变这类“好好官员”的精神面貌，首先得有一个能干且强势的上级理顺官场风气，再通过训、恤（教育、感化），唤起他们内心的为官良知，让他们先从心理上改变过来，洗心革面，做一个知廉耻、能担当的“廉干”官员。

左宗棠知道，徐宗干本质上并不坏，他选择做个“循吏”，并非自愿，很大程度上是被环境逼出来的。大清帝国官场整体环境如此，他无力改变，只好顺应潮流，混个太平官，“做一天和尚撞一天钟”。如今，左宗棠来了，时局变了，他从左宗棠身上看到了朝廷振兴的希望，当然愿意配合治理好福建省。饱读诗书的帝国官员，圣贤教导言犹在耳，能够有环境、有条件为官一任，造福一方，何乐而不为？

左、徐两家结亲，关系相处得不错。10 多年来，左宗棠与他写过不少交流人事、观点、学问的书信，即是证明。

其实徐宗干内心还是有追求的，也愿意为国家出力。他因信任左宗棠，将儿子徐莼农一手托付给左宗棠，且不避西北条件艰苦，让儿子到兰州前线为国效力。这样的官员，不能说其不忠君爱国，也不能说其毫无牺牲精神。如何用好他，关键还是《论语》里那句话：“举直错诸枉，能使枉者直。”以前，他缺乏一个像左宗棠这样以身作则的带头人。

在大清帝国“人治”的环境里，左宗棠整治官场，通过“训、恤”策略，将徐宗干身上的正能量激发出来，不失为一种高明的为官之术。

今人议论制度，有一句经典的话：“制度好，虫变龙；制度坏，龙变虫。”这自然说到了根本。但比较而言，改变制度容易，改变文化生态难。一种好的制度，必有一个好的文化土壤，有配套的文化来支撑，否则就是无源之水、无本之木。

社会转型期，各种矛盾交织，变革宜缓不宜速。在这一前提下，有魄力、有魅力的改革者的观念与方法就显得十分重要。在不改制度的前提下，用左宗棠的方法，同样可以有步骤、有节奏地将国家、民族引向风清气顺，让懒惰者勤劳，让观望者投入，让能干者有为，这不能不说是一种进步。

当然，如果说左宗棠医治国家，治标不治本，他极力捍卫的是一个没落的体制，那么也没说错。但这已是另一个话题了。

壹肆贰·与宽勋同

光绪五年二月十七日

宽、勋、同知之：

正月廿九日一书由鄂台转寄，想可接到。宽自到家后尚无禀来，不解因何迟延。身处边塞，无心念家，然所欲料理者正宜及时办理，了一事即算一事，可免记挂也。

刘克翁之丧，伤感无已。幸代递遗疏［一折奉到］批回，优恤予谥均荷俞允，感服九重体念贤劳至意，足以风示天下。原疏同讣分致，俟应得恤典各衙门议上奉旨及圈出谥法行知到来，续刻于后可耳。杨石泉信来，十五、六、七三日受吊，廿一日发引，计四月内可以安抵宁乡。其故居卑陋，谕祭下临难以成礼（例由湖南抚部委司道充天使，其家兄弟子侄跪迎。孤子手捧跪像跪伏道旁，候天使至门。先悬跪像于中堂，领祭礼毕，乃撤跪像也），吾意于宁乡县附近庙宇停丧以俟为宜（或灵柩先归营葬，候谕祭有日，到县受吊亦可）。已商石翁，令护丧文武转告其家预备。届时尔辈宜往襄事，宽独去可也。兰州所刻讣及此次疏稿颇不合式，故于此间另刻寄兰，备同讣分致各省之用。今将刻本先寄十套与尔等看之，以便分致亲友。

近饬排订疏稿一百七十余本（分年月编成，大约不过百卷），拟将来刊本即可以此次疏稿为式，字小行密，庶卷帙不过繁重耳。

李国贤屋址进身短而横宽，于前谕改立朝向为宜，可请芝岑观察相度。大约正厅宜与住宅同向，留为祠堂之用。堂之西造四缝三间屋一所，备吾憩息读书。前为小院，杂植花木。由向西大门进夹道，转进正厅。规模应如此。既拟改造，则不必招佃也。

余详前信中，可速禀复。

西园、仁山、丙山、毅堂［已］于昨日由肃资遣归湘。会臣归期当在三月。

复杨性农年伯信一封，阅后交出。应附致银一百两，可由家筹措，候函致若农拨廉归款。

二月十七日［谕］

朋友至谊：为刘典操办丧礼

这一时期，逃亡沙俄的阿古柏旧部多次窜入新疆，声言奉沙俄号令，攻打喀什葛尔、英吉沙尔（今新疆维吾尔自治区英吉沙县）各城。左宗棠在部署边防的同时，开始雇用德国技师，在肃州试采黄金、石油等矿藏。

一、捐金拓文，追念一代廉官

作为左宗棠一生最得力的助手，刘典将热血与毕生才干献给了国家。他的丧礼怎么操办，左宗棠格外关心。

左宗棠将刘典的遗折和自己的奏折，一同向朝廷递交，为刘典申请优厚抚恤。朝廷充分尊重且信任左宗棠，使赐予刘典“果敏”谥号，同意按副部长级待遇办丧礼（诏视侍郎赐恤），批准在刘典一生战斗过的江西、浙江、陕西、甘肃四省为其建祠堂以示纪念。

左宗棠出手大方，捐出 6000 两养廉银：5000 两白银用来办丧事，1000 两白银为刘典母亲建牌坊。这笔钱足以办一场较隆重的丧礼。比照曾国藩去世，丧事摆酒上千桌，用银也不过一万余两。

刘典官至陕西巡抚，以封疆大吏之尊去世，朝廷不但要派官员前去慰问其家人，还要派官员代表皇帝前去主持祭祀。但近年来国家战乱频仍，国库空虚，朝廷难有经济实力从北京派员前往，便就近从湖南委派人员充当“天使”，前去慰问、追悼。

刘典祖上没有出过闻人，历代读书、种田、养猪，对于高等级追悼会的礼仪一点儿也不懂。左宗棠的 3 个儿子也没有经历过这种大场面。左宗棠只好手把手教孝宽：朝廷派人慰问会提前通知，天使来了要全体跪迎。因此要提前通知刘典的子侄辈先跪在家门前的道路两旁，等候天使光临。刘典的独子则应手捧父亲灵牌，趴在道路边上迎接天使。等天使宣读完慰问信与追悼词，跪迎者才可以撤灵牌。

刘典的遗体，此时由陕西巡抚衙门组织他生前的亲兵、幕僚及负责官员一起护送，从兰州运回宁乡县。怎奈老家的房子实在过于简陋，停放巡抚遗体无论如何都有失体统。怎么办？只好在老家附近找家庙宇，作为遗体安放地。左宗棠还与老部下杨昌濬一起商议，沟通护送遗体与丧礼的相关细节。

作为同属左宗棠办楚军时带出来的第一批元老级将领，杨昌濬眼下已代刘典主持西征军后路军政事务。半年后，他又署理甘肃布政使。

因为刘家后人不会写丧礼祭祀文章，于是左宗棠亲自出面，将丧事的讣告及刘典的相关疏稿，全部在兰州刻好拓印，再寄回湖南，以备办理丧礼时用，并安排孝宽前去帮忙。

二、死后清名，官员的毕生追求

刘典生前清贫，死后哀荣。历朝历代，国人都非常看重丧礼的规模、礼节，清朝也不例外。

清政权入主中原后，完全按照儒家文化实行统治，丧礼仪式也完整继承了儒家文化，原因主要有两点：一是孝道文化乃忠君文化之源，孝之不存，忠将焉附？而丧礼是强化孝道文化的重要仪式；二是继续强化儒家等级观念，以缓和民族矛盾与社会矛盾，为帝国制度的存在找到合法性。

清代丧制有严格的等级规定：天子死后含实以珠；一品至三品官员，含小珠玉五块；四品至七品官员，含金玉屑五块；士人含金银屑三块；庶人含银屑三块。丧礼上的铭旌用绛帛，三品以上官员用九尺，五品以上官员用八尺，八品以上官员用七尺，九品官及有顶戴者用五尺；庶人只能用红绢五尺。

这种等级制度，与现代社会的平等、自由观念存在冲突。但也必须承认，儒家丧礼本身对官员还是有着积极意义的。

丧事礼仪在某种程度上可以确立名誉。官员尤其看重名誉，原因是他们一生的追求与民众不同。民众可以说："人生在世，吃喝二字。"官员只能求名，不能求利，如果官员也追求吃喝玩乐，将沦为吸血者、寄生虫，因为民众吃喝靠自己生产，官员不能自产，官员靠管理民众出效益。

刘典一生言行一致、正直清廉，一方面固然因为本性；另一方面为了死后清名。当封疆大吏将其一生清名当成追求与践行的目标，它就不只是一种文化信仰，更是一种精神寄托。

三、历史：剩下的，留下的

左宗棠本人又何尝不是如此！

一个手握成千上万人生死大权的军事统帅，能制约他的是生前的良心以及死后的清名。大人物如果不在意这些，不顾忌这些，还有什么人间灾难制造不出来？

刘典的去世，让左宗棠明白，亲密战友告别人生舞台，自己在世的时间也不多了。他着手计划退休的事情。

近一年来，他与儿子商量购买长沙司马桥住宅及其邻居李国贤的屋址，将两栋房子打通，前面开辟一处小院，种上各种花花草草，作为自己退休后憩息、读书的地方。百年之后，就将原有的老房子作为祠堂，免得再兴土木，劳民伤财。

后事如其规划，左宗棠去世后，家人将老房子设为祠堂。但 1938 年长沙的一场"文夕大火"，使得司马桥住宅 20 间房屋被烧成断壁残垣。历经百余年沧桑变化，如今，只有一块大理石碑立在长沙司马桥旧址，提醒前来寻踪访迹的古代文化爱好者，这里曾活跃过一代伟人左宗棠的身影。

现世的风光、建筑的遗迹，终归雨打风吹去；只有故事，可以依托人心，凭借口碑代代流传。

壹肆叁·与宽勋同

光绪五年闰三月二十四日

宽、勋、同知悉：

三月下旬接宽来禀，得悉一切，深慰。我本无心念家，惟人生须有结局，不能不早为之所。览宽禀近事，尚无不合，足释身家之念。

柳庄近处胡家坝、大塘冲田屋山场塘坝均好，合之现有田屋庄业，将来可安一家。惟粮饷甚重，须岁有津贴，始免偏枯。石湖、板桥等处田屋塘坝均好，山场亦宽，可安两家。粮饷较轻，无须津贴。板石坳所置之田，岁租共三十余石，可作墓田。起茅屋数间于墓之左右，以住佃人。将来仍须盖一飨堂，便上冢往来住宿，中嵌墓铭。积数年租息当可了之。我将来藏蜕之所如以岳麓为定，尚须于近茔处置一小庄为飨堂。将来住石湖、板桥两房子孙（即守冢人也）。尔兄葬处是否无须改卜？尔嫂定须合葬，宽来禀并未说及，殊属疏漏。如天鹅山合宜，亦须置墓田作飨堂。此外，宜添置田屋以安一家，并购爵田祭产，可陆续谋之，亦无须急急耳。大约山场均须广栽树竹，私塘均须蓄养鱼苗。择勤朴佃农，俾其安心耕种，则田产常熟，岁租无减，可为久远计，目前所费亦属无多也。

西园等归时，告以合族建祠、置义塾及为中年未娶、世绪将绝者谋娶妻延祀计，需费可与尔等谋之，大约总在数千金以内。如有成议，可寄信来。

世延积欠之债，原谕尔等清理。其居乡居城亦听其自酌，惟寄居岳家庄屋于义无取耳。昨次置买石湖、板桥之田，是否由其经手？宽来禀并未言其近状，殊不可解。

朱甥杭州病故，此间已有所闻。宽禀代为照料一切，已甚周妥，我心稍慰。惟和嫂素不晓事，其子难望成立，终是不了之局，应传我谕，令其回老师潭新居自营生业，舅家不堪久累也。朱氏世德已衰，大姑母之泽恐不能长保其孙。尔等欲留其一孙在家塾课读，原是厚道，惟须察看其性质向正与否，须防其引坏诸孙，切要，切要。

二伯母处我可不理会（例送甘旨，二伯逝后即应停止。宽过鄂时与若农如何说，何无一字述及）。其李老姨命苦可怜，尔生母可时常照料，以慰其意。其满女婿方功渭昨同杨石泉来肃，已给盘费银五十两，并托若农汇廉银二百两畀之。功渭向于我处不通闻问，满姑又故，所以待之者只合如此。功渭体弱多病，恐不永年，意欲在此觅差委，我不允也。功渭又言所遗一女，意欲与孝同之子订姻，且云已与孝同说过。我意方家与我向非素交，此女幼即失母，若即订为孙妇，将来即须代为抚养，又是一累。如孝同未曾应允，可罢此议。凡诸孙论婚，须先禀知，切勿径许。吾意总以寒素勤俭忠厚人家为相宜，不屑攀附世宦也。

旧仆中所亟宜怜恤者周光照、曾昆厚两人，当极留意。光照近状何如？须另择佳处，俾其耕种获利。曾昆厚未与娶妇，已闻其腰脚受病，步履维艰，当急思所以恤之，俾得饱暖终身为要。便中可详以告我。

李国贤屋改作前栋，所拟方向以门朝西、正厅朝南为是。芝（苓）[岑]廉访所拟图式应早寄阅。三合土改作砖墙，所费更省，但底用眠砖，实砌五六尺上始灌斗砌，较坚固也。

蕴斋复信已到。仲云兄信想仍由家中转递，此间尚未接得。

西事正月初大捷，俄人更驯顺逾常，伊犁收回之期必不远矣。崇星使、总署均有信来。

若农信来，我二月十七日所发家信及附寄一包，信到而外包未到，内有致杨性农书，想已并付浮沉矣。兹又另缮一通寄去，可取银百两面送性翁，以慰其意。吾同年存者只剩此翁矣，初年意气相得，中岁以后彼此不甚融洽，音向亦疏，盖志行难以尽同耳。尔辈见之，循子侄之分，执礼甚恭固宜，惟不可发议论，不必请教益为是。

性翁来书，言在少云处曾见过大姊数次。我意晋见父执非女子事，而性翁与我并非心交，[不解大姊何忽如此。]察看大姊平日于母教颇少体会，母德可师法者甚多，伊不知则效，而专尚其才，不思女范所重者德，世俗所称诗词字画均无足言，所讲者礼法，而丰采言论均非所尚。古云："无才便是德，有德便有福。"尔等可将此信与之一阅。

抄信两件，附一包，并发。

闰三月二十四日酒泉营次[书]

孤独的儒家文化践行者

近一年来，西北已无大的战事。

信中，“西事正月初大捷，俄人更驯顺逾常，伊犁收回之期必不远矣。崇星使、总署均有信来”透露出来的信息是，左宗棠对收复伊犁已经做好了“先之口舌，决之战阵”的准备，他在等待去沙俄和谈的钦差大臣崇厚的商谈结果。

这段时间，总理衙门也在不间断地向左宗棠通报外交谈判的进度，以便他及时做好应对策略。

将左宗棠收复新疆全境做一个扼要的梳理，有3个时间节点可以标记出来。

光绪元年三月二十八日（1875年5月3日），左宗棠率师西征。

光绪二年三月九日（1876年4月7日），左宗棠第二次抵达肃州，稍作休整，19天后西征军在肃州大营祭旗出关，战争正式打响。

光绪三年十一月二十九日（1878年1月2日），西征军旗下董福祥率部攻下和田，新疆全境除伊犁外，全部回归大清帝国版图。

一、代父赠银，孝宽不情愿

这封信内容庞杂，核心在于教导儿子们处理家族内外事务。左宗棠据儒学信条，重点要求儿子们办好5件事。

一是自家出钱，为侄子左世延还清历年来所欠债务，并在湘阴石湖、板桥两地买下几十亩田。

二是收留病故外甥朱和哥的长子，安排其与自己的孙儿们一同在家塾课读。

三是拒绝左宗植的满女婿方功渭的女儿与左孝同之子联姻。

四是照顾家仆周光照、曾昆厚，安排儿子们考虑让单身汉曾昆厚成家立业。

五是安排孝宽送100两银子给左宗棠的举人同年杨性农。

儒家讲求“亲亲之爱”，推己及人、己立立人、己达达人，四海之内皆兄弟。左宗棠根据血亲远近与交谊厚薄，试图将大家都照顾到。对他来说，这是善举，也有人情；但对儿子们来说，这些全部都是任务，是付出与回报不对等的沉重负担。毕竟，父亲并没有额外多给他们一文钱，何况，这些接济对象与父亲固然有情感联系，与他们却没有任何情感往来。

对儿子们来说，代父亲去接济这些人，人道主义帮助远远大于情感互助。完成的效果如何，也就可想而知。

左宗棠是一个凡事认真的人，他将工作习惯带进了家庭。面对儿子们的阳奉阴违、以沉默对抗，他心里憋了一股火，因此每件事除了安排下去，后面还不忘加一句问责。

从这里可以看出儒学的现代性局限。不可否定，用于个人修身，儒学有利于提升品格、健全人格；但作为齐家的规定，它带有一定的道德绑架与情感强迫性质。按儒家的君臣、父子观念，这些无可厚非；但用现代人的独立、平等、自由观念去看，父亲的要求全都过分了。毕竟，家族内外的人道救助是当事人主动选择的一种权利，而不是做子女的必须被动接受的义务。

对绝大多数人而言，只要不是发自内心、心甘情愿地去办某件事，办事时定不会卖劲，尤其是力不从心时。除了对交代任务的人“瞒”与“骗”，似乎没有更好的办法。

左宗棠在这里交代孝宽，让孝宽代他送100两银子给举人同年杨性农，孝宽就面临着这种纯粹完成任务式的尴尬。杨性农与左宗棠价值观念差别较大，属于“道不同，不相为谋”一类，早年两人在长沙城南书院读书时都是热血青年，关心国家大事，不但是同学，还成了朋友。但因为志趣不同，两人日后越走越远。

杨性农晚年日子不好过，左宗棠根据古礼送他 100 两银子，从同学情感上说，确实可见左宗棠的温柔敦厚。但让孝宽带银子前去慰问，就难为人了。左宗棠既要求儿子执子侄礼，恭恭敬敬站在那里，还要求儿子不能跟杨性农请教问题，更不能与他议论时事、学问。恐怕天底下没有一个做儿子的会乐意去完成这种任务。

二、孝瑜社交，父亲严厉批评

随着西方商业文化影响的扩大，晚清社会从以仁义、道德为人心所尚，转向以利益为标准，来重新定义人的价值观念。所以我们看到，在左宗棠的家人中，儒学礼仪对妇女传统的“三从四德”规范也开始失灵。

长女左孝瑜是个能干的人，前段时间她代表父亲在安化接待了杨性农。古代妇女按礼仪规定不能抛头露面，参加社交活动尤其不被许可。左宗棠因此批评长女不像家庭妇女，要她向母亲看齐。周诒端可是被胡林翼称作“闺中圣人”的。

左宗棠还不放心，要孝宽转告孝瑜，女人最重要的是守住古礼，哪怕个人颜值再高、气质再好、口才再佳，也不能将自己当成“女公子”，更不能弄得像个外交家。女人抛头露面，不是长脸，而是丢丑。

为了防止女儿、儿媳辈仿效，他送给长女 10 个字“无才便是德，有德便是福”。什么意思呢？“女范所重者德，世俗所称诗词字画均无足言，所讲者礼法，而丰采言论均非所尚。”意思是说，妇道人家最重要的是遵守道德、言行合礼，至于擅长诗词歌赋、才艺表演、能言善辩，这些都是无足轻重、可有可无的。

三、安排后事，拟葬岳麓山

国事方面，一年多时间里，左宗棠的精力主要在西北建设上，他进行了一系列惠民、利民工程，包括整顿田赋、盐务、茶务、厘金，屯田、修桥、铺路、植树，开凿渠井、发展农牧、培育蚕桑、禁烟种棉。

67岁高龄，白头临边，左宗棠对自己的身体状况已有基本预判。光绪四年十二月十九日（1879年1月11日），他就遗产交割及家族内部事情做了安排，今天，他就身后尚未交代的事情向3个儿子做出明确安排，以防万一无法生还，或年老神志不清，留下人生遗憾。

左宗棠在信中安排，自己死后的葬身之地暂拟长沙岳麓山。当初他不是说好夫妻合葬于湘阴史家坡吗？左宗棠大概也想到了，史家坡土狭地窄，身后不一定遂愿，所以斟酌后改为岳麓山。

问题是，光绪十一年七月二十七日（1885年9月5日），左宗棠病逝于福州任上，一年后遗体运回湖南，却葬于长沙县跳马乡白竹村（今长沙市雨花区跳马镇白竹村），此地距岳麓山有近20千米。

为什么最终选定白竹村？守墓人黄志清老人跟笔者讲述，咸丰十一年（1861年）夏，左宗棠在长沙金盆岭练就5000楚军，进军江西路过白竹村时，忽感神清气爽，精神为之一振，便向亲兵表示，自己百年后将葬于此。当然，这只是一个传言。但又没有更能说明来龙去脉的权威文字依据，左宗棠墓定白竹村的真实原因成谜。

选址白竹村，仔细推测起来，不外乎三种可能。一是湖南巡抚衙门官员反复商定后选定的墓地。左宗棠遗体时隔一年才由福州运回长沙，朝廷按二等侯规模赐予“国葬”，是一国之大事，湖南省政府官员有确定墓地的权力。二是左孝宽三兄弟商议后考察选定的墓地。家乡墓地太窄，而左宗棠年轻时在湘阴、湘潭两地居家，白竹村刚好居两地中间，从两地来此扫墓均远近合适。三是可能最初葬在岳麓山，其后改迁。

第三种情况不是没有可能。譬如曾国藩去世后，最初就葬在左宗棠咸丰十年（1860 年）创办楚军选定的练兵场，即长沙金盆岭南。两年后，曾纪泽决定改迁，遂定葬于长沙平塘镇伏龙山。

细心的读者会发现，曾国藩与左宗棠都未葬回出生地，为什么？这里可能还有一个原因，当年从家乡出来跟从他们出生入死的将士死亡太多，乡人难免留有积怨，葬在出生地不利于死者安魂。况且长沙也算他们的家乡，因为无论湘乡还是湘阴，清朝时均属长沙府。

壹肆肆・与宽勋同

光绪五年四月二十一日

谕宽、勋、同知之：

接二月二十八日家书，知家中各事均妥顺。

尔生母年六十又六矣，衰病侵寻，殊深系念。尔等小心侍奉药饵，扶衰自不可少，饮馔仍须留意。

族中伯叔兄弟贫苦者多，尔辈既能留意照料，随时赒给足慰我心，近支尤宜从厚也。备荒公谷提一半买田，余仍照常收发。陆续为之，必有所济。族中如西园、仁山均可共相经理，频行时我已面属之，均无推诿也。

大嫂合葬已定闰月二十八日开山，四月初六巳时安葬，计此时已经妥毕。盼尔等信来，想已由鄂台转递，端节后当可到营。无水蚁之患即是佳壤，堪舆家言固不足信耳。

黎尔民处已函托若农汇寄千金，前次家信记曾言之。于伊亦无益，在我又不能为常，只好置之不论。

朱甥无足惜，惟尔大姑母不可忘，其三孙恐难望其成立，然尔辈力所能为者亦只合如此。和嫂不晓事，我早知之。能撙节过活，不致冻饿，即是万幸，但恐并此亦难承受耳。尔辈居心尚厚，总要不受其累为是。

延哥欠债甚多，未知确数。伊既约来城，自可晤询一切。所欠之债均系岳家亲戚处移借，可遂属其将总数告知。尔等概与代还其银，仍交其亲手领讫可也。至久住岳家终非善策，我教之不听，亦不复置之意中。昨得周莲丞信云，伊有租三百四十石，分给延哥五十石，属其移居乡间，是延哥之不肯居城意或在此。尔等可将其积欠之数交银与伊还清，再写信告知，我当为打算（瀛樵丁母忧，拟措足盘费扶柩归里。莲翁仍居京师。一家数十口旅居都中，只盼张罗过日，我拟致赙百金也。）《慎盦诗文钞》版片暂为收存，后当归其家。

蓴农想早归家，奠仪即由同儿交其带去可也。汪啸霞摹泐石本须照平常刻价从重送去，伊家本有年谊也。谭心可尚无过鄂抵陕消息。

陶少云近无信来，不知近状何如。张荣归时，曾寄归各物，可拣宁夏羊皮袍褂桶一套、地毯一铺送之。

杨性农年伯百金已送去否？其人其文均非我所重，尔等见面，执年家子礼惟恭，不必领其教益。

郭仁先已归，或不复来长沙，亦殊可叹。尔等见面当恭谨如常，但不可多言，徒取憎恶。

四月二十一日肃州营次

建成中国第一家平民公园

这封信中，左宗棠安排孝宽去拜见兼慰问两个人，一个是举人同年杨性农，另一个是湘阴同乡、亲家郭嵩焘。不妙的是，此二人与左宗棠都属于“道不同，不相为谋”的朋友，出于儒家人伦道德，又不得不走动。左宗棠经过一番考虑，给儿子定了见面方案：见杨性农“执年家子礼惟恭，不必领其教益”；见郭嵩焘“当恭谨如常，但不可多言，徒取憎恶”。

信中提到“郭仁先已归，或不复来长沙，亦殊可叹”，指郭嵩焘再次被朝廷罢免中国首任驻英公使一事。

这段话的背后，藏有郭嵩焘一段曲折的经历。

一、《使西纪程》令郭嵩焘中断“洋务”

光绪二年十一月十日（1876 年 12 月 1 日）傍晚，郭嵩焘受命担任中国首任驻英公使，在上海虹口码头登上英国邮船“特拉凡科”（Travancore）号，当晚 12 点准时起航。经过 51 天漂洋颠簸，于光绪二年十二月八日（1877 年 1 月 21 日）顺利抵达英国伦敦。

59 岁的郭嵩焘代表中国政府第一个走出了国门。到英国后，他看到伦敦街道上有 4 万辆奔驰的马车，12 层的高楼，各式音乐会、赛马、画廊、夜游，这一切与国内完全不同。书生意气的他，像个满心好奇的孩子，这里瞧瞧，那里瞅瞅，边走边看，边问边记。

郭嵩焘对西方的政治、经济、社会展开全面考察，与中国比照之后，他提出用“三个一百年”来学习西方，具体分三步走：一是制器物；二是通商贾；三是改政教。

这是郭嵩焘对全面改造中国精心做的规划设计图。“制器物”就是学习西方制造“坚船利炮”，用科学技术作为突破口。在郭嵩焘看来，这是最低层次的改造，是第一步。“通商贾”是以商业利益作为国家发展的驱动力，以市场经济作为国家的基础动力。郭嵩焘认为，这是中等层次的改造，是第二步。郭嵩焘规划设计最高层次的、使中国富强的第三步，即决定成败的根本一步是“改政教”，即从政治制度上引进西方民主制度，在教育观念上学习西方人的权利观，用人权意识重塑中国人心。

郭嵩焘将这些全部记录在日记中，一天最多写下8000多字。

一个59岁的老人，读了半辈子“四书”“五经”，头脑里塞满了“天朝”的旧观念，对等级尊卑了然于心，现在却敢于承认西方先进、中国落后，这在当时需要很大的勇气。

凭着书生的真诚与直率，他将去英国路上51天的所记见闻、感想结集，定名为《使西纪程》，整理后寄回总理衙门刊刻。

这不是他心血来潮的冲动之举，因为写日记是出发前慈禧太后交给他的一项“政治任务”：“出使大臣务必将对外事件、各国风土人情、政治经济情形，详细纪录，咨送国内。”

郭嵩焘对日记质量十分满意，他想象著作一经出版，将给中国旧派人物带来怎样的思想震撼，一种全新的价值观将给中国带来怎样的文明与进步！

但事实与预想完全相反。满朝士大夫看完《使西纪程》，群情激愤，一致要求将郭嵩焘撤职查办。

副使刘锡鸿火上浇油，公开站出来举报郭嵩焘出使英国犯了“十宗罪”。

面对内外夹攻、众叛亲离，光绪五年三月初五（1879 年 3 月 27 日），61 岁的郭嵩焘无限落寞地从英国伦敦乘船，返回中国上海。

他刚一上岸，就接到总理衙门的命令：先期回京。

郭嵩焘满怀孤愤地拒绝说："我已经决定不再办洋务了。鄙人愚直，不想听到朝内非议。即使总理衙门仍对我以礼相待，我想躲还来不及，更何况他们已经无礼到了极点。我不想再委屈自己，只有'引身自远'了。"

说完，他带着家人与随从，上了一艘回湖南的船。

光绪五年四月二十一日（1879 年 6 月 10 日），左宗棠写这封信时，郭嵩焘刚坐船回到湘阴。当时的情景真是糟糕透顶，郭嵩焘成了人人喊打的过街老鼠。

湘阴民众经士绅鼓动，正在发生排外风潮。郭嵩焘乘坐用小火轮拖带的两艘木船到省城长沙，被长沙市、善化（长沙县）两地民众游行阻止，因为小火轮属于洋人的"奇技淫巧"。长沙人大骂郭嵩焘"勾通洋人"，标语贴满大街。其中一副流传至广的对联，对郭嵩焘的嘲讽极尽辛辣。

出乎其类，拔乎其萃，不见容尧舜之世；
未能事人，焉能事鬼，何必去父母之邦？

也就是从这天起，湖南省、市、县三级父母官均视郭嵩焘为祸水，公开违背官场规定，不愿来船上拜见这位钦差大臣、兵部侍郎职务仍然在肩的首任外交官。郭嵩焘连叹人心不古，礼崩乐坏。

回湘阴赋闲不久，朝廷圣旨送来。慈禧太后安抚他说："郭侍郎办事实心，不辞劳瘁，等病稍微有点好转，再马上赶回北京来任职。"

与此同时，总理衙门沈桂芬也来信，催促兵部侍郎郭嵩焘抓紧时间回北京上班。

但此行出国三年，变故多端，郭嵩焘已经被朝廷上下的保守派、顽固派彻底伤透了心。他虽然外表看似温和，但骨子里性格倔强，不可能再回心转意，当即写奏折上报朝廷，请求无限期休病假，要求朝廷开除自己。

慈禧太后接奏折后真生气了，一气之下，尊重他的意愿，于光绪五年六月八日（1879 年 8 月 27 日）颁发圣旨，同意郭嵩焘无限期休病假。

一代思想先知的仕途，就此终结。

二、郭嵩焘首倡之义，左宗棠首创之功

左、郭二人，性格迥异，前者属“鹰派”，后者属“鸽派”。两人虽然政见严重不和，但对于应该学习西方先进的技术与器物，观念却高度一致，两人都主张不遗余力地学习引进西方先进技术。区别是，左宗棠是实干家，想好后马上去做；郭嵩焘是思想家，只负责研究理论。

郭嵩焘在出使英国期间写信告诉左宗棠，英国有平民公园。这对左宗棠是一件闻所未闻的新鲜事，因为，公园、广场本是西方公民权利观念的产物，中国历史上只有皇家御苑、官府园林，两者完全异趣。

作为孟子的私淑弟子，左宗棠马上想到了“与民同乐”的思想。公园正是“与民同乐”的场所。他当即从自己的养廉银中抽出 500 两白银，从楚军军营中调集士兵 19000 人，在陕甘总督府后面修建“署后园”，即总督署后花园，取名“节园”。

左宗棠为官信奉“养天地正气，法古今完人”，他将节园打造成一个文化大园林，内修建饮和池，并仿柳宗元的《永州八记》，用心写了一篇《饮和池记》，并用篆书亲笔题记。

轮挹河流上西城，傍堞迤行，东入节园。园西北阜叠石峻嶒，高逾仞，疑积石也。阜下抟泥沙，煅石为灰，剂为三池款之，静极明

生，黄变为碧，如湘波然。绕澄清阁，供烹饪、汲饮、灌溉。暇游其上，谋目谋耳者应接靡暇，树石其发肤，风其态度，月其色，或作响如球钟，或涓涓如笙磬，则其声也。祷曰：河伯丐我多矣，其有以溉吾人民。池溢北出，少东，迤而南绕瑞谷亭，如经三受降城，曲折银夏间也。又南趋隆阜下，如出壶口，过龙门而面二华。渠中石起，上立数石，则砥柱然。遵射堂东而南，清流汩汩，注大池中，命曰“饮和”，与古之大陆何以异也？用工万九千余，皆亲军力，未役一民也。用钱五百余缗，使者之俸余也。弥月毕工，役之征缮之暇，未废事也。呼民取饮，则瓶罂瓢勺罂盎之属早具，乏者或以织柳之器来，或手掬而饮，老者、弱者、盲者、跛者群熙熙然知惠之逮我也。记此落之。凡有事于此者，条其衔名碑阴。

光绪四年（1878 年），节园建成，左宗棠派亲兵张贴告示，规定每年农历三月初三、四月初八、六月初六、七月初七、八月十五、春节等节假日，节园免费向兰州全体老百姓开放。

中国历史上第一座现代意义上的平民公园由此诞生。此举所费精力与财力虽不多，但意义不亚于“新栽杨柳三千里，引得春风度玉关”。

受左宗棠创立节园启发，1905 年，江苏一些名流士绅倡议并集资，以无锡城中心几个私家小花园为基础，建立了该市第一个公园，取名“公花园”。

此后，中国各地争相模仿、创新，公园遍地开花。到 2005 年，中国公园总数已多达 7077 个，每个城市平均拥有 11 个。

无疑，将现代公园引进中国，郭嵩焘有首倡之义，左宗棠有首创之功。

壹肆伍·与宽勋同

光绪五年六月二十二日

谕宽、勋、同知之：

前发谕函后，未续寄函，亦未接尔等禀报，不知家中光景何似，时为念之。袁彬到营，周文荆（猷四弟三子也）续至，引询一切，稍悉大概。据云尔等定于五月二十六日安葬尔嫂。天鹅山茔地是否合用，想尔等已有禀在途，能免改卜则幸也。

鄂台转交款项，买田造屋外有无余剩，我不得知。惟应用之项有须家中拨付者开示于后。

贺仲肃居官清洁，身后萧条，应致赙二百两交其世兄，并问慈溪交代清楚否。其世兄如欲来甘，可以我意止之。

方功渭来甘本出意想之外，前随杨石泉到肃。现其病骨支离，属其速归，过鄂时请王若农于廉项拨给二百两，由甘回家路费此间再另给银五十两。功渭不听，仍留兰州，且捐府经历，指省甘肃。我不理也，窃虑其难久。

周文荆来营，询其在长沙开小碓行，(先)[失]本欠债至二三百千，而所分家产仅田一石数斗，子女又多，无以为生。此子老实可怜，具其先世谨厚有余，应有以恤之。大约除此间给盘川外，应由家中付银百两与之（或须再优，临时有信）。

吾同年唐慈陔讳萱庆，身后两子俱故，不知有孙否，可详询以告。

又有同年金季亭讳有成，家贫而持介节。寒饿所迫，遂以早殒，数子亦相继亡。闻袁克卿说，其家仅剩一寡媳、一孤孙，不能存活，竟至流为乞丐，可伤之至。询之年侄张荫庭，所言亦同。吾于荫庭告归时面与之说，由家中取银百两恤其孤寡。荫庭称到家即访明交去，此时当可抵长沙。如见面，可将此银交其转给，切切。

华原上年携其子来甘把式，我札饬驻陕军需局兰州支应处截令速归。华原竟到兰州，时克庵以病未见，嘱王荨农代为善遣。旋接克翁信，给银百五十两作盘费，我意已嫌其过多。嗣接沈吉田信云："华原过西安时，系由徒步而来，睹其情状狼狈，又为雇小轿一乘，送荆子关。"心窃鄙之。然不意其尚留一子昭涵在兰，莼农辈又将昭涵收入支应处也。前得刘兰洲禀报，昭涵又已病故，医药棺殓诸费又须开销，并所欠之债共一百余两，我已饬由廉项内记档矣。至请委人将其遗榇护送归湘，我不允也。华原老不戒得，屡次纠缠取厌。渠忍令其子寻死于万里边关，我不甘受其扰累，听其自行搬柩可矣。

箴斋外侄全家须早为之所，不必代为受累。杨氏之不晓事，我所素知。此时加意体恤，将来仍须推而远之，不如早为安顿。且尔辈亦自顾不遑，安能舍己而芸人乎?

李国贤屋买定后已动工拆修，大约于八月前竣工为是。如实赶造不及，亦只好停工，俟乡场期毕再说。李国贤亦已在署任病故矣。

族间事有必须赶作者，前与西园、仁山辈略略说过，可与细商。

所买河西之田，闻是胡恕堂旧业，由尧农诸姓说合者，业次尚好。至柳庄附近大塘冲一契，闻是余三伯所（买）[卖]者，旱涝均可无虞。惟嫌有寒浸之冲田，收获迟而不甚载子。将来分析时宜多拨几亩，以免偏累。所有田业，除四股匀分外，尚须留爵田、墓田、祭田，前已谕知，可试拟一单寄我。

伊犁已议交回。惟俄人贪狡，于定界、通商各事多所要挟，尚无定说。崇地山一味优容，恐了不了耳。

我近为风湿瘆子所苦，爬搔不宁，夜不成卧，服苦寒剂稍可，惟未大效。已经三月有余，只盼秋凉，或可全愈耳。

六月二十二日[书]

晚清社会各阶层“病相报告图”

这封信是左宗棠做社会慈善接济以及后事安排的继续，范围广及亲朋好友、乡亲故旧。或许连左宗棠也没有想到，这些对社会各阶层的接济，多层次地描画了一幅晚清社会真实的“病相报告图”。我们也因此得以看见晚清湖南最真实的一面。

一、地方官退休，衣食无靠

信中描述的贺仲肃即贺瑗的境遇，可以看作当时中下层退休官员的代表。

贺瑗作为左宗棠亲家贺熙龄的侄子，早年在长沙经商，后经营药业，做过普济药店经理、利生药铺老板。咸丰三年（1853年），左宗棠为筹集军饷，曾发动贺瑗带头捐赠1万两白银，那次共募集到12万两白银。

后来，贺瑗弃商从政，花钱买了个地方官做。然而，退休之后，昔日捐1万两白银连眼睛都不会眨一下的“土豪”，如今竟然要靠左宗棠的接济过日子，其穷困潦倒程度非同一般。信中“贺仲肃居官清洁，身后萧条，应致赙二百两交其世兄，并问慈溪交代清楚否”，可以看出，贺瑗要靠这笔钱做生活费。

都说“一年清知府，十万雪花银”，当官即使不发财，至少也不会亏本。是什么原因让贺瑗从“土豪”跌成寒门？除了贺家后人多纨绔，将积蓄挥霍殆尽，还有一个更主要的原因，自咸丰二年（1852年）以来，湖南历近30年乱世，一省家底几乎掏空，中产之家失去了生存可依托的土壤。

贺瑗的世兄前段时间写信，想来甘肃谋个一官半职，左宗棠要儿子劝阻他赶紧打消这个念头。亲戚帮钱可以，帮官不行，这是原则。

亲戚方功渭也来甘肃找左宗棠了。他是跟回湖南办事的杨昌濬一起过来的，事先并没有跟左宗棠通气。左宗棠看他一副病体，好似随时都有可能散架，这样的人还怎么从政？便打发他200两白银，另支路费50两，催他抓紧回湖南老家。

不料方功渭心气高，给钱也不要，一心要做官，便留在兰州不走，还写信给左宗棠，指明要他给自己花钱买个知府。左宗棠怎么可能拿手下官职做人情？因此，懒得搭理他。但其人确实又可怜，左宗棠放心不下，便请人负责照料他的饮食、起居。

二、举人也有落难者

信中述及唐萱庆、金有成两人的遭遇，我们明显可以看出，当时社会中下层读书人的命运十分不妙。

道光十二年（1832 年），左宗棠参加湖南乡试，那一届中榜 40 多人，包括唐萱庆、金有成。但清朝后期的举人有很多没机会做官，多数靠办私塾、做山长赚点生活费，日子过得紧巴。以左宗棠为例，他做株洲渌江书院山长那几年，依然寄居在湘潭岳父家，根本买不起田地、房子。

信中，左宗棠向儿子问道，唐萱庆身后两子俱故，不知是否还有孙，可能已经绝后了。金有成更可怜，竟然活活饿死了，儿子也相继死亡，只剩一个守寡的儿媳妇带着孤孙，靠沿街乞讨为生。

由此可见，社会因连年战乱，经济破坏殆尽，首当其冲影响到的是社会中下层读书人的生活。左宗棠恻隐之心大动，给金家这对孤儿寡母送去 100 两白银接济。

三、江湖艺人，舍弃儿子

上述中下层商人、读书人家的命运如此破败，晚清中下层武人的命运又如何呢?

信中提到的华原，属典型的江湖艺人，中武举无望，只能靠表演谋生。他跟左宗棠还沾亲带故。因有这层关系，华原带儿子昭涵来甘肃军营教士兵刀、剑、棍、棒、枪、戟等武艺，试图通过左宗棠，在军队里混个一官半职。

左宗棠得知他找上门来，安排驻陕军需局兰州支应处接待，准备打发他一些路费回去。左宗棠担心他们打着自己的招牌招摇撞骗。但华原求官心切，竟不顾左宗棠的劝阻，直接跑到兰州，找上门来。

当时，陕西巡抚刘典重病在身，他没有亲自出面见华原，而是安排下属莼农代为善遣，打发父子俩150两白银作盘费。按说，这已经是仁至义尽了，但华原跑过江湖，套路很深。他拿到钱后径直回到湖南，却留下他重病的儿子昭涵在兰州。这是要左宗棠替他请军医照看儿子的节奏。

军营哪里管得了这么多？但碍于左宗棠的面子，甘肃支应处负责人莼农将昭涵收编治疗。谁知没过多久昭涵病死，医药费、棺材费，加在一起又花去100多两白银。

华原得知后，又写信给左宗棠，要他派士兵将儿子的遗体护送回湖南。左宗棠最看重为人正直、诚实，对华原的江湖套路很反感。明知儿子不行了，自己却溜之大吉，这种事情也只有油滑的老江湖才做得出来，因此，左宗棠在家信中责怪他“老不戒得，屡次纠缠取厌”。

虎毒不弃子，华原这种油滑怪异之人，实属罕见。但反过来一想，如果不是社会破败到让人难以谋活，华原也不至于油滑到连自己儿子的死活都不管。这个故事听来多少有点让人感到悲凉。

四、农民兼办加工厂，仍无法自养

更糟糕的是，就连刚洗脚上岸的半农半商者，日子也过不下去了。

周文荆是左宗棠的亲戚，他在长沙开了个小碓行，靠帮米商将稻谷加工成大米赚钱养家。这种纯劳动力输出的行业，只要稻米销路正常，基本收入就有保障。

但周文荆开碓行赔了近300两银子。什么原因？经济整体萧条，无米需要加工，市场现有稻米卖不动，而加工的设备、场地的租金、家庭的日常开销，一样也不能停。加之周家分家，周文荆“所分家产仅田一石数斗，子女又多，无以为生”，看来他在农村的老家也破产了。

周家世代老实本分，周文荆找上门来求助，左宗棠怎么对待？不但当面给了他数百两路费，还让儿子给长沙周家送去 100 两白银，甚至考虑这点钱是否足够，如果不够，还可以考虑追加。

当真正诚实守信的本分人家遭遇生活困难时，左宗棠从来不会吝惜金钱。

五、社会已经破产，忙不尽，救不完

以上发生在左宗棠身上的几件事，五花八门，让人眼花缭乱。

这封信虽然意在安排儿子接济社会，但在无意中有代表性地将当时湖南社会各个阶层的生存困境勾勒了出来。

老子说："师之所处，荆棘生焉；大军之后，必有凶年。"国家一动刀兵，后患难以弥补。事实果然如此，近 30 年来，湖南的劳动力被战争源源不断地征去前线；湖南人用来养家糊口的经济收入，大部分被朝廷征作"协饷"，用于驰援各省军事。为了捍卫国家疆土、挽救大清朝廷，湖南已经作出了最大限度的牺牲。

晚清社会全面破败，左宗棠虽尽心尽力，但仍救不胜救，他终于感到力不从心了。信末，他对儿子说："且尔辈亦自顾不遑，安能舍己而芸人乎？"这是大实话。身边与社会需要救助的人还在排队等候，儿子自己家里一摊子事已经忙不过来，哪里还有更多的钱财和精力去救助那些怎么也救助不完的穷人呢？

壹肆陆·与宽勋同

光绪五年七月二十六日

谕宽、勋、同：

数月不接家信，不解尔等因何故耽延，甚为悬念。尔嫂合葬既已定期，究竟尔兄葬地是否有无别患，日夜盼家信不到，何耶？新买李宅房屋，改造前栋，闻袁彬说正在购料，定于五月内动工，尔等亦无续报。各处田价已否交清，家中大小均平安否，皆我所欲闻者，总未接尔等片纸只字，实不可解。

此间气象甚好，关陇、新疆岁事大稔，与数年前俨如隔世。伊犁交还局面已定，只因地山星使过于优柔，翻生异议。定界、通商各务漫无限制，我不得不详陈一切。幸廷论翕然，或尚可补救几分。

我近来为风疹所苦，缠延数月，服药无效。自服生大黄两次两钱，始觉轻减，眠食复常。然久坐则睡魔缠绕，须扶杖缓步乃已。老年血气早衰，肝风、脾湿、心火三患交乘，遂至于此。刻正服清补之剂，积久当可见效耳。

尔等今年乡试，获隽与否且置度外。榜后总须一人西来慰我晨夕，宽宜在家料理诸务，不必同行。

少云久无信来，我亦无暇写信。闻二外孙赴京兆试，甚好。黄觐虞有信与郑幼惺，颇赞二外孙之好，我心亦慰。

甘肃阶州地震成灾，压溺人畜甚多。我报灾折援策免之义，请赐罢斥，未蒙俞允。然不能不悚息待命也。少云处可出此示之。

族中与乡试者几人？炯孙读书有进否？贵州岑中丞有信来，道及到我家见过尔等，似是倾倒之意，此君向无交情也。

附泉湖诗刻二十张，可分赐诸孙。

七月二十六日酒泉

壹肆柒·与孝宽等

光绪五年十一月十一日

尔等自闰三月交袁彬带呈一信后，迄无只字寄到，不过存一秋闱榜发看侥幸与否再定行止缓速意见，独不思五六个月内不发家信，乃父忧念家务及合家丁口有无他故，与询问各事杳无确实着落，焦烦何若。孝同由鄂台发信仍是闷嘴葫芦，何耶？屡次谕询之件，既不逐件登复，翻以未接严谕为言，岂谕询各件全未寓目耶？抑别有肺肠耶？

我头白临边，加以衰病侵寻，朝不谋夕。前谕尔等兄弟一人来侍，不过为尔等设想，不宜漠视老父如路人，［惹］人斥骂耳。实则尔等来侍，不能得尔等之力，反增顾复之累，尔等知之否耶？

王蓴农营务未断，本拟榜后同来，我曾致杨石翁，问其应催调与否，何劳尔代为说词？汝表兄原可不来。汝二舅丧子已多，应留一子侍养，自不待言。尔应向二舅说明，乃不力为劝阻，到甘肃后又增我一累，尔知之否？尔大姐不明道理，我颇为虑之。尔等数月不寄一信，兹信故不提及，是何居心？

既已挈眷，自无到肃之理；纵令到肃，亦断无随我出关之理。尔等不肖，我亦不复挂念。尔兄身后三子，尔嫂又故，只此孤侄现在，我岂忍令其贸然前来。尔到兰州，自应入署居住，将老小安顿妥贴，趁我在肃时，尔带随身一二人前来看视，仍须返兰照料家小。所谕只此，尔应加意读书，以葆其良知，免我耽忧为要。毋妄想妄作，慎之，慎之。此谕。

十一月十一日肃州书

壹肆捌·与孝宽孝勋

光绪五年十一月二十八日

我以望七之年驰驱王事，人臣义分则然。自浙闽移督陕甘无数月安坐衙斋者。时事纷纭，不遑内顾。尔等已成人授室，应分留照料家务，免我分心；应分遣一人西来侍我朝夕，此为人子者之义分也。孝宽归后，勋、同应一人来甘省视，固不待言。因乡试在迩，耽延数月，榜后旬日，孝同始由湘起程，尚不足怪。但念谦兄弟年方稚弱，无父无母，实堪怜惜，何能挟之西行，远道风霜，赴数千里寒苦边关？设有疾病，难觅医药，徒使我添无数牵挂。尔等如以老父、亡兄为念，岂应恝然置之？尔生母年已六十有六，到此不能伺候我，翻须我照料，尔等当亦知之。前年孝同曾说，下次西来，带念谦等同行，我即斥其不可。今得其十月初鄂来之信，闻已换船溯汉而上，尚未得其行抵襄樊之耗，看来此月内尚不知能到西安否。挈眷远行，又正值数九天气，令我悬悬。

最可怪者，闰三月以后即未接得宽、勋一字，大约因孝同此行非父本意，惧父阻截，意将此段瞒过耳。而我屡次所寄谕函询问各事，亦概无一字见复，何耶？[尔等或谓孝同见面可当面细说，特不思七八个月不寄家信是何心肝！书至此，无可再谕矣。]

十一月廿八日[字]

壹肆玖·与孝同

光绪五年十二月初五

谕孝同知悉：

得沈观察书，知尔等廿一日抵西安，计期腊月十一二可到。督署三堂后有房屋尽够住家，一切已谕知易、温两巡捕妥为照料。

尔等既来，自以兰州住下为是。我已奏明出屯哈密（距肃十八站，且中间须过八百里戈壁也），伊犁事了，乃可回兰。尔明正来肃见我（须将家眷老小安顿妥当），可坐加套快车，住肃旬日仍回兰州。

在督署住家，要照住家规模，不可沾染官场气习、少爷排场，一切简约为主。署中大厨房只准改两灶，一煮饭，一熬菜。厨子一、打杂一、水火夫一，此外不宜多用人。

两孙须延师课读（已托石翁代觅），尔宜按三、八日作诗文，不准在外应酬（见杨石翁用姻愚侄，臬司、兰州道府以下均用三字片可也）。我问各事，可先写一信来，要详细明白，至要至要。[此谕。]

腊五夜

坚执“心术”，得理不饶子

自光绪五年二月二十八日（1879 年 3 月 20 日）接到家信，到光绪五年十一月二十八日（1880 年 1 月 9 日），在长达 9 个月的时间里，左宗棠连写数封家信，却没有得到儿子们一封回信。什么原因？

开头几个月，左宗棠也不得其解。

但 9 个月后，他大致猜出来了：3 个儿子该年都要参加乡试，他们都想等考试结果出来后再决定来甘肃面见父亲，将家里情况当面汇报。

左宗棠显然不能容忍儿子们的这种做法。理由是，做父亲的几个月接不到家人只言片语，对家务事情、家人是否安恙全都两眼一抹黑，对交代的事情落实与否也全然不知，焦虑烦闷的心情可想而知。而儿子们却完全没考虑到父亲的感受。这种事情，孝顺的儿子做不出来。

一、孝同瞒带家眷，有误

左宗棠没有猜错。他写第二封信时，四子孝同已经参加完乡试，正从湖南出发来甘肃，此时在赶往湖北襄樊（今襄阳市）的路上。

但儿子们为什么同时哑口不通音信？

可能连左宗棠自己都没有想到，一个重要原因是，他在光绪五年闰三月二十四日（1879 年 5 月 14 日）的家信中交代儿子们办的一系列接济亲朋与社会慈善的事情，儿子们既不愿意做，也做不来，因此，故意装聋作哑，试图敷衍过去。

读者如果还有印象，孝威在世时，也发生过几次类似事件。父亲一交代办这类事，孝威要么信中避而不谈，要么干脆不回信。

更惹得左宗棠不高兴的是，孝同出发来兰州时，带上了生母张茹与大哥孝威的3个儿子一路同行。左宗棠说：“你们的生母今年已经66岁高龄了，来到兰州不但不能照顾我，反过来还需要我照顾，为什么来之前你们就不想想再做决定？尤其是这次带念谦三兄弟来，完全是个糊涂的决定，小孩子哪里受得了西北的高寒？万一生病感冒，有个三长两短，你们三兄弟对得起死去的大哥孝威吗？”

孝宽三兄弟为什么将生母张茹送来军营与父亲见面？

一是让父母在衰病之年能够见上最后一面，二是有改善一下母亲生活条件的意思。左宗棠每年寄回家里200两白银，家人的生活水准确实太一般，稍微多花点钱就捉襟见肘。加之，孝威的长子念谦又由祖母张茹抚养，生活条件能好到哪里去？只能跟着过普通生活。而念恂、念慈两兄弟指定由孝宽三兄弟代为共同抚养，这也是个累赘，毕竟三兄弟都有自己的家室，父亲历年来又没有多给儿子们一两银子，抚养侄子自然有点吃力。这次将他们全部带来军营，也有点将责任推给父亲的意思。三兄弟人再老实也明白，已经拜相封侯的父亲，不说多养活三五口家人完全不用操心，就算再多养活三五百人也不在话下。

左宗棠对任何不能按自己意愿如质如期办好事情的人，轻则提醒规范，重则批评惩罚。这一个性，让他在官场上扶摇直上、平步青云；但带到家庭中，却让儿子们心生抗拒、离心离德。儿子们被骂乖了，骂得只做不说，左宗棠更加生气，由此形成恶性循环。

早在道光二十二年（1842年），胡林翼就提醒过左宗棠，不可“论人太尽”。左宗棠其时颇不以为然。眼下，他张口就骂隐情不报的孝同是“闷嘴葫芦”，称他“别有肺肠”。好在孝同此时早已成年，性格已经成形，心理上也能够承受。如果像大哥孝威那样，在十三四岁的少年时代就挨此重骂，难保不被骂得破罐子破摔。

孝同是幸运的，其成长路上尚有3个哥哥排在前面，父亲骂人时看不到

1875 年的兰州城西门

他，等挨到父亲的责骂时，他已经是 22 岁的成年人了。教育方式上未得父亲的坏处，教育观念上又得父亲真传，这大约也是孝同在左宗棠四子中最有出息的一个原因。

二、"心术"猜心伤情，有失

脾气暴烈之人，大多是刀子嘴豆腐心，骂起人来嘴上不饶人，内心其实既善良又脆弱，而且很容易伤到自己。左宗棠就是这样。

批评完儿子，他跟儿子再说起自己，竟然有点可怜兮兮：“我头白临边，加以衰病侵寻，朝不谋夕。”白发老人自身难保，此情此景，听来别有一种悲情。

父亲在别人面前也许会逞英雄，但在儿子面前便没了底气，毕竟儿子是父亲的“掘墓人”。

左宗棠的“不原谅”性格，也在这封信中头一次明确暴露出来：“特不思七八个月不寄家信是何心肝！书至此，无可再谕［矣］。”他不想再给儿子们写信教育了。或许他此时也想到了，子大不由父，无力改变的事情，他既管不了，也懒得再操心，自己唯一能做的，就是心不想不烦。

这封信果然是一个转折，自此之后，左宗棠与儿子们的书信再不像当年那样掏心贴肺、用尽心意、着力鞭策，而是断断续续，就事论事了。

左宗棠的学问根本，是儒学“心术”，他是可以将自己的一片心掏出来给人的，但一旦遭受心灵创伤，理性就会取代情感，覆水难收。理性如左宗棠尚且如此，中国“主情、主心”的文化对人的困扰可见一斑。

1880年

光绪六年

左宗棠——68岁

四子孝同——23岁

左宗棠家教语录

一 在兰读书，自立课程，谢绝人事，以求精进，切勿悠忽玩愒，负此年光。

二 多读书则义理不隔，肯用心则题蕴毕宣，而又于“法”“脉”两字细细推寻，多求其合，乃可望有长进。

三 若下笔构思尽归踹宽一路，将终身无悟入处矣。

四 伏案读书，谢绝应酬，勤写家信，庶不失寒素佳子弟规模。

五 肤庸浅滑，下笔满纸。盖由平时于义理少研求，惟揣摩时文腔调，以致于此。

壹伍零·与孝同

光绪六年四月二十七日

字谕孝同：

嘉峪启节，甘雨随车，八日抵安西州，为酒食劳军士。昨夜正四哨拔行，今夜率两总哨继发，前途戈壁，汲饮颇艰，故仍须分起行走。比抵哈密，当在端十后矣。

得尔廿二日书，知廿日得一女孙，当即以肃孙命之。七月望后可作归计，中秋前后入居兰署。清风戒途，寒暖适宜，安行稳便，我怀少纾矣。

在兰读书，自立课程，谢绝人事，以求精进，切勿悠忽玩愒，负此年光，至要，至要。

庚辰四月廿七日书

壹伍壹·与孝同

光绪六年五月十九日

孝同知悉：

肃生缺乳否？在肃雇乳母同回兰州，殊多不便，能回兰再雇为宜，惟不知能否缓雇耳。此间天气酷热，未知肃州何如。大约尔等回兰应在七月中旬，届时凉风初起，途间安便也。

我到哈密，久居新营，人马均吉，汉、回民情尚觉朴厚，其爱戴之意较关内无殊，我亦安之。岷洮番匪首要均就捡斩，此案遂结。所有剿抚次第一切办法，均不出迭次函牍之外，亦幸杨石泉一力主持，不许妄行杀掠焚烧，故能迅赴戎机，永弭异患，老怀一纾。尔能细细体会，自可增长识解。

湘中有无家信？不知宽、勋究竟如何［昏迷至此］，尔可致信大姊，一探问之。

五月十九哈密新营［谕］

壹伍贰·与孝同

光绪六年六月初一

字谕孝同：

肃孙之名既属重出，新得孙女更名律孙，纪出师之义可也。

哈密炎热异常，旬日已来，左胁左腿风团复发，不痒而痛，周令诊视，谓肝火甚旺，服凉剂不愈，继以大黄数剂，仍不泄动，比加服元明粉，乃略下两遍，所患乃觉轻减。现停元明粉（亦止服过一钱），尚服大黄一二帖，即停止不服，当可复元耳。

宗概从未出过远门，不知行路之难，可传我意，请其秋凉速归。昭煦上年在肃一病几殆，容易调治痊愈，始得生还。此次复又来肃，意欲何为？若云学习公事，试自问可学何事？大营又有何事可学？我年七十矣，从未得子侄之力，亦并不以此望诸子侄。乃子侄必欲累我，一累不已，且至于再，何耶？可以此信给昭煦看，令其速归，勿许久留为要。宗概家贫远出，可给盘川银五十两。昭煦此来，准酌帮路费十六两。

七月以后天气渐凉，尔可奉生母挈眷回兰，细心读书，专意务正，免贻我忧。楷字总少帖意，是临摹欠工夫，亦由心胸中少书味耳。及时力学，尚不为迟。来禀内有“庶觉阴侵，稍可避暑”两语，“阴侵”两字殊不妥，“侵”或是“浸”字之误耶？

语云：“秀才不中举，归家作小题。”盖谓多做大题则思致庸钝，词意肤泛，摇笔满纸，尽是陈言，何有一语道着？宜其不能动人心目也。要作几篇好八股殊不容易。多读书则义理不隔，肯用心则题蕴毕宣，而又于“法”“脉”两字细细推寻，多求其合，乃可望有长进。若下笔构思尽归踹宽一路，将终身无悟入处矣。兹选定《四书》、诗题廿一道付尔，每月六课，自限一日完卷，寄阅。

六月初一日哈密大营

父在观其志

就有道

先行其言

是亦为政

而耻恶衣恶食者

再斯可矣

今女画

吾亦为之如不可求

曰怨乎曰求仁而得仁

得见有恒者

人而不仁疾之已甚

孔子曰才难

如有所立卓尔

言之得无讱乎

曰然则师愈与

子欲善

忠告而善道之

必世而后仁

如知为君之难也

如其善而莫之违也

抑亦可以为次矣

佳句法如何

青眼高歌望吾子

水中盐味得诗禅

重与细论文

同学少年多不贱

鞭心入芥舟

青灯有味似儿时

搔首问青天

渭北春天树

明月前身

百川学海

却望并州是故乡

一寄塞垣深

庖丁解牛

何时一尊酒

江上同舟诗满箧

绿满窗前草不除

自谓是羲皇上人

白云却在题诗处

王尊叱驭得忠字

明月入户寻幽人

读书有得，全在“法”“脉”

光绪六年五月初八（1880 年 6 月 15 日），为表示从沙俄手中收回疆土的决心。左宗棠令楚军将士抬棺出征，将前敌总指挥部设到新疆哈密，方便就近调度指挥军队。这封信写于安顿后的第 23 天。

左宗棠带兵孤身悬于哈密绝地，亲戚仍旧北来攀附。

信中提到的不远千里找到甘肃酒泉行营来的宗概、昭煦两人，是左宗棠的侄辈，两人嘴上说是来军营学习军事，但左宗棠知道他们内心打的小九九。军营里有什么可学的？他们不过是想赚一笔钱，捞个一官半职罢了。

左宗棠仍以刚出山那会儿“传论骂退”的方法，痛快直接地打发两人回湖南老家。考虑到宗概家贫，赠他 50 两白银；昭煦家里不缺钱，就象征性地打发他 16 两路费。

这一年，左宗棠已经 68 岁高龄，哈密地气高寒，他身为南方人，严重不适应此地气候，导致身体大不如前。雪上加霜的是，这段时间他又患上了风湿病。如果说左宗棠中年时患上腹泻病是因为性格，老年患上风疹是因为感染，此时患上风湿病则是因为气候。哈密白天炎热异常，晚上寒冷无比，与湖南亚热带气候反差巨大，年事已高的左宗棠哪里受得了！

医生诊断，认为此病起于肝火过旺，先给他开了凉药，没有见效；又开出大黄，这是泻热毒、破积滞、行瘀血的药，仍不见效。看来这个军医的水平一般。左宗棠通《易经》、懂医学，不再烦劳医生了，自己开出元明粉药方，服了几次，居然有所好转了。

需要说明的是，元明粉即硫酸钠，是一种有苦味的结晶状粉末，有吸湿性。可见左宗棠的病因确系地气高寒。

身体好转后，左宗棠在前线忙着部署战事的空隙，仍不忘关心孝同读书。

孝同上次给父亲写信，写了一个错别字，将“阴浸”写成了“阴侵”。这让我们想起孝威当年给父亲写信，将“醴陵”误写成“澧陵”，“何必”误写成“何心”，惹得父亲大发雷霆。这次左宗棠只是指出来，并没有大加批评，反过来建设性地告诉孝同正确的读书方法：“多读书则义理不隔，肯用心则题蕴毕宣，而又于‘法’‘脉’两字细细推寻，多求其合，乃可望有长进。”看来，左宗棠终于想明白了，告诉儿子应该怎么做，比批评他不能那么做要好。

这个读书法其实也是左宗棠读书经验的夫子自道。对于“法”“脉”两字，笔者的理解：“法”，即意旨、思想；“脉”，指情感语态、思维方法。简单地说，“法”是指作者通过一篇文章，到底要说明一个什么道理；“脉”是指作者到底通过什么样的表达方式，准确地传达出了自己要说的道理。仔细揣摩，这与左宗棠之前提出的“义理悦心，从容涵泳”、读书做事看重条理，是一脉相承的。

左宗棠提出一个想法，最看重的是实行，而且一定要落实到位。眼下，他抽时间亲自给儿子当老师，不但选定“四书”，还自拟了21道诗题，规定孝同每月完成6道题，每道题限1天之内完成，写完后寄到哈密军营让父亲批阅。

左宗棠这种教育方法无疑再好不过。通过这些年来的教子实践，他大概也意识到了，书信教育收效甚微，只有亲自指点才能见效果。

孝同在现存3个儿子中天分最高，左宗棠决心不惜精力培养他，以免身后诗书断绝、门庭没落、家风不继。这也是孝同后来在左宗棠4个儿子中最有出息的又一个原因。

壹伍叁·与孝同

光绪六年六月十四日

字谕孝同：

今岁暑热异常，哈密及吐鲁番两处向称极热地方，今夏更甚。我病兼旬甫愈，现服滋阴养肝之剂，亦殊相安。闻入伏后天气渐凉，未知何如。酒泉公馆想亦甚热，屋宇低小，不如节署相安，趁秋凉宜棉夹时返兰，免我牵挂。

头白求归未得，而族人远来搅扰，实太不谅。昨鄂台递到宗翰书，据称将祠事交昭基，伊仍赴甘当差。想被族人挤排，故作抽身之计，而情理难容。我揣或系宽、勋妄听昭辉等语言，遂致有此。

前请鄂台续寄之三千金，若农信来，早已汇交孝宽，自是不错。而孝宽总无一字达肃，或系将此项压搁，致动人疑，亦未可知。尔可向新前询其曾否接家信说及此中委曲，以便早为料理。孝宽近日举动迥异从前，再四思索，恐系被市井奸徒所惑。尔曾说其在家施药能治恶疾，并云宽因脚疾自赴湘潭觅医，因学得祝由科法水，或即入魔之根耶？可据实告我。

近作得《冯林一家传》，尚觉得意，寄尔阅之。可解与丰孙、铋孙听。余详前信中。

请心可兄速买红白萝卜子及天鹅蛋种子寄来，以便散给各营哨，愈多愈妙。此间地脉甚厚，种蔬最妙。

六月十四日初伏哈密大营［书］

壹伍肆·与孝同

光绪六年六月二十三日

廿日得尔初九日禀，知已定七月十一日返兰州，可免我牵挂，甚好。

尔到兰后料理家事毕，又须来哈密，三四个月内往返数千里，未免太劳。又酒泉迤北砂碛弥望，车行颇苦。七八月后风雪正作，戈壁寒气渐甚，比抵哈密，则朔风凛冽，冰冻凝沍，人马均困矣。不如俟惊蛰河冰尽解时启行，暮春抵肃小憩，首夏抵伊吾，节候和暖，最为相宜。如此则兰署过腊，足以慰母心；远道省亲，足以慰我望，实两得之道，安必触寒受暑仆仆长途为也？

返兰后伏案读书，谢绝应酬，勤写家信，庶不失寒素佳子弟规模，至要至要。

近为炎暑所苦，左胁左腿牵引作痛，服生大黄数剂，加以芒硝，始渐痊可。现服滋阴益气之剂，渐已复元。哈密之热较内地为甚，交秋后由凉而寒亦甚于内地也。

军事粗有布置，俄情如常，伊犁、阿来均增兵防守，然亦不能多。闻其国内乱殊甚，俄主有四月廿二不禄之说，尚未见确报。大约不祥之兆已见，自无可疑。曾劼刚尚无到俄之耗，总署近日信息颇稀，即此亦见俄事不吃紧耳。［手此示之。］

六月廿三日哈密

近作《冯中允家传》刻好，以十本寄来，可与丰孙辈读之，亦见乃翁病中思力不减。冯君乃同年生中有学问者，平浙时踪迹相近而音问不通。殁后五年，乃为作佳传，俾吴越士夫有所观焉。

六月廿三日哈密［又书］

壹伍伍·与孝同

光绪六年七月二十日

孝同知悉：

得尔初九日信，知十一日旋兰州节署，计此时可过凉州矣。

处暑前后凉风渐至，想无不适。节园秋景宜人，蔬味正佳，料理诸务后读书作文，有以自乐，我亦可省牵挂。尔信拟仍出关省视，我亦欣然。惟以节候言之，还是惊蛰冻解启行，首夏到哈密最为妥帖。塞上苦寒，哈密冷热与关内迥异（**现在早晚寒意甚重，日午仍热**），不可不慎。与其使我多一番记挂，何如迟缓就道为宜，思之，思之。

宗概因不服水土辞归，我于此间给银卅两作盘川，并函致鄂台，俟其过鄂致廉银一百廿两，又许其遇保案照例加保，伊亦欣然。其人质地谨悫，尚有可望，惟酸俗不免耳。

祠事未知西园、作山如何回信，西园未必决意赴甘，不过借此为脱身计。作山不肯捐钱，亦只听他。且俟祠事落成，另派首事经管。其余各义举将来交尔辈经理可耳。

世延处岂可不为安顿，我意以千金与之，尔等总不以为意。宽、勋始终无一字及之，不解何故也。乡俗知利忘义，大率如此。我如还家里居，当自为布置，瞑目以后始听不肖辈再为所欲为已耳。

尔与勋学业既无长进，岁科不能望高等，故我拟为尔捐廪贡，为勋捐附贡，可应京兆试，免岁科两度奔驰。尔意既不愿就，则捐贡之说当作罢论。如尔等能作文应试，固我所乐也。由廪附平进岂非好事，况将来呈递遗折，尚可望加恩乎。已致吉田，此事无庸议矣。

尔辈少小，未尝用心读书，就天分而论，尔优于勋。然自汝兄亡后，家事分心，又不肯就师肄业，致所学旋荒，诗文不进且日退矣。付呈课文与诗均不见思路笔路，且语句亦多疵颣，肤庸浅滑，下笔满纸。盖由平时于义理少研求，惟揣摩时文腔调，以致于此。我驰驱戎马，未暇督课，又未能择延名师与尔讲习，于尔辈何尤。兹将诗文评改寄还，尔可细心阅看。入居节署，读书最乐，勉之，时不可失也。

新疆所办事宜一疏现已刊印，付尔及丰孙阅之。俄事如故，庙堂意在休兵，英使威妥玛有从中调处之说，恐不免为其所误耳。

七月二十日［书］

建成中国第一家机器国货工厂

信中谈及家事部分，左宗棠很不称心。原因是，孝宽与孝勋自去年年初断信，再无一字。左宗棠安排孝宽救济长侄左世延的1000两白银，至今悬而未定。左宗棠责怪儿子“知利忘义”，因此放出重话，等自己回湖南后亲自安排，自己死后“始听不肖辈再为所欲为已耳”。左宗棠早年教子方式欠当，此时已暴露隐患。

信中第一次提及回湖南，难道伊犁战局已有转机？差不多是这样。从“庙堂意在休兵，英使威妥玛有从中调处之说”两句，可见朝廷已经向左宗棠摊了底牌：不能真和俄国打起来。

这段时间，左宗棠关心的是，创立甘肃织呢总局（亦称“兰州机器织呢局”）。

创办这样一家民族轻工业，基于两个条件。一是甘肃盛产羊毛，以创办前的年产量计算，西宁达10万担，甘州7万担，平番、武威8万担；按传统手工业加工成布匹、服装，不但造成原料的极大浪费，而且效率极低。二则左宗棠在大西北禁止种植鸦片，鼓励农民改种棉花，棉产量增加迅猛。如何引导甘肃、新疆的老百姓改善生活，脱贫致富？左宗棠决定拿机器织布做文章，从这里打开一道缺口。

一、购买德国机器，建成西北首家民用工厂

筹建织呢总局的想法，始于光绪三年（1877 年）冬。左宗棠任命两人专门负责，一是兰州制造局总办赖长；二是老搭档胡雪岩。

甘肃缺水，织布需要大量用水。左宗棠交付胡雪岩一手解决，方法有二：一是从兰州附近开河导水；二是在机器局选址地凿深井从地下抽水。至于前期经费，只能由胡雪岩垫资，累积到一定程度，再由左宗棠到工部报账。

织布厂所需大量机器从哪里来？去德国购买。左宗棠采取业务外包的方式，交付上海德商承办的泰来洋行承办，具体负责人叫石德洛米。

规划妥当，光绪五年（1879 年），所购 20 架机器，共计 4000 箱，分成大小不等 1200 件，从德国发出，经海路运往中国上海。

但怎么从水路发达的上海运进山路崎岖的兰州？胡雪岩承包了招商局一艘巨轮，通过长江先运到湖北汉口，再从汉口整体转运到湖北老河口，再从龙驹寨（位于今陕西省商洛市丹凤县）经西安运抵兰州，没有水路就只能借助马与车。因织布机系蒸汽动力，锅炉偌大，只能先拆分再托运。从湖北到甘肃，沿途既多峡谷，又兼山道，道阻且狭，运输队不得不停下马车，临时开山辟路，通过人工挖掘，铺成新路。如此艰难日进，单是从汉口到兰州，便需 3 个月。因运输量实在庞大，运输队人手又不够，还得分两次，等最后一批机器设备运到，第一批已经到了 8 个月之久。

甘肃织呢总局设立的基本思路，仿照同治五年（1866 年）的福州船政局。但毕竟培养民族轻工业与发展国防军事重工业的具体方法大不相同，左宗棠确立的基本思路是：先学习，后仿造。总局首先雇请德国技师 5 名，负责现场指导生产与培训中国工人。左宗棠认为，与福建造船业、驾驶行的高精尖不同，织布只需要普通工人，便安排从楚军中挑选，凡是悟性好、手脚灵敏的士兵，都先组织到甘肃制造局学习，经过考试、试用，合格者方被正式聘用。

甘肃织呢总局厂房设计分为三大块：东部为纺线、织呢部分；西部为洗

毛及整染部分；中部为动力、机修和办公部分。

光绪六年八月十二日（1880 年 9 月 16 日），20 架织布机中的首批 10 架安置完毕。石德米洛负责总局监督工作，下令正式开工生产。一台织布机器分两架，分别以 24 匹马力与 32 匹马力蒸汽机带动，每台日生产量为 8 匹布，每匹布长 50 尺、宽 5 尺。左宗棠向朝廷乐观汇报，待全部机器开动，年产量可达 6000 匹。

二、艰难起步，问题不断

直到生产成品上市后，才发现问题不少，其核心问题是布匹质量不高、市场没有销路。

布匹质量不高，原因在于当地羊毛品质不佳，羊毛杂质多且又硬又直，纤维长短粗细不一。赖长专门雇用了 40 人负责挑拣羊毛，每人每天只能拣出 2 磅，羊毛成本因此奇高；兰州水量供应不足，水质也没法满足精细色彩的要求，生产成本进一步提高，且效果不佳。

市场没有销路，则因为陕甘及邻省消费者没有消费能力。当时，100 斤羊毛中，只有 10 斤能织上等呢，20 斤能织次等呢，50 斤能织粗毡子，还有 20 斤完全无用。成本居高，只能提高定价，当地人根本买不起；甘肃省政府组织商人贩运到上海、浙江等沿海一带销售，问题又来了，商品不但质量没法跟欧洲长途海运过来的布匹相媲美，而且从兰州通过山路、河运艰难运至东南沿海，运费奇高，价格上更加没法与外商竞争。

到光绪八年八月（1882 年 9 月），继任陕甘总督谭钟麟尝试将新织成的 1000 余匹毛毯分运到甘肃各地指派政府负责推广销售，结果几乎无人购买。一个月后，一台蒸汽机的锅炉不幸破裂，总局不得不裁减部分闲员。运营一年多，一核算成本收益，收购羊毛与工厂运营投入，已花去近 8 万两白银，全部亏空。

谭钟麟无心再办，报请朝廷暂停。

核算甘肃织呢总局的前期投入，分三大块：购买机器设备，开掘河流、挖井人工费加起来 118832 两白银；机器设备从德国运回兰州的运费、保险费，花去 72975 两白银；建筑工厂、聘请洋匠、政府工作人员各项开支，花费 110305 两白银。共投入 302112 两白银，这还不包括胡雪岩的捐购部分。

左宗棠对甘肃织呢总局停办心有不甘，毕竟大量的羊毛、棉花原料已经生产出来，而且在源源不断地产出，如果不能通过机器加工成产品，就是一种巨大的资源浪费。所以，光绪八年（1882 年）担任两江总督期间，他曾想将设备搬到江苏去办，但最后不了了之。

搁置的关键原因在于，左宗棠真的老了，精力大幅衰减，做不动了。

三、中国机器毛纺织工业的开端

左宗棠创办甘肃织呢总局最大的意义，不在于它盈利多少，而在于它是“中国第一家机器国货工厂”（李鸿章语），是中国机器毛纺织工业的开端，中国近代轻工业从这里艰难起步。在左宗棠的影响下，1882 年，李鸿章紧跟着创办了上海机器织布局。

甘肃织呢总局自 1882 年停办后，多年无人问津。直到光绪三十二年（1906 年），朝廷大兴学习西方之风，利用原厂设备，又购进一批新机器，聘请新技师，重新开工。

1912 年，民国肇兴，国家急需壮大工业实力，甘肃织呢总局改名为“甘肃织呢公司”，以股份制方式融资，办了 3 年，又停摆了。

1926 年，甘肃织呢公司又改名为“甘肃织呢厂”，办了几年，又放弃了。

到 1938 年，抗日热潮高涨，国民政府军政部与甘肃省政府签订租让协议，将织呢厂改成军政部织呢厂第一分厂，专织军毯。

1939年，军政部织呢厂第一分厂遭到日机轰炸又停摆了，直到1940年才得以修复，改成军政部第二织呢厂。

1943年，军政部联合甘肃省政府合办军政部第二织呢厂。

中华人民共和国成立后，军政部第二织呢厂改名为“兰州第二毛纺厂”，一直延续至今。

甘肃织呢总局外景

壹伍陆·与孝同

光绪六年七月二十五日

接谭心可信，知尔于十一日奉母挈眷返兰，天气寒暖合宜，按站而行，可卜平安也。

廿四日忽奉本月初六日六百里廷旨：来京陛见，以备顾问，命荐贤员督办新疆一切事务。比即驰告毅斋，属其速来哈密，商酌接替，并拟奏以钦符畀之。本任陕甘总督缺虽尚未开，然必请简署事，拟奏用石泉，当于日内缮折拜发，伏候谕旨遵行。计此间出奏，必三十余日始奉批回，毅斋到哈密必须六七十日，比到此接受钦符则已在奉旨之后，有所遵循。我将此间军事、饷事交代即启行回省，计到兰后交卸督篆北行，当在冬腊之交，新正开印后可抵都矣。

西北布置已有条理。俄意欲由海路入犯，而在事诸公不能仰慰忧勤，虚张敌势，殊为慨然。我之此行本不得已，既奉朝命，谊当迅速成行，惟不能不俟毅斋之到，面为妥商。毅斋得信即行，亦非两月余不可。趁此时将军事、饷事逐加料理，尚非忙迫。而关外一切均有条理，关内经石翁经画年余，诸尚妥协，我之应诏北行，可免牵挂，犹不幸中之幸矣。

尔等应于解冻后南归。明年可为丰孙完婚。此后或仍来京侍养，丰孙预备引见，尔兄弟可就便赴北闱乡试。局面既改，在尔等自行斟酌耳。［手此谕之。］

谕旨钞寄，暂宜秘之，候奉批回再宣白。

七月廿五日辰刻［书］

壹伍柒·与孝同

光绪六年八月二十二日

字寄四儿览：

我奉内召顾问之命，即日飞告毅斋速来哈密候旨。我于十月初吉可启程入关，计冬腊之交可以交卸督篆，由秦晋赴都。陛见后当自陈衰病，请开阁缺，以闲散备顾问，终老京师。尔辈应留一房在长沙守祖先坟墓，尔生母即仍回湘照料家私。丰孙明年完姻后，可挈眷同来引见，尔辈即留京延师课读，应京兆试，似此亦是一办法，然必须俟我到京后寄信回南，始可定局。

廉项所存尚多，然就应用各项合计亦不能多所存积，到兰后当一一处分，俾尔等知之。

闻勋儿六月十六已由湘起程赴甘，[抵死]不肯写禀，尔亦无一字提及，此人间父子仅见之事，我亦不管。

尔到兰署后信已收到。

八月廿二日[谕]

左宗棠到底留下多少遗产

自接到进京做“朝廷顾问”的命令，左宗棠便忙于安排自己离开新疆之后诸事。

根据他的安排，妾张茹从兰州出发，由孝同负责沿途照料，并带着左宗棠的3个孙儿，回湖南长沙司马桥。不知内情的孝勋却在光绪六年六月十六日（1880年7月22日）从长沙出发，瞒着父亲到兰州了。儿大不由父，左宗棠尽管非常生气，但只能听之任之。他一句“我亦不管”，嘴上说是不管，其实是管不了。父子关系闹成这个僵局，让人无语。

如今的父子僵局，与左宗棠性格刚直、论人太尽有直接关系；与他严格按照儒家信条规范儿子，让儿子难以完成父亲交付的任务，也不无关系。

多年来，虽然左宗棠教子方式存在问题，但理念、见解与方向都没有问题。此时，他仍要求儿子们自力更生，坚决不给他们一个可以依靠的肩膀，这确实如他本人前些年所说，这样做“不为无见”。左宗棠后人能够在贫寒中再度奋起，与他眼下做出的决定直接相关。

本着不留积蓄的想法，左宗棠不得不花心思解决一件事情，就是怎么将历年积下的财富捐赠干净。

信中“廉项所存尚多，然就应用各项合计亦不能多所存积，到兰后当一一处分，俾尔等知之”，说的就是抓紧散财这件事。左宗棠的意思很明确：我的工资存款还有很多，但我已经想到用其去支持急需用钱的地方，你们三兄弟就别有想法了。即使办完手头要事还会存下不少，但我到兰州后会逐一赠完，该捐的捐，该送人的送人，反正身上不留钱，这个事情本来可以不告诉你们，但我还是提前通知你们一下。

一、全部遗产折合约 35000 两白银

今人感兴趣的是，左宗棠此时手头的工资存款到底还有多少？

这里不妨算笔总账。从同治五年（1866 年）底出任陕甘总督，每年的基本工资加养廉银为 4 万两白银左右，累计 14 年，近 60 万两白银。这还不包括他的合法灰色收入，如担任陕甘茶马使一职便累积了 38 万两白银之巨。

左宗棠的开销并不大。家庭开支每年 200 两白银，14 年加起来不到 3000 两白银。其他各类社会捐赠、慈善救济，前面家信已悉有记载，加起来共花去不下 20 万两白银。当然，左宗棠将工资挪作公款，接济家庭贫困的部下，慰劳前线胜利的将士，也花去不少，但家信中并没有提及。即便如此散财，写这封信时，他手头的存银也至少逾 10 万两。

左宗棠身后到底留下多少遗产？

如今可查证的，有以下几笔：给每个儿子 5000 两遗产，自己留备 5000 两，合计 25000 两。长沙司马桥住宅，当年由骆秉章、胡林翼各出 500 两买下赠送，孝宽又花去 2000 两装修，合计 3000 两。孝宽买下邻居戴敬堂的房子，同时购得长沙府城隍庙地基一块，值 300 两。在湘阴有柳庄田屋、石湖田屋、板桥田屋各一处，价值合计值 1000 两。在湘阴板石坳为夫人周诒端买下墓地、田亩，花去 1000 两。在天鹅池为长子孝威夫妇买下墓地，在河西买下墓田，价值 1000 两。出山前自建柳庄，曾花去白银 900 两。

全部遗产加起来，约 15000 两白银。

这笔财产，对普通农家来说，仍是巨产；对乡绅家庭来说，只能叫中产；对拜相封侯的封疆大吏来说，只能算小钱，可见左宗棠为官至清至廉。

与同时期人物相比，便一目了然。曾国藩一生也至清至廉，生前财产亦多数散去，死后仅余下 1 万多两白银办丧事。曾国藩在钱财方面表里如一，但曾国荃贪财，他在湘乡为兄长建造了一座“富厚堂”，买下田产 1000 亩，遗产价值超过 5 万两白银，比左宗棠还是要富一些。

至于李鸿章，则称得上名副其实的“晚清巨贪”，据野史传闻，其遗产超过 2000 万两白银，正史的说法则在 1000 万两左右。李鸿章的兄长李瀚章，同样积遗产达 70 万两白银。

淮军部将中，积遗产多者有郭松林，达 400 万两白银。

他们都没有像左宗棠那样，亲手培养出中国首富胡雪岩这样的商人，其所贪钱财不是来自合情、合理、合法的商业收入，而是民脂民膏。

对金钱的态度，是检测人品的试金石。左宗棠一生不积钱，也不欠钱。

有一则鲜为人知的小故事：咸丰九年（1859 年）卷身“樊燮事件”，左宗棠借口进京会试避祸，但身无分文。同乡朋友李仲云出于义举，赠他 300 两白银。光绪七年（1881 年），左宗棠回乡探亲，时间已过去了 22 年，李仲云已经去世。69 岁高龄的左宗棠以相国之尊，亲自到李仲云的坟墓前祭拜，并将 300 两白银还给他的后人。

正因为毕生清廉、言行一致、表里如一，左宗棠死后多年，仍有官员惦记他，将他作为“正官风”的范例。

二、安维峻评左宗棠批李鸿章

安维峻是左宗棠办成兰州贡院后第一年亲自主考，从 3000 名考生中阅选出来的解元。安维峻于光绪六年（1880 年）考取进士，光绪十九年（1893 年）做上福建道监察御史。

文化气质可以遗传，安维峻天生资质和性情与恩师左宗棠颇为相似，胆识过人，仗义敢言，在官场内上得了“陇上铁汉”的美誉。

左宗棠去世后，晚清官场在以李鸿章为首的官僚集团主持下，腐败从深入骨髓到深入基因。安维峻无力回天。绝望之际，他如此上奏，弹劾淮军系。

回想大学士左宗棠，功业超出岑毓英数倍，名望也在李鸿章之上。左宗棠病逝福州之后，朝廷的恩赏不能说不丰厚，但他一生清白传家。在陕甘总督任内，左宗棠督办军务，经手的费用高达数千万两白银，但他没有挪用一文，他自己的养廉银，到手后就散人了，所以，他死去才几年，家境便陷入贫困。

他的长孙左念谦，继承了他的二等恪靖侯爵位，官至通政使司副使，病死于京，竟然没有钱买棺材。在北京做官的湖南同乡徐树铭、龙湛霖发动北京湖南同乡会的成员捐款，才得以将左念谦的遗体运回湘阴。最近听说他的儿子左孝宽、左孝勋都已经去世，只留下左孝同一人。查遍左宗棠的后人，没有再做官的。

说到这里，安维峻忍不住拿左、李进行比较。假如左宗棠生前将自己所得的养廉银全部留下来，给他的子孙后代每个人买个官，完全唾手可得。如果他像李鸿章那样，委托一个老部下为子孙保举，那么升迁是顺理成章的事。这些事情，左宗棠都没有做，但李鸿章全做了。历史白纸黑字记载在案，左宗棠与李鸿章，谁清廉、谁污浊，谁公正、谁自私，谁心里没有一本账，谁又能掩盖得了呢?

甲午中日海战前夕，安维峻对李鸿章的外交策略与军事布置多有不满。据《清史稿·列传二百三十二》记载：

> 安维峻上言："李鸿章平日挟外洋以自重，固不欲战，有言战者，动遭呵斥。淮军将领望风希旨，未见贼先退避，偶见贼即惊溃。我不能激励将士，决计一战，乃俯首听命于贼。然则此举非议和也，直纳款耳，不但误国，而且卖国。中外臣民，无不切齿痛恨。而又谓和议出自皇太后，太监李莲英实左右之，臣未敢深信。何者？皇太后既归政，若仍遇事牵制，将何以上对祖宗，下对天下臣民？至李莲英是何人斯，敢干政事乎？如果属实，律以祖宗法制，岂复可容？唯是朝廷受李鸿章恫喝，不及详审，而枢臣中或系私党，甘心左袒，或恐决裂，姑事调停。李鸿章事事挟制朝廷，抗违谕旨。唯冀皇上赫然震怒，明

正其罪，布告天下，如是而将士有不奋兴、贼人有不破灭者，即请斩臣以正妄言之罪。”

疏入，上谕：“军国要事，仰承懿训遵行，天下共谅。乃安维峻封奏，托诸传闻，竟有‘皇太后遇事牵制’之语，妄言无忌，恐开离间之端。”命革职发军台。

奏疏请求诛杀李鸿章，却附带将慈禧太后一同绑罪，安维峻之刚直已成憨厚与狂悖，且毫无政治智慧可言。慈禧太后看后恼羞成怒，不动李鸿章，反过来下令，将安维峻交由刑部严惩处死！光绪皇帝从中曲意回护，方改革职，发配张家口充军。

安维峻性情刚直如左宗棠，但他的政治智慧与为官之术不及左宗棠。左宗棠无论是弹劾杨霈，还是扳倒成禄，都是掌握证据，把准政治，调动各方力量，步步为营，陷对手于孤立。

左宗棠死后，主战派在朝廷日益处于下风。官场正气逐渐耗散，又回到了嘉庆、道光年间的模样。

1883年

光绪九年

左宗棠——71岁

次子孝宽——36岁

四子孝同——26岁

书此告而曹，俾知好官可做，好官之名亦实不易副也。

壹伍捌·与孝宽孝同

光绪九年二月初十

宽、同知悉：

自前月二十四日出省验收水利工程，兼定海防大局，均值天日晴明，行程无阻，平顺之至。到上海时，中外官绅商民陈设香案，亲兵及在防务营列队徐行，老稚男妇观者如堵，而夷情恭顺，升用中国龙旗，声炮致敬，较上次尤为有礼。胡雪岩及印委各员与随行员弁皆窃谓从来未有也。

所按各炮台于水陆安设靶位，次第施放，均致远有准。若洋轮驶入，船身较水靶宽大百倍，尤无虚发可知。沿海内外所有炮台均已勘验，李与吾、李质堂两提戎，狼山、福山、苏松及淮扬章作堂镇军，并同行员弁兵勇，均议于白茅砂设险扼其入口，总要看此处正泓逼仄，两边沙线错杂，又均须活砂，如襄樊石牌以上河道相似，洋轮误入必致不救，前年太古洋行曾在此埋过一轮船。外轮若敢前来，我但以船列炮守定正泓，确有把握。除开炮击其汤锅、气管、烟筒外，更挑选勇锐水勇习熟纵跳，遇有机会即跃上彼船，轰其机器，折其锋牙，则彼船可夺也。值此时水师将领弁丁之气可用，悬以重赏，示以严罚，一其心志，齐其气力，所为必成。我与彭宫保乘坐舢板督阵誓死，正古所谓“并力一向，千里杀将”之时也。

在上海与诸将校定议甫毕，适彭雪琴由湖北查案回船至江阴，李与吾、章作堂请先赴江阴与其晤叙，次日彭宫保与我晤于吴淞口。据称：“此事已于数年前定，现因经费无措中止。今盐票项下既有余资可购齐船炮，尚有何疑畏不能作（连）［速］命会乎？”因将应于中外赶办船炮各事逐一陈叙，彭亦欢惬，并称如此布置，但虑外人不来耳。诸将校亦云：“我辈忝居一二品武职，各有应尽之分，两老不临前敌，我辈亦可拼命报国。”答云：“此在各人自尽其心，义在则然，何分彼此？但能破彼船坚炮利诡谋，老命固无足惜。或者四十余年之恶气借此一吐，自此凶威顿挫，不敢动辄挟制要求，乃所愿也。”宫保亦云：“如此断送老命，亦可值得。”语毕，彼此分手。

海防议定，彭回退省庵，我亦展轮验阅淮扬一带河工，昨已行过泰州、泰兴矣。沿途百姓陈列香案跪迎，一谢筑堤修坝，上年里下河得获丰年之恩；一谢减免厘金实惠。并云：“此地不见制台按临者数十年，今得瞻谒威仪，一生之幸。”同行各司道佥云：“实愚民血诚爱戴，并非虚语。”我心虽慰，亦颇自愧也。书此告而曹，俾知好官可做，好官之名亦实不易副也。莼农、健齐随行，同为欣忭，莼农同到马朋湾看工后可先回。开复之请须俟事冷再说。彭宫保亦诺与我会衔，并云：“此时则断不可遽。”莼意亦以为然。

大约回省后可迎护眷属归家，同儿即可带眷同行矣。三孙姻事已定何月日？金宅须倩媒告知。丰孙喜期已信致少云，接到回信可即告我。看来看视河工无需多日，大约此月底我可回署矣。

宽儿可作第二次回湘，尔生母可同去。我回省后，探有英夷兵轮驶近海口之耗，即仍赴上海、吴淞一带驻节督剿。篆务奏交藩司护理，事毕仍请开缺回籍，当蒙俞允也。

此信可寄三儿阅看。义塾田价俟四儿回家带去亦可。丰孙婚事准用银二百两，当与大姊说明。

癸未二月初十日胡家集舟中

总督两江：兴办江南要政，修成朱家山河

这是现存左宗棠书信中所能见到的最后一封家信。

1881 年 9 月，左宗棠被任命为两江总督兼任南洋通商事务大臣。慈禧太后告诉左宗棠，新任命的缘由主要有两点：一是北京永定河前段时间被左宗棠调集楚军修好后，他又恢复了军机大臣“一张报纸、一杯茶”式的生活，而他忙惯了，闲下来后严重不适应，“两江公事岂不数倍于此？”，任命他为两江总督则他不愁没有施展治国本领的地方；二是新疆塞防问题彻底解决后，东南海防又成为中国头等问题，左宗棠一开始就主张“海塞并防”，他所创办的福州船政局又是中国海防的创始基地，且慈禧太后认为“以尔向来办事认真，外国怕尔声威”，只有左宗棠能镇住东南海防局势。

接到新任命，左宗棠从湖南湘阴出发，于光绪七年十二月二十日（1882 年 2 月 10 日）抵达江苏南京，接过两江总督印，开始了一段全新的官场历程。

一、调来王德榜，用炸药移山开河

此信开头提到，光绪九年正月二十四日（1883年3月3日），左宗棠“出省验收水利工程，兼定海防大局”，说的主要是开辟朱家山河这件事。

南京城内外水道密布。滁河、北城圩古沟与黑水河沿岸是南京粮食主产区；大码头港则是南京重要的物资中转集散地和手工业中心，是南京的商业门户。

朱家山河是南京江北岗地的一条人工河。明朝以前，以朱家山为界，山岭东南有一条黑水河，流向扬子江，山岭西北是连接滁河的北城圩古沟，两条河中间被石坚土硬的朱家山阻隔，相望却不连通。

修河的初衷是防水患。滁河从安徽滁州流入南京浦口、六合地区，“以安徽滁州、来安、全椒山水三面下注，兼受定远、合肥之水，汇三汊河绕六合两百余里入江”。朱家山两边地势低洼，滁河稍见涨水，洪涝灾害便会让两岸百姓叫苦连天。时人描述，“每淫雨水涨，河流迂缓不能骤泄，则泛滥四出。滁州、来安、全椒、江浦、六合圩田数十万顷悉为巨浸”。

早在明朝朱元璋修建浦口城时，就计划解决此地的洪涝灾害。明成化十年（1474年），官方廷议，试图挖开滁河中段流经的朱家山，让滁河直接从浦口入江，无须再绕道六合。但朱家山石坚土硬，终明朝一朝，这条河仍是个“胡子工程”。

清朝早、中期，朝廷对此工程一直望而生畏。直到淮军名将吴长庆驻军浦口东门古镇后，才想起朱家山河，又接着挖了两年，因移防而暂停。

左宗棠总督两江后，确立了施政纲领：“江南要政，以水利、海防为急。”安徽、江苏、江西三省水利，以开通朱家山河为急，他决定干下去。

一项工作已足足干了400多年，仍不见任何成效，其难度可想而知。左宗棠是以收复新疆的气魄在啃这根硬骨头。他调集闲置楚军与淮军11个营5500余名士兵，“又准每营各加募勇夫百数十名，照民夫发给工值，帮同工作”，再次动工。

朱家山河总长 18 千米，河面宽 20 米，当时没有推土机、挖掘机，如何移山开河？左宗棠凭借的是当时的尖端军工武器——炸药。

写这封信时，朱家山河工程正处在攻坚克难阶段。“工已抵山麓，迂石脊，长亘十余里，高者至数十丈，锤凿无所用力。”意思是说，士兵带着挑担与挖土工具，沿人工河两岸，密密麻麻排得足足有 10 多里长，但面对巨石，锤子、凿子无处用力。左宗棠亲自来到工地视察，并调来得力部将王德榜。

王德榜系湖南江华人氏，咸丰十年（1860 年）跟随左宗棠办楚军，此后，随左宗棠东征西讨 20 余年，能独当一面。左宗棠入值军机后，将他从福建布政使任上调来，负责教练火器营、健锐营等皇家禁卫军。修复北京永定河等水利，王德榜是现场总指挥。

这支部队多年跟随左宗棠，不但练就了过硬的打仗本领，而且积累了丰富的开山治水经验，所谓“上马能杀敌，下马能生产”，是当时中国一支全能型的现代化军队。王德榜这次不但带来了足够的炸药，而且有一整套开山辟河的装备与技术。一声令下，士兵们整装出阵，“凿石穿孔，实火药其中轰之。药力所至，石辄糜碎，工始得施”。

二、以盐票筹工钱，修成朱家山河

修建朱家山河的巨额经费从哪里来？

据光绪九年二月二十九日（1883 年 4 月 10 日）左宗棠在奏折《出省勘收水利工程折》中的说法，这笔经费从盐务中来。盐局的厘金税需供给两江地方政府的开支以及上缴国家财政，左宗棠无法调用，只能从盐票中创收。

整个工程历时两年，共动用“盐票项下”积款 177080 两白银。这是见于官方正史的记载。也有野史称，左宗棠在资金缺乏的情况下，不惜挪用南洋水师几百万两白银。这种说法可信度不高，毕竟修河主力是楚军与淮军士兵，他们的工资照原军饷，顶多就是额外加点奖励，开销主要用于支付临时招募来的几百名民工工资，盐票积款已经够用。

光绪十年（1884年），朱家山终于挖通了，北城圩河、黑河因朱家山河贯通，一项历时400余年的“胡子工程”终于竣工。朱家山河只是朱家山水利工程的一部分。以朱家山河为核心，整个朱家山水利工程，西起张家堡，接滁河，由浦口入长江，长达60多千米。

朱家山工程不但彻底解决了困扰南京浦口千百年的洪涝灾害，更关键的是，它从开通之日起，便成了一条重要的航运通道，粮食、布匹、食盐、铁器、农具，在浦口明城东门大码头集散，形成商品集散地。按左宗棠的说法，“水利幸成，则沿江下游一带旱潦无虞，岁获常稔，不但民食充裕，且可泛舟出粜，而民富兵强，日臻甚盛矣”。

在修建朱家山工程的同时，左宗棠还抽调军队开赴句容，修理赤山湖，“筑道土坝至麻培桥圩堤，复修下游桥闸，令相洄注，弭壅溃之患”。这项工程历时仅一年即完成。写这封信前，左宗棠亲自到工地检查，“勘验新筑圩堤，长二十里有余”。他安排士兵沿着圩堤移栽桑树，既保护圩堤，又利于农桑。

在移山修河的过程中，左宗棠获得了巨大的成就感。从信中“同行各司道佥云：‘实愚民血诚爱戴，并非虚语。’我心虽慰，亦颇自愧也”可以看出，左宗棠竭尽全力为老百姓与国家办事的动力源泉，不是名利，而是成就感、自我价值之实现。

后记 我与左宗棠

一

写成这部作品时，我已经42岁了。距离我动念写左宗棠，已足足10个年头。

10年前，若谁跟我说我将花10年时间来写左宗棠，连我自己都不会相信。奇怪的是，10年下来，我居然没有出版一部巴尔扎克式的描摹现实的作品。

人生的道路是不可预期的，但过后去看，一切似乎又都是自然而然。

我来到这个世界，有着太多的偶然。我的父母，从性格到气质都完全相反。我的母亲，具备弱者的一切特点，敏感、多疑、爱联想；我的父亲，具备强者的一切特点，霸蛮、刚直、讲道义。

按说，他们不可能结姻，但各种因缘巧合，居然成家了。

两种完全相反的性格、气质，同时遗传到了我身上。受母亲的影响，我生下来似乎就具备成为一个作家的两种最重要的特质：敏感与富有想象力。但我在成长过程中，又几乎全是受父亲的影响，一个农家少年要经历的苦和累，我差不多都经历过。

小时候，父亲给我讲过一个故事。他的师傅与一个江湖高手打赌抬碓。那是农村用来舂米的石器，四五百斤重，用麻绳绑住，用一根碗口粗的棒穿了，两人从祁东抬到邵东，要徒步走过10余千米蜿蜒崎岖的山路。两人约定，抬起后谁先喊歇肩谁输。他们一路就这么扛着，走出五六千米，谁都不吭一声。

父亲的师傅虽说年轻力壮，但到底山高路长，途中承受不住，想喊歇息。然而，他转念一想：自己不行了，对手一定也快不行了，便又挺住一口气，坚决不叫停。果然，对手开始商议，是不是该歇息一下，抽根烟。师傅故意说：这点路算什么，抬到终点再抽。这一说，对手被吓倒了，歇肩认输。

这个故事发生在闭塞的湘南祁东，一代一代人大多是这么霸蛮过来的。

我生下来便体弱多病，有三次差点死掉。到5岁时才不怎么生病了。其后父亲便带着我做各种繁重的农村体力劳动，16岁时我就要挑上200斤的担子。

我读高中时，父亲成了养猪专业户。天刚蒙蒙亮时，我便挑上一两百斤的猪肉去赶集市。那段吃力的日子，磨炼了我能吃苦的精神。

高中毕业后，我这个农家青年走上继续求学的道路，从此告别了父辈的生活。如今，农家生活于我只剩遥远的记忆，依稀还有一些精神的身影。

这种出身、这些经历，与我一直在写左宗棠，是否存在某种冥冥中注定的渊源呢？

一个人让另一个人感到亲近，除了起点相似，经历相似也可以让彼此感到心气相通。

当年，我之所以高考失利，是因为思虑过多，心里过度紧张。我发现，左宗棠的一生，凡遇重大时刻，同样会因紧张而出事。道光十八年（1838年）会试，他第一场超常发挥，但第二、第三场“连失数误”。照他第二次会试已经中榜的水平来看，这些失误除了解释为紧张，似乎没有更好的说法了。道光三十年（1850年），他第一次见林则徐，在橘子洲对岸一脚踩空，掉入水中，也是因为激动与紧张；光绪六年（1880年），他从哈密进京面圣，当着慈安太后的面，双手颤抖，将墨镜掉到地上，还是因为激动与紧张。

之所以紧张，一是因为专注且在乎；二是因为个人感觉与洞察能力过强，外界一切悉纳于心。天性敏感者，必然思虑过重。

左宗棠出生于1812年农历十月初七日寅时，他的四柱是“壬申、辛亥、丙午、庚寅”。我出生于1974年农历八月二十一日巳时，四柱是“甲寅、癸酉、庚辰、辛巳”。我一不信佛，二不信命，但初懂命相之说后用《易经》推算，发现我们的命相居然高度契合。

所谓命相，其实远没有鼓吹者说得那么玄虚。说白了，命指人的性格、气质。闽南人说，“三分天注定，七分靠打拼”，就是如此。人的变数在运，运即时势、机遇，这是神仙也没办法推算出来的。

左宗棠祖上在南宋时自江西迁往湘阴。我祖籍陇右，祖先在元末时迁往江西，明初迁往湖南茶陵，再迁居湖南祁东。同为湖南人，我们性格相似，因此，我对左宗棠的性格容易理解，不外如此。

二

写历史人物要求真传神，今人多认为，作者不但要与写作对象成为“异代知己”，更关键的是要与写作对象合二为一。我以为这种说法是不成立的。如果作者不能站到比写作对象更高的层面或境界中去俯视，则只能叫学习，不可能做到通透。也就是说，作者不但要能看透笔下的人，而且能知道他哪里好、哪里不好，这便没办法合二为一，何况，学习之作只能叫“习作”。

写作“左宗棠系列”的时间跨度不算小，我直接从青年跨入中年。这也是一种年龄与机缘上的巧合。写《左宗棠：帝国最后的“鹰派”》适逢青年时代，自己血气未稳，可以一鼓作气将一个军事家的人生轨迹写得纵横捭阖。到《左宗棠的正面与背面》（新版名《狂澜之下：左宗棠的十张面孔》），我本人也从青年过渡到中年，年龄、心智、社会阅历与经验积累增加，心智成长，可以理性审视笔下人物，做到张弛有度。写本书时，我的儿子刚好6岁，正是左宗棠给孝威写第一封家信时孝威的年纪。纵观我的写作历程，它也符合对一个人的认识规律，先知其事，再究其人，而后叩其心。

现在回头看《左宗棠：帝国最后的“鹰派”》，总会觉得有点稚嫩。但这是它的原色，自然的最好。就像自然四季，每一季都有它的基调。至于淡定、深邃，则只属于金秋。只有春、夏、秋三色俱备，各个年龄阶段的读者才可以各取所需。又如啤酒、米酒与白酒，青年、中年、老年人都能喝，但大多数人是讨厌喝老辣白酒的。

三

近10年来，我从湖南经济网总编辑的岗位上退下来，与王船山33岁潜心著述的年纪巧合。前面几年，带着一种超越历史上湖南人物事功的心志与激情致力于发起并推动民间社会组织发展。但当下正处于一个功利与浮躁的时代，江湖只有风浪，没有航船。当精英们纷纷说着自己都不相信的话，做着连演自己都演得不太像的事，而且做得那么投入，仿佛跟真的一样时，一个人最大的事功，就是做好自己。而读书、写书、生活、思考，是做好自己的最佳方式。这也是我选择在人生的黄金年龄里写左宗棠的主要原因。

左宗棠于我的影响在于，他让我对中国传统文化的认同感增强。以前读经史子集，收获的只是一些观念与道理。但研究左宗棠家书，不是看壁画，也不是观塑料花，因为它没有任何虚拟感，这与我们今天接到一个远方朋友的来信，心理感觉上没有任何区别。书信可以还原为血肉之躯的行动，它是生活细节，更是内心体验，一个人的思维逻辑、心理轨迹，在与亲人交流时袒露无遗。只要你对人物研究足够细致与敏感，就能够进入他的思维，捕捉到他的情意，你就可以看到他，甚至可以明白，如果今天他到你身边来，碰到今天各色事情，他会怎么说、怎么做。这就是古人所说的知人、知面、知心。

左宗棠对我影响最大的地方在于，他凭借自己过人的智慧，用理性与技术的思维，建立了一个人生坐标系统，自我、家人、家族、社会、国家、天下、历史，在这个坐标系中都有一整套逻辑清晰的定位。根据这个坐标，人生在世，进退、取舍、去从，他全部想得清清楚楚。对于被现实遮蔽理性或智性的人来说，读他是一种对照与启发。

对作家来说，写历史人物，大概算不得最佳题材。毕竟这有点像命题作文。因为，任何一个对其有兴趣的人，都可以写上一笔，所以也谈不上什么“专利”。但反过来想，小说何尝不是广义的命题作文？巴尔扎克也无法完全天马行空地创造，他要遵照现实社会生活，做还原、取舍与加工。

2016 年初，在厦门外图书城做新书首发式时，企业家朋友周华松在茶桌前问我：假设一下，你笔下的左宗棠与机器人写的左宗棠，将会有何区别？我当时愣了一下。人工智能成为时代热潮，是大势所趋，电脑冲击人脑，确实是当代作家必须直面的事实。

我想了想，说：如果能将 800 万字的《左宗棠全集》与同时代相关记载的上千万文字全部编入程序，而机器人有一天真正能够写成图书的话，我肯定没有机器人写得全面。要论原汁原味，完全还原时代的气场，读者最好是看《左宗棠全集》，而不是看作家的研究。但一般读者花数年时间看完《左宗棠全集》，恐怕还想来看我写的左宗棠。因为我写的是我眼中与心中的左宗棠，对于历史同类关联人物、事件的比较，对于用数据无法把握，而只能凭借非理性的情感、审美去得出的部分，我比机器人做得好。何况，一千个作者来写左宗棠，必然会有一千种不同的版本。每个人写的都是自己眼中与心中的左宗棠。因为，不仅史实要经过作者的心去投射，就连观念、判断、价值、结论，也要经过作者的心去创造。禅宗说“明心见性”，又说“心外无物”，这是写作者追求的境界。

2016 年，在德思勤 24 小时书店新书发布会后，现场主持人私下对我说：你的选择让我敬佩，毕竟研究左宗棠不是当下的热门题材，费力又不讨好，而你完全有能力写出更畅销的作品。

我有一种瞬间遇知己般的感动。其实，我根本没有做过题材的比较与选择，我只相信自己内心的指引。只要内心真正认定一件事情，我就会毫不犹豫地干下去，即使要干上50年，我也不觉得很长。用禅宗的话说，我是一个完全“我执”之人。这大概也是父亲的师傅，一个武人凭“霸蛮”与“愚执”给我打下的“童子功”。

我对左宗棠的认识，10年来也经历了一个逐层递进的过程，年轻气盛时，看到的是他的事功；中年气定后，看到的是他的底蕴。如果左宗棠的智性与底蕴经不起质疑与检验，我大概也会抽身而去。

在我研究之前，左宗棠确实不是热门。当然，不是因为左宗棠一生没有故事可挖掘，而是因为他真正的价值以前没有完全挖掘出来。必须说，是研究者的学养、洞察力与识见，决定对研究对象的文字呈现，而不是反过来。

左宗棠沉寂了一个半世纪，放在历史中看，再正常不过。司马迁写《项羽本纪》时，距离项羽去世也近百年，又何论相距数千年的三皇五帝？也就是说，今天兴起“左宗棠热”，已算很早。

真正的人物不患后人不知，患自己到底有多少值得后人知。历史大浪淘沙，经过不同时代无数智慧的头脑检验，真正有价值的东西不可能被掩埋。左宗棠在世时也清楚这一点，所以他有底气说：“自有我在，求在我，不求之人也。”

结束本文时，我想：500年后的人，他们读到左宗棠，会不会感觉就像今人读《三国演义》？而2000年后，当今人已变得如先秦孔孟一样古远时，如果读者还能读到我的书，是不是也会记不清我与左宗棠到底隔了多少年，而将我们混同为一个时代的人？

徐志频于柳庄广漠茶屋

2017年3月12日子夜

再记

回望2017年4月初，我从湖南宁乡密印禅寺回来，次日应约飞到北京，在北京青年湖南街，与龚风光先生见面沟通出版。谈到书名时，他脱口说出《左宗棠：家书抵万金》。2018年底，书出来后，我专门进京，在印刷厂内签了2500本。其后又两次进京，在生活·读书·新知三联书店开发布会，在国家图书馆文津讲坛做新书首场讲座。读者反响友好热烈，图书很快销售一空。但进入2019年春，发生了一系列偶然的变故，让后续计划屡屡落空。

继这部作品后，我相继出版了《左宗棠与李鸿章》《左宗棠与曾国藩》。今年秋，即将由湖南文艺出版社推出以左宗棠致曾国藩、李鸿章书信为解读底版的《晚清背面》，以及正在写作校对阶段，计划于2025年推出的《左宗棠与慈禧太后》。以左宗棠为主角的作品，不知不觉已写了8部，时间也转眼过去了17年，而立之年的青年，即将步入知天命之岁。

关于这部作品再版的沟通，又有两年。我与风光兄就确定书名，数次展开自由激烈的讨论，最终定名《家风与成事——从左宗棠家书看晚清变局》，内容上进行升级。责任编辑陶栎宇老师用专业标准，让我将内容对应做出增删调整。这样精心制作，是为了进一步展开原本宏阔的历史大视野，让读者不但看清左宗棠其人其事，更得以看明白晚清那样一个剧变年代。

从初稿写成到再版上市，前后9年。创作始终是一个没有止境的精进过程，缺失与疏漏之处，还期盼读者朋友批评指正。

徐志频于广漠书屋

2024年6月30日

全书 2015 年 12 月 25 日草稿
2016 年 5 月 10 日修改
2017 年 3 月 12 日定稿
2024 年 6 月 30 日第二版定稿